Yf 2316

LES
CLASSIQUES FRANÇOIS

PUBLIÉS

PAR M. LEFÈVRE.

DIX-HUITIÈME VOLUME.

PARIS. — TYPOGRAPHIE DE FIRMIN DIDOT FRÈRES,
Imprimeurs de l'Institut de France,
RUE JACOB, 56.

ŒUVRES

DE

P. CORNEILLE

AVEC LES NOTES

DE TOUS LES COMMENTATEURS.

TOME QUATRIÈME.

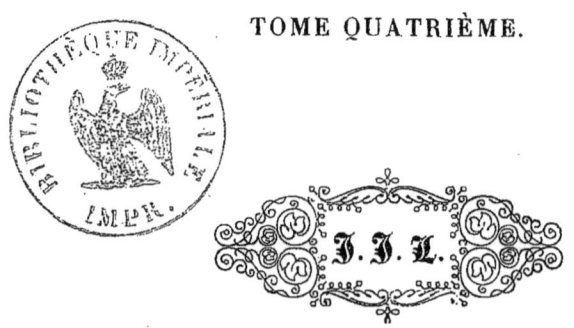

A PARIS,

CHEZ FIRMIN DIDOT FRÈRES, LIBRAIRES,

RUE JACOB, 56,

ET CHEZ L'ÉDITEUR, RUE HAUTEFEUILLE, 18.

M DCCC LIV.

A MONSIEUR
DE MONTAURON[1].

Monsieur,

Je vous présente un tableau d'une des plus belles actions d'Auguste. Ce monarque étoit tout généreux, et sa générosité n'a jamais paru avec tant d'éclat que dans les effets de sa clémence et de sa libéralité. Ces deux rares vertus lui étoient si naturelles, et si inséparables en lui, qu'il semble qu'en cette histoire que j'ai mise sur notre théâtre, elles se soient tour-à-tour entre-produites

---

[1] Pierre du Puget, seigneur de Montauron, des Carles et Caussidière, la Chevrette et la Marche, conseiller du roi, et premier président au bureau des finances de Montauban. Il était si magnifique en toute chose, dit Tallemant, qu'on l'appelait *son Éminence gasconne*. Il recevait les plus grands seigneurs de la cour. M. d'Orléans et M. le Prince (le grand Condé) venaient dîner chez lui. Il mourut ruiné. (Voyez les *Mémoires de Tallemant des Réaux*, t. V, p. 15.) (A.-M.)

dans son ame. Il avoit été si libéral envers Cinna, que sa conjuration ayant fait voir une ingratitude extraordinaire, il eut besoin d'un extraordinaire effort de clémence pour lui pardonner ; et le pardon qu'il lui donna fut la source des nouveaux bienfaits dont il lui fut prodigue, pour vaincre tout-à-fait cet esprit qui n'avoit pu être gagné par les premiers ; de sorte qu'il est vrai de dire qu'il eût été moins clément envers lui s'il eût été moins libéral, et qu'il eût été moins libéral s'il eût été moins clément. Cela étant, à qui pourrois-je plus justement donner le portrait de l'une de ces héroïques vertus, qu'à celui qui possède l'autre en un si haut degré, puisque, dans cette action, ce grand prince les a si bien attachées, et comme unies l'une à l'autre, qu'elles ont été tout ensemble et la cause et l'effet l'une de l'autre ? Vous avez des richesses, mais vous savez en jouir ; et vous en jouissez d'une façon si noble, si relevée, et tellement illustre, que vous forcez la voix publique d'avouer que la fortune a consulté la raison quand elle a répandu ses faveurs sur vous, et qu'on a plus de sujet de vous en souhaiter le redoublement que de vous en envier l'abondance. J'ai vécu si éloigné de la flatterie, que je pense être en possession de me faire croire quand je dis du bien de quelqu'un ; et lorsque je donne des louanges, ce qui m'arrive assez rarement, c'est avec tant de retenue, que je supprime toujours quantité de glorieuses vérités, pour ne me rendre pas suspect d'étaler de ces mensonges obligeants que beaucoup de nos modernes savent débiter de si bonne grace. Aussi je

ÉPITRE.

ne dirai rien des avantages de votre naissance, ni de votre courage qui l'a si dignement soutenue dans la profession des armes, à qui vous avez donné vos premières années ; ce sont des choses trop connues de tout le monde. Je ne dirai rien de ce prompt et puissant secours que reçoivent chaque jour de votre main tant de bonnes familles ruinées par les désordres de nos guerres ; ce sont des choses que vous voulez tenir cachées. Je dirai seulement un mot de ce que vous avez particulièrement de commun avec Auguste : c'est que cette générosité qui compose la meilleure partie de votre ame et règne sur l'autre, et qu'à juste titre on peut nommer l'ame de votre ame, puisqu'elle en fait mouvoir toutes les puissances ; c'est, dis-je, que cette générosité, à l'exemple de ce grand empereur[1], prend plaisir à s'étendre sur les gens de lettres, en un temps où beaucoup pensent avoir trop récompensé leurs travaux

---

[1] On ne peut s'empêcher de plaindre Corneille, et son siècle, et les beaux-arts, quand on voit ce grand homme, négligé à la cour, comparer le sieur de Montauron à l'empereur Auguste. Si pourtant la reconnaissance arracha ce singulier hommage, il faut encore plus en louer Corneille que l'en blâmer ; mais on peut toujours l'en plaindre. (V.) — Les louanges exagérées dans les dédicaces étaient, du temps de Corneille, une affaire de pure forme : on n'y attachait ni déshonneur ni ridicule. Une dédicace se composait d'un certain nombre de phrases laudatives toutes faites, et qui n'étaient ni plus coupables ni plus vraies que les expressions de *votre très humble valet* ou les protestations d'*obéissances très humbles*, qui terminaient alors toutes les lettres. Voltaire aurait donc pu se dispenser de plaindre Corneille, qui n'a fait ici que se conformer à un usage général. (A.-M.)

quand ils les ont honorés d'une louange stérile. Et certes, vous avez traité quelques unes de nos muses avec tant de magnanimité, qu'en elles vous avez obligé toutes les autres, et qu'il n'en est point qui ne vous en doive un remerciement. Trouvez donc bon, Monsieur, que je m'acquitte de celui que je reconnois vous en devoir, par le présent que je vous fais de ce poëme, que j'ai choisi comme le plus durable des miens, pour apprendre plus long-temps à ceux qui le liront que le généreux M. de Montauron, par une libéralité inouïe en ce siècle, s'est rendu toutes les muses redevables, et que je prends tant de part aux bienfaits dont vous avez surpris quelques unes d'elles, que je m'en dirai toute ma vie,

Monsieur,

Votre très humble et très obligé serviteur,
CORNEILLE.

SENECA,

Lib. I, *de Clementia*, cap. ix[1].

Divus Augustus mitis fuit princeps, si quis illum à principatu suo æstimare incipiat : in communi quidem republica, duodevicesimum egressus annum, jam pugiones in sinu amicorum absconderat, jam insidiis M. Antonii consulis latus petierat, jam fuerat collega proscriptionis : sed quum annum quadragesimum transisset, et in Gallia moraretur, delatum est ad eum indicium L. Cinnam, stolidi ingenii virum, insidias ei struere. Dictum est et ubi, et quandò, et quemadmodùm aggredi vellet. Unus ex consciis deferebat ; constituit se ab eo vindicare. Consilium amicorum advocari jussit.

Nox illi inquieta erat, quum cogitaret adolescentem nobilem, hoc detracto integrum, Cn. Pompeii nepotem damnandum. Jam unum hominem occidere non poterat, quum M. Antonio proscriptionis edictum inter cœnam dictârat. Gemens subindè voces emittebat varias et inter se contrarias : « Quid ergo ! ego percussorem meum securum ambulare

---

[1] L'aventure de Cinna laisse quelque doute. Il se peut que ce soit une fiction de Sénèque, ou du moins qu'il ait ajouté beaucoup à l'histoire, pour mieux faire valoir son chapitre *de la Clémence*. C'est une chose bien étonnante que Suétone, qui entre dans tous les détails de la vie d'Auguste, passe sous silence un acte de clémence qui ferait tant d'honneur à cet empereur, et qui serait la plus mémorable de ses actions. Sénèque suppose la scène en Gaule. Dion Cassius, qui rapporte cette anecdote long-temps après Sénèque, au milieu du troisième siècle de notre ère vulgaire, dit que la chose arriva dans Rome. J'avoue que je croirai difficilement qu'Auguste ait nommé sur-le-champ premier consul un homme convaincu d'avoir voulu l'assassiner. Mais, vraie ou fausse, cette clémence d'Auguste est un des plus nobles sujets de tragédie, une des plus belles instructions pour les princes. C'est une grande leçon de mœurs ; c'est, à mon avis, le chef-d'œuvre de Corneille, malgré quelques défauts. (V.)

« patiar, me sollicito ? Ergo non dabit pœnas, qui tot civi-
« libus bellis frustrà petitum caput, tot navalibus, tot pede-
« stribus præliis incolume, postquàm terrâ marique pax parta
« est, non occidere constituat, sed immolare ? » (Nam sacri-
ficantem placuerat adoriri.) Rursùs silentio interposito, ma-
jore multò voce sibi quàm Cinnæ irascebatur : « Quid vivis,
« si perire te tam multorum interest? Quis finis erit suppli-
« ciorum? quis sanguinis? Ego sum nobilibus adolescentulis
« expositum caput, in quod mucrones acuant. Non est tanti
« vita, si, ut ego non peream, tam multa perdenda sunt. »
Interpellavit tandem illum Livia uxor : « Et admittis, inquit,
« muliebre consilium ? Fac quod medici solent; ubi usitata
« remedia non procedunt, tentant contraria. Severitate nihil
« adhuc profecisti : Salvidienum Lepidus secutus est, Lepi-
« dum Muræna, Muræmam Cæpio, Cæpionem Egnatius, ut
« alios taceam quos tantum ausos pudet : nunc tenta quo-
« modò tibi cedat clementia. Ignosce L. Cinnæ; deprehen-
« sus est; jam nocere tibi non potest, prodesse famæ tuæ
« potest. »

Gavisus sibi quòd advocatum invenerat, uxori quidem
gratias egit : renuntiari autem extemplò amicis quos in consilium rogaverat imperavit, et Cinnam unum ad se accersit,
dimissisque omnibus è cubiculo, quum alteram poni Cinnæ
cathedram jussisset, « Hoc, inquit, primùm à te peto ne me
« loquentem interpelles, ne medio sermone meo procla-
« mes ; dabitur tibi loquendi liberum tempus. Ego te, Cinna,
« quum in hostium castris invenissem, non tantùm factum
« mihi inimicum, sed natum servavi; patrimonium tibi omne
« concessi; hodiè tam felix es et tam dives, ut victo victores
« invideant : sacerdotium tibi petenti, præteritis compluri-
« bus quorum parentes mecum militaverant, dedi. Quum
« sic de te meruerim, occidere me constituisti ! »

Quum ad hanc vocem exclamâsset Cinna, procul hanc
ab se abesse dementiam : « Non præstas, inquit, fidem,
« Cinna; convenerat ne interloquereris. Occidere, inquam,

« me paras. » Adjecit locum, socios, diem, ordinem insidiarum, cui commissum esset ferrum. Et quum defixum videret, nec ex conventione jam, sed ex conscientia tacentem :
« Quo, inquit, hoc animo facis? Ut ipse sis princeps? Malè
« mehercule cum republica agitur, si tibi ad imperandum
« nihil præter me obstat. Domum tuam tueri non potes;
« nuper libertini hominis gratiâ in privato judicio superatus
« es. Adeò nihil facilius putas quàm contra Cæsarem advo-
« care. Cedo, si spes tuas solus impedio. Paulusne te et
« Fabius Maximus et Cossi et Servilii ferent, tantumque
« agmen nobilium, non inania nomina præferentium, sed
« eorum qui imaginibus suis decori sunt? » Ne totam ejus orationem repetendo magnam partem voluminis occupem, diutiùs enim quàm duabus horis locutum esse constat, quum hanc pœnam quâ solâ erat contentus futurus, extenderet.
« Vitam tibi, inquit, Cinna, iterùm do, priùs hosti, nunc
« insidiatori ac parricidæ. Ex hodierno die inter nos amicitia
« incipiat. Contendamus, utrum ego meliore fide vitam tibi
« dederim, an tu debeas. » Post hæc detulit ultrò consulatum, questus quòd non auderet petere, amicissimum, fidelissimumque habuit, hæres solus fuit illi, nullis ampliùs insidiis ab ullo petitus est.

MONTAIGNE,

Liv. I de ses *Essais*, chap. XXIII[1].

L'empereur Auguste, estant en la Gaule, receut certain advertissement d'une coniuration que luy brassoit L. Cinna : il delibera de s'en venger, et manda pour cet effect au lendemain le conseil de ses amis. Mais la nuict d'entre deux, il la passa avecques grande inquietude, considerant qu'il avoit à faire mourir un ieune homme de bonne maison et nepveu du grand Pompeius, et produisoit en se plaignant plusieurs divers discours : «Quoy doncques, disoit il, sera il vray que ie demeureray en crainte et en alarme, et que ie lairray mon meurtrier se promener ce pendant à son ayse? S'en ira il quitte, ayant assailly ma teste, que i'ay sauvee de tant de guerres civiles, de tant de battailles par mer et par terre, et aprez avoir estably la paix universelle du monde? sera il absolut, ayant deliberé non de me meurtrir seulement, mais de me sacrifier?» car la coniuration estoit faicte de le tuer comme il feroit quelque sacrifice. Aprez cela, s'estant tenu coy quelque espace de temps, il recommenceoit d'une voix plus forte, et s'en prenoit à soy mesme : «Pourquoi vis tu, s'il importe à tant de gents que tu meures? n'y aura il point de fin à tes vengeances et à tes cruautez? Ta vie vault elle que tant de dommage se face pour la conserver?» Livia, sa femme, le sentant en ces angoisses : «Et les conseils des femmes y seront ils receus? luy dict elle : fay ce que font les medecins; quand les receptes accoustumees ne peuvent servir, ils en essayent de

---

[1] Cet extrait de Montaigne se trouve dans la première édition de *Cinna*, à la suite du passage de Sénèque, auquel il peut servir de traduction. (LEF....)

contraires. Par severité, tu n'as iusques à cette heure rien proufité; Lepidus a suyvi Salvidienus; Murena, Lepidus; Caepio, Murena; Egnatius, Caepio : commence à experimenter comment te succederont la doulceur et la clemence. Cinna est convaincu; pardonne luy : de te nuire desormais il ne pourra, et proufitera à ta gloire.» Auguste feut bien ayse d'avoir trouvé un advocat de son humeur; et, ayant remercié sa femme, et contremandé ses amis qu'il avoit assignez au conseil, commanda qu'on feist venir à luy Cinna tout seul; et ayant faict sortir tout le monde de sa chambre, et faict donner un siege à Cinna, il luy parla en cette maniere : «En premier lieu, ie te demande, Cinna, paisible audience : n'interromps pas mon parler; ie te donray temps et loisir d'y respondre. Tu sçais, Cinna, que t'ayant prins au camp de mes ennemis, non seulement t'estant faict mon ennemi, mais estant nay tel, ie te sauvay, ie te meis entre mains touts tes biens, et t'ai enfin rendu si accommodé et si aysé, que les victorieux sont envieux de la condition du vaincu : l'office du sacerdoce que tu me demandas, ie te l'octroyay, l'ayant refusé à d'aultres, desquels les peres avoyent tousiours combattu avecques moy. T'ayant si fort obligé, tu as entreprins de me tuer.» A quoy Cinna s'estant escrié qu'il estoit bien esloingné d'une si meschante pensée : «Tu ne me tiens pas, Cinna, ce que tu m'avois promis, suyvit Auguste; tu m'avois asseuré que ie ne seroy pas interrompu. Ouy, tu as entreprins de me tuer en tel lieu, tel iour, en telle compaignie, et de telle façon. «Et le veoyant transi de ces nouvelles, et en silence, non plus pour tenir le marché de se taire, mais de la presse de sa conscience : « Pourquoy, adiousta il, le fais tu? Est ce pour estre empereur? Vrayement il va bien mal à la chose publicque, s'il n'y a que moy qui t'empesche d'arriver à l'empire. Tu ne peulx pas seulement deffendre ta maison, et perdis dernierement un procez, par la faveur d'un simple libertin [1].

---

[1] *Affranchi*, du mot latin *libertus* ou *libertinus*; car ce dernier ne veut

Quoy! n'as tu moyen ny pouvoir en aultre chose qu'à entreprendre Cesar? Ie le quitte, s'il n'y a que moy qui empesche tes esperances. Penses tu que Paulus, que Fabius, que les Cosseens et Serviliens te souffrent, et une si grande troupe de nobles, non seulement nobles de nom, mais qui, par leur vertu, honnorent leur noblesse?» Aprez plusieurs aultres propos (car il parla à luy plus de deux heures entieres) : «Or va, luy dict il, ie te donne, Cinna, la vie à traistre et à parricide, que ie te donnay aultrefois à ennemy : que l'amitié commence de ce iourd'huy entre nous : essayons qui de nous deux de meilleure foy, moy t'aye donné ta vie, ou tu l'ayes receue.» Et se despartit d'avecques luy en cette maniere. Quelque temps aprez il luy donna le consulat, se plaignant de quoy il ne le luy avoit osé demander. Il l'eut depuis pour fort amy, et feut seul faict par luy heritier de ses biens. Or depuis cet accident, qui adveint à Auguste au quarantiesme an de son aage, il n'y eut iamais de coniuration ny d'entreprinse contre luy, et receut une iuste recompense de cette sienne clemence.

pas dire, comme on l'a cru long-temps, *fils d'affranchi*. (V. Le Clerc.)

ACTEURS.

OCTAVE-CÉSAR-AUGUSTE, empereur de Rome [1].
LIVIE, impératrice.
CINNA, fils d'une fille de Pompée, chef de la conjuration contre Auguste [2].
MAXIME, autre chef de la conjuration.
ÆMILIE, fille de C. Toranius, tuteur d'Auguste, et proscrit par lui durant le triumvirat [3].
FULVIE, confidente d'Æmilie.
POLYCLÈTE, affranchi d'Auguste.
ÉVANDRE, affranchi de Cinna.
EUPHORBE, affranchi de Maxime.

La scène est à Rome.

Noms des acteurs qui ont joué d'original dans Cinna :

[1] Baron père. — [2] Bellerose. — [3] Mlle Beaupré.

N. B. *Cinna*, tragédie jouée en 1639, la même année qu'*Horace*, ne fut imprimée qu'en 1642. (A.-M.)

CINNA,

OU

LA CLÉMENCE D'AUGUSTE,

TRAGÉDIE.

1639.

Bayalos pinxit. Boilly sc.

CINNA.

ÉMILIE.

Pour me l'immoler, traître! et tu veux que moi même
Je retienne ta main, qu'il vive, et que je l'aime;

Acte 3 Sc 4

Publié par Furne à Paris.

CINNA[1].

ACTE PREMIER.

SCÈNE I.

ÆMILIE[2].

Impatients desirs d'une illustre vengeance

---

[1] Ce n'est pas ici une pièce telle qu'*Horace*. On voit bien le même pinceau, mais l'ordonnance du tableau est bien supérieure. Il n'y a point de double action : ce ne sont point des intérêts indépendants les uns des autres, des actes ajoutés à des actes ; c'est toujours la même intrigue. Les trois unités sont aussi parfaitement observées qu'elles puissent l'être sans que l'action soit gênée, sans que l'auteur paraisse faire le moindre effort. Il y a toujours de l'art, et l'art s'y montre rarement à découvert. (V.) — *Horace* et *Cinna* se suivent de près sur la scène, et l'on s'étonne que ces chefs-d'œuvre aient pu être composés et représentés la même année, comme si l'un eût été la suite de l'autre ; et, en effet, le poëte ne les a pas rapprochés sans raison. Dans *Horace* il exprime le sentiment profond de l'amour de la patrie, et cet amour fait pressentir les merveilles de la république, une nation de héros. Dans *Cinna*, au contraire, l'amour de la patrie n'est plus qu'un mot ; on conspire pour une femme, et la grandeur d'Auguste fait pressentir la décadence du Bas-Empire, car on ne voit plus qu'un maître où naguère on voyait un grand peuple. Ces deux beaux poëmes sont donc le produit d'une seule pensée, le résumé sublime de cette histoire héroïque qui mit douze siècles à s'accomplir. (A.-M.)

[2] Plusieurs actrices ont supprimé ce monologue dans les re-

16　　　　　CINNA.

Dont la mort de mon père a formé la naissance ¹,
Enfants impétueux de mon ressentiment,
Que ma douleur séduite embrasse aveuglément ²,
Vous prenez sur mon ame un trop puissant empire ;
Durant quelques moments souffrez que je respire ³,
Et que je considère, en l'état où je suis,
Et ce que je hasarde, et ce que je poursuis.
Quand je regarde Auguste au milieu de sa gloire ⁴,

présentations. Le public même paraissait souhaiter ce retranchement : on y trouvait de l'amplification. Ceux qui fréquentent les spectacles disaient qu'Émilie ne devait pas ainsi se parler à elle-même, se faire des objections et y répondre ; que c'était une déclamation de rhétorique ; que les mêmes choses qui seraient très convenables quand on parle à sa confidente sont très déplacées quand on s'entretient toute seule avec soi-même ; qu'enfin la longueur de ce monologue y jetait de la froideur, et qu'on doit toujours supprimer ce qui n'est pas nécessaire. Cependant j'étais si touché des beautés répandues dans cette première scène, que j'engageai l'actrice qui jouait Émilie à la remettre au théâtre ; et elle fut très bien reçue. (V.)

¹ VAR. A qui la mort d'un père a donné la naissance. (1643-48.)

² Le public a perdu le goût de ces déclamations ; celle-ci n'est pas nécessaire à la pièce : mais n'a-t-elle pas de grandes beautés ? n'est-elle pas majestueuse, et même assez passionnée ? Boileau trouvait, dans ces *impatients desirs, enfants du ressentiment, embrassés par la douleur,* une espèce de famille : il prétendait que les grands intérêts et les grandes passions s'expriment plus naturellement ; il trouvait que le poëte paraît trop ici, et le personnage trop peu. (V.) — Il nous semble que la critique de Boileau ne frappe pas juste sur le mauvais vers. On peut à la rigueur adopter ces *desirs, enfants du ressentiment,* car la phrase est claire, et la figure très bien suivie. Ce qu'il y a ici de vraiment répréhensible, c'est cette *mort qui forme une naissance.* (A.-M.)

³ VAR. Pour le moins un moment souffrez que je respire. (1643-48.)

⁴ VAR. Quand je regarde Auguste en son trône de gloire. (1653-48.)

ACTE I, SCÈNE I.

Et que vous reprochez à ma triste mémoire [1]
Que par sa propre main mon père massacré
Du trône où je le vois fait le premier degré;
Quand vous me présentez cette sanglante image,
La cause de ma haine, et l'effet de sa rage [2],
Je m'abandonne toute à vos ardents transports,
Et crois, pour une mort, lui devoir mille morts [3].
Au milieu toutefois d'une fureur si juste,
J'aime encor plus Cinna que je ne hais Auguste [4],

[1] Voilà une de ces alliances de mots qui n'appartiennent qu'aux grands poëtes. *Vous reprochez* étant joint avec *à ma mémoire* prend le sens de *vous me rappelez*, et ce souvenir est un reproche. La forme est hardie, mais elle est belle : ce qui justifie la hardiesse, c'est la clarté. Voltaire, qui a vu là une incorrection, proposait de mettre, *et que vous rappelez :* c'était affaiblir à la fois et l'idée et la langue. (A.-M.)

[2] Émilie a déjà dit quelle est la cause de sa haine; la cause et l'effet paraissent trop recherchés. (V.)

[3] *Mille morts, mille et mille tempêtes*, ne sont que de légères négligences auxquelles il ne faut pas prendre garde dans les ouvrages de génie, et sur-tout dans ceux du siècle de Corneille, mais qu'il faut éviter soigneusement aujourd'hui. (V.)

[4] De bons critiques, qui connaissent l'art et le cœur humain, n'aiment pas qu'on annonce ainsi de sang-froid les sentiments de son cœur; ils veulent que les sentiments échappent à la passion. Ils trouvent mauvais qu'on dise : *J'aime plus celui-ci que je ne hais celui-là, je sens refroidir mon mouvement bouillant; je m'irrite contre moi-même, j'ai de la fureur :* ils veulent que cette fureur, cet amour, cette haine, ces bouillants mouvements, éclatent sans que le personnage vous en avertisse. C'est le grand art de Racine. Ni Phèdre, ni Iphigénie, ni Agrippine, ni Roxane, ni Monime, ne débutent par venir étaler leurs sentiments secrets dans un monologue, et par raisonner sur les intérêts de leurs passions : mais il faut toujours se souvenir que c'est Corneille qui a débrouillé l'art, et que si ces amplifications de rhétorique sont un

Et je sens refroidir ce bouillant mouvement,
Quand il faut, pour le suivre, exposer mon amant¹.
Oui, Cinna, contre moi moi-même je m'irrite
Quand je songe aux dangers où je te précipite.
Quoique pour me servir tu n'appréhendes rien,
Te demander du sang, c'est exposer le tien² :
D'une si haute place on n'abat point de têtes
Sans attirer sur soi mille et mille tempêtes ;
L'issue en est douteuse, et le péril certain :
Un ami déloyal peut trahir ton dessein ;
L'ordre mal concerté, l'occasion mal prise,
Peuvent sur son auteur renverser l'entreprise³,
Tourner sur toi les coups dont tu le veux frapper ;
Dans sa ruine même il peut t'envelopper ;
Et, quoi qu'en ma faveur ton amour exécute,
Il te peut, en tombant, écraser sous sa chute⁴.
Ah! cesse de courir à ce mortel danger ;
Te perdre en me vengeant, ce n'est pas me venger.
Un cœur est trop cruel quand il trouve des charmes
Aux douceurs que corrompt l'amertume des larmes ;
Et l'on doit mettre au rang des plus cuisants malheurs⁵
La mort d'un ennemi qui coûte tant de pleurs.
  Mais peut-on en verser alors qu'on venge un père ?

défaut aux yeux des connaisseurs, ce défaut est réparé par de
très grandes beautés. (V.)

¹ VAR. Quand il faut, pour le perdre, exposer mon amant. (1643-48.
² VAR. Te demander son sang, c'est exposer le tien. (1643-48.)
³ VAR. Peuvent dessus ton chef renverser l'entreprise,
     Porter sur toi les coups dont tu le veux frapper. (1643-48.)
⁴ VAR. Il te peut, en tombant, accabler sous sa chute. (1643-48.)
⁵ VAR. Et je tiens qu'il faut mettre au rang des grands malheurs
     La mort d'un ennemi qui nous coûte des pleurs. (1643-48.)

Est-il perte à ce prix qui ne semble légère ?
Et, quand son assassin tombe sous notre effort,
Doit-on considérer ce que coûte sa mort ?
Cessez, vaines frayeurs, cessez, lâches tendresses,
De jeter dans mon cœur vos indignes foiblesses ;
Et toi qui les produis par tes soins superflus,
Amour, sers mon devoir, et ne le combats plus[1] :
Lui céder, c'est ta gloire ; et le vaincre, ta honte :
Montre-toi généreux, souffrant qu'il te surmonte ;
Plus tu lui donneras, plus il te va donner,
Et ne triomphera que pour te couronner.

SCÈNE II.

ÆMILIE, FULVIE.

ÆMILIE.

Je l'ai juré, Fulvie, et je le jure encore,
Quoique j'aime Cinna, quoique mon cœur l'adore[2],
S'il me veut posséder, Auguste doit périr ;

[1] Il semble que le monologue devrait finir là. Les quatre derniers vers ne sont-ils pas surabondants ? les pensées n'en sont-elles pas recherchées et hors de la nature ? Qu'importe de la gloire ou de la honte de l'amour ? Qu'est-ce que ce devoir qui ne triomphera que pour couronner l'amour ? D'ailleurs, dans le dernier de ces vers, au lieu de *et ne triomphera*, il faudrait, *il ne triomphera* ; mais les vers précédents paraissent dignes de Corneille : et j'ose croire qu'au théâtre il faudrait réciter ce monologue, en retranchant seulement ces quatre derniers vers, qui ne sont pas dignes du reste. (V.)

[2] Des critiques trouvent ce vers languissant, par le soin même que prend l'auteur de lui donner de la force ; ils disent qu'*adore* n'est que la répétition de *j'aime*. (V.)

Sa tête est le seul prix dont il peut m'acquérir.
Je lui prescris la loi que mon devoir m'impose.
FULVIE.
Elle a pour la blâmer une trop juste cause;
Par un si grand dessein vous vous faites juger¹
Digne sang de celui que vous voulez venger²;
Mais, encore une fois, souffrez que je vous die,
Qu'une si juste ardeur devroit être attiédie³.
Auguste chaque jour, à force de bienfaits,
Semble assez réparer les maux qu'il vous a faits;
Sa faveur envers vous paroît si déclarée,
Que vous êtes chez lui la plus considérée;
Et de ses courtisans souvent les plus heureux
Vous pressent à genoux de lui parler pour eux⁴.
ÆMILIE.
Toute cette faveur ne me rend pas mon père;
Et, de quelque façon que l'on me considère,
Abondante en richesse, ou puissante en crédit,
Je demeure toujours la fille d'un proscrit.
Les bienfaits ne font pas toujours ce que tu penses;
D'une main odieuse ils tiennent lieu d'offenses :
Plus nous en prodiguons à qui nous peut haïr,
Plus d'armes nous donnons à qui nous veut trahir.
Il m'en fait chaque jour sans changer mon courage⁵;

---

¹ *Vous vous faites juger* est plus languissant; d'ailleurs, c'est un grand secret, on ne peut encore le juger. (V.)

² Toranius était un plébéien inconnu, qui n'avait joué aucun rôle, et qu'Octave sacrifia dans les proscriptions parcequ'il était riche. (V.)

³ VAR. Que cette passion dût être refroidie. (1643-48.)

⁴ VAR. Ont encore besoin que vous parliez pour eux. (1643-48.)

⁵ *Courage* est ici pour *cœur, amour, haine*; c'était la langue du

ACTE I, SCÈNE II.

Je suis ce que j'étois, et je puis davantage,
Et des mêmes présents qu'il verse dans mes mains
J'achète contre lui les esprits des Romains;
Je recevrois de lui la place de Livie
Comme un moyen plus sûr d'attenter à sa vie [1].
Pour qui venge son père il n'est point de forfaits,
Et c'est vendre son sang que se rendre aux bienfaits.

FULVIE.

Quel besoin toutefois de passer pour ingrate?
Ne pouvez-vous haïr sans que la haine éclate?
Assez d'autres sans vous n'ont pas mis en oubli
Par quelles cruautés son trône est établi;
Tant de braves Romains, tant d'illustres victimes,
Qu'à son ambition ont immolés ses crimes [2],
Laissent à leurs enfants d'assez vives douleurs
Pour venger votre perte en vengeant leurs malheurs.
Beaucoup l'ont entrepris, mille autres vont les suivre:
Qui vit haï de tous ne sauroit long-temps vivre:
Remettez à leurs bras les communs intérêts,
Et n'aidez leurs desseins que par des vœux secrets.

ÆMILIE.

Quoi! je le haïrai sans tâcher de lui nuire?
J'attendrai du hasard qu'il ose le détruire [3]

---

temps. Racine lui-même a employé ce mot dans ce sens. Voyez *Andromaque*, acte IV, sc. III. (A.-M.)

[1] Ce sentiment furieux est, à mon gré, une raison pour ne pas supprimer le monologue qui prépare cette férocité. (V.)

[2] *Ambition ont* est bien dur à l'oreille :

    Fuyez des mauvais sons le concours odieux. (V.)

[3] *Détruire Auguste.* On détruit une ville, et on tue un homme; mais Auguste c'est l'empire, et l'on détruit un empire. Cette belle expression se retrouve dans Racine, qui lui a donné plus

Et je satisferai des devoirs si pressants
Par une haine obscure, et des vœux impuissants?
Sa perte, que je veux, me deviendroit amère,
Si quelqu'un l'immoloit à d'autres qu'à mon père;
Et tu verrois mes pleurs couler pour son trépas,
Qui, le faisant périr, ne me vengeroit pas[1].
C'est une lâcheté que de remettre à d'autres
Les intérêts publics qui s'attachent aux nôtres.
Joignons à la douceur de venger nos parents
La gloire qu'on remporte à punir les tyrans,
Et faisons publier par toute l'Italie:
« La liberté de Rome est l'œuvre d'Æmilie;
« On a touché son ame, et son cœur s'est épris;
« Mais elle n'a donné son amour qu'à ce prix. »

FULVIE.

Votre amour à ce prix n'est qu'un présent funeste
Qui porte à votre amant sa perte manifeste.
Pensez mieux, Æmilie, à quoi vous l'exposez,
Combien à cet écueil se sont déja brisés;
Ne vous aveuglez point quand sa mort est visible.

ÆMILIE.

Ah! tu sais me frapper par où je suis sensible.
Quand je songe aux dangers que je lui fais courir,
La crainte de sa mort me fait déja mourir;
Mon esprit en désordre à soi-même s'oppose;
Je veux, et ne veux pas, je m'emporte, et je n'ose;

---

de grandeur en en faisant un tableau: *Montrer aux nations Mithridate détruit!* (A.-M.)

[1] Ce sentiment atroce et ces beaux vers ont été imités par Racine dans *Andromaque:*

> Ma vengeance est perdue,
> S'il ignore en mourant que c'est moi qui le tue. (V.)

ACTE I, SCÈNE II.

Et mon devoir confus, languissant, étonné ¹,
Cède aux rébellions de mon cœur mutiné.
   Tout beau, ma passion, deviens un peu moins forte ² ;
Tu vois bien des hasards, ils sont grands, mais n'importe :
Cinna n'est pas perdu pour être hasardé.
De quelques légions qu'Auguste soit gardé,
Quelque soin qu'il se donne, et quelque ordre qu'il tienne,
Qui méprise la vie est maître de la sienne ³,
Plus le péril est grand, plus doux en est le fruit ;
La vertu nous y jette, et la gloire le suit :
Quoi qu'il en soit, qu'Auguste ou que Cinna périsse,
Aux mânes paternels je dois ce sacrifice ⁴ ;
Cinna me l'a promis en recevant ma foi :
Et ce coup seul aussi le rend digne de moi.
Il est tard, après tout, de m'en vouloir dédire.
Aujourd'hui l'on s'assemble, aujourd'hui l'on conspire ;
L'heure, le lieu, le bras se choisit aujourd'hui ;
Et c'est à faire enfin à mourir après lui ⁵.

¹ Un *devoir languissant* pour un devoir qu'on tarde à accomplir, c'est une de ces alliances de mots qui enrichissent ou plutôt qui créent une langue. (A.-M.)

² *Tout beau* revient au *pian piano* des Italiens. Ce mot familier est banni du discours sérieux, à plus forte raison de la poésie ; et l'apostrophe à sa passion sort du ton du dialogue et de la vérité : c'est un tour de rhéteur qu'on se permettait encore. (V.)

³ Var. Qui méprise sa vie est maître de la sienne. (1643.)

⁴ Il semble, par ces expressions, qu'elle doive le sacrifice de Cinna. (V.) — Émilie entend évidemment parler du sacrifice qu'elle fait en exposant Cinna. (A.-M.)

⁵ *Et c'est à faire* est encore une expression bourgeoise hors d'usage, même aujourd'hui chez le peuple. Remarquez que dans cette scène il n'y a presque que ces deux mots à reprendre, et que la pièce est faite depuis six vingts ans : ce n'est qu'une scène avec une confidente, et elle est sublime. (V.)

SCÈNE III.

CINNA, ÆMILIE, FULVIE.

ÆMILIE.

Mais le voici qui vient. Cinna, votre assemblée
Par l'effroi du péril n'est-elle point troublée[1]?
Et reconnoissez-vous au front de vos amis
Qu'ils soient prêts à tenir ce qu'ils vous ont promis?

CINNA.

Jamais contre un tyran entreprise conçue
Ne permit d'espérer une si belle issue,
Jamais de telle ardeur on n'en jura la mort[2],
Et jamais conjurés ne furent mieux d'accord;
Tous s'y montrent portés avec tant d'allégresse,
Qu'ils semblent, comme moi, servir une maîtresse;
Et tous font éclater un si puissant courroux,
Qu'ils semblent tous venger un père, comme vous.

ÆMILIE.

Je l'avois bien prévu, que, pour un tel ouvrage,
Cinna sauroit choisir des hommes de courage,
Et ne remettroit pas en de mauvaises mains
L'intérêt d'Æmilie et celui des Romains.

CINNA.

Plût aux dieux que vous-même eussiez vu de quel zèle
Cette troupe entreprend une action si belle[3]!

---

[1] VAR. Des grandeurs du péril n'est-elle point troublée? (1643-48.)

[2] VAR. Jamais de telle ardeur on ne jura sa mort. (1643-48.)

[3] Ce discours de Cinna est un des plus beaux morceaux d'éloquence que nous ayons dans notre langue. (V.)

ACTE I, SCÈNE III.

Au seul nom de César, d'Auguste, et d'empereur,
Vous eussiez vu leurs yeux s'enflammer de fureur [1],
Et dans un même instant, par un effet contraire,
Leur front pâlir d'horreur, et rougir de colère.
« Amis, leur ai-je dit, voici le jour heureux
« Qui doit conclure enfin nos desseins généreux [2] ;
« Le ciel entre nos mains a mis le sort de Rome,
« Et son salut dépend de la perte d'un homme,
« Si l'on doit le nom d'homme à qui n'a rien d'humain,
« A ce tigre altéré de tout le sang romain.
« Combien pour le répandre a-t-il formé de brigues ?
« Combien de fois changé de partis et de ligues ?
« Tantôt ami d'Antoine, et tantôt ennemi,
« Et jamais insolent ni cruel à demi ! »
Là, par un long récit de toutes les misères
Que durant notre enfance ont enduré nos pères [3],
Renouvelant leur haine avec leur souvenir,
Je redouble en leurs cœurs l'ardeur de le punir.
Je leur fais des tableaux de ces tristes batailles

[1] Var. Vous eussiez vu leurs yeux s'allumer de fureur. (1643-48.)

[2] Le mot *dessein* ne convient pas à *conclure* : il me semble qu'on conclut une affaire, un traité, un marché ; que l'on consomme un dessein, qu'on l'exécute, qu'on l'effectue. Peut-être que le verbe *remplir* eût été plus juste et plus poétique que *conclure*. (V.)

[3] *Durant* et *enduré*, dans le même vers, ne sont qu'une inadvertance ; il était aisé de mettre *pendant notre enfance* : mais *ont enduré* paraît une faute aux grammairiens ; ils voudraient, *les misères qu'ont endurées nos pères*. Je ne suis point du tout de leur avis ; il serait ridicule de dire, *les misères qu'ont souffertes nos pères*, quoiqu'il faille dire, *les misères que nos pères ont souffertes*. S'il n'est pas permis à un poëte de se servir en ce cas du participe absolu, il faut renoncer à faire des vers. (V.)

26 CINNA.
Où Rome par ses mains déchiroit ses entrailles,
Où l'aigle abattoit l'aigle, et de chaque côté
Nos légions s'armoient contre leur liberté ;
Où les meilleurs soldats et les chefs les plus braves
Mettoient toute leur gloire à devenir esclaves;
Où, pour mieux assurer la honte de leurs fers,
Tous vouloient à leur chaîne attacher l'univers [1] ;
Et l'exécrable honneur de lui donner un maître [2]
Faisant aimer à tous l'infame nom de traître,
Romains contre Romains, parents contre parents,
Combattoient seulement pour le choix des tyrans.
 J'ajoute à ces tableaux la peinture effroyable
De leur concorde impie, affreuse, inexorable [3],
Funeste aux gens de bien, aux riches, au sénat,
Et, pour tout dire enfin, de leur triumvirat;
Mais je ne trouve point de couleurs assez noires
Pour en représenter les tragiques histoires.
Je les peins dans le meurtre à l'envi triomphants,
Rome entière noyée au sang de ses enfants :
Les uns assassinés dans les places publiques,
Les autres dans le sein de leurs dieux domestiques :
Le méchant par le prix au crime encouragé,
Le mari par sa femme en son lit égorgé ;
Le fils tout dégouttant du meurtre de son père,
Et, sa tête à la main, demandant son salaire [4],

[1] Var. Où le but des soldats et des chefs les plus braves,
 C'étoit d'être vainqueurs pour devenir esclaves;
 Où chacun trahissoit, aux yeux de l'univers,
 Soi-même et son pays pour assurer ses fers. (1643-48.)

[2] Var. Et, tâchant d'acquérir avec le nom de traître
 L'abominable honneur de lui donner un maître. (1643-48.)

[3] Var. De leur concorde affreuse, horrible, impitoyable. (1643-48.)

[4] Peinture énergique des sanglantes proscriptions et des cri-

Sans pouvoir exprimer par tant d'horribles traits [1]
Qu'un crayon imparfait de leur sanglante paix.
  Vous dirai-je les noms de ces grands personnages
Dont j'ai dépeint les morts pour aigrir les courages [2],
De ces fameux proscrits, ces demi-dieux mortels [3],
Qu'on a sacrifiés jusque sur les autels?
Mais pourrois-je vous dire à quelle impatience,
A quels frémissements, à quelle violence,
Ces indignes trépas, quoique mal figurés,
Ont porté les esprits de tous nos conjurés?
Je n'ai point perdu temps, et voyant leur colère
Au point de ne rien craindre, en état de tout faire,
J'ajoute en peu de mots : «Toutes ces cruautés,
«La perte de nos biens et de nos libertés,
«Le ravage des champs, le pillage des villes,
«Et les proscriptions, et les guerres civiles,
«Sont les degrés sanglants dont Auguste a fait choix
«Pour monter sur le trône et nous donner des lois.
«Mais nous pouvons changer un destin si funeste [4],

mes du triumvirat, cet effrayant tableau met dans le parti de Cinna les spectateurs, qui ne voient dans son entreprise que le dessein toujours imposant de rendre la liberté à Rome, et de punir un tyran qui a été barbare. (LA H.)

[1] VAR. Sans exprimer encore avecque tous ces traits. (1643-48.)

[2] Dans le temps de Corneille, on disait *les courages* pour *les esprits*; on peut même se servir encore du mot *courage* en ce sens : mais *aigrir* n'est pas assez fort. Cinna a peint les proscriptions pour faire horreur, pour enflammer les esprits, pour les irriter, pour les envenimer, pour les saisir d'indignation, pour les remplir des fureurs de la vengeance. (V.)

[3] VAR. Ces illustres proscrits, ces demi-dieux mortels. (1643-48.)

[4] VAR. Rendons toutefois grace à la bonté céleste,
    Que de nos trois tyrans c'est le seul qui nous reste. (1643-48.)

« Puisque de trois tyrans c'est le seul qui nous reste,
« Et que, juste une fois, il s'est privé d'appui,
« Perdant, pour régner seul, deux méchants comme lui ;
« Lui mort, nous n'avons point de vengeur ni de maître [1] ;
« Avec la liberté Rome s'en va renaître [2] ;
« Et nous mériterons le nom de vrais Romains,
« Si le joug qui l'accable est brisé par nos mains.
« Prenons l'occasion tandis qu'elle est propice :
« Demain au Capitole il fait un sacrifice ;
« Qu'il en soit la victime, et faisons en ces lieux
« Justice à tout le monde, à la face des dieux :
« Là presque pour sa suite il n'a que notre troupe,
« C'est de ma main qu'il prend et l'encens et la coupe ;
« Et je veux pour signal que cette même main
« Lui donne, au lieu d'encens, d'un poignard dans le sein.
« Ainsi d'un coup mortel la victime frappée
« Fera voir si je suis du sang du grand Pompée ;
« Faites voir, après moi, si vous vous souvenez
« Des illustres aïeux de qui vous êtes nés. »

[1] Il veut dire :
    Mort, il est sans vengeur, et nous sommes sans maître.
En effet, c'est Rome qui a des vengeurs dans les assassins du tyran. Corneille entend donc qu'Auguste restera sans vengeance. (V.)

[2] *S'en va renaître*. Cette expression n'est point fautive en poésie ; au contraire, voyez dans l'*Iphigénie* de Racine :
    Et ce triomphe heureux qui s'en va devenir
    L'éternel entretien des siècles à venir.
Cet exemple est un de ceux qui peuvent servir à distinguer le langage de la poésie de celui de la prose. (V.) — Dans des exemples beaucoup plus remarquables et plus importants, Voltaire n'a pas toujours saisi les différences essentielles qui distinguent la langue poétique de celle de la prose. (P.)

A peine ai-je achevé, que chacun renouvelle,
Par un noble serment, le vœu d'être fidèle :
L'occasion leur plaît; mais chacun veut pour soi
L'honneur du premier coup, que j'ai choisi pour moi.
La raison règle enfin l'ardeur qui les emporte :
Maxime et la moitié s'assurent de la porte;
L'autre moitié me suit, et doit l'environner,
Prête au premier signal que je voudrai donner [1].
Voilà, belle Æmilie, à quel point nous en sommes.
Demain j'attends la haine ou la faveur des hommes,
Le nom de parricide ou de libérateur,
César celui de prince ou d'un usurpateur [2].
Du succès qu'on obtient contre la tyrannie
Dépend ou notre gloire ou notre ignominie;
Et le peuple, inégal à l'endroit des tyrans [3],
S'il les déteste morts, les adore vivants.
Pour moi, soit que le ciel me soit dur ou propice,
Qu'il m'élève à la gloire, ou me livre au supplice,
Que Rome se déclare ou pour ou contre nous,
Mourant pour vous servir, tout me semblera doux.

ÆMILIE.

Ne crains point de succès qui souille ta mémoire :
Le bon et le mauvais sont égaux pour ta gloire;
Et, dans un tel dessein, le manque de bonheur

---

[1] Il faut *que je donnerai* : le signal devant être convenu d'avance ne dépend plus de la volonté du chef au moment de l'exécution. (A.-M.)

[2] Il faut *d'usurpateur*, dans la règle; *il aura le nom de prince légitime ou d'usurpateur*. Mais gênons la poésie le moins que nous pourrons. (V.)

Var. César celui de prince, ou bien d'usurpateur. (1643-48.)

[3] Ce terme *à l'endroit* n'est plus d'usage dans le style noble. (V.)

30 CINNA.

Met en péril ta vie, et non pas ton honneur.
Regarde le malheur de Brute et de Cassie ;
La splendeur de leurs noms en est-elle obscurcie ?
Sont-ils morts tout entiers avec leurs grands desseins [1]?
Ne les compte-t-on plus pour les derniers Romains [2] ?
Leur mémoire dans Rome est encor précieuse
Autant que de César la vie est odieuse ;
Si leur vainqueur y règne, ils y sont regrettés,
Et par les vœux de tous leurs pareils souhaités.
  Va marcher sur leurs pas [3] où l'honneur te convie [4] :
Mais ne perds pas le soin de conserver ta vie ;
Souviens-toi du beau feu dont nous sommes épris,
Qu'aussi bien que la gloire Æmilie est ton prix ;
Que tu me dois ton cœur, que mes faveurs t'attendent [5],
Que tes jours me sont chers, que les miens en dépendent.
Mais quelle occasion mène Évandre vers nous [6] ?

[1] Var. Et sont-ils morts entiers avecque leurs desseins ? (1643-48.)
  Cette expression sublime, *mourir tout entier*, est prise du latin d'Horace, *non omnis moriar* ; et *tout entier* est plus énergique. Racine l'a imitée dans sa belle pièce d'*Iphigénie* :

  Ne laisser aucun nom, et mourir tout entier. (V.)

[2] Var. Ont-ils perdu celui de derniers des Romains ? (1643-48.)

[3] Il faudrait, *va, marche* ; on ne dit pas plus *allons marcher* qu'*allons aller*. (V.) — *Va marcher sur leurs pas*, c'est-à-dire, au figuré : Va *imiter* les derniers Romains. D'ailleurs *va* ne veut pas toujours dire *marcher* ; il exprime aussi quelquefois ce qui doit être fait rapidement. (A.-M.)

[4] *Convie* est une très belle expression ; elle était très usitée dans le grand siècle de Louis XIV. Il est à souhaiter que ce mot continue d'être en usage. (V.) — Voyez la première note du second acte du *Menteur*.

[5] Ailleurs ce mot de *faveurs* exciterait le ris et le murmure ; mais ce mot est ici confondu dans la foule des beautés de cette scène, si vive, si éloquente, et si romaine. (V.)

[6] Var. Et que... Mais quel sujet mène Évandre vers nous ? (1643-48.)

SCÈNE IV.

CINNA, ÆMILIE, ÉVANDRE, FULVIE.

ÉVANDRE.
Seigneur, César vous mande, et Maxime avec vous [1].
CINNA.
Et Maxime avec moi! Le sais-tu bien, Évandre?
ÉVANDRE.
Polyclète est encor chez vous à vous attendre,
Et fût venu lui-même avec moi vous chercher,
Si ma dextérité n'eût su l'en empêcher;
Je vous en donne avis, de peur d'une surprise.
Il presse fort.
ÆMILIE.
Mander les chefs de l'entreprise!
Tous deux! en même temps! Vous êtes découverts.
CINNA.
Espérons mieux, de grace.

[1] L'intrigue est nouée dès le premier acte ; le plus grand intérêt et le plus grand péril s'y manifestent : c'est un coup de théâtre. Remarquez que l'on s'intéresse d'abord beaucoup au succès de la conspiration de Cinna et d'Émilie : 1° parceque c'est une conspiration; 2° parceque l'amant et la maîtresse sont en danger; 3° parceque Cinna a peint Auguste avec toutes les couleurs que les proscriptions méritent, et que dans son récit il a rendu Auguste *exécrable* ; 4° parcequ'il n'y a point de spectateur qui ne prenne dans son cœur le parti de la liberté. Il est important de faire voir que, dans ce premier acte, Cinna et Émilie s'emparent de tout l'intérêt; on tremble qu'ils ne soient découverts. Vous verrez qu'ensuite cet intérêt change, et vous jugerez si c'est un défaut ou non. (V.)

ÆMILIE.

Ah, Cinna! je te perds,
Et les dieux, obstinés à nous donner un maître,
Parmi tes vrais amis ont mêlé quelque traître.
Il n'en faut point douter, Auguste a tout appris.
Quoi, tous deux! et sitôt que le conseil est pris!

CINNA.

Je ne vous puis celer que son ordre m'étonne;
Mais souvent il m'appelle auprès de sa personne;
Maxime est comme moi de ses plus confidents,
Et nous nous alarmons peut-être en imprudents.

ÆMILIE.

Sois moins ingénieux à te tromper toi-même,
Cinna, ne porte point mes maux jusqu'à l'extrême;
Et, puisque désormais tu ne peux me venger [1],
Dérobe au moins ta tête à ce mortel danger;
Fuis d'Auguste irrité l'implacable colère.
Je verse assez de pleurs pour la mort de mon père [2];
N'aigris point ma douleur par un nouveau tourment,
Et ne me réduis point à pleurer mon amant [3].

CINNA.

Quoi! sur l'illusion d'une terreur panique,
Trahir vos intérêts et la cause publique!
Par cette lâcheté moi-même m'accuser,

---

[1] Var. Et, puisque désormais tu ne me peux venger. (1643.)

[2] Peut-être ces pleurs, disent les critiques sévères, sont un peu trop de commande : peut-être n'est-il pas bien naturel qu'on pleure son père au bout de vingt ans; et il est certain que les spectateurs ne pleurent point ce Toranius, père d'Émilie. Mais si Corneille s'élève ici au-dessus de la nature, il ne choque point la nature : c'est une beauté plutôt qu'un défaut. (V.)

[3] Var. Et ne lui permets point de m'ôter mon amant. (1643-48.)

ACTE I, SCÈNE IV.

Et tout abandonner quand il faut tout oser!
Que feront nos amis si vous êtes déçue?

ÆMILIE.

Mais que deviendras-tu si l'entreprise est sue?

CINNA.

S'il est pour me trahir des esprits assez bas,
Ma vertu pour le moins ne me trahira pas;
Vous la verrez, brillante au bord des précipices,
Se couronner de gloire en bravant les supplices,
Rendre Auguste jaloux du sang qu'il répandra,
Et le faire trembler alors qu'il me perdra.
   Je deviendrois suspect à tarder davantage.
Adieu. Raffermissez ce généreux courage.
S'il faut subir le coup d'un destin rigoureux,
Je mourrai tout ensemble heureux et malheureux[1] :
Heureux pour vous servir de perdre ainsi la vie[2],
Malheureux de mourir sans vous avoir servie.

ÆMILIE.

Oui, va, n'écoute plus ma voix qui te retient;
Mon trouble se dissipe, et ma raison revient.
Pardonne à mon amour cette indigne foiblesse.
Tu voudrois fuir en vain, Cinna, je le confesse;
Si tout est découvert, Auguste a su pourvoir
A ne te laisser pas ta fuite en ton pouvoir.
Porte, porte chez lui cette mâle assurance,

---

[1] Boileau reprenait cet *heureux* et *malheureux* : il y trouvait trop de recherche et je ne sais quoi d'alambiqué. On peut dire, *heureux dans mon malheur*, l'exact et l'élégant Racine l'a dit; mais être à-la-fois heureux et malheureux, expliquer et retourner cette antithèse, cette énigme; cela n'est pas de la véritable éloquence. (V.)

[2] Var. Heureux pour vous servir d'abandonner la vie. (1643-48.)

Digne de notre amour, digne de ta naissance;
Meurs, s'il y faut mourir, en citoyen romain,
Et par un beau trépas couronne un beau dessein.
Ne crains pas qu'après toi rien ici me retienne;
Ta mort emportera mon ame vers la tienne;
Et mon cœur aussitôt percé des mêmes coups....

CINNA.

Ah! souffrez que tout mort je vive encore en vous;
Et du moins en mourant permettez que j'espère
Que vous saurez venger l'amant avec le père.
Rien n'est pour vous à craindre; aucun de nos amis[1]
Ne sait ni vos desseins, ni ce qui m'est promis;
Et, leur parlant tantôt des misères romaines,
Je leur ai tu la mort qui fait naître nos haines,
De peur que mon ardeur, touchant vos intérêts,
D'un si parfait amour ne trahît les secrets;
Il n'est su que d'Évandre et de votre Fulvie.

ÆMILIE.

Avec moins de frayeur je vais donc chez Livie,
Puisque dans ton péril il me reste un moyen
De faire agir pour toi son crédit et le mien :
Mais si mon amitié par-là ne te délivre,
N'espère pas qu'enfin je veuille te survivre.
Je fais de ton destin des règles à mon sort[2],

---

[1] VAR. Dans un si grand péril vos jours sont assurés,
   Vos desseins ne sont sus d'aucun des conjurés;
   Et, décrivant tantôt les misères romaines,
. . . .
   De peur que trop d'ardeur, touchant vos intérêts,
   Sur mon visage ému ne peignît nos secrets :
   Notre amour n'est connu que d'Évandre et Fulvie. (1643-48.)

[2] *Je fais de ton destin des règles à mon sort*, n'est pas à la vérité une expression heureuse; mais y a-t-il des fautes au milieu de

ACTE I, SCÈNE IV.

Et j'obtiendrai ta vie, ou je suivrai ta mort [1].

CINNA.

Soyez en ma faveur moins cruelle à vous-même.

ÆMILIE.

Va-t'en, et souviens-toi seulement que je t'aime [2].

---

tant de beaux vers, avec tant d'intérêt, de grandeur et d'éloquence? (V.)

[1] *Je suivrai ta mort* n'exprime pas ce que l'auteur veut dire, *je mourrai après toi.* (V.)

[2] *Seulement* fait là un mauvais effet; car Cinna doit se souvenir de son entreprise et de ses amis. (V.) — *Seulement* n'est pas inutile. Ce vers signifie : « Ne te préoccupe pas de la pensée de ma mort, qui suivra la tienne; *pense seulement* que je t'aime. » Et c'est ainsi qu'elle lui rappelle toute la conspiration, au lieu de la lui faire oublier. On ne comprend pas une telle inadvertance dans Voltaire. (A.-M.)

FIN DU PREMIER ACTE.

ACTE SECOND.

SCÈNE I[1].

AUGUSTE, CINNA, MAXIME, TROUPE
DE COURTISANS.

AUGUSTE.

Que chacun se retire, et qu'aucun n'entre ici.
Vous, Cinna, demeurez, et vous, Maxime, aussi.
(Tous se retirent, à la réserve de Cinna et de Maxime.)
Cet empire absolu sur la terre et sur l'onde,

---

[1] Corneille, dans son examen de *Cinna*, semble se condamner d'avoir manqué à l'unité de lieu. *Le premier acte*, dit-il, *se passe dans l'appartement d'Émilie, le second dans celui d'Auguste :* mais il fait aussi réflexion que l'unité s'étend à tout le palais; il est impossible que cette unité soit plus rigoureusement observée. Si on avait eu des théâtres véritables, une scène, semblable à celle de Vicence, qui représentât plusieurs appartements, les yeux des spectateurs auraient vu ce que leur esprit doit suppléer. C'est la faute des constructeurs quand un théâtre ne représente pas les différents endroits où se passe l'action, dans une même enceinte, une place, un temple, un palais, un vestibule, un cabinet, etc. Il s'en fallait beaucoup que le théâtre fût digne des pièces de Corneille. C'est une chose admirable sans doute d'avoir supposé cette délibération d'Auguste avec ceux mêmes qui viennent de faire serment de l'assassiner : sans cela, cette scène serait plutôt un beau morceau de déclamation qu'une belle scène de tragédie. (V.)

ACTE II, SCÈNE I.

Ce pouvoir souverain que j'ai sur tout le monde,
Cette grandeur sans borne, et cet illustre rang [1]
Qui m'a jadis coûté tant de peine et de sang [2],

---

[1] VAR. Cette grandeur sans borne, et ce superbe rang. (1643.)

[2] *Cet empire absolu, ce pouvoir souverain, la terre et l'onde, tout le monde, et cet illustre rang*, sont une redondance, un pléonasme, une petite faute. Fénelon, dans sa lettre à l'Académie sur l'éloquence, dit : « Il me semble qu'on a donné souvent aux Romains « un discours trop fastueux ; je ne trouve point de proportion « entre l'emphase avec laquelle Auguste parle dans la tragédie de « *Cinna*, et la modeste simplicité avec laquelle Suétone le dépeint. » Il est vrai : mais ne faut-il pas quelque chose de plus relevé sur le théâtre que dans Suétone? Il y a un milieu à garder entre l'enflure et la simplicité. Il faut avouer que Corneille a quelquefois passé les bornes.

L'archevêque de Cambrai avait d'autant plus raison de reprendre cette enflure vicieuse, que de son temps les comédiens chargeaient encore ce défaut par la plus ridicule affectation dans l'habillement, dans la déclamation, et dans les gestes. On voyait Auguste arriver avec la démarche d'un matamore, coiffé d'une perruque carrée qui descendait par-devant jusqu'à la ceinture ; cette perruque était farcie de feuilles de laurier, et surmontée d'un large chapeau avec deux rangs de plumes rouges. Auguste, ainsi défiguré par des bateleurs gaulois sur un théâtre de marionnettes, était quelque chose de bien étrange ; il se plaçait sur un énorme fauteuil à deux gradins, et Maxime et Cinna étaient sur deux petits tabourets. La déclamation ampoulée répondait parfaitement à cet étalage ; et surtout Auguste ne manquait pas de regarder Cinna et Maxime du haut en bas avec un noble dédain, en prononçant ces vers :

Enfin tout ce qu'adore en ma haute fortune
D'un courtisan flatteur la présence importune.

Il faisait bien sentir que c'était eux qu'il regardait comme des courtisans flatteurs. En effet, il n'y a rien dans le commencement de cette scène qui empêche que ces vers ne puissent être joués ainsi. Auguste n'a point encore parlé avec bonté, avec

38   CINNA.

Enfin tout ce qu'adore en ma haute fortune
D'un courtisan flatteur la présence importune,
N'est que de ces beautés dont l'éclat éblouit,
Et qu'on cesse d'aimer sitôt qu'on en jouit.
L'ambition déplaît quand elle est assouvie [1],
D'une contraire ardeur son ardeur est suivie ;
Et comme notre esprit, jusqu'au dernier soupir,
Toujours vers quelque objet pousse quelque desir,
Il se ramène en soi, n'ayant plus où se prendre,
Et, monté sur le faîte, il aspire à descendre [2].

amitié à Cinna et à Maxime ; il ne leur a encore parlé que de son pouvoir absolu sur la terre et sur l'onde. (V.) — Ceci est une distraction. Dès le commencement de la scène, Auguste sépare ses courtisans de ceux qu'il regarde comme ses amis. Il dit aux uns : *Que chacun se retire*; il dit aux autres : *Vous, Cinna, demeurez, et vous, Maxime, aussi.* La longue note de Voltaire prouve seulement qu'Auguste ne doit pas farcir de lauriers son énorme perruque, et qu'en s'adressant à Cinna et à Maxime, il doit s'exprimer avec une familiarité affectueuse. Quant aux premiers vers si ampoulés et si pleins d'emphase, ce défaut disparaîtrait en partie si Auguste les récitait avec un peu d'ironie, et comme des paroles échappées à *ces courtisans flatteurs* dont il vient de congédier la troupe. Corneille a au moins le droit de compter sur des acteurs intelligents. (A.-M.)

[1] Ces maximes générales sont rarement convenables au théâtre (comme nous le remarquons plusieurs fois), sur-tout quand leur longueur dégénère en dissertation ; mais ici elles sont à leur place. La passion et le danger n'admettent point les maximes : Auguste n'a point de passion, et n'éprouve point ici de dangers ; c'est un homme qui réfléchit, et ses réflexions mêmes servent encore à justifier le projet de renoncer à l'empire. Ce qui ne serait pas permis dans une scène vive et passionnée est ici admirable. (V.)

[2] « Remarquez bien cette expression, disoit Racine à son fils. « On dit : aspirer à monter ; mais il faut connoître le cœur hu-

ACTE II, SCÈNE I.

J'ai souhaité l'empire, et j'y suis parvenu ;
Mais, en le souhaitant, je ne l'ai pas connu :
Dans sa possession j'ai trouvé pour tous charmes
D'effroyables soucis, d'éternelles alarmes,
Mille ennemis secrets, la mort à tous propos [1],
Point de plaisir sans trouble, et jamais de repos [2].
Sylla m'a précédé dans ce pouvoir suprême :
Le grand César mon père en a joui de même ;
D'un œil si différent tous deux l'ont regardé [3],
Que l'un s'en est démis, et l'autre l'a gardé :
Mais l'un, cruel, barbare, est mort aimé, tranquille,
Comme un bon citoyen dans le sein de sa ville ;
L'autre, tout débonnaire, au milieu du sénat
A vu trancher ses jours par un assassinat.
Ces exemples récents suffiroient pour m'instruire,
Si par l'exemple seul on se devoit conduire :
L'un m'invite à le suivre, et l'autre me fait peur ;
Mais l'exemple souvent n'est qu'un miroir trompeur ;

« main aussi bien que Corneille l'a connu, pour avoir su dire de
« l'ambitieux, qu'il aspire à descendre. » En effet, ce mot *aspire*,
qui d'ordinaire s'emploie avec *s'élever*, devient une beauté frappante quand on le joint à descendre : c'est cet heureux emploi
des mots qui fait la belle poésie, et qui fait passer un ouvrage
à la postérité. (V.)

[1] *La mort à tous propos* est trop familier. Si ces légers défauts se
trouvaient dans une tirade faible, ils l'affaibliraient encore ;
mais ces négligences ne choquent personne dans un morceau si
supérieurement écrit : ce sont de petites pierres entourées de
diamants ; elles en reçoivent de l'éclat, et n'en ôtent point. (V.)

[2] Point de plaisir sans trouble, et jamais de repos,

est trop faible, trop inutile, après *la mort à tous propos*. (V.)

[3] VAR. Sylla s'en est démis, mon père l'a gardé ;
  Différents en leur fin comme en leur procédé.
  L'un, cruel et barbare, est mort aimé, tranquille. (1643-48.)

Et l'ordre du destin qui gêne nos pensées
N'est pas toujours écrit dans les choses passées.
Quelquefois l'un se brise où l'autre s'est sauvé,
Et par où l'un périt un autre est conservé.
  Voilà, mes chers amis, ce qui me met en peine.
Vous, qui me tenez lieu d'Agrippe et de Mécène [1],
Pour résoudre ce point avec eux débattu,
Prenez sur mon esprit le pouvoir qu'ils ont eu :
Ne considérez point cette grandeur suprême,
Odieuse aux Romains, et pesante à moi-même ;
Traitez-moi comme ami, non comme souverain ;
Rome, Auguste, l'état, tout est en votre main :
Vous mettrez et l'Europe, et l'Asie, et l'Afrique,

---

[1] Auguste eut en effet, à ce qu'on dit, cette conversation avec Agrippa et Mécénas : Dion Cassius les fait parler tous deux ; mais qu'il est faible et stérile, en comparaison de Corneille ! Dion Cassius fait ainsi parler Mécénas : *Consultez plutôt les besoins de la patrie que la voix du peuple, qui, semblable aux enfants, ignore ce qui lui est profitable ou nuisible. La république est comme un vaisseau battu de la tempête*, etc. Comparez ces discours à ceux de Corneille, dans lesquels il avait la difficulté de la rime à surmonter. Cette scène est un traité du droit des gens. La différence que Corneille établit entre l'usurpation et la tyrannie était une chose toute nouvelle ; et jamais écrivain n'avait étalé des idées politiques en prose aussi fortement que Corneille les approfondit en vers. (V.)
— Remarquez qu'Auguste n'a pas une idée qui ne lui soit personnellement relative. Il n'examine pas s'il doit quitter le sceptre pour le bien de Rome, mais pour sa sûreté : il ne s'épouvante pas du souvenir de ses attentats par un remords involontaire, mais pour sa sûreté. C'est ainsi que plus tard il usera de la clémence, mais toujours pour sa sûreté. Toutes ses vues n'ont donc que lui pour objet, et le monde entier se concentre en son individu. Ce caractère est bien celui du tyran, et il ne se dément pas un moment dans la pièce. (Lemercier.)

ACTE II, SCÈNE I. 41

Sous les lois d'un monarque, ou d'une république;
Votre avis est ma règle, et par ce seul moyen
Je veux être empereur, ou simple citoyen.

CINNA.

Malgré notre surprise¹, et mon insuffisance,
Je vous obéirai, seigneur, sans complaisance,
Et mets bas le respect qui pourroit m'empêcher
De combattre un avis où vous semblez pencher;
Souffrez-le d'un esprit jaloux de votre gloire,
Que vous allez souiller d'une tache trop noire,
Si vous ouvrez votre ame à ces impressions²,
Jusques à condamner toutes vos actions.
   On ne renonce point aux grandeurs légitimes;
On garde sans remords ce qu'on acquiert sans crimes;
Et plus le bien qu'on quitte est noble, grand, exquis,
Plus qui l'ose quitter le juge mal acquis.
N'imprimez pas, seigneur, cette honteuse marque
A ces rares vertus qui vous ont fait monarque;
Vous l'êtes justement, et c'est sans attentat
Que vous avez changé la forme de l'état.
Rome est dessous vos lois par le droit de la guerre ³
Qui sous les lois de Rome a mis toute la terre;

¹ Ce mot est la critique du peu de préparation donnée à cette scène. En effet, est-il naturel qu'Auguste veuille ainsi abdiquer tout d'un coup sans aucun sujet, sans aucune raison nouvelle? (V.) — Cinna feint la surprise qu'il n'éprouvait pas; on était accoutumé à entendre Auguste parler d'abdication : c'était un de ses moyens politiques. (Voyez Sénèque.) (A.-M.)

² Var. Si, vous laissant séduire à ces impressions,
   Vous-même condamnez toutes vos actions. (1643-48.)

³ Comme il faut des remarques grammaticales, sur-tout pour les étrangers, on est obligé d'avertir qu'aujourd'hui *dessous* est

Vos armes l'ont conquise, et tous les conquérants
Pour être usurpateurs ne sont pas des tyrans;
Quand ils ont sous leurs lois asservi des provinces [1],
Gouvernant justement, ils s'en font justes princes :
C'est ce que fit César; il vous faut aujourd'hui
Condamner sa mémoire, ou faire comme lui [2].
Si le pouvoir suprême est blâmé par Auguste,
César fut un tyran, et son trépas fut juste,
Et vous devez aux dieux compte de tout le sang
Dont vous l'avez vengé pour monter à son rang [3].
N'en craignez point, seigneur, les tristes destinées;
Un plus puissant démon veille sur vos années [4] :
On a dix fois sur vous attenté sans effet,
Et qui l'a voulu perdre au même instant l'a fait [5].

adverbe, et n'est point préposition : *Est-il dessus? est-il dessous? il est sous vous; il est sous lui.* (V.)

[1] Var. Lorsque notre valeur nous gagne une province,
Gouvernant justement, on devient juste prince. (1643-48.)

[2] Le mot de *faire* est prosaïque et vague : *régner comme lui* eût mieux valu. (V.) — La correction de Voltaire n'est pas bonne. *Faire comme lui* ne veut pas tout-à-fait dire *régner comme lui,* mais simplement ne pas abdiquer. (A.-M.)

[3] Cela n'est pas français; il a vengé César *par le sang*, et non *du sang*. Il fallait :
Et vous devez aux dieux compte de tout le sang
Que vous avez versé pour monter à son rang. (V.)

[4] Var. Mais sa mort vous fait peur? Seigneur, les destinées
D'un soin bien plus exact veillent sur vos années. (1643-48.)

[5] On ne sait point à quoi se rapporte *le perdre;* on pourrait entendre par ce vers, *ceux qui ont attenté sur vous se sont perdus.* Il faut éviter ce mot *faire,* sur-tout à la fin d'un vers : petite remarque, mais utile. Ce mot *faire* est trop vague : il ne présente ni idée déterminée ni image ; il est lâche, il est prosaïque. (V.)
— *Le perdre* se rapporte évidemment et nécessairement à César.

On entreprend assez, mais aucun n'exécute ;
Il est des assassins, mais il n'est plus de Brute :
Enfin, s'il faut attendre un semblable revers,
Il est beau de mourir maître de l'univers.
C'est ce qu'en peu de mots j'ose dire ; et j'estime
Que ce peu que j'ai dit est l'avis de Maxime.

MAXIME.

Oui, j'accorde qu'Auguste a droit de conserver
L'empire où sa vertu l'a fait seule arriver,
Et qu'au prix de son sang, au péril de sa tête,
Il a fait de l'état une juste conquête ;
Mais que, sans se noircir, il ne puisse quitter
Le fardeau que sa main est lasse de porter,
Qu'il accuse par-là César de tyrannie,
Qu'il approuve sa mort, c'est ce que je dénie.

Rome est à vous, seigneur, l'empire est votre bien ;
Chacun en liberté peut disposer du sien ;
Il le peut à son choix garder, ou s'en défaire :
Vous seul ne pourriez pas ce que peut le vulgaire,
Et seriez devenu, pour avoir tout dompté,
Esclave des grandeurs où vous êtes monté ?
Possédez-les, seigneur, sans qu'elles vous possèdent.
Loin de vous captiver, souffrez qu'elles vous cèdent ;
Et faites hautement connoître enfin à tous
Que tout ce qu'elles ont est au-dessous de vous.
Votre Rome autrefois vous donna la naissance [1] ;
Vous lui voulez donner votre toute-puissance ;

On a tenté inutilement dix conspirations contre Auguste, et il n'en a fallu qu'une pour perdre César. Par quelle étrange inattention ce sens si naturel peut-il être échappé à Voltaire ? (P.)

[1] La tyrannie du vers amène très mal-à-propos ce mot oiseux *autrefois*. (V.)

Et Cinna vous impute à crime capital
La libéralité vers le pays natal[1] !
Il appelle remords l'amour de la patrie!
Par la haute vertu la gloire est donc flétrie[2],
Et ce n'est qu'un objet digne de nos mépris,
Si de ses pleins effets l'infamie est le prix[3] !
Je veux bien avouer qu'une action si belle
Donne à Rome bien plus que vous ne tenez d'elle;
Mais commet-on un crime indigne de pardon[4],
Quand la reconnoissance est au-dessus du don?
Suivez, suivez, seigneur, le ciel qui vous inspire :
Votre gloire redouble à mépriser l'empire;
Et vous serez fameux chez la postérité,
Moins pour l'avoir conquis que pour l'avoir quitté.
Le bonheur peut conduire à la grandeur suprême,
Mais pour y renoncer il faut la vertu même;
Et peu de généreux vont jusqu'à dédaigner,

[1] *Le pays natal* n'est pas du style noble. *La libéralité* n'est pas le mot propre : car *rendre la liberté à sa patrie* est bien plus que *liberalitas Augusti*. (V.) — Il n'est pas question de traduire *liberalitas Augusti*, expression latine qui n'a pas le moindre rapport avec ce passage. Maxime va dire qu'Auguste donnerait à Rome *plus* qu'il n'a reçu d'elle. Or un tel don s'appelle *libéralité*. (A.-M.)

[2] Var. Par la même vertu la gloire est donc flétrie,
. . . .
Si de ses plus hauts faits l'infamie est le prix ! (1643-48.)

[3] Cette phrase n'a pas la clarté, l'élégance, la justesse nécessaires. La vertu est donc un objet digne de nos mépris, si l'infamie est le prix de ses pleins effets. Remarquez de plus qu'*infamie* n'est pas le mot propre : il n'y a point d'infamie à renoncer à l'empire. (V.)

[4] Var. Mais ce n'est pas un crime indigne de pardon. (1643-48.)

ACTE II, SCÈNE I.

Après un sceptre acquis, la douceur de régner [1].
Considérez d'ailleurs que vous régnez dans Rome,
Où, de quelque façon que votre cour vous nomme,
On hait la monarchie; et le nom d'empereur,
Cachant celui de roi, ne fait pas moins d'horreur.
Ils passent [2] pour tyran quiconque s'y fait maître;
Qui le sert, pour esclave, et qui l'aime, pour traître [3];
Qui le souffre a le cœur lâche, mol, abattu [4],
Et pour s'en affranchir tout s'appelle vertu.
Vous en avez, seigneur, des preuves trop certaines :
On a fait contre vous dix entreprises vaines;
Peut-être que l'onzième est prête d'éclater,
Et que ce mouvement qui vous vient d'agiter [5]

---

[1] *Après un sceptre acquis*; cet hémistiche n'est pas heureux, et ces deux vers sont de trop après celui-ci :

    Mais pour y renoncer il faut la vertu même.

C'est toujours gâter une belle pensée que de vouloir y ajouter; c'est une abondance vicieuse. (V.)

[2] Ils *passent pour* tyran, c'est-à-dire ils *tiennent* pour tyran. Corneille a donné au verbe *passer* une signification active qu'il avait probablement de son temps. On dit encore aujourd'hui *passer* de la fausse monnaie pour bonne. (A.-M.)

[3] Voilà encore de cette abondance superflue et stérile. Pourquoi celui qui aime un usurpateur est-il traître ? Il n'est certainement pas traître parcequ'il l'aime. Quand on a dit qu'il est esclave, on a tout dit; le reste est inutile. (V.) — Comment, après avoir dit qu'un homme est méprisable comme esclave, on ne pourra pas ajouter qu'il est détesté comme traître ? Voltaire ne comprend pas qu'être l'ami du tyran, c'est trahir sa patrie ! Il est difficile de pousser plus loin la distraction. (A.-M.)

[4] On ne se sert plus du terme *mol*. De plus, ces trois épithètes forment un vers trop négligé; la précision y perd, et le sens n'y gagne rien. (V.)

[5] Var. Et que ce mouvement qui vous vient agiter. (1643-48.)

46   CINNA.
N'est qu'un avis secret que le ciel vous envoie,
Qui pour vous conserver n'a plus que cette voie.
Ne vous exposez plus à ces fameux revers :
Il est beau de mourir maître de l'univers ;
Mais la plus belle mort souille notre mémoire,
Quand nous avons pu vivre, et croître notre gloire [1].

CINNA.
Si l'amour du pays doit ici prévaloir,
C'est son bien seulement que vous devez vouloir ;
Et cette liberté, qui lui semble si chère,
N'est pour Rome, seigneur, qu'un bien imaginaire,
Plus nuisible qu'utile, et qui n'approche pas
De celui qu'un bon prince apporte à ses états :
Avec ordre et raison les honneurs il dispense,
Avec discernement punit et récompense [2],
Et dispose de tout en juste possesseur,
Sans rien précipiter, de peur d'un successeur.
Mais quand le peuple est maître, on n'agit qu'en tumulte ;
La voix de la raison jamais ne se consulte ;
Les honneurs sont vendus aux plus ambitieux,
L'autorité livrée aux plus séditieux [3].
Ces petits souverains qu'il fait pour une année,
Voyant d'un temps si court leur puissance bornée,
Des plus heureux desseins font avorter le fruit,
De peur de le laisser à celui qui les suit :
Comme ils ont peu de part aux biens dont ils ordonnent,

[1] Var. Quand nous avons pu vivre avecque plus de gloire. (1643-48.)
[2] Var. Avecque jugement punit et récompense,
Ne précipite rien, de peur d'un successeur,
Et dispose de tout en juste possesseur. (1643-48.)
[3] Var. Les magistrats donnés aux plus séditieux. (1643-48.)

Dans le champ du public largement ils moissonnent ¹,
Assurés que chacun leur pardonne aisément,
Espérant à son tour un pareil traitement.
Le pire des états, c'est l'état populaire ².

AUGUSTE.

Et toutefois le seul qui dans Rome peut plaire.
Cette haine des rois que depuis cinq cents ans
Avec le premier lait sucent tous ses enfants,
Pour l'arracher des cœurs, est trop enracinée.

MAXIME.

Oui, seigneur, dans son mal Rome est trop obstinée ;
Son peuple, qui s'y plaît, en fuit la guérison :
Sa coutume l'emporte, et non pas la raison ;
Et cette vieille erreur, que Cinna veut abattre,

¹ Var. Dedans le champ d'autrui largement ils moissonnent. (1643-48.)
² Quelle prodigieuse supériorité de la belle poésie sur la prose ! Tous les écrivains politiques ont délayé ces pensées ; aucun a-t-il approché de la force, de la profondeur, de la netteté, de la précision de ces discours de Cinna et de Maxime ? Tous les corps de l'état auraient dû assister à cette pièce pour apprendre à penser et à parler ; ils ne faisaient que des harangues ridicules, qui sont la honte de la nation. Corneille était un maître dont ils avaient besoin ; mais un préjugé, plus barbare encore que ne l'était l'éloquence du barreau et de la chaire, a souvent empêché plusieurs magistrats très éclairés d'imiter Cicéron et Hortensius, qui allaient entendre des tragédies fort inférieures à celles de Corneille. Ainsi les hommes pour qui ces pièces étaient faites ne les voyaient pas. Le parterre n'était pas digne de ces tableaux de la grandeur romaine. Les femmes ne voulaient que de l'amour ; bientôt on ne traita plus que l'amour, et par-là on fournit à ceux que leurs petits talents rendent jaloux de la gloire des spectacles un malheureux prétexte de s'élever contre le premier des beaux-arts. Nous avons eu un chancelier qui a écrit sur l'art dramatique, et on a observé que de sa vie il n'alla au spectacle ; mais Scipion, Caton, Cicéron, César, y allaient. (V.)

Est une heureuse erreur dont il est idolâtre [1],
Par qui le monde entier, asservi sous ses lois [2],
L'a vu cent fois marcher sur la tête des rois,
Son épargne s'enfler du sac de leurs provinces.
Que lui pouvoient de plus donner les meilleurs princes?
  J'ose dire, seigneur, que par tous les climats
Ne sont pas bien reçus toutes sortes d'états;
Chaque peuple a le sien conforme à sa nature,
Qu'on ne sauroit changer sans lui faire une injure :
Telle est la loi du ciel, dont la sage équité
Sème dans l'univers cette diversité.
Les Macédoniens aiment le monarchique,
Et le reste des Grecs la liberté publique :
Les Parthes, les Persans veulent des souverains;
Et le seul consulat est bon pour les Romains.

                CINNA.
Il est vrai que du ciel la prudence infinie [3]
Départ à chaque peuple un différent génie;
Mais il n'est pas moins vrai que cet ordre des cieux
Change selon les temps comme selon les lieux.
Rome a reçu des rois ses murs et sa naissance;
Elle tient des consuls sa gloire et sa puissance,
Et reçoit maintenant de vos rares bontés
Le comble souverain de ses prospérités.
Sous vous, l'état n'est plus en pillage aux armées;
Les portes de Janus par vos mains sont fermées,
Ce que sous ses consuls on n'a vu qu'une fois [4],

---

[1] Var. . . . . dont elle est idolâtre. (1643-48.)

[2] Var. Par qui le monde entier, rangé dessous ses lois. (1643-48.)

[3] Var. S'il est vrai que du ciel la puissance infinie
. . . .
        Il est certain aussi que cet ordre des cieux. (1643-48.)

[4] Var. Ce que tous ses consuls n'ont pu faire deux fois,

ACTE II, SCÈNE I.

Et qu'a fait voir comme eux le second de ses rois.
MAXIME.
Les changements d'état que fait l'ordre céleste
Ne coûtent point de sang, n'ont rien qui soit funeste [1].
CINNA.
C'est un ordre des dieux qui jamais ne se rompt,
De nous vendre un peu cher les grands biens qu'ils nous font [2].
L'exil des Tarquins même ensanglanta nos terres,
Et nos premiers consuls nous ont coûté des guerres.
MAXIME.
Donc votre aïeul Pompée au ciel a résisté,
Quand il a combattu pour notre liberté [3]?

Et qu'a fait avant eux le second de ses rois. (1643-48.)

[1] J'ai peur que ces raisonnements ne soient pas de la force des autres : ce que dit Maxime est faux ; la plupart des révolutions ont coûté du sang, et d'ailleurs tout se fait par l'ordre céleste. La réponse, que c'est un ordre immuable du ciel de vendre cher ses bienfaits, semble dégénérer en dispute de sophiste, en question d'école, et trop s'écarter de cette grande et noble politique dont il est ici question. (V.)

[2] VAR. De nous vendre bien cher les grands biens qu'ils nous font. (1643-48.)

[3] L'objection de *votre aïeul Pompée* est pressante ; mais Cinna n'y répond que par un trait d'esprit. Voilà un singulier honneur fait aux mânes de Pompée, d'asservir Rome pour laquelle il combattait. Pourquoi le ciel devait-il cet honneur à Pompée ? Au contraire, s'il lui devait quelque chose, c'était de soutenir son parti, qui était le plus juste. Dans une telle délibération, devant un homme tel qu'Auguste, on ne doit donner que des raisons solides : ces subtilités ne paraissent pas convenir à la dignité de la tragédie. Cinna s'éloigne ici de ce vrai si nécessaire et si beau. Voulez-vous savoir si une pensée est naturelle et juste ? examinez la proposition contraire ; si ce contraire est vrai, la pensée que vous examinez est fausse. On peut répondre à ces objections que Cinna parle ici contre sa pensée. Mais pourquoi parlerait-il contre sa pensée ? y est-il forcé ? Junie, dans *Britannicus*, parle

CINNA.
Si le ciel n'eût voulu que Rome l'eût perdue,
Par les mains de Pompée il l'auroit défendue[1] :
Il a choisi sa mort pour servir dignement
D'une marque éternelle à ce grand changement,
Et devoit cette gloire aux mânes d'un tel homme,
D'emporter avec eux la liberté de Rome.
Ce nom depuis longtemps ne sert qu'à l'éblouir,
Et sa propre grandeur l'empêche d'en jouir.
Depuis qu'elle se voit la maîtresse du monde,
Depuis que la richesse entre ses murs abonde,
Et que son sein, fécond en glorieux exploits,
Produit des citoyens plus puissants que des rois,
Les grands, pour s'affermir achetant des suffrages,
Tiennent pompeusement leurs maîtres à leurs gages,
Qui, par des fers dorés se laissant enchaîner,
Reçoivent d'eux les lois qu'ils pensent leur donner.
Envieux l'un de l'autre, ils mènent tout par brigues,
Que leur ambition tourne en sanglantes ligues.
Ainsi de Marius Sylla devint jaloux ;

contre son propre sentiment, parceque Néron l'écoute : mais ici Cinna est en toute liberté ; s'il veut persuader à Auguste de ne point abdiquer, il doit dire à Maxime : Laissons là ces vaines disputes ; il ne s'agit pas de savoir si Pompée a résisté au ciel, et si le ciel lui devait l'honneur de rendre Rome esclave. Il s'agit que Rome a besoin d'un maître ; il s'agit de prévenir des guerres civiles, etc. Je crois enfin que cette subtilité, dans cette belle scène, est un défaut ; mais c'est un défaut dont il n'y a qu'un grand homme qui soit capable. (V.)

[1] C'est du Virgile : *Si Pergama dextra defendi possent, etiam hac defensa fuissent*, dit à Énée l'ombre d'Hector. Plus bas, le poëte complète la pensée : la mort de Pompée, choisie par les dieux pour être la marque d'un grand changement dans le monde, est une idée digne de Corneille. (A.-M.)

ACTE II, SCÈNE I.   51

César, de mon aïeul ; Marc-Antoine, de vous :
Ainsi la liberté ne peut plus être utile
Qu'à former les fureurs d'une guerre civile,
Lorsque, par un désordre à l'univers fatal,
L'un ne veut point de maître, et l'autre point d'égal.
    Seigneur, pour sauver Rome, il faut qu'elle s'unisse
En la main d'un bon chef à qui tout obéisse.
Si vous aimez encore à la favoriser [1],
Otez-lui les moyens de se plus diviser.
Sylla, quittant la place enfin bien usurpée [2],
N'a fait qu'ouvrir le champ à César et Pompée,
Que le malheur des temps ne nous eût pas fait voir [3],
S'il eût dans sa famille assuré son pouvoir.
Qu'a fait du grand César le cruel parricide,
Qu'élever contre vous Antoine avec Lépide,
Qui n'eussent pas détruit Rome par les Romains,
Si César eût laissé l'empire entre vos mains ?
Vous la replongerez, en quittant cet empire,
Dans les maux dont à peine encore elle respire ;
Et de ce peu, seigneur, qui lui reste de sang,
Une guerre nouvelle épuisera son flanc.
    Que l'amour du pays, que la pitié vous touche ;
Votre Rome à genoux vous parle par ma bouche [4].

[1] Var. Et si votre bonté la veut favoriser. (1643-48.)

[2] Cet *enfin* gâte la phrase. (V.)

[3] Il semble que le malheur des temps ne nous eût pas fait voir César et Pompée. La phrase est louche et obscure. Il veut dire : *Le malheur des temps ne nous eût pas fait voir le champ ouvert à César et à Pompée.* (V.)

[4] Ici, Cinna embrasse les genoux d'Auguste, et semble déshonorer les belles choses qu'il a dites par une perfidie bien lâche qui l'avilit. Cette basse perfidie même semble contraire aux remords qu'il aura. On pourrait croire que c'est à Maxime, repré-

Considérez le prix que vous avez coûté :
Non pas qu'elle vous croie avoir trop acheté,
Des maux qu'elle a soufferts elle est trop bien payée ;
Mais une juste peur tient son ame effrayée.
Si, jaloux de son heur, et las de commander,
Vous lui rendez un bien qu'elle ne peut garder,
S'il lui faut à ce prix en acheter un autre,
Si vous ne préférez son intérêt au vôtre,
Si ce funeste don la met au désespoir,
Je n'ose dire ici ce que j'ose prévoir.
Conservez-vous, seigneur, en lui laissant un maître [1]
Sous qui son vrai bonheur commence de renaître ;
Et, pour mieux assurer le bien commun de tous,
Donnez un successeur qui soit digne de vous.

AUGUSTE.

N'en délibérons plus, cette pitié l'emporte.
Mon repos m'est bien cher, mais Rome est la plus forte ;
Et, quelque grand malheur qui m'en puisse arriver,
Je consens à me perdre afin de la sauver.
Pour ma tranquillité mon cœur en vain soupire :
Cinna, par vos conseils je retiendrai l'empire ;

senté comme un vil scélérat, à faire le personnage de Cinna, et que Cinna devait dire ce que dit Maxime. Cinna, que l'auteur veut et doit ennoblir, devait-il conjurer Auguste à genoux de garder l'empire, pour avoir un prétexte de l'assassiner? On est fâché que Maxime joue ici le rôle d'un digne Romain, et Cinna d'un fourbe qui emploie le raffinement le plus noir pour empêcher Auguste de faire une action qui doit même désarmer Émilie. (V.)

[1] VAR. Conservez-vous, seigneur, lui conservant un maître
. . . .
Et daignez assurer le bien commun de tous,
Laissant un successeur qui soit digne de vous. (1643-48.)

ACTE II, SCÈNE I.

Mais je le retiendrai pour vous en faire part.
Je vois trop que vos cœurs n'ont point pour moi de fard,
Et que chacun de vous, dans l'avis qu'il me donne,
Regarde seulement l'état et ma personne ;
Votre amour en tous deux fait ce combat d'esprits [1],
Et vous allez tous deux en recevoir le prix.
Maxime, je vous fais gouverneur de Sicile [2] ;
Allez donner mes lois à ce terroir fertile :
Songez que c'est pour moi que vous gouvernerez,
Et que je répondrai de ce que vous ferez.
Pour épouse, Cinna, je vous donne Æmilie [3] ;
Vous savez qu'elle tient la place de Julie,
Et que si nos malheurs et la nécessité
M'ont fait traiter son père avec sévérité,
Mon épargne depuis en sa faveur ouverte [4]
Doit avoir adouci l'aigreur de cette perte.
Voyez-la de ma part, tâchez de la gagner :
Vous n'êtes point pour elle un homme à dédaigner [5] ;

[1] VAR. Votre amour pour tous deux fait ce combat d'esprits,
    Et je veux que chacun en reçoive le prix. (1643-48.)

[2] Cela n'est pas dans l'histoire. En effet, c'eût été plutôt un exil qu'une récompense ; un proconsulat en Sicile est une punition pour un favori qui veut rester à Rome et à la cour avec un grand crédit. (V.)

[3] Ceci est bien différent. Tout lecteur voit dans ce vers la perfection de l'art. Auguste donne à Cinna sa fille adoptive, que Cinna veut obtenir par l'assassinat d'Auguste. Le mérite de ce vers ne peut échapper à personne. (V.)

[4] *Épargne* signifiait *trésor royal*, et la cassette du roi s'appelait *chatouille*. Les mots changent ; mais ce qui ne doit pas changer, c'est la noblesse des idées. Il est trop bas de faire dire à Auguste qu'il a donné de l'argent à Émilie ; et il est bien plus bas à Émilie de l'avoir reçu et de conspirer contre lui. (V.)

[5] VAR. Vous n'êtes pas pour elle un homme à dédaigner. (1643-48.)

54   CINNA.

De l'offre de vos vœux elle sera ravie [1].
Adieu : j'en veux porter la nouvelle à Livie [2].

SCÈNE II.

CINNA, MAXIME.

MAXIME.
Quel est votre dessein après ces beaux discours [3] ?
CINNA.
Le même que j'avois, et que j'aurai toujours.
MAXIME.
Un chef de conjurés flatte la tyrannie !
CINNA.
Un chef de conjurés la veut voir impunie !
MAXIME.
Je veux voir Rome libre.

[1] VAR. Je présume plutôt qu'elle en sera ravie. (1643-48.)

[2] En général, cette scène est d'un genre dont il n'y avait aucun exemple chez les anciens ni chez les modernes : détachez-la de la pièce, c'est un chef-d'œuvre d'éloquence ; incorporée à la pièce, c'est un chef-d'œuvre encore plus grand. Il est vrai que ces beautés n'excitent ni terreur, ni pitié, ni grands mouvements ; mais ces mouvements, cette pitié, cette terreur ne sont pas nécessaires dans le commencement d'un second acte.
Cette scène est beaucoup plus difficile à jouer qu'aucune autre : elle exigerait trois acteurs d'une figure imposante, et qui eussent autant de noblesse dans la voix et dans les gestes qu'il y en a dans les vers ; c'est ce qui ne s'est jamais rencontré. (V.)

[3] *Ces beaux discours* est trop familier. Pourquoi Cinna n'aurait-il pas ici les remords qu'il a dans le troisième acte ? Il eût fallu, en ce cas, une autre construction dans la pièce. C'est un doute que je propose, et que les remarques suivantes exposeront plus au long. (V.)

ACTE II, SCÈNE II.

CINNA.
    Et vous pouvez juger
Que je veux l'affranchir ensemble et la venger [1].
 Octave aura donc vu ses fureurs assouvies [2],
Pillé jusqu'aux autels, sacrifié nos vies,
Rempli les champs d'horreur, comblé Rome de morts,
Et sera quitte après pour l'effet d'un remords!
Quand le ciel par nos mains à le punir s'apprête,
Un lâche repentir garantira sa tête [3]!
C'est trop semer d'appâts, et c'est trop inviter
Par son impunité quelque autre à l'imiter.
Vengeons nos citoyens, et que sa peine étonne
Quiconque après sa mort aspire à la couronne.
Que le peuple aux tyrans ne soit plus exposé :

[1] Pourquoi persister dans des principes qu'il va démentir, et dans une fourbe honteuse dont il va se repentir? N'était-ce pas dans ce moment-là même que ces mots, *je vous donne Émilie*, devaient faire impression sur un homme qu'on nous donne pour digne petit-fils du grand Pompée? J'ai vu des lecteurs de goût et de sens réprouver cette scène, non seulement parceque Cinna, pour qui on s'intéressait, commence à devenir odieux, et pourrait ne pas l'être, s'il disait tout le contraire de ce qu'il dit, mais parceque cette scène est inutile pour l'action, parceque Maxime, rival de Cinna, ne laisse échapper aucun sentiment de rival, et qu'en ôtant cette scène, le reste marche plus rapidement. Il la faut pardonner à la nécessité de donner quelque étendue aux actes; nécessité consacrée par l'usage. (V.)

[2] Il y avait :

  Auguste aura soûlé ses damnables envies. (1643-48.)

On remarque ces changements pour faire voir comment le style se perfectionna avec le temps. La plupart de ces corrections furent faites plus de vingt années après la première édition. (V.)

[3] C'est proprement un simple repentir. Le mot même, *en sera quitte*, indique qu'on ne doit pas pardonner à Octave pour un

56 CINNA.
S'il eût puni Sylla, César eût moins osé.
MAXIME.
Mais la mort de César, que vous trouvez si juste,
A servi de prétexte aux cruautés d'Auguste.
Voulant nous affranchir, Brute s'est abusé;
S'il n'eût puni César, Auguste eût moins osé [1].

simple repentir : il n'y a nulle lâcheté à sentir, au comble de la gloire, des remords de toutes les violences commises pour arriver à cette gloire. (V.) — C'est bien un *lâche repentir* que Corneille a voulu dire. Le ton de dénigrement avec lequel Cinna parle d'Auguste ne laisse aucun doute à cet égard. Il n'est pas question de savoir s'il y a ou s'il n'y a pas de la lâcheté à sentir des remords, mais si ces remords se sont fait jour dans une ame vile ou dans une grande ame. La qualification donnée au repentir n'est ici que le mépris du caractère d'Auguste. (A.-M.)

[1] Maxime veut retourner le beau vers de Cinna : *S'il eût puni Sylla, César eût moins osé*, et répondre en écho sur la même rime; il dit une chose qui a besoin d'être éclaircie. Si César n'eût pas été assassiné, Auguste, son fils adoptif, eût été bien plus aisément le maître, et beaucoup plus maître. Il est vrai qu'il n'y eût point eu de guerre civile; et c'est par cela même que l'empire d'Auguste eût été mieux affermi, et qu'il eût osé davantage. Il est vrai encore que, sans le meurtre de César, il n'y eût point eu de proscriptions. Il reste donc à discuter quelle a été la véritable cause du triumvirat et des guerres civiles. Or il est indubitable que ces dissertations ne conviennent guère à la tragédie. Quoi! après ces vers : *Mais je le retiendrai pour vous en faire part.... Je vous donne Émilie....*, Cinna disserte! il n'est pas troublé! et il le sera ensuite. Quel est le lecteur qui ne s'attend pas à de violentes agitations dans un tel moment? Si Cinna les éprouvait, si Maxime s'en apercevait, cette situation ne serait-elle pas plus naturelle et plus théâtrale? Encore une fois, je ne propose cette idée que comme un doute; mais je crois que les combats du cœur sont toujours plus intéressants que des raisonnements politiques, et ces contestations qui, au fond, sont souvent un jeu d'esprit assez froid. C'est au cœur qu'il faut parler dans une tragédie. (V.)

CINNA.
La faute de Cassie, et ses terreurs paniques,
Ont fait rentrer l'état sous des lois tyranniques[1];
Mais nous ne verrons point de pareils accidents,
Lorsque Rome suivra des chefs moins imprudents.

MAXIME.
Nous sommes encor loin de mettre en évidence
Si nous nous conduirons avec plus de prudence;
Cependant c'en est peu que de n'accepter pas
Le bonheur qu'on recherche au péril du trépas.

CINNA.
C'en est encor bien moins, alors qu'on s'imagine
Guérir un mal si grand sans couper la racine;
Employer la douceur à cette guérison,
C'est, en fermant la plaie, y verser du poison.

MAXIME.
Vous la voulez sanglante, et la rendez douteuse.

CINNA.
Vous la voulez sans peine, et la rendez honteuse.

MAXIME.
Pour sortir de ses fers jamais on ne rougit.

CINNA.
On en sort lâchement, si la vertu n'agit.

MAXIME.
Jamais la liberté ne cesse d'être aimable :
Et c'est toujours pour Rome un bien inestimable.

CINNA.
Ce ne peut être un bien qu'elle daigne estimer,
Quand il vient d'une main lasse de l'opprimer :
Elle a le cœur trop bon pour se voir avec joie

---

[1] VAR. Ont fait tomber l'état sous des lois tyranniques. (1643.)

58 CINNA.

Le rebut du tyran dont elle fut la proie;
Et tout ce que la gloire a de vrais partisans
Le hait trop puissamment pour aimer ses présents.
MAXIME.
Donc pour vous Æmilie est un objet de haine¹?
CINNA.
La recevoir de lui me seroit une gêne :
Mais quand j'aurai vengé Rome des maux soufferts²,
Je saurai le braver jusque dans les enfers.
Oui, quand par son trépas je l'aurai méritée,
Je veux joindre à sa main ma main ensanglantée,
L'épouser sur sa cendre, et qu'après notre effort
Les présents du tyran soient le prix de sa mort⁵.

¹ VAR. Donc pour vous Æmilie est un objet de haine,
　　Et cette récompense est pour vous une peine?
　　　　　CINNA.
　　Oui; mais, pour le braver jusque dans les enfers,
　　Quand nous aurons vengé Rome des maux soufferts,
　　Et que par son trépas je l'aurai méritée. (1643-48.)

² L'esprit de notre langue ne permet guère ces participes; nous ne pouvons dire *des maux soufferts*, comme on dit *des maux passés*. *Soufferts* suppose par quelqu'un ; *les maux qu'elle a soufferts* ; il serait à souhaiter que cet exemple de Corneille eût fait une règle, la langue y gagnerait une marche plus rapide. (V.)

⁵ Cet affermissement de Cinna dans son crime, cette fureur d'épouser Émilie sur le tombeau d'Auguste, cette persévérance dans la fourberie avec laquelle il a persuadé Auguste de ne point abdiquer, ne font espérer aucun remords ; il était naturel qu'il en eût quand Auguste lui a dit qu'il partagerait l'empire avec lui. Le cœur humain est ainsi fait, il se laisse toucher par le sentiment présent des bienfaits ; et le spectateur n'attend pas d'un homme qui s'endurcit lorsqu'il devrait être attendri, qu'il s'attendrira après cet endurcissement. Nous donnerons plus de jour à ce doute dans la suite. (V.)

ACTE II, SCÈNE II.   59
MAXIME.
Mais l'apparence, ami, que vous puissiez lui plaire,
Teint du sang de celui qu'elle aime comme un père?
Car vous n'êtes pas homme à la violenter.
CINNA.
Ami, dans ce palais on peut nous écouter [1],
Et nous parlons peut-être avec trop d'imprudence
Dans un lieu si mal propre à notre confidence :
Sortons, qu'en sûreté j'examine avec vous
Pour en venir à bout les moyens les plus doux.

[1] Et que peut-il dire de plus fort que ce qu'il a déjà dit? N'a-t-il pas, dans ce même palais, déclaré qu'il veut épouser Émilie sur la cendre d'Auguste? Cette conclusion de l'acte paraît un peu fautive. On sent assez qu'il n'est pas vraisemblable que l'on conspire et qu'on rende compte de la conspiration dans le cabinet d'Auguste.

Les acteurs sont supposés avoir passé d'un appartement dans un autre : mais si le lieu où ils sont est *si mal propre à cette confidence,* il ne fallait donc pas y dire tous ses secrets ; il valait mieux motiver la sortie par la nécessité d'aller tout préparer pour la mort d'Auguste ; c'eût été une raison valable et intéressante, et le péril d'Auguste en eût redoublé.

L'observation la plus importante, à mon avis, c'est qu'ici l'intérêt change. On détestait Auguste ; on s'intéressait beaucoup à Cinna : maintenant c'est Cinna qu'on hait ; c'est en faveur d'Auguste que le cœur se déclare. Lorsque ainsi on s'intéresse tour-à-tour pour les partis contraires, on ne s'intéresse en effet pour personne : c'est ce qui fait que plusieurs gens de lettres regardent *Cinna* plutôt comme un bel ouvrage que comme une tragédie intéressante. (V.)

FIN DU SECOND ACTE.

ACTE TROISIÈME.

SCÈNE I.

MAXIME, EUPHORBE.

MAXIME.
Lui-même il m'a tout dit; leur flamme est mutuelle;
Il adore Æmilie, il est adoré d'elle;
Mais sans venger son père il n'y peut aspirer [1],
Et c'est pour l'acquérir qu'il nous fait conspirer.
EUPHORBE.
Je ne m'étonne plus de cette violence [2]
Dont il contraint Auguste à garder sa puissance :
La ligue se romproit [3] s'il s'en étoit démis [4],

[1] Cependant Maxime a été témoin qu'Auguste a donné Émilie à Cinna; il peut donc croire que Cinna peut aspirer à elle sans tuer Auguste. Cinna et Maxime peuvent présumer qu'Émilie ne tiendra pas contre un tel bienfait. Maxime, sur-tout, n'a nulle raison de penser le contraire, puisqu'il ne sait point encore si Émilie cède ou non à la bonté d'Auguste; et Cinna peut penser qu'Émilie sera touchée, comme il commence lui-même à l'être. Cinna doit sans doute l'espérer, et Maxime doit le craindre; il doit donc dire : Émilie sera à lui, soit qu'il cède aux bienfaits d'Auguste, soit qu'il l'assassine. (V.)

[2] Le mot de *violence* est peut-être trop fort. Cinna a étalé un faux zèle, une fourbe éloquente; est-ce là de la violence? (V.)

[3] VAR. Sa ligue se romproit. (1643-48.)

[4] On se démet d'une charge, d'un emploi, d'une dignité;

ACTE III, SCÈNE I. 61

Et tous vos conjurés deviendroient ses amis.

MAXIME.

Ils servent à l'envi la passion d'un homme [1]
Qui n'agit que pour soi, feignant d'agir pour Rome;
Et moi, par un malheur qui n'eut jamais d'égal,
Je pense servir Rome, et je sers mon rival!

EUPHORBE.

Vous êtes son rival?

MAXIME.

Oui, j'aime sa maîtresse,
Et l'ai caché toujours avec assez d'adresse [2];
Mon ardeur inconnue, avant que d'éclater [3],
Par quelque grand exploit la vouloit mériter :
Cependant par mes mains je vois qu'il me l'enlève;
Son dessein fait ma perte, et c'est moi qui l'achève;
J'avance des succès dont j'attends le trépas,
Et pour m'assassiner je lui prête mon bras.
Que l'amitié me plonge en un malheur extrême [4]!

mais on ne se démet pas d'une puissance. L'auteur veut dire ici que la ligue se dissiperait si Auguste renonçait à l'empire. Mais ce vers fait entendre *si Cinna s'était démis de cette ligue,* parceque cet *il* tombe sur *Cinna.* C'est une faute très légère. (V.) — Un roi peut abdiquer, et par conséquent se démettre de sa puissance : cette expression nous paraît française. (P.)

[1] Var. Ils servent, abusés, la passion d'un homme. (1643-48.)

[2] Ces vers de comédie, et cette manière froide d'exprimer qu'il est rival de Cinna, ne contribuent pas peu à l'avilissement de ce personnage. L'amour qui n'est pas une grande passion n'est pas théâtral. (V.)

[3] Var. Mon amour inconnue, avant que d'éclater. (1643-48.)

[4] Ni son amitié, ni son amour n'intéresse. J'ai toujours remarqué que cette scène est froide au théâtre; la raison en est que l'amour de Maxime est insipide : on apprend au troisième

62   CINNA.

EUPHORBE.

L'issue en est aisée, agissez pour vous-même;
D'un dessein qui vous perd rompez le coup fatal,
Gagnez une maîtresse, accusant un rival [1].
Auguste, à qui par-là vous sauverez la vie,
Ne vous pourra jamais refuser Æmilie.

MAXIME.

Quoi! trahir mon ami!

EUPHORBE.

L'amour rend tout permis;
Un véritable amant ne connoît point d'amis [2],

acte que ce Maxime est amoureux. Si Oreste, dans *Andromaque,* n'était rival de Pyrrhus qu'au troisième acte, la pièce serait froide. L'amour de Maxime ne fait aucun effet, et tout son rôle n'est que celui d'un lâche sans aucune passion théâtrale. (V.)

[1] Il semble, par la construction, que ce soit Émilie qui accuse : il fallait *en accusant,* pour lever l'équivoque; légère inadvertance qui ne fait aucun tort. (V.) — *En accusant* n'est pas de rigueur. Ici le sens général, la virgule, l'hémistiche, tout concourt à faire disparaître l'équivoque. (A.-M.)

[2] En général, ces maximes et ce terme de *véritable amant* sont tirés des romans de ce temps-là, et sur-tout de l'*Astrée,* où l'on examine sérieusement ce qui constitue le véritable amant. Vous ne trouverez jamais ni ces maximes, ni ces mots, *véritables amants, vrais amants,* dans Racine. Si vous entendez par *véritable amant* un homme agité d'une passion effrénée, furieux dans ses desirs, incapable d'écouter la raison, la vertu, la bienséance, Maxime n'est rien de tout cela; il est de sang-froid; à peine parle-t-il de son amour : de plus, il est l'ami de Cinna, et son confident; il doit s'être douté que Cinna aime Émilie; il voit qu'Auguste a donné Émilie à Cinna; c'était alors qu'il devait éprouver le sentiment de la jalousie. Ni les remords de Cinna, ni la jalousie de Maxime, ne remuent l'ame; pourquoi? c'est qu'ils viennent trop tard, comme on l'a déja dit; c'est qu'ils ont disserté au lieu de sentir. (V.)

ACTE III, SCÈNE I.

Et même avec justice on peut trahir un traître
Qui pour une maîtresse ose trahir son maître.
Oubliez l'amitié, comme lui les bienfaits.

MAXIME.

C'est un exemple à fuir que celui des forfaits[1].

EUPHORBE.

Contre un si noir dessein tout devient légitime;
On n'est point criminel quand on punit un crime.

MAXIME.

Un crime par qui Rome obtient sa liberté !

EUPHORBE.

Craignez tout d'un esprit si plein de lâcheté.
L'intérêt du pays n'est point ce qui l'engage;
Le sien, et non la gloire, anime son courage :
Il aimeroit César, s'il n'étoit amoureux,
Et n'est enfin qu'ingrat, et non pas généreux.
Pensez-vous avoir lu jusqu'au fond de son ame?
Sous la cause publique il vous cachoit sa flamme,
Et peut cacher encor sous cette passion
Les détestables feux de son ambition.
Peut-être qu'il prétend, après la mort d'Octave,
Au lieu d'affranchir Rome, en faire son esclave,
Qu'il vous compte déja pour un de ses sujets,
Ou que sur votre perte il fonde ses projets.

MAXIME.

Mais comment l'accuser sans nommer tout le reste?
A tous nos conjurés l'avis seroit funeste,
Et par-là nous verrions indignement trahis
Ceux qu'engage avec nous le seul bien du pays.

---

[1] Var. Un exemple à faillir n'autorise jamais.
EUPHORBE.
Sa faute contre lui vous rend tout légitime. (1643-48.

CINNA.

D'un si lâche dessein mon ame est incapable :
Il perd trop d'innocents pour punir un coupable.
J'ose tout contre lui, mais je crains tout pour eux.

EUPHORBE.

Auguste s'est lassé d'être si rigoureux;
En ces occasions, ennuyé de supplices,
Ayant puni les chefs, il pardonne aux complices.
Si toutefois pour eux vous craignez son courroux,
Quand vous lui parlerez, parlez au nom de tous.

MAXIME.

Nous disputons en vain, et ce n'est que folie [1]
De vouloir par sa perte acquérir Æmilie;
Ce n'est pas le moyen de plaire à ses beaux yeux
Que de priver du jour ce qu'elle aime le mieux.
Pour moi, j'estime peu qu'Auguste me la donne;
Je veux gagner son cœur plutôt que sa personne [2],
Et ne fais point d'état de sa possession,
Si je n'ai point de part à son affection.
Puis-je la mériter par une triple offense?
Je trahis son amant, je détruis sa vengeance.
Je conserve le sang qu'elle veut voir périr [3];

---

[1] *Ce n'est que folie*, vers comique, indigne de la tragédie. *Plaire à ses beaux yeux*, expression fade. *Ce qu'elle aime le mieux*, encore pire. (V.)

[2] Remarquez qu'on ne s'intéresse jamais à un amant qu'on est sûr qui sera rebuté. Pourquoi Oreste intéresse-t-il dans *Andromaque*? c'est que Racine a eu le grand art de faire espérer qu'Oreste serait aimé. Un amant toujours rebuté par sa maîtresse l'est toujours aussi par le spectateur, à moins qu'il ne respire la fureur de la vengeance. Point de vraies tragédies sans grandes passions. (V.)

[3] *Périr un sang* est un barbarisme. Ces fautes sont d'autant plus senties que la scène est froide. (V.)

ACTE III, SCÈNE I.

Et j'aurois quelque espoir qu'elle me pût chérir !
EUPHORBE.
C'est ce qu'à dire vrai je vois fort difficile[1].
L'artifice pourtant vous y peut être utile ;
Il en faut trouver un qui la puisse abuser,
Et du reste le temps en pourra disposer.
MAXIME.
Mais si pour s'excuser il nomme sa complice?
S'il arrive qu'Auguste avec lui la punisse?
Puis-je lui demander, pour prix de mon rapport,
Celle qui nous oblige à conspirer sa mort?
EUPHORBE.
Vous pourriez m'opposer tant et de tels obstacles,
Que pour les surmonter il faudroit des miracles ;
J'espère toutefois qu'à force d'y rêver....
MAXIME.
Éloigne-toi ; dans peu j'irai te retrouver[2] :
Cinna vient, et je veux en tirer quelque chose[3],
Pour mieux résoudre après ce que je me propose.

---

[1] Cette manière de répondre à une objection pressante sent un peu plus le valet de comédie que le confident tragique. (V.)

[2] VAR. Va, devant qu'il soit peu, je t'irai retrouver.
. . . .
Pour t'aller dire après ce que je me propose. (1643-48.)

[3] On ne voit pas ce qu'il veut *tirer* de Cinna ; s'il veut être instruit que Cinna est son rival, il le sait déjà. (V.)

SCÈNE II.

CINNA, MAXIME.

MAXIME.
Vous me semblez pensif.

CINNA.
Ce n'est pas sans sujet.

MAXIME.
Puis-je d'un tel chagrin savoir quel est l'objet [1] ?

CINNA.
Æmilie et César. L'un et l'autre me gêne [2] ;
L'un me semble trop bon, l'autre trop inhumaine.
Plût aux dieux que César employât mieux ses soins [3],
Et s'en fît plus aimer, ou m'aimât un peu moins ;
Que sa bonté touchât la beauté qui me charme,
Et la pût adoucir comme elle me désarme !
Je sens au fond du cœur mille remords cuisants

---

[1] VAR. D'un penser si profond quel est le triste objet ? (1643-48.)

[2] C'est là peut-être ce que Cinna devait dire immédiatement après la conférence d'Auguste. Pourquoi a-t-il à présent des remords ? s'est-il passé quelque chose de nouveau qui ait pu lui en donner ? Je demande toujours pourquoi il n'en a point senti quand les bienfaits et la tendresse d'Auguste devaient faire sur son cœur une si forte impression. Il a été perfide ; il s'est obstiné dans sa perfidie. Les remords sont le partage naturel de ceux que l'emportement des passions entraîne au crime, mais non pas des fourbes consommés. C'est sur quoi les lecteurs qui connaissent le cœur humain doivent prononcer. Je suis bien loin de porter un jugement. (V.)

[3] VAR. Plût aux dieux que César, avecque tous ses soins,
Ou s'en fît plus aimer, ou m'aimât un peu moins. (1643-48.)

ACTE III, SCÈNE II.   67

Qui rendent à mes yeux tous ses bienfaits présents;
Cette faveur si pleine, et si mal reconnue,
Par un mortel reproche à tous moments me tue.
Il me semble sur-tout incessamment le voir
Déposer en nos mains son absolu pouvoir,
Écouter nos avis, m'applaudir, et me dire :
« Cinna, par vos conseils je retiendrai l'empire;
« Mais je le retiendrai pour vous en faire part. »
Et je puis dans son sein enfoncer un poignard!
Ah! plutôt.... Mais, hélas! j'idolâtre Æmilie;
Un serment exécrable à sa haine me lie;
L'horreur qu'elle a de lui me le rend odieux :
Des deux côtés j'offense et ma gloire et les dieux[1];
Je deviens sacrilége, ou je suis parricide;
Et vers l'un ou vers l'autre il faut être perfide.

MAXIME.
Vous n'aviez point tantôt ces agitations[2];

[1] Pourquoi les dieux? est-ce parcequ'il a fait serment à sa maîtresse? Il est utile d'observer ici que dans beaucoup de tragédies modernes on met ainsi les dieux à la fin du vers, à cause de la rime. Manlius dit qu'un homme tel que lui partage la vengeance *avec les dieux*; un autre, qu'il punit à l'exemple *des dieux*; un troisième, qu'il s'en prend *aux dieux*. Corneille tombe rarement dans cette faute puérile. (V.) — « Pourquoi les dieux ? » demande Voltaire. Parceque les dieux défendent également le parjure et l'ingratitude. (A.-M.)

[2] Vous voyez que Corneille a bien senti l'objection. Maxime demande à Cinna ce que tout le monde lui demanderait : *Pourquoi avez-vous des remords si tard? qu'est-il survenu qui vous oblige à changer ainsi?* Il veut en *tirer quelque chose*, et cependant il n'en tire rien. S'il voulait s'éclaircir de la passion d'Émilie, n'aurait-il pas été convenable que d'abord il eût soupçonné leur intelligence, que Cinna la lui eût avouée, que cet aveu l'eût mis au désespoir, et que ce désespoir, joint aux conseils d'Eu-

5.

68 CINNA.

Vous paroissiez plus ferme en vos intentions;
Vous ne sentiez au cœur ni remords, ni reproche.
CINNA.
On ne les sent aussi que quand le coup approche [1],
Et l'on ne reconnoît de semblables forfaits
Que quand la main s'apprête à venir aux effets.
L'ame, de son dessein jusque-là possédée,
S'attache aveuglément à sa première idée;
Mais alors quel esprit n'en devient point troublé?

phorbe, l'eût déterminé, non pas à être délateur, car cela est bas, petit, et sans intérêt, mais à laisser deviner la conspiration par ses emportements? (V.)

[1] Oui, si vous n'avez pas reçu des bienfaits de celui que vous vouliez assassiner; mais si entre les préparatifs du crime et la consommation il vous a donné les plus grandes marques de faveur, vous avez tort de dire qu'on ne sent des remords qu'au moment de l'assassinat. Il sera peut-être utile de faire voir comment Shakespeare, soixante ans auparavant, exprima le même sentiment dans la même occasion. C'est Brutus prêt à assassiner César:

> Between the acting of a dreadful thing
> And the first motion, all the interim is
> Like a fantasma, or a hideous dream, etc.

« Entre le dessein et l'exécution d'une chose si terrible, tout
« l'intervalle n'est qu'un rêve affreux. Le génie de Rome et les
« instruments mortels de sa ruine semblent tenir conseil dans
« notre ame bouleversée: cet état funeste de l'ame tient de l'hor-
« reur de nos guerres civiles. »

Je ne présente point ces objets de comparaison pour égaler les irrégularités sauvages et capricieuses de Shakespeare à la profondeur du jugement de Corneille, mais seulement pour faire voir comment des hommes de génie expriment différemment les mêmes idées. Qu'il me soit seulement permis d'observer encore qu'à l'approche de ces grands événements, l'agitation qu'on sent est moins un remords qu'un trouble dont l'ame est saisie: ce n'est point un remords que Shakespeare donne à Brutus. (V.)

ACTE III, SCÈNE II.

Ou plutôt quel esprit n'en est point accablé?
Je crois que Brute même, à tel point qu'on le prise [1],
Voulut plus d'une fois rompre son entreprise,
Qu'avant que de frapper elle lui fit sentir [2]
Plus d'un remords en l'ame, et plus d'un repentir.

MAXIME.

Il eut trop de vertu pour tant d'inquiétude;
Il ne soupçonna point sa main d'ingratitude,
Et fut contre un tyran d'autant plus animé
Qu'il en reçut de biens, et qu'il s'en vit aimé.
Comme vous l'imitez, faites la même chose,
Et formez vos remords d'une plus juste cause [3],
De vos lâches conseils, qui seuls ont arrêté
Le bonheur renaissant de notre liberté :
C'est vous seul aujourd'hui qui nous l'avez ôtée ;
De la main de César Brute l'eût acceptée,
Et n'eût jamais souffert qu'un intérêt léger
De vengeance ou d'amour l'eût remise en danger.
N'écoutez plus la voix d'un tyran qui vous aime,
Et vous veut faire part de son pouvoir suprême;
Mais entendez crier Rome à votre côté [4] :

---

[1] Var. Je crois que Brute même, à quel point qu'on le prise. (1643-48.)

[2] Var. Et qu'avant que frapper elle lui fit sentir. (1643-48.)

[3] Voilà la plus forte critique du rôle qu'a joué Cinna dans la conférence avec Auguste : aussi Cinna n'y répond-il point. Cette scène est un peu froide, et pourrait être très vive : car deux rivaux doivent dire des choses intéressantes, ou ne pas paraître ensemble, ils doivent être à-la-fois défiants et animés; mais ici ils ne font que raisonner. *Arrêter un bonheur renaissant*, l'expression est trop impropre. (V.)

[4] Cela est plus froid encore, parceque Maxime fait ici l'enthousiaste mal-à-propos. Quiconque s'échauffe trop, refroidit. Maxime parle en rhéteur ; il devrait épier avec une douleur

« Rends-moi, rends-moi, Cinna, ce que tu m'as ôté ;
« Et, si tu m'as tantôt préféré ta maîtresse,
« Ne me préfère pas le tyran qui m'oppresse. »

CINNA.

Ami, n'accable plus un esprit malheureux
Qui ne forme qu'en lâche un dessein généreux [1].
Envers nos citoyens je sais quelle est ma faute,
Et leur rendrai bientôt tout ce que je leur ôte ;
Mais pardonne aux abois d'une vieille amitié
Qui ne peut expirer sans me faire pitié,
Et laisse-moi, de grace, attendant Æmilie,
Donner un libre cours à ma mélancolie :
Mon chagrin t'importune, et le trouble où je suis
Veut de la solitude à calmer tant d'ennuis.

MAXIME.

Vous voulez rendre compte à l'objet qui vous blesse
De la bonté d'Octave, et de votre foiblesse ;
L'entretien des amants veut un entier secret.

sombre toutes les paroles de Cinna, paraître jaloux, être près d'éclater, se retenir. Il est bien loin d'être *un véritable amant*, comme le disait son confident ; il n'est ni un vrai Romain, ni un vrai conjuré, ni un vrai amant ; il n'est que froid et faible : il a même changé d'opinion, car il disait à Cinna, au second acte : *Pourquoi voulez-vous assassiner Auguste, plutôt que de recevoir de lui la liberté de Rome ?* et à présent il dit : *Pourquoi n'assassinez-vous pas Auguste ?* Veut-il par-là faire persévérer Cinna dans le crime, afin d'avoir une raison de plus pour être son délateur, comme Cinna a voulu empêcher Auguste d'abdiquer, afin d'avoir un prétexte de plus de l'assassiner ? en ce cas, voilà deux scélérats qui cachent leur basse perfidie par des raisonnements subtils. (V.)

[1] Voilà Cinna qui se donne lui-même le nom de *lâche*, et qui, par ce seul mot, détruit tout l'intérêt de la pièce, toute la grandeur qu'il a déployée dans le premier acte. Que veulent dire

ACTE III, SCÈNE III.   71

Adieu. Je me retire en confident discret [1].

SCÈNE III.

CINNA.

Donne un plus digne nom au glorieux empire [2]
Du noble sentiment que la vertu m'inspire,
Et que l'honneur oppose au coup précipité
De mon ingratitude et de ma lâcheté !
Mais plutôt continue à le nommer foiblesse [3],
Puisqu'il devient si foible auprès d'une maîtresse,
Qu'il respecte un amour qu'il devroit étouffer,
Ou que, s'il le combat, il n'ose en triompher [4].
En ces extrémités quel conseil dois-je prendre ?
De quel côté pencher ? à quel parti me rendre ?

les *abois* d'une vieille amitié qui lui fait pitié ? Quelle façon de parler ! et puis il parle de sa *mélancolie!* (V.)

VAR. Qui même fait en lâche un acte généreux. (1643-48.)

[1] Maxime finit son indigne rôle dans cette scène par un vers de comédie, et en se retirant comme un valet à qui on dit qu'on veut être seul. L'auteur a entièrement sacrifié ce rôle de Maxime : il ne faut le regarder que comme un personnage qui sert à faire valoir les autres. (V.)

[2] Voici le cas où un monologue est convenable : un homme dans une situation violente peut examiner avec lui-même le danger de son entreprise, l'horreur du crime qu'il va commettre, écouter ou combattre ses remords ; mais il falloit que ce monologue fût placé après qu'Auguste l'a comblé d'amitiés et de bienfaits, et non pas après une scène froide avec Maxime. (V.)

VAR. Que tu sais mal nommer le glorieux empire. (1643-48.)

[3] VAR. Mais plutôt qu'à bon droit tu le nommes foiblesse. (1643-48.)

[4] VAR. Ou, s'il l'ose combattre, il n'ose en triompher. (1643-48.)

Qu'une ame généreuse a de peine à faillir [1] !
Quelque fruit que par-là j'espère de cueillir,
Les douceurs de l'amour, celles de la vengeance,
La gloire d'affranchir le lieu de ma naissance,
N'ont point assez d'appas pour flatter ma raison,
S'il les faut acquérir par une trahison,
S'il faut percer le flanc d'un prince magnanime
Qui du peu que je suis fait une telle estime [2],
Qui me comble d'honneurs, qui m'accable de biens,
Qui ne prend pour régner de conseils que les miens.
O coup! ô trahison trop indigne d'un homme [3] !
Dure, dure à jamais l'esclavage de Rome !
Périsse mon amour, périsse mon espoir,
Plutôt que de ma main parte un crime si noir !
Quoi! ne m'offre-t-il pas tout ce que je souhaite,
Et qu'au prix de son sang ma passion achète?
Pour jouir de ses dons faut-il l'assassiner?

[1] Ce vers ne prouve-t-il pas ce que j'ai déjà dit, que ce n'était pas à Cinna à donner à l'empereur des conseils du fourbe le plus déterminé? S'il a une ame généreuse, s'il a tant de *peine à faillir*, pourquoi n'a-t-il pas affermi Auguste dans le dessein de quitter l'empire? S'il a tant de *peine à faillir*, pourquoi n'a-t-il pas senti les plus cuisants remords au moment qu'Auguste lui donnait Émilie? (V.)

[2] Ce discours est d'un vil domestique, et non pas d'un sénateur romain ; il achève d'avilir son rôle qui était si mâle, si fier, si terrible au premier acte. On s'intéressait à Cinna, et à présent on ne s'intéresse qu'à Auguste. (V.)

[3] J'en reviens toujours à ce remords trop tardif; je soupçonne qu'il serait très touchant, très intéressant, s'il avait été plus prompt, s'il n'était pas contradictoire avec la rage d'épouser Émilie sur la cendre d'Auguste. Metastasio, dans sa *Clemenza di Tito*, imitée de *Cinna*, commence par donner des remords à Sestus, qui joue le rôle de Cinna. (V.)

ACTE III, SCÈNE III.

Et faut-il lui ravir ce qu'il me veut donner?
Mais je dépends de vous, ô serment téméraire [1] !
O haine d'Æmilie ! ô souvenir d'un père !
Ma foi, mon cœur, mon bras, tout vous est engagé,
Et je ne puis plus rien que par votre congé [2] :
C'est à vous à régler ce qu'il faut que je fasse ;
C'est à vous, Æmilie, à lui donner sa grace ;
Vos seules volontés président à son sort,
Et tiennent en mes mains et sa vie et sa mort.
O dieux, qui comme vous la rendez adorable,
Rendez-la, comme vous, à mes vœux exorable [3] ;

---

[1] Non, sans doute, il ne dépend pas de ce serment ; c'est chercher un prétexte, et non pas une raison. Voilà un plaisant serment que la promesse faite à une femme de hasarder le dernier supplice pour faire une très vilaine action ! Il devait dire : *Les conjurés et moi nous avons fait serment de venger la patrie.* Voilà un serment respectable. (V.)

[2] *Par votre congé* ne se dit plus, et en effet ne devait pas se dire, puisque ce mot vient de *congédier*, qui ne signifie pas *permettre*. Comment un homme qui n'a pas les fureurs de l'amour, un petit-fils de Pompée, qui a assemblé tant de Romains pour rendre la liberté à la patrie, peut-il dire, en langage de ruelle : *Je ne peux rien que par le congé d'une femme ?* Il fallait donc le peindre dès le premier acte comme un homme éperdu d'amour, forcé par une maîtresse qu'il idolâtre à conspirer contre un maître qu'il aime. C'est ainsi que Metastasio peint Sestus dans la *Clemenza di Tito,* en donnant à ce Sestus le caractère de l'Oreste de Racine. Ce n'est pas que je préfère ce Sestus à Cinna, il s'en faut beaucoup ; mais je dis que le rôle de Cinna serait beaucoup plus touchant, si on l'avait peint dès le premier acte aveuglé par une passion furieuse ; mais il a joué à ce premier acte le rôle d'un Brutus, et au troisième il n'est plus qu'un amant timide. (V.)

[3] *Exorable* devrait se dire ; c'est un terme sonore, intelligible, nécessaire, et digne des beaux vers que débite Cinna. Il est bien

74 CINNA.

Et, puisque de ses lois je ne puis m'affranchir,
Faites qu'à mes desirs je la puisse fléchir.
Mais voici de retour cette aimable inhumaine¹.

SCÈNE IV.

ÆMILIE, CINNA, FULVIE.

ÆMILIE.

Graces aux dieux, Cinna, ma frayeur étoit vaine;
Aucun de tes amis ne t'a manqué de foi²,
Et je n'ai point eu lieu de m'employer pour toi.
Octave en ma présence a tout dit à Livie,
Et par cette nouvelle il m'a rendu la vie.

CINNA.

Le désavouerez-vous? et du don qu'il me fait
Voudrez-vous retarder le bienheureux effet?

ÆMILIE.

L'effet est en ta main.

CINNA.
Mais plutôt en la vôtre.

ÆMILIE.
Je suis toujours moi-même, et mon cœur n'est point autre

étrange qu'on dise *implacable*, et non *placable*; *ame inaltérable*,
et non pas *ame altérable*; *héros indomptable*, et non *héros domptable*, etc. (V.)

¹ *Aimable inhumaine* fait quelque peine, à cause de tant de
fades vers de galanterie où cette expression commune se trouve.
(V.)

VAR.   Cette belle inhumaine. (1643-48.)

² VAR. Tes amis généreux n'ont point manqué de foi,
        Et ne m'ont point réduite à m'employer pour toi. (1643-48.)

ACTE III, SCÈNE IV.

Me donner à Cinna, c'est ne lui donner rien,
C'est seulement lui faire un présent de son bien.

CINNA.

Vous pouvez toutefois.... O ciel! l'osé-je dire?

ÆMILIE.

Que puis-je? et que crains-tu?

CINNA.

Je tremble, je soupire,
Et vois que, si nos cœurs avoient mêmes desirs [1],
Je n'aurois pas besoin d'expliquer mes soupirs.
Ainsi je suis trop sûr que je vais vous déplaire;
Mais je n'ose parler, et je ne puis me taire.

ÆMILIE.

C'est trop me gêner, parle.

CINNA.

Il faut vous obéir.
Je vais donc vous déplaire, et vous m'allez haïr.
Je vous aime, Æmilie, et le ciel me foudroie
Si cette passion ne fait toute ma joie [2],
Et si je ne vous aime avec toute l'ardeur
Que peut un digne objet attendre d'un grand cœur [3]!
Mais voyez à quel prix vous me donnez votre ame;
En me rendant heureux vous me rendez infame :
Cette bonté d'Auguste....

ÆMILIE.

Il suffit, je t'entends,

---

[1] Var. Et si nos cœurs étoient conformes eu desirs. (1643-48.)

[2] Ces deux vers font toujours un peu rire. *Avec toute l'ardeur qu'un digne objet peut attendre d'un grand cœur*, est du style de Scudéry. Ce n'est que depuis Racine qu'on a proscrit ces fades lieux communs. (V.)

[3] Var. Que peut un bel objet attendre d'un grand cœur! (1643-48.)

76   CINNA.
Je vois ton repentir et tes vœux inconstants :
Les faveurs du tyran emportent tes promesses ¹ ;
Tes feux et tes serments cèdent à ses caresses ;
Et ton esprit crédule ose s'imaginer
Qu'Auguste pouvant tout peut aussi me donner ;
Tu me veux de sa main plutôt que de la mienne ;
Mais ne crois pas qu'ainsi jamais je t'appartienne :
Il peut faire trembler la terre sous ses pas,
Mettre un roi hors du trône, et donner ses états ²,
De ses proscriptions rougir la terre et l'onde,
Et changer à son gré l'ordre de tout le monde ;
Mais le cœur d'Æmilie est hors de son pouvoir ³.

¹ *Des faveurs qui emportent des promesses.* Cette figure n'a pas de sens en français. Les faveurs d'Auguste peuvent l'emporter sur les promesses de Cinna, les faire oublier ; mais elles ne les emportent pas. Quinault a dit avec élégance et justesse :

   Mais le zéphyr léger et l'onde fugitive
   Ont bientôt emporté les serments qu'elle a faits. (V.)

² Il y avait :

   Jeter un roi du trône, et donner ses états. (1643-48.)

Mettre hors est bien moins énergique que *jeter*, et n'est pas même une expression noble. *Roi hors* est dur à l'oreille. Pourquoi ne dirait-on pas *jeter du trône ?* On dit bien *jeter du haut du trône :* en tout cas, *chasser* eût été mieux que *mettre hors*. Quelquefois en corrigeant on affaiblit. (V.)

³ Voilà une imitation admirable de ces beaux vers d'Horace :

   Et cuncta terrarum subacta,
   Præter atrocem animum Catonis.

Cette imitation est d'autant plus belle, qu'elle est en sentiment. Plusieurs s'étonnent qu'Æmilie, affectant de penser comme Caton, ait cependant reçu pendant quinze ans les bienfaits et l'argent d'Auguste, dont *l'épargne lui a été ouverte*. Cette conduite ne semble pas s'accorder avec cette inflexibilité héroïque dont elle fait parade. (V.)

ACTE III, SCÈNE IV.   77
CINNA.
Aussi n'est-ce qu'à vous que je veux le devoir ¹.
Je suis toujours moi-même, et ma foi toujours pure ² ;
La pitié que je sens ne me rend point parjure ;
J'obéis sans réserve à tous vos sentiments ³,
Et prends vos intérêts par-delà mes serments ⁴.
  J'ai pu, vous le savez, sans parjure et sans crime,
Vous laisser échapper cette illustre victime :
César se dépouillant du pouvoir souverain
Nous ôtoit tout prétexte à lui percer le sein ;
La conjuration s'en alloit dissipée,
Vos desseins avortés, votre haine trompée ⁵ :
Moi seul j'ai raffermi son esprit étonné,
Et pour vous l'immoler ma main l'a couronné.

ÆMILIE.
Pour me l'immoler, traître ! et tu veux que moi-même
Je retienne ta main ! qu'il vive, et que je l'aime !
Que je sois le butin de qui l'ose épargner ⁶,
Et le prix du conseil qui le force à régner !

¹ VAR. Aussi n'est-ce qu'à vous que je le veux devoir. (1643-48.)

² Il faut, *ma foi est toujours pure. Ma foi* ne peut être gouvernée par *je suis. Foi pure* ne se dit qu'en théologie. (V.) — On sous-entend *est.* Voltaire lui-même a dit dans une autre note (act. V, scène I) : « Ce n'est point une licence, c'est un trope en usage dans toutes les langues. » (A.-M.) — *Foi pure* n'est pas si exclusivement théologique qu'on ne puisse l'employer en poésie pour foi constante, foi inviolable. (P.)

³ VAR. J'obéis sans réserve à tous vos mouvements. (1643-48.)

⁴ *Par-delà mes serments :* expression dont je ne trouve que cet exemple ; et cet exemple me paraît mériter d'être suivi. (V.)

⁵ *Votre haine s'en allait trompée.* C'est un barbarisme. (V.)

⁶ *Butin* n'est pas le mot propre. (V.)

CINNA.

Ne me condamnez point quand je vous ai servie :
Sans moi, vous n'auriez plus de pouvoir sur sa vie ;
Et, malgré ses bienfaits, je rends tout à l'amour,
Quand je veux qu'il périsse, ou vous doive le jour [1].
Avec les premiers vœux de mon obéissance
Souffrez ce foible effort de ma reconnoissance,
Que je tâche de vaincre un indigne courroux,
Et vous donner pour lui l'amour qu'il a pour vous [2].
Une ame généreuse, et que la vertu guide,
Fuit la honte des noms d'ingrate et de perfide ;
Elle en hait l'infamie attachée au bonheur,
Et n'accepte aucun bien aux dépens de l'honneur [3].

ÆMILIE.

Je fais gloire, pour moi, de cette ignominie :
La perfidie est noble envers la tyrannie ;
Et quand on rompt le cours d'un sort si malheureux [4],
Les cœurs les plus ingrats sont les plus généreux.

CINNA.

Vous faites des vertus au gré de votre haine.

ÆMILIE.

Je me fais des vertus dignes d'une Romaine [5].

[1] La scène se refroidit par ces arguments de Cinna ; il veut prouver qu'il a satisfait à l'amour, parcequ'il veut que le sort d'Auguste dépende de sa maîtresse. Toute cette tirade paraît un peu obscure. (V.)

[2] Il faut *et de vous donner*. Le mot d'*amour* n'est point du tout convenable. (V.)

[3] Toutes ces sentences refroidissent encore. Voyez si Oreste et Hermione parlent en sentences. (V.)

[4] Var. Et quand il faut répandre un sang si malheureux. (1643-48.)

[5] Ce vers est beau, et ces sentiments d'Émilie ne se démentent jamais. Plusieurs demandent encore pourquoi cette Émilie ne

ACTE III, SCÈNE IV. 79

CINNA.
Un cœur vraiment romain...

ÆMILIE.
Ose tout pour ravir
Une odieuse vie à qui le fait servir [1] ;
Il fuit plus que la mort la honte d'être esclave.

CINNA.
C'est l'être avec honneur que de l'être d'Octave ;
Et nous voyons souvent des rois à nos genoux
Demander pour appui tels esclaves que nous [2] ;
Il abaisse à nos pieds l'orgueil des diadèmes,
Il nous fait souverains sur leurs grandeurs suprêmes [3],
Il prend d'eux les tributs dont il nous enrichit,

touche point ; pourquoi ce personnage ne fait pas au théâtre la grande impression qu'y fait Hermione. Elle est l'ame de toute la pièce, et cependant elle inspire peu d'intérêt. N'est-ce point parcequ'elle n'est pas malheureuse ? n'est-ce point parceque les sentiments d'un Brutus, d'un Cassius, conviennent peu à une fille ? n'est-ce point parceque sa facilité à recevoir l'argent d'Auguste dément la grandeur d'ame qu'elle affecte ? n'est-ce point parceque ce rôle n'est pas tout-à-fait dans la nature ? Cette fille, que Balzac appelle une *adorable furie*, est elle si adorable ? C'est Émilie que Racine avait en vue, lorsqu'il dit, dans une de ses préfaces, qu'il ne veut pas mettre sur le théâtre de ces femmes qui font des leçons d'héroïsme aux hommes. Malgré tout cela, le rôle d'Émilie est plein de choses sublimes ; et quand on compare ce qu'on faisait alors à ce seul rôle d'Émilie, on est étonné, on admire. (V.)

[1] Var. Et le sang et la vie à qui le fait servir. (1643-48.)

[2] Var. Implorer la faveur d'esclaves tels que nous. (1643-48.)

[3] Il faut remarquer les plus légères fautes de langage. On est *souverain de*, on n'est pas *souverain sur*, encore moins *souverain sur une grandeur* : mais ce qui est bien plus digne de remarque, c'est que le second vers n'est qu'une faible répétition du premier. (V.) — On dit *régner sur, dominer sur*, ce qui justifie suf-

CINNA.

Et leur impose un joug dont il nous affranchit.
ÆMILIE.
L'indigne ambition que ton cœur se propose !
Pour être plus qu'un roi, tu te crois quelque chose[1] !
Aux deux bouts de la terre en est-il un si vain [2]
Qu'il prétende égaler un citoyen romain ?

fisamment l'expression de Corneille. C'est par une semblable analogie que Racine a dit avec encore plus de hardiesse :

Il va *sur* tant d'états couronner Bérénice. (A.-M.)

[1] Ce beau vers est une contradiction avec celui que dit Auguste au cinquième acte :

Qu'en te couronnant roi, je t'aurois donné moins.

Ou Émilie, ou Auguste a tort. Il n'est pas douteux que le vers d'Émilie, étant plus romain, plus fort, et même étant devenu proverbe, ne dût être conservé, et celui d'Auguste sacrifié ; mais il faut sur-tout remarquer que ces hyperboles commencent à déplaire, qu'on y trouve même du ridicule, qu'il y a une distance infinie entre un grand roi et un marchand de Rome, que ces exagérations d'une fille à qui Auguste fait une pension révoltent bien des lecteurs, et que ces contestations entre Cinna et sa maîtresse sur la grandeur romaine, n'ont pas toute la chaleur de la véritable tragédie. (V.) — Il n'y a pas ici tant d'exagération. D'abord les Romains n'étaient pas *marchands* ; ensuite un sénateur comme Cinna pouvait se croire plus qu'un roi, puisque presque tous les rois alliés et tributaires se faisaient les *clients* d'un sénateur romain qu'ils reconnaissaient pour leur patron. D'autre part, la position d'Émilie n'est pas aussi avilissante que Voltaire le prétend. Il faut se rappeler qu'Auguste avait confisqué les trésors du père, et que la fille pouvait voir dans ses bienfaits une restitution. Le poëte Le Brun a remarqué que Corneille est le seul poëte qui se soit hasardé à terminer un vers par QUELQUE CHOSE, et qui ait fait de ce mot si nul un mot sublime. (A.-M.)

[2] VAR. Aux deux bouts de la terre en est-il d'assez vain
Pour prétendre égaler un citoyen romain ? (1643-48.)

ACTE III, SCÈNE IV.

Antoine sur sa tête attira notre haine
En se déshonorant par l'amour d'une reine¹;
Attale, ce grand roi, dans la pourpre blanchi,
Qui du peuple romain se nommoit l'affranchi,
Quand de toute l'Asie il se fût vu l'arbitre,
Eût encor moins prisé son trône que ce titre². .
Souviens-toi de ton nom, soutiens sa dignité;
Et, prenant d'un Romain la générosité,
Sache qu'il n'en est point que le ciel n'ait fait naître
Pour commander aux rois, et pour vivre sans maître.

CINNA.

Le ciel a trop fait voir en de tels attentats
Qu'il hait les assassins et punit les ingrats³;
Et quoi qu'on entreprenne, et quoi qu'on exécute,
Quand il élève un trône, il en venge la chute;
Il se met du parti de ceux qu'il fait régner;
Le coup dont on les tue est long-temps à saigner;
Et quand à les punir il a pu se résoudre,
De pareils châtiments n'appartiennent qu'au foudre.

ÆMILIE.

Dis que de leur parti toi-même tu te rends,
De te remettre au foudre à punir les tyrans⁴.

¹ Var. En se déshonorant pour l'amour d'une reine. (1643-48.)

² La beauté de ces vers et ces traits tirés de l'histoire romaine font un très grand plaisir aux lecteurs, quoique au théâtre ils refroidissent un peu la scène : au reste, cet Attale était un très petit roi de Pergame, qui ne possédait pas un pays de trente lieues. (V.)

³ Cette réplique de Cinna ne paraît pas convenable : un sujet parle ainsi dans une monarchie; mais un homme du sang de Pompée doit-il parler en sujet ? (V.)

⁴ Cela n'est ni français, ni clairement exprimé; et ces dissertations sur la foudre ne sont plus tolérées. (V.)

82   CINNA.

Je ne t'en parle plus, va, sers la tyrannie;
Abandonne ton ame à son lâche génie;
Et, pour rendre le calme à ton esprit flottant,
Oublie et ta naissance et le prix qui t'attend.
Sans emprunter ta main pour servir ma colère [1],
Je saurai bien venger mon pays et mon père.
J'aurois déja l'honneur d'un si fameux trépas,
Si l'amour jusqu'ici n'eût arrêté mon bras;
C'est lui qui, sous tes lois me tenant asservie,
M'a fait en ta faveur prendre soin de ma vie :
Seule contre un tyran, en le faisant périr,
Par les mains de sa garde il me falloit mourir.
Je t'eusse par ma mort dérobé ta captive;
Et comme pour toi seul l'amour veut que je vive [2],
J'ai voulu, mais en vain, me conserver pour toi,
Et te donner moyen d'être digne de moi.

Pardonnez-moi, grands dieux, si je me suis trompée
Quand j'ai pensé chérir un neveu de Pompée,
Et si d'un faux semblant mon esprit abusé
A fait choix d'un esclave en son lieu supposé [3].

[1] Le mot de *colère* ne paraît peut-être pas assez juste. On ne sent point de colère pour la mort d'un père mis au nombre des proscrits il y a trente ans. Le mot de *ressentiment* serait plus propre; mais, en poésie, *colère* peut signifier *indignation, ressentiment, souvenir des injures, desir de vengeance.* (V.)

VAR. Je saurai bien sans toi, dans ma noble colère,
     Venger les fers de Rome et le sang de mon père. (1643-48.)

[2] Je remarque ailleurs que toutes les phrases qui commencent par *comme* sentent la dissertation, le raisonnement, et que la chaleur du sentiment ne permet guère ce tour prosaïque. (V.)

[3] Il est trop dur d'appeler Cinna esclave au propre, de lui dire qu'il est un fils supposé, qu'il est fils d'un esclave : cette condition était au-dessous de celle de nos valets. (V.) — Elle ne dit à

ACTE III, SCÈNE IV. 83

Je t'aime toutefois, quel que tu puisses être [1] ;
Et si pour me gagner il faut trahir ton maître,
Mille autres à l'envi recevroient cette loi [2],

Cinna, ni qu'il est un fils supposé, ni qu'il est le fils d'un esclave ; elle lui reproche, en républicaine, le sentiment de bassesse qui paraît le familiariser avec l'idée d'un maître. Aux yeux d'une Romaine telle qu'Émilie, quiconque peut s'accoutumer au sacrifice de sa liberté n'est plus qu'un esclave, quoiqu'il ne soit pas né dans la servitude. (P.) — C'est ce que Maxime a dit plus haut :

> Ils passent pour tyran quiconque s'y fait maître ;
> Qui le sert, pour esclave, et qui l'aime, pour traître. (A.-M.)

[1] Var. Je t'aime toutefois, tel que tu puisses être ;
Tu te plains d'un amour qui te veut rendre traître. (1643-48.)

[2] Doit-elle lui dire que mille autres assassineraient l'empereur pour mériter les bonnes graces d'une femme ? cela ne révolte-t-il pas un peu ? cela n'empêche-t-il pas qu'on ne s'intéresse à Émilie ? Cette présomption de sa beauté la rend moins intéressante. Une femme emportée par une grande passion touche beaucoup ; mais une femme qui a la vanité de regarder sa possession comme le plus grand prix où l'on puisse aspirer, révolte au lieu d'intéresser. Émilie a dit au premier acte qu'on publiera dans toute l'Italie qu'on n'a pu la mériter qu'en tuant Auguste ; elle a dit à Cinna : *Songe que mes faveurs t'attendent.* Ici elle dit que *mille Romains tueraient Auguste pour mériter ses bonnes graces.* Quelle femme a jamais parlé ainsi ? Quelle différence entre elle et Hermione, qui dit dans une situation à-peu-près semblable :

> Quoi ! sans qu'elle employât une seule prière,
> Ma mère en sa faveur arma la Grèce entière ;
> Ses yeux, pour leur querelle, en dix ans de combats,
> Virent périr vingt rois qu'ils ne connoissoient pas ;
> Et moi, je ne prétends que la mort d'un parjure,
> Et je charge un amant du soin de mon injure ;
> Il peut me conquérir à ce prix sans danger,
> Je me livre moi-même, et ne puis me venger !

C'est ainsi que s'exprime le goût perfectionné ; et le génie, dénué de ce goût sûr, bronche quelquefois. On ne prétend pas,

S'ils pouvoient m'acquérir à même prix que toi ;
Mais n'appréhende pas qu'un autre ainsi m'obtienne.
Vis pour ton cher tyran, tandis que je meurs tienne :

encore une fois, rien diminuer de l'extrême mérite de Corneille; mais il faut qu'un commentateur n'ait en vue que la vérité et l'utilité publique. Au reste, la fin de cette tirade est fort belle. (V.) — Les rapprochements d'Hermione et d'Émilie ne me paraissent pas exacts : l'une ne devait pas ressembler à l'autre. Il est bien vrai que toutes deux exigent de leur amant une vengeance et un meurtre; mais leur injure, et par conséquent leur situation, n'est pas la même, et ne devait pas produire le même effet. Émilie poursuit la vengeance de son père Toranius, tué il y a vingt ans, dans le temps des proscriptions. Ce sentiment est légitime; mais personne n'a connu ce Toranius : la perte qu'a faite Émilie est bien ancienne; Auguste même l'a réparée autant qu'il l'a pu, en traitant Émilie comme sa fille adoptive; elle a reçu ses bienfaits : sa situation, comme le remarque lui-même Voltaire, n'est point à plaindre. Ainsi donc, lorsqu'elle demande la tête d'Auguste, c'est un sentiment tout au moins aussi républicain que filial, ennobli sur-tout par le dessein de rendre la liberté aux Romains : c'est un de ces sentiments auxquels on peut se prêter, mais que le spectateur n'embrasse pas comme s'ils étaient les siens, qu'il ne partage pas avec toute la vivacité de ses affections; ces sortes de rôles sont plutôt des moyens d'action que des mobiles d'intérêt. Il n'en est pas de même d'Hermione : son injure est récente, elle est sous les yeux du spectateur : c'est une femme, une princesse cruellement outragée et fortement passionnée. L'offense qu'elle reçoit est de celles que tout son sexe partage, et son infortune est de celles qui excitent la pitié du nôtre. Sa vengeance n'est pas un devoir, c'est une passion, et une passion si aveugle et si forcenée, que l'on sent bien qu'Hermione se fait illusion à elle-même, et qu'elle sera plus à plaindre encore dès qu'on l'aura vengée. Il résulte de cette différence essentielle entre les deux rôles, que celui de Racine est infiniment plus théâtral; mais que Corneille, en faisant l'autre pour un plan différent, n'était pas obligé de produire la même impression. Il ne faut donc pas exiger qu'Émilie

ACTE III, SCÈNE IV.

Mes jours avec les siens se vont précipiter,
Puisque ta lâcheté n'ose me mériter.
Viens me voir dans son sang et dans le mien baignée,
De ma seule vertu mourir accompagnée,
Et te dire en mourant, d'un esprit satisfait :
« N'accuse point mon sort, c'est toi seul qui l'as fait ;
« Je descends dans la tombe où tu m'as condamnée,
« Où la gloire me suit qui t'étoit destinée :
« Je meurs en détruisant un pouvoir absolu ;
« Mais je vivrois à toi si tu l'avois voulu. »

CINNA.

Eh bien, vous le voulez, il faut vous satisfaire,
Il faut affranchir Rome, il faut venger un père,
Il faut sur un tyran porter de justes coups ;
Mais apprenez qu'Auguste est moins tyran que vous.
S'il nous ôte à son gré nos biens, nos jours, nos femmes [1],
Il n'a point jusqu'ici tyrannisé nos ames ;
Mais l'empire inhumain qu'exercent vos beautés
Force jusqu'aux esprits et jusqu'aux volontés [2].

nous *touche*, mais seulement qu'elle nous attache ; et c'est à quoi l'auteur a réussi en lui donnant le mérite qui lui est propre, celui d'une noblesse d'ame que rien ne peut abaisser, d'une résolution intrépide que rien ne peut ébranler. (LA H.)

[1] Mais en ce cas Auguste est donc un monstre à étouffer : Cinna ne devait donc pas balancer ; il a donc très grand tort de se dédire ; ses remords ne sont donc pas vrais ? Comment peut-il aimer un tyran qui ôte aux Romains leurs biens, leurs femmes, et leurs vies ? Ces contradictions ne font-elles pas tort au pathétique aussi bien qu'au vrai, sans lequel rien n'est beau ? (V.)

[2] C'est ici une idée poétique, ou plutôt une subtilité : *Vos beautés sont plus inhumaines qu'Auguste !* ce n'est pas ainsi que la vraie passion parle. Oreste, dans une circonstance semblable, dit à Hermione :

Non, je vous priverai d'un plaisir si funeste,

86   CINNA.

Vous me faites priser ce qui me déshonore [1];
Vous me faites haïr ce que mon ame adore;
Vous me faites répandre un sang pour qui je dois
Exposer tout le mien et mille et mille fois :
Vous le voulez, j'y cours, ma parole est donnée [2];
Mais ma main, aussitôt contre mon sein tournée,
Aux mânes d'un tel prince immolant votre amant,
A mon crime forcé joindra mon châtiment [3],
Et, par cette action dans l'autre confondue,
Recouvrera ma gloire aussitôt que perdue.
Adieu.

Madame; il ne mourra que de la main d'Oreste.

Il ne s'amuse point à dire que les beautés inhumaines d'Hermione sont des tyrans; il le fait sentir en se déterminant malgré lui à un crime : ce n'est pas là le poëte qui parle, c'est le personnage. (V.)

[1] *Priser* n'est plus d'usage. Cinna ne prise point ici son action, puisqu'il la condamne; il dit qu'il adore Auguste, cela est beaucoup trop fort : il n'adore point Auguste; *il devrait*, dit-il, *donner son sang pour lui mille et mille fois*. Il devait donc être très touché au moment que ce même Auguste lui donnait Émilie. Il lui a conseillé de garder l'empire pour l'assassiner, et il voudrait donner mille vies pour lui par réflexion. (V.)

[2] VAR. Je l'ai juré, j'y cours, et vous serez vengée;
    Mais ma main, aussitôt dedans mon sein plongée. (1643.)

[3] Ces derniers vers réconcilient Cinna avec le spectateur : c'est un très grand art. Racine a imité ce morceau dans l'*Andromaque* :

    Et mes mains aussitôt contre mon sein tournées, etc. (V.)

VAR. A ce crime forcé joindra le châtiment. (1643-48.)

SCÈNE V.

ÆMILIE, FULVIE.

FULVIE.
Vous avez mis son ame au désespoir.
ÆMILIE.
Qu'il cesse de m'aimer, ou suive son devoir.
FULVIE.
Il va vous obéir aux dépens de sa vie :
Vous en pleurez !
ÆMILIE.
   Hélas ! cours après lui, Fulvie,
Et, si ton amitié daigne me secourir,
Arrache-lui du cœur ce dessein de mourir ;
Dis-lui....
FULVIE.
  Qu'en sa faveur vous laissez vivre Auguste ?
ÆMILIE.
Ah ! c'est faire à ma haine une loi trop injuste.
FULVIE.
Et quoi donc ?
ÆMILIE.
   Qu'il achève, et dégage sa foi.
Et qu'il choisisse après de la mort, ou de moi [1].

---

[1] Ce sont là de ces traits qui portaient le docteur cité par Balzac à nommer Émilie *adorable furie*. On ne peut guère finir un acte d'une manière plus grande ou plus tragique ; et si Émilie avait une raison plus pressante de vouloir faire périr Auguste, si elle n'avait appris que depuis peu qu'Auguste a fait mourir son père, si elle avait connu ce père, si ce père même avait pu

lui demander vengeance, ce rôle serait du plus grand intérêt. Mais ce qui peut détruire tout l'intérêt qu'on prendrait à Émilie, c'est la supposition de l'auteur qu'elle est adoptée par Auguste. On devait chez les Romains autant et plus d'amour filial à un père d'adoption qu'à un père qui ne l'était que par le sang. Émilie conspire contre Auguste, son père et son bienfaiteur, au bout de trente ans, pour venger Toranius qu'elle n'a jamais vu. Alors cette furie n'est point du tout adorable; elle est réellement parricide. Cependant gardons-nous bien de croire qu'Émilie, malgré son ingratitude, et Cinna, malgré sa perfidie, ne soient pas deux très beaux rôles; tous deux étincellent de traits admirables. (V.) — C'est une affectation maligne de la part de Voltaire que de donner trente ans à Émilie; rien n'exige dans la pièce qu'on lui en suppose plus de vingt. Si, des proscriptions d'Auguste à la conjuration de Cinna, il s'est passé en effet trente ans, comme Voltaire en paraît persuadé, Corneille, qui n'était pas assujetti à l'ordre des temps comme un historien, était bien le maître de raccourcir cet intervalle. D'ailleurs rien ne s'oppose dans la pièce à ce que nous supposions ce Toranius, que Corneille ne nomme pas, mort depuis peu. On est fâché qu'avec tant de raison, de finesse et de goût, Voltaire se permette quelquefois non seulement des critiques exagérées, mais de petits artifices qui pourraient le faire soupçonner d'avoir voulu en effet rabaisser Corneille. Jusqu'à présent cette injustice ne s'est pas encore trop manifestée; on entrevoit cependant qu'il se passionne pour son sentiment, de manière à n'être pas toujours très délicat sur le choix de ses moyens. Il prétend, par exemple, que chez les Romains on devait autant et plus d'amour filial au père d'adoption qu'à un père qui ne l'était que par le sang. Oui, pourvu toutefois que le père d'adoption n'eût pas fait assassiner le véritable père. (P.)

FIN DU TROISIÈME ACTE.

ACTE QUATRIÈME.

SCÈNE I.

AUGUSTE, EUPHORBE, POLYCLÈTE,
GARDES.

AUGUSTE.
Tout ce que tu me dis, Euphorbe, est incroyable [1].
EUPHORBE.
Seigneur, le récit même en paroît effroyable :
On ne conçoit qu'à peine [2] une telle fureur,
Et la seule pensée en fait frémir d'horreur.
AUGUSTE.
Quoi, mes plus chers amis ! quoi, Cinna ! quoi, Maxime !
Les deux que j'honorois d'une si haute estime,
A qui j'ouvrois mon cœur, et dont j'avois fait choix
Pour les plus importants et plus nobles emplois !

[1] Il est triste qu'un si bas et lâche subalterne, un esclave affranchi, paraisse avec Auguste, et que l'auteur n'ait pas trouvé dans la jalousie de Maxime, dans les emportements que sa passion eût dû lui inspirer, ou dans quelque autre invention tragique, de quoi fournir des soupçons à Auguste. Si le trouble de Cinna, celui de Maxime, celui d'Émilie, ouvraient les yeux de l'empereur, cela serait beaucoup plus noble et plus théâtral que la dénonciation d'un esclave, qui est un ressort trop mince et trop trivial. (V.)

[2] VAR. On ne conçoit qu'à force une telle fureur. (1643-48.)

Après qu'entre leurs mains j'ai remis mon empire,
Pour m'arracher le jour l'un et l'autre conspire!
Maxime a vu sa faute, il m'en fait avertir¹,
Et montre un cœur touché d'un juste repentir;
Mais Cinna!

EUPHORBE.

Cinna seul dans sa rage s'obstine,
Et contre vos bontés d'autant plus se mutine²;
Lui seul combat encor les vertueux efforts
Que sur les conjurés fait ce juste remords³,
Et, malgré les frayeurs à leurs regrets mêlées,
Il tâche à raffermir leurs ames ébranlées.

AUGUSTE.

Lui seul les encourage, et lui seul les séduit!
O le plus déloyal que la terre ait produit!
O trahison conçue au sein d'une furie!
O trop sensible coup d'une main si chérie!
Cinna, tu me trahis! Polyclète, écoutez.

(Il lui parle à l'oreille.)

¹ VAR. Encore pour Maxime, il m'en fait avertir,
　　Et s'est laissé toucher à quelque repentir. (1643-48.)

² Le second vers est faible après l'expression, *il s'obstine dans sa rage*; l'idée la plus forte doit toujours être la dernière : de plus, *se mutiner contre des bontés* est une expression bourgeoise; on ne l'emploie qu'en parlant des enfants. Ce n'est pas que ce mot *mutiné*, employé avec art, ne puisse faire un très bel effet. Racine a dit :

　　Enchaîner un captif de ses fers étonné,
　　Contre un joug qui lui plaît vainement mutiné.

D'autant plus exige un *que*; c'est une phrase qui n'est pas achevée. (V.)

³ VAR. Que sur les conjurés fait un juste remords. (1643-48.)

POLYCLÈTE.
Tous vos ordres, seigneur, seront exécutés.
AUGUSTE.
Qu'Éraste en même temps aille dire à Maxime
Qu'il vienne recevoir le pardon de son crime.
(Polyclète rentre.)
EUPHORBE.
Il l'a jugé trop grand pour ne pas s'en punir [1].
A peine du palais il a pu revenir,
Que, les yeux égarés, et le regard farouche,
Le cœur gros de soupirs, les sanglots à la bouche,
Il déteste sa vie et ce complot maudit,
M'en apprend l'ordre entier tel-que je vous l'ai dit;
Et, m'ayant commandé que je vous avertisse,
Il ajoute : « Dis-lui que je me fais justice,
« Que je n'ignore point ce que j'ai mérité [2]. »
Puis soudain dans le Tibre il s'est précipité;
Et l'eau grosse et rapide, et la nuit assez noire [3],
M'ont dérobé la fin de sa tragique histoire.
AUGUSTE.
Sous ce pressant remords il a trop succombé,

[1] On ne peut nier que ce lâche et inutile mensonge d'Euphorbe ne soit indigne de la tragédie. Mais, dira-t-on, on a le même reproche à faire à OEnone dans *Phèdre*. Point du tout ; elle est criminelle, elle calomnie Hippolyte, mais elle ne dit pas une fausse nouvelle : c'est cela qui est petit et bas. (V.)

Var. Il l'a jugé trop grand pour se le pardonner.
A peine du palais il a pu retourner,
Que, de tous les côtés lançant un œil farouche. (1643-48.)

[2] Var. Que je n'ignore pas ce que j'ai mérité. (1643.)

[3] Var. Et l'eau grosse et rapide, et la nuit survenue,
L'ont dérobé sur l'heure à ma débile vue.
AUGUSTE.
Sous ses justes remords il a trop succombé. (1643-48.)

Et s'est à mes bontés lui-même dérobé ;
Il n'est crime envers moi qu'un repentir n'efface :
Mais puisqu'il a voulu renoncer à ma grace,
Allez pourvoir au reste, et faites qu'on ait soin
De tenir en lieu sûr ce fidèle témoin.

SCÈNE II.

AUGUSTE.

Ciel, à qui voulez-vous désormais que je fie [1]
Les secrets de mon ame et le soin de ma vie?
Reprenez le pouvoir que vous m'avez commis,
Si donnant des sujets il ôte les amis,
Si tel est le destin des grandeurs souveraines
Que leurs plus grands bienfaits n'attirent que des haines,
Et si votre rigueur les condamne à chérir
Ceux que vous animez à les faire périr.
Pour elles rien n'est sûr ; qui peut tout doit tout craindre.
  Rentre en toi-même, Octave, et cesse de te plaindre.
Quoi! tu veux qu'on t'épargne, et n'as rien épargné!
Songe aux fleuves de sang où ton bras s'est baigné,
De combien ont rougi les champs de Macédoine [2],
Combien en a versé la défaite d'Antoine,
Combien celle de Sexte, et revois tout d'un temps
Pérouse au sien noyée et tous ses habitants ;

---

[1] Voilà encore une occasion où un monologue est bien placé ; la situation d'Auguste est une excuse légitime : d'ailleurs, il est bien écrit, les vers en sont beaux, les réflexions sont justes, intéressantes ; ce morceau est digne du grand Corneille. (V.)

[2] Cela n'est pas français. Il fallait, *quels flots j'en ai versés aux champs de Macédoine*, ou quelque chose de semblable. (V.)

ACTE IV, SCÈNE II.

Remets dans ton esprit, après tant de carnages,
De tes proscriptions les sanglantes images,
Où toi-même, des tiens devenu le bourreau,
Au sein de ton tuteur enfonças le couteau;
Et puis ose accuser le destin d'injustice
Quand tu vois que les tiens s'arment pour ton supplice[1],
Et que, par ton exemple à ta perte guidés,
Ils violent des droits que tu n'as pas gardés!
Leur trahison est juste, et le ciel l'autorise :
Quitte ta dignité comme tu l'as acquise;
Rends un sang infidèle à l'infidélité[2],
Et souffre des ingrats après l'avoir été.
   Mais que mon jugement au besoin m'abandonne!
Quelle fureur, Cinna, m'accuse et te pardonne?
Toi, dont la trahison me force à retenir
Ce pouvoir souverain dont tu me veux punir,
Me traite en criminel, et fait seule mon crime,

[1] Var. Si les tiens maintenant s'arment pour ton supplice,
   Et si, par ton exemple à ta perte guidés,
   Ils violent les droits que tu n'as pas gardés. (1643-48.)

[2] Ce vers est imité de Malherbe :
   Fais de tous les assauts que la rage peut faire
   Une fidèle preuve à l'infidélité.

Un tel abus de mots et quelques longueurs, quelques répétitions, empêchent ce beau monologue de faire tout son effet. A mesure que le public s'est plus éclairé, il s'est un peu dégoûté des longs monologues; on s'est lassé de voir des empereurs qui parlaient si long-temps tout seuls. Mais ne devrait-on pas se prêter à l'illusion du théâtre? Auguste ne pouvait-il pas être supposé au milieu de sa cour, et s'abandonner à ses réflexions devant ses confidents, qui tiendraient lieu du chœur des anciens?

Il faut avouer que le monologue est un peu long. Les étrangers ne peuvent souffrir ces scènes sans action, et il n'y a peut-être pas assez d'action dans *Cinna*. (V.)

Relève pour l'abattre un trône illégitime,
Et, d'un zèle effronté couvrant son attentat,
S'oppose, pour me perdre, au bonheur de l'état?
Donc jusqu'à l'oublier je pourrois me contraindre!
Tu vivrois en repos après m'avoir fait craindre!
Non, non, je me trahis moi-même d'y penser :
Qui pardonne aisément invite à l'offenser;
Punissons l'assassin, proscrivons les complices.
  Mais quoi! toujours du sang, et toujours des supplices!
Ma cruauté se lasse, et ne peut s'arrêter;
Je veux me faire craindre, et ne fais qu'irriter.
Rome a pour ma ruine une hydre trop fertile;
Une tête coupée en fait renaître mille,
Et le sang répandu de mille conjurés
Rend mes jours plus maudits, et non plus assurés [1].
Octave, n'attends plus le coup d'un nouveau Brute;
Meurs, et dérobe-lui la gloire de ta chute;
Meurs; tu ferois pour vivre un lâche et vain effort,
Si tant de gens de cœur font des vœux pour ta mort,
Et si tout ce que Rome a d'illustre jeunesse
Pour te faire périr tour-à-tour s'intéresse;
Meurs, puisque c'est un mal que tu ne peux guérir;
Meurs enfin, puisqu'il faut ou tout perdre, ou mourir :
La vie est peu de chose, et le peu qui t'en reste
Ne vaut pas l'acheter par un prix si funeste [2];
Meurs, mais quitte du moins la vie avec éclat,
Éteins-en le flambeau dans le sang de l'ingrat [3],

---

[1] Tout ce passage est imité de Sénèque. (A.-M.)

[2] *Ne vaut pas l'acheter par un prix si funeste.* C'est ici le tour de phrase italien. On dirait bien *non vale il comprar;* c'est un trope dont Corneille enrichissait notre langue. (V.)

[3] Var.   Dans le sang d'un ingrat. (1643-48.)

À toi-même en mourant immole ce perfide;
Contentant ses desirs, punis son parricide;
Fais un tourment pour lui de ton propre trépas,
En faisant qu'il le voie et n'en jouisse pas :
Mais jouissons plutôt nous-même de sa peine¹;
Et si Rome nous hait, triomphons de sa haine.
 O Romains! ô vengeance! ô pouvoir absolu!
O rigoureux combat d'un cœur irrésolu
Qui fuit en même temps tout ce qu'il se propose!
D'un prince malheureux ordonnez quelque chose.
Qui des deux dois-je suivre, et duquel m'éloigner²?
Ou laissez-moi périr, ou laissez-moi régner.

SCÈNE III³.

AUGUSTE, LIVIE.

AUGUSTE.

Madame, on me trahit, et la main qui me tue

---

¹ *Peine* ici veut dire *supplice*. (V.)

² Ces expressions, *qui des deux*, *duquel*, n'expriment qu'un froid embarras; elles peignent un homme qui veut résoudre un problème, et non un cœur agité. Mais le dernier vers est très beau, et est digne de ce grand monologue. (V.)

³ On a retranché toute cette scène au théâtre depuis environ trente ans. Rien ne révolte plus que de voir un personnage s'introduire sur la fin sans avoir été annoncé, et se mêler des intérêts de la pièce sans y être nécessaire. Le conseil que Livie donne à Auguste est rapporté dans l'histoire; mais il fait un très mauvais effet dans la tragédie; il ôte à Auguste la gloire de prendre de lui-même un parti généreux. Auguste répond à Livie : *Vous m'aviez bien promis des conseils d'une femme, vous me tenez parole*; et après ces vers comiques il suit ces mêmes conseils : cette conduite l'avilit. On a donc eu raison de retrancher tout le rôle

96 CINNA.
Rend sous mes déplaisirs ma constance abattue.
Cinna, Cinna le traître....
LIVIE.
Euphorbe m'a tout dit,
Seigneur, et j'ai pâli cent fois à ce récit.
Mais écouteriez-vous les conseils d'une femme?
AUGUSTE.
Hélas! de quel conseil est capable mon ame?
LIVIE.
Votre sévérité, sans produire aucun fruit [1],
Seigneur, jusqu'à présent a fait beaucoup de bruit;
Par les peines d'un autre aucun ne s'intimide :
Salvidien à bas a soulevé Lépide;
Murène a succédé, Cépion l'a suivi :
Le jour à tous les deux dans les tourments ravi

de Livie, comme celui de l'infante dans *le Cid*. Pardonnons ces fautes au commencement de l'art, et sur-tout au sublime, dont Corneille a donné beaucoup plus d'exemples qu'il n'en a donné de foiblesse dans ses belles tragédies. (V.) — Ce n'est cependant pas sans raison que Corneille a créé ce rôle, et l'on a tort, suivant nous, de le supprimer; car c'est par lui seul que s'établit la vraisemblance du dénoûment. Corneille était trop ami de la vérité historique pour attribuer à un tyran tel qu'Octave une clémence naturelle; aussi ne lui attribue-t-il qu'une clémence politique, et dont l'idée même lui est tellement étrangère qu'il la repousse *comme le conseil d'une femme*. Au lieu de critiquer cette réponse, il fallait la louer; car elle caractérise le tyran et le politique. Ce n'est que par réflexion qu'il consentira à être clément. Il est vrai que Corneille, comme le remarque Voltaire, ôte à Auguste la gloire de prendre lui-même un parti généreux; mais valait-il donc mieux lui prêter un sentiment dont l'histoire l'a déclaré incapable? (A.-M.)

[1] VAR. Seigneur, jusques ici votre sévérité
A fait beaucoup de bruit, et n'a rien profité. (1643-48.)

ACTE IV, SCÈNE III.

N'a point mêlé de crainte à la fureur d'Égnace [1],
Dont Cinna maintenant ose prendre la place ;
Et dans les plus bas rangs les noms les plus abjets [2]
Ont voulu s'ennoblir par de si hauts projets.
Après avoir en vain puni leur insolence,
Essayez sur Cinna ce que peut la clémence ;
Faites son châtiment de sa confusion,
Cherchez le plus utile en cette occasion :
Sa peine peut aigrir une ville animée,
Son pardon peut servir à votre renommée ;
Et ceux que vos rigueurs ne font qu'effaroucher
Peut-être à vos bontés se laisseront toucher.

AUGUSTE.

Gagnons-les tout-à-fait en quittant cet empire
Qui nous rend odieux, contre qui l'on conspire.
J'ai trop par vos avis consulté là-dessus [3] ;
Ne m'en parlez jamais, je ne consulte plus.

 Cesse de soupirer, Rome, pour ta franchise ;
Si je t'ai mise aux fers, moi-même je les brise,
Et te rends ton état, après l'avoir conquis,
Plus paisible et plus grand que je ne te l'ai pris :
Si tu me veux haïr, hais-moi sans plus rien feindre ;
Si tu me veux aimer, aime-moi sans me craindre :
De tout ce qu'eut Sylla de puissance et d'honneur,
Lassé comme il en fut, j'aspire à son bonheur.

LIVIE.

Assez et trop long-temps son exemple vous flatte ;

---

[1] Var. N'a point mis de frayeur dedans l'esprit d'Égnace,
    Dont Cinna maintenant ose imiter l'audace. (1643-48.)

[2] Corneille a modifié l'orthographe de ce mot par licence poétique. (A. M.)

[3] *Là-dessus*, *là-dessous*, *ci-dessus*, *ci-dessous*, termes familiers

98   CINNA.
Mais gardez que sur vous le contraire n'éclate [1] :
Ce bonheur sans pareil qui conserva ses jours
Ne seroit pas bonheur, s'il arrivoit toujours.
                    AUGUSTE.
Eh bien! s'il est trop grand, si j'ai tort d'y prétendre [2],
J'abandonne mon sang à qui voudra l'épandre.
Après un long orage il faut trouver un port;
Et je n'en vois que deux, le repos, ou la mort.
                    LIVIE.
Quoi! vous voulez quitter le fruit de tant de peines!
                    AUGUSTE.
Quoi! vous voulez garder l'objet de tant de haines!
                    LIVIE.
Seigneur, vous emporter à cette extrémité,
C'est plutôt désespoir que générosité.
                    AUGUSTE.
Régner, et caresser une main si traîtresse,
Au lieu de sa vertu, c'est montrer sa foiblesse.
                    LIVIE.
C'est régner sur vous-même, et, par un noble choix,
Pratiquer la vertu la plus digne des rois.
                    AUGUSTE.
Vous m'aviez bien promis des conseils d'une femme [3];

qu'il faut absolument éviter, soit en vers, soit en prose. (V.)

[1] Ces deux vers n'expriment pas assez la pensée de l'auteur, ne forment pas une image assez précise. Le contraire d'un exemple ne peut se dire. (V.) — Livie veut dire : *le contraire* du bonheur de Sylla. (A.-M.)

[2] VAR. Aussi dedans la place où je m'en vais descendre. (1643-48.)

[3] Corneille devait d'autant moins mettre un reproche si injuste et si avilissant dans la bouche d'Auguste, que cette grossièreté est manifestement contraire à l'histoire. *Uxori gratias egit*, dit

ACTE IV, SCÈNE III.

Vous me tenez parole, et c'en sont là, madame.
　Après tant d'ennemis à mes pieds abattus,
Depuis vingt ans je règne, et j'en sais les vertus [1] ;
Je sais leur divers ordre, et de quelle nature [2]
Sont les devoirs d'un prince en cette conjoncture :
Tout son peuple est blessé par un tel attentat,
Et la seule pensée est un crime d'état,
Une offense qu'on fait à toute sa province,
Dont il faut qu'il la venge, ou cesse d'être prince [3].

LIVIE.

Donnez moins de croyance à votre passion.

AUGUSTE.

Ayez moins de foiblesse, ou moins d'ambition.

Sénèque le philosophe, dont le sujet de *Cinna* est tiré. (V.) — Ce vers est-il donc aussi injurieux, aussi avilissant que Voltaire le suppose ? Il le serait peut-être, si Livie n'eût pas dit :
　Mais écouteriez-vous les conseils d'une femme ?
La réponse d'Auguste ne paraît alors qu'une application assez naturelle à ce vers de Livie, et ne mérite pas, à ce qu'il nous semble, ce reproche de grossièreté. Il faut observer d'ailleurs que ce ton de galanterie avec les femmes, qui de nos romans et de nos boudoirs s'est étendu jusqu'à nos théâtres, était inconnu aux Romains, et n'eût pas été compatible avec la sévérité de mœurs qui subsistait encore du temps d'Auguste. (P.)

[1] *Les vertus de régner* est un barbarisme de phrase, un solécisme ; on peut dire *les vertus des rois*, *des capitaines*, *des magistrats*, mais non *les vertus de régner*, *de combattre*, *de juger*. (V.)

[2] Var. Je sais les soins qu'un roi doit avoir de sa vie,
　A quoi le bien public, en ce cas, le convie. (1643-48.)

[3] La rime de *prince* n'a que celle de *province* en substantif : cette indigence est ce qui contribue davantage à rendre souvent la versification française faible, languissante, et forcée. Corneille est obligé de mettre *toute sa province*, pour rimer à *prince* ; et *toute sa province* est une expression bien malheureuse, sur-tout quand il s'agit de l'empire romain. (V.)

100   CINNA.

LIVIE.

Ne traitez plus si mal un conseil salutaire.

AUGUSTE.

Le ciel m'inspirera ce qu'ici je dois faire.
Adieu : nous perdons temps.

LIVIE.

Je ne vous quitte point,
Seigneur, que mon amour n'aye obtenu ce point [1].

AUGUSTE.

C'est l'amour des grandeurs qui vous rend importune [2].

LIVIE.

J'aime votre personne, et non votre fortune.

(Elle est seule.)

Il m'échappe ; suivons, et forçons-le de voir [3]
Qu'il peut, en faisant grace, affermir son pouvoir,
Et qu'enfin la clémence est la plus belle marque
Qui fasse à l'univers connoître un vrai monarque.

SCÈNE IV [4].

ÆMILIE, FULVIE.

ÆMILIE.

D'où me vient cette joie? et que mal-à-propos

[1] Ce mot *point* est trivial et didactique. Premier *point*, second *point*, *point* principal. (V.)

[2] Ce vers augmente encore la faute qui consiste à faire rejeter par Auguste un très bon conseil, qu'en effet il accepte. (V.)

[3] Var. Il m'échappe ; suivons, et le forçons de voir. (1643-48.)

[4] La scène reste vide ; c'est un grand défaut aujourd'hui, et dans lequel même les plus médiocres auteurs ne tombent pas. Mais Corneille est le premier qui ait pratiqué cette règle si belle

ACTE IV, SCÈNE IV.   101

Mon esprit malgré moi goûte un entier repos [1]!
César mande Cinna sans me donner d'alarmes!
Mon cœur est sans soupirs, mes yeux n'ont point de larmes,
Comme si j'apprenois d'un secret mouvement
Que tout doit succéder à mon contentement!
Ai-je bien entendu? me l'as-tu dit, Fulvie?

FULVIE.

J'avois gagné sur lui qu'il aimeroit la vie,
Et je vous l'amenois, plus traitable et plus doux,
Faire un second effort contre votre courroux [2];
Je m'en applaudissois, quand soudain Polyclète,
Des volontés d'Auguste ordinaire interprète,

et si nécessaire de lier les scènes, et de ne faire paraître sur le théâtre aucun personnage sans une raison évidente. Si le législateur manque ici à la loi qu'il a introduite, il est assurément bien excusable. Il n'est pas vraisemblable qu'Émilie arrive avec sa confidente pour parler de la conspiration dans la même chambre dont Auguste sort; ainsi elle est supposée parler dans un autre appartement. (V.) — La scène III était chez Auguste; la scène IV est chez Æmilie. Voyez l'*Examen* par Corneille; voyez aussi la première note de Voltaire sur l'acte deuxième. (A. M.)

[1] On ne voit pas trop en effet d'où lui vient cette prétendue joie; c'était au contraire le moment des plus terribles inquiétudes. On peut être alors atterré, immobile, égaré, accablé, insensible, à force d'éprouver des sentiments trop profonds; mais de la joie! cela n'est pas dans la nature. (V.)

[2] VAR. Faire un second effort contre ce grand courroux;
    J'en rendois grace aux dieux, quand soudain Polyclète. (1643-48.)

Je vous l'amenais..... faire un second effort contre un grand courroux, n'est ni français, ni intelligible; de plus, comment cette Fulvie n'est-elle pas effrayée d'avoir vu Cinna conduit chez Auguste, et des complices arrêtés? comment n'en parle-t-elle pas d'abord? comment n'inspire-t-elle pas le plus grand effroi à Émilie? Il semble qu'elle dise par occasion des nouvelles indifférentes. (V.)

102 CINNA.

Est venu l'aborder et sans suite et sans bruit,
Et de sa part sur l'heure au palais l'a conduit.
Auguste est fort troublé, l'on ignore la cause;
Chacun diversement soupçonne quelque chose ¹;
Tous présument qu'il aye un grand sujet d'ennui,
Et qu'il mande Cinna pour prendre avis de lui.
Mais ce qui m'embarrasse, et que je viens d'apprendre ²,
C'est que deux inconnus se sont saisis d'Évandre,
Qu'Euphorbe est arrêté sans qu'on sache pourquoi,
Que même de son maître on dit je ne sais quoi ³ :
On lui veut imputer un désespoir funeste;
On parle d'eaux, de Tibre, et l'on se tait du reste ⁴.

ÆMILIE.

Que de sujets de craindre et de désespérer,
Sans que mon triste cœur en daigne murmurer ⁵ !

¹ Ces termes lâches et sans idée, ces familiarités de la conversation doivent être soigneusement évités. (V.)

VAR. Mais ce qui plus m'étonne, et que je viens d'apprendre. (1643.)

³ *Je ne sais quoi* est du style de la comédie; et ce n'est pas assurément un *je ne sais quoi* que la mort de Maxime, principal conjuré. (V.)

⁴ Il est bien singulier qu'elle dise que Maxime s'est noyé, et qu'on se tait du reste. Qu'est-ce que le reste? et comment Corneille, qui corrigea quelques vers dans cette pièce, ne réforma-t-il pas ceux-ci? n'avait-il pas un ami? (V.) — Fulvie, comme le suppose Voltaire, ne dit pas que Maxime se soit noyé, *et qu'on se tait du reste;* ce qui serait insoutenable. Par le désordre de ses paroles, Corneille a cru donner une idée des bruits confus qu'elle a entendus; mais elle n'affirme rien; elle ne paraît même ajouter aucune foi à ces bruits sans liaison et sans suite, sur lesquels chacun raisonne diversement, sans se fixer à rien de positif. (P.)

⁵ Cela n'est pas naturel. Émilie doit être au désespoir d'avoir conduit son amant au supplice. Le reste n'est-il pas un peu de déclamation? On entend toujours ces vers d'Émilie sans émo-

ACTE IV, SCÈNE IV.

A chaque occasion le ciel y fait descendre
Un sentiment contraire à celui qu'il doit prendre :
Une vaine frayeur tantôt m'a pu troubler [1] ;
Et je suis insensible alors qu'il faut trembler.
    Je vous entends, grands dieux ! vos bontés que j'adore
Ne peuvent consentir que je me déshonore,
Et, ne me permettant soupirs, sanglots, ni pleurs,
Soutiennent ma vertu contre de tels malheurs.
Vous voulez que je meure avec ce grand courage
Qui m'a fait entreprendre un si fameux ouvrage ;
Et je veux bien périr comme vous l'ordonnez,
Et dans la même assiette où vous me retenez.
    O liberté de Rome ! ô mânes de mon père !
J'ai fait de mon côté tout ce que j'ai pu faire :
Contre votre tyran j'ai ligué ses amis,
Et plus osé pour vous qu'il ne m'étoit permis.
Si l'effet a manqué, ma gloire n'est pas moindre ;
N'ayant pu vous venger, je vous irai rejoindre,
Mais si fumante encor d'un généreux courroux [2],
Par un trépas si noble et si digne de vous,
Qu'il vous fera sur l'heure aisément reconnoître [3]
Le sang des grands héros dont vous m'avez fait naître.

tion : d'où vient cette indifférence ? C'est qu'elle ne dit pas ce que toute autre dirait à sa place : elle a forcé son amant à conspirer, à courir au supplice, et elle parle de sa gloire ! et elle est *fumante d'un courroux* généreux ! (V.)

[1] VAR. Une vaine frayeur m'a pu tantôt troubler. (1643-48.)

[2] Corneille aurait pu mettre *brûlante encor* de courroux, cela eût été vulgairement bien ; mais qui ne voit que le génie avait à exprimer une mort violente, et que, par cette expression hasardée, il offre à la fois Émilie sanglante et pleine de courroux ? (LE BRUN.)

[3] VAR. Que d'abord son éclat vous fera reconnoître. (1643-48.)

SCÈNE V.

MAXIME, ÆMILIE, FULVIE.

ÆMILIE.
Mais je vous vois, Maxime, et l'on vous faisoit mort[1] !
MAXIME.
Euphorbe trompe Auguste avec ce faux rapport;
Se voyant arrêté, la trame découverte,
Il a feint ce trépas pour empêcher ma perte.
ÆMILIE.
Que dit-on de Cinna ?
MAXIME.
Que son plus grand regret
C'est de voir que César sait tout votre secret;
En vain il le dénie et le veut méconnoître,
Évandre a tout conté pour excuser son maître,
Et par l'ordre d'Auguste on vient vous arrêter.
ÆMILIE.
Celui qui l'a reçu tarde à l'exécuter;
Je suis prête à le suivre, et lasse de l'attendre.

---

[1] Ne dissimulons rien, cette résurrection de Maxime n'est pas une invention heureuse. Qu'un héros qu'on croyait mort dans un combat reparaisse, c'est un moment intéressant; mais le public ne peut souffrir un lâche que son valet avait supposé s'être jeté dans la rivière. Corneille n'a pas prétendu faire un coup de théâtre; mais il pouvait éviter cette apparition inattendue d'un homme qu'on croit mort, et dont on ne desire point du tout la vie; il était fort inutile à la pièce que son esclave Euphorbe eût feint que son maître s'était noyé. (V.)

MAXIME.

Il vous attend chez moi.

ÆMILIE.

Chez vous !

MAXIME.

C'est vous surprendre :
Mais apprenez le soin que le ciel a de vous ;
C'est un des conjurés qui va fuir avec nous.
Prenons notre avantage avant qu'on nous poursuive ;
Nous avons pour partir un vaisseau sur la rive [1].

ÆMILIE.

Me connois-tu, Maxime, et sais-tu qui je suis?

MAXIME.

En faveur de Cinna je fais ce que je puis [2],
Et tâche à garantir de ce malheur extrême
La plus belle moitié qui reste de lui-même.
Sauvons-nous, Æmilie, et conservons le jour,
Afin de le venger par un heureux retour.

ÆMILIE.

Cinna dans son malheur est de ceux qu'il faut suivre,
Qu'il ne faut pas venger, de peur de leur survivre [5];

---

[1] Var. Nous avons un vaisseau tout prêt dessus la rive. (1643-48.)

[2] Maxime joue le rôle d'un misérable; pourquoi l'auteur, pouvant l'ennoblir, l'a-t-il rendu si bas? Apparemment il cherchait un contraste; mais de tels contrastes ne peuvent guère réussir que dans la comédie. (V.)

[5] Que veut dire *de peur de leur survivre?* Le sens naturel est qu'il ne faut pas venger Cinna, parceque, si on le vengeait, on ne mourrait pas avec lui; mais en voulant le venger, on pourrait aller au supplice, puisque Auguste est maître, et que tout est découvert. Je crois que Corneille veut dire : *Tu feins de le venger, et tu veux lui survivre.* (V.) — *De peur de leur survivre* veut dire parcequ'il serait honteux de leur survivre. C'est un sens si

106 CINNA.

Quiconque après sa perte aspire à se sauver
Est indigne du jour qu'il tâche à conserver.

MAXIME.

Quel désespoir aveugle à ces fureurs vous porte?
O dieux! que de foiblesse en une ame si forte!
Ce cœur si généreux rend si peu de combat,
Et du premier revers la fortune l'abat!
Rappelez, rappelez cette vertu sublime,
Ouvrez enfin les yeux, et connoissez Maxime;
C'est un autre Cinna qu'en lui vous regardez [1];
Le ciel vous rend en lui l'amant que vous perdez;
Et puisque l'amitié n'en faisoit plus qu'une ame [2],
Aimez en cet ami l'objet de votre flamme;
Avec la même ardeur il saura vous chérir,
Que....

ÆMILIE.

Tu m'oses aimer, et tu n'oses mourir [3] !
Tu prétends un peu trop; mais, quoi que tu prétendes,
Rends-toi digne du moins de ce que tu demandes;
Cesse de fuir en lâche un glorieux trépas,
Ou de m'offrir un cœur que tu fais voir si bas;
Fais que je porte envie à ta vertu parfaite;
Ne te pouvant aimer, fais que je te regrette;
Montre d'un vrai Romain la dernière vigueur,
Et mérite mes pleurs au défaut de mon cœur.

naturel, qu'il est surprenant que Voltaire se donne la peine d'en chercher un autre. (P.)

[1] Cela est comique, et achève de rendre le rôle de Maxime insupportable. (V.)

[2] L'auteur veut dire : *Cinna et Maxime n'avaient qu'une ame*, mais il ne le dit pas.

[3] *Tu m'oses aimer, et tu n'oses mourir!* est sublime. (V.)

ACTE IV, SCÈNE V.

Quoi ! si ton amitié pour Cinna s'intéresse [1],
Crois-tu qu'elle consiste à flatter sa maîtresse ?
Apprends, apprends de moi quel en est le devoir,
Et donne-m'en l'exemple, ou viens le recevoir.

MAXIME.

Votre juste douleur est trop impétueuse.

ÆMILIE.

La tienne en ta faveur est trop ingénieuse.
Tu me parles déja d'un bienheureux retour,
Et dans tes déplaisirs tu conçois de l'amour !

MAXIME.

Cet amour en naissant est toutefois extrême ;
C'est votre amant en vous, c'est mon ami que j'aime ;
Et des mêmes ardeurs dont il fut embrasé....

ÆMILIE.

Maxime, en voilà trop pour un homme avisé [2].
Ma perte m'a surprise, et ne m'a point troublée ;
Mon noble désespoir ne m'a point aveuglée ;
Ma vertu tout entière agit sans s'émouvoir,
Et je vois malgré moi plus que je ne veux voir.

MAXIME.

Quoi ! vous suis-je suspect de quelque perfidie ?

ÆMILIE.

Oui, tu l'es, puisque enfin tu veux que je le die ;
L'ordre de notre fuite est trop bien concerté
Pour ne te soupçonner d'aucune lâcheté :
Les dieux seroient pour nous prodigues en miracles,
S'ils en avoient sans toi levé tous les obstacles.

---

[1] Var. Quoi ! si ton amitié pour Cinna t'intéresse. (1643-48.)

[2] *Avisé* n'est pas le mot propre ; il semble qu'au contraire Maxime a été trop peu avisé : il paraît trop évidemment un perfide ; Émilie l'a déja appelé lâche. (V.)

108   CINNA.
Fuis sans moi, tes amours sont ici superflus¹.

MAXIME.
Ah! vous m'en dites trop.

ÆMILIE.
J'en présume encor plus.
Ne crains pas toutefois que j'éclate en injures;
Mais n'espère non plus m'éblouir de parjures.
Si c'est te faire tort que de m'en défier²,
Viens mourir avec moi pour te justifier.

MAXIME.
Vivez, belle Æmilie, et souffrez qu'un esclave....

ÆMILIE.
Je ne t'écoute plus qu'en présence d'Octave.
Allons, Fulvie, allons.

SCÈNE VI.

MAXIME.

Désespéré, confus,

¹ *Superflus* n'est pas encore le mot propre; ces amours do
vent être très odieux à Émilie. Cette scène de Maxime et d'
milie ne fait pas l'effet qu'elle pourrait produire, parceq
l'amour de Maxime révolte, parceque cette scène ne produ
rien, parcequ'elle ne sert qu'à remplir un moment vide, parc
qu'on sent bien qu'Émilie n'acceptera point les propositions
Maxime, parcequ'il est impossible de rien produire de théât
et d'attachant entre un lâche qu'on méprise et une femme q
ne peut l'écouter. (V.)

² VAR.   Que de me défier. (1643-48.)

³ Autant que le spectateur s'est prêté au monologue, impo
tant d'Auguste, qui est un personnage respectable, autant il
refuse au monologue de Maxime, qui excite l'indignation et

Et digne, s'il se peut, d'un plus cruel refus,
Que résous-tu, Maxime? et quel est le supplice
Que ta vertu prépare à ton vain artifice ¹?
Aucune illusion ne te doit plus flatter;
Æmilie en mourant va tout faire éclater;
Sur un même échafaud la perte de sa vie ²
Étalera sa gloire et ton ignominie,
Et sa mort va laisser à la postérité ³
L'infame souvenir de ta déloyauté.
Un même jour t'a vu, par une fausse adresse ⁴,
Trahir ton souverain, ton ami, ta maîtresse,
Sans que de tant de droits en un jour violés,
Sans que de deux amants au tyran immolés,
Il te reste aucun fruit que la honte et la rage
Qu'un remords inutile allume en ton courage.
  Euphorbe, c'est l'effet de tes lâches conseils;
Mais que peut-on attendre enfin de tes pareils ⁵?

mépris. Jamais un monologue ne fait un bel effet que quand on s'intéresse à celui qui parle, que quand ses passions, ses vertus, ses malheurs, ses faiblesses, font dans son ame un combat si noble, si attachant, si animé, que vous lui pardonnez de parler trop longtemps à soi-même. (V.)

¹ Ce mot de *vertu* dans la bouche de Maxime est déplacé, et va jusqu'au ridicule. (V.). — *Vertu* est pris ici dans le sens romain du mot *virtus*. Il signifie *force, courage*. Il n'y a rien là de ridicule. (A.-M.)

² Il n'y avait point d'échafauds chez les Romains pour les criminels; l'appareil barbare des supplices n'était point connu, excepté celui de la potence en croix pour les esclaves. (V.)

³ Var. Et porte avec son nom à la postérité. (1643-48.)

⁴ *Fausse adresse* est trop faible, et Maxime n'a point été adroit. (V.)

⁵ Var.   Aussi de tes pareils? (1643-48.)

110 CINNA.

Jamais un affranchi n'est qu'un esclave infame [1];
Bien qu'il change d'état, il ne change point d'ame [2];
La tienne, encor servile, avec la liberté
N'a pu prendre un rayon de générosité :
Tu m'as fait relever une injuste puissance ;
Tu m'as fait démentir l'honneur de ma naissance ;
Mon cœur te résistoit, et tu l'as combattu
Jusqu'à ce que ta fourbe ait souillé sa vertu [3].
Il m'en coûte la vie, il m'en coûte la gloire,
Et j'ai tout mérité pour t'avoir voulu croire ;
Mais les dieux permettront à mes ressentiments
De te sacrifier aux yeux des deux amants [4],
Et j'ose m'assurer qu'en dépit de mon crime [5]

[1] Il ne paraît pas convenable qu'un conjuré, qu'un sénateur reproche à un esclave de lui avoir fait commettre une mauvaise action ; ce reproche serait bon dans la bouche d'une femme faible, dans celle de Phèdre, par exemple, à l'égard d'OEnone dans celle d'un jeune homme sans expérience ; mais le spectateur ne peut souffrir un sénateur qui débite un long monologue pour dire à son esclave, qui n'est pas là, qu'il espère qu'il pourra se venger de lui, et le punir de lui avoir fait commettre une action infame. (V.)

[2] Var. Et pour changer d'état, il ne change point d'ame. (1643-48.)

[3] Il faut éviter cette cacophonie en vers, et même dans la prose soutenue. (V.)

[4] On se soucie fort peu que cet esclave Euphorbe soit mis en croix, ou non. Cet acte est un peu défectueux dans toutes ses parties ; la difficulté d'en faire cinq est si grande, l'art était alors si peu connu, qu'il serait injuste de condamner Corneille Cet acte eût été admirable partout ailleurs dans son temps ; mais nous ne recherchons pas si une chose était bonne autrefois nous recherchons si elle est bonne pour tous les temps. (V.)

[5] On ne peut pas dire *en dépit de mon crime* comme on dit *malgré mon crime*, *quel qu'ait été mon crime*, parcequ'un crime

ACTE IV, SCÈNE VI.

Mon sang leur servira d'assez pure victime,
Si dans le tien mon bras, justement irrité,
Peut laver le forfait de t'avoir écouté.

n'a point de dépit. On dit bien *en dépit de ma haine, de mon amour,* parceque les passions se personnifient. (V.)

FIN DU QUATRIÈME ACTE.

ACTE CINQUIÈME.

SCÈNE I.

AUGUSTE, CINNA.

AUGUSTE.

Prends un siége, Cinna, prends, et sur toute chose [1]
Observe exactement la loi que je t'impose :
Prête, sans me troubler, l'oreille à mes discours;
D'aucun mot, d'aucun cri, n'en interromps le cours;
Tiens ta langue captive; et si ce grand silence
A ton émotion fait quelque violence,
Tu pourras me répondre après tout à loisir :
Sur ce point seulement contente mon desir.

CINNA.

Je vous obéirai, seigneur.

AUGUSTE.

Qu'il te souvienne

---

[1] *Sede, inquit, Cinna; hoc primum a te peto ne loquentem inter pelles.* Toute cette scène est de Sénèque le philosophe. Par que prodige de l'art Corneille a-t-il surpassé Sénèque, comme dan *les Horaces* il a été plus nerveux que Tite-Live ? C'est là le privi lége de la belle poésie, et un de ces exemples qui condamner bien fortement ces deux auteurs, d'Aubignac et La Motte, qu ont voulu faire des tragédies en prose : d'Aubignac, homm sans talents, qui, pour avoir mal étudié le théâtre, croyait pou voir faire une bonne tragédie dans la prose la plus plate; I Motte, homme d'esprit et de génie, qui, ayant trop négligé l

ACTE V, SCÈNE I.

De garder ta parole, et je tiendrai la mienne.

Tu vois le jour, Cinna; mais ceux dont tu le tiens
Furent les ennemis de mon père, et les miens :
Au milieu de leur camp tu reçus la naissance ;
Et lorsque après leur mort tu vins en ma puissance,
Leur haine enracinée au milieu de ton sein
T'avoit mis contre moi les armes à la main [1] ;
Tu fus mon ennemi même avant que de naître,
Et tu le fus encor quand tu me pus connoître,
Et l'inclination jamais n'a démenti [2]
Ce sang qui t'avoit fait du contraire parti :
Autant que tu l'as pu, les effets l'ont suivie ;
Je ne m'en suis vengé qu'en te donnant la vie ;
Je te fis prisonnier pour te combler de biens ;
Ma cour fut ta prison, mes faveurs tes liens [3] ;
Je te restituai d'abord ton patrimoine ;
Je t'enrichis après des dépouilles d'Antoine,
Et tu sais que depuis à chaque occasion
Je suis tombé pour toi dans la profusion ;

style et la langue dans la poésie, pour laquelle il avait beaucoup de talent, voulut faire des tragédies en prose, parceque la prose est plus aisée que la poésie. (V.)

[1] Var. Ce fut dedans leur camp que tu pris la naissance ;
Et, quand après leur mort tu vins en ma puissance,
Leur haine héréditaire, ayant passé dans toi,
T'avoit mis à la main les armes contre moi. (1643-48.)

Leur haine héréditaire était bien plus beau que *leur haine enracinée*. (V.)

[2] Var. Et le sang t'ayant fait d'un contraire parti,
Ton inclination ne l'a point démenti ;
Comme elle l'a suivi, les effets l'ont suivie. (1643-48.)

[3] On sous-entend *furent*. Ce n'est point une licence, c'est un trope en usage dans toutes les langues. (V.)

Toutes les dignités que tu m'as demandées,
Je te les ai sur l'heure et sans peine accordées;
Je t'ai préféré même à ceux dont les parents
Ont jadis dans mon camp tenu les premiers rangs,
A ceux qui de leur sang m'ont acheté l'empire [1],
Et qui m'ont conservé le jour que je respire :
De la façon enfin qu'avec toi j'ai vécu [2],
Les vainqueurs sont jaloux du bonheur du vaincu.
Quand le ciel me voulut, en rappelant Mécène,
Après tant de faveur [3] montrer un peu de haine,
Je te donnai sa place en ce triste accident,
Et te fis, après lui, mon plus cher confident;
Aujourd'hui même encor, mon ame irrésolue
Me pressant de quitter ma puissance absolue,
De Maxime et de toi j'ai pris les seuls avis,
Et ce sont, malgré lui, les tiens que j'ai suivis :
Bien plus, ce même jour je te donne Æmilie,
Le digne objet des vœux de toute l'Italie,
Et qu'ont mise si haut mon amour et mes soins,
Qu'en te couronnant roi je t'aurois donné moins [4].

[1] Var. M'ont conservé le jour qu'à présent je respire,
Et m'ont de tout leur sang acheté cet empire. (1643-48.)

[2] *De la façon* est trop familier, trop trivial. (V.)

[3] Var. Après tant de travaux. (1643.)

[4] Voilà ce vers qui contredit celui d'Émilie : *pour être plus qu'un roi, tu te crois quelque chose.* D'ailleurs, quel royaume aurait-il donné à Cinna? les Romains n'en recevaient point. Ce n'est qu'une inadvertance qui n'ôte rien au sentiment et à l'éloquence vraie et sans enflure dont ce morceau est rempli. (V.)
— Ce vers ne contredit rien. Émilie et Auguste reconnaissent le même fait, mais ils l'apprécient différemment. Peu importe, en effet, quel royaume Auguste eût pu donner ou ne pas donner; le sens de son discours est bien que Cinna, sénateur romain et

ACTE V, SCÈNE I.

Tu t'en souviens, Cinna, tant d'heur et tant de gloire
Ne peuvent pas sitôt sortir de ta mémoire;
Mais ce qu'on ne pourroit jamais s'imaginer,
Cinna, tu t'en souviens, et veux m'assassiner.

CINNA.

Moi! seigneur, moi, que j'eusse une ame si traîtresse!
Qu'un si lâche dessein....

AUGUSTE.

Tu tiens mal ta promesse :
Sieds-toi, je n'ai pas dit encor ce que je veux ;
Tu te justifieras après, si tu le peux.
Écoute cependant, et tiens mieux ta parole :
Tu veux m'assassiner, demain, au Capitole,
Pendant le sacrifice, et ta main pour signal
Me doit au lieu d'encens donner le coup fatal ;
La moitié de tes gens doit occuper la porte,
L'autre moitié te suivre, et te prêter main-forte.
Ai-je de bons avis, ou de mauvais soupçons[1] ?
De tous ces meurtriers te dirai-je les noms ?
Procule, Glabrion, Virginian, Rutile,
Marcel, Plaute, Lénas, Pompone, Albin, Icile,
Maxime, qu'après toi j'avois le plus aimé;
Le reste ne vaut pas l'honneur d'être nommé ;
Un tas d'hommes perdus de dettes et de crimes,
Que pressent de mes lois les ordres légitimes,

favori de l'empereur, est plus qu'un roi, et Auguste a raison.
(A.-M.)

[1] *Bons et mauvais* n'est-il pas un peu trop antithèse? et ces antithèses, en général, ne sont-elles pas trop fréquentes dans les vers français et dans la plupart des langues modernes? (V.)

VAR. Assurée au besoin du secours des premiers.
Te dirai-je les noms de tous ces meurtriers ? (1643-48.)

8.

Et qui, désespérant de les plus éviter,
Si tout n'est renversé, ne sauroient subsister.
  Tu te tais maintenant, et gardes le silence,
Plus par confusion que par obéissance.
Quel étoit ton dessein, et que prétendois-tu
Après m'avoir au temple à tes pieds abattu?
Affranchir ton pays d'un pouvoir monarchique?
Si j'ai bien entendu tantôt ta politique,
Son salut désormais dépend d'un souverain
Qui pour tout conserver tienne tout en sa main;
Et si sa liberté te faisoit entreprendre,
Tu ne m'eusses jamais empêché de la rendre;
Tu l'aurois acceptée au nom de tout l'état,
Sans vouloir l'acquérir par un assassinat.
Quel étoit donc ton but? d'y régner en ma place?
D'un étrange malheur son destin le menace,
Si pour monter au trône et lui donner la loi
Tu ne trouves dans Rome autre obstacle que moi,
Si jusques à ce point son sort est déplorable,
Que tu sois après moi le plus considérable,
Et que ce grand fardeau de l'empire romain
Ne puisse après ma mort tomber mieux qu'en ta main
  Apprends à te connoître, et descends en toi-même
On t'honore dans Rome, on te courtise, on t'aime,
Chacun tremble sous toi, chacun t'offre des vœux,
Ta fortune est bien haut, tu peux ce que tu veux :
Mais tu ferois pitié, même à ceux qu'elle irrite [1],
Si je t'abandonnois à ton peu de mérite [2].

[1] Var. Mais en un triste état on la verroit réduite. (1643-48.)

[2] Ces vers et les suivants occasionèrent un jour une saillie singulière. Le dernier maréchal de La Feuillade, étant sur le théâ

ACTE V, SCÈNE I.

Ose me démentir, dis-moi ce que tu vaux ;
Conte-moi tes vertus, tes glorieux travaux,
Les rares qualités par où tu m'as dû plaire,
Et tout ce qui t'élève au-dessus du vulgaire.
Ma faveur fait ta gloire, et ton pouvoir en vient ;
Elle seule t'élève, et seule te soutient ;
C'est elle qu'on adore, et non pas ta personne ;
Tu n'as crédit ni rang qu'autant qu'elle t'en donne ;
Et pour te faire choir je n'aurois aujourd'hui
Qu'à retirer la main qui seule est ton appui.
J'aime mieux toutefois céder à ton envie ;
Règne, si tu le peux, aux dépens de ma vie :
Mais oses-tu penser que les Serviliens,

tre, dit tout haut à Auguste : « Ah! tu me gâtes le *soyons amis, Cinna.* » Le vieux comédien qui jouait Auguste se déconcerta, et crut avoir mal joué. Le maréchal, après la pièce, lui dit : « Ce « n'est pas vous qui m'avez déplu, c'est Auguste, qui dit à « Cinna qu'il n'a aucun mérite, qu'il n'est propre à rien, qu'il « fait pitié, et qui ensuite lui dit : *Soyons amis.* Si le roi m'en « disait autant, je le remercierais de son amitié. » Il y a un grand sens et beaucoup de finesse dans cette plaisanterie. On peut pardonner à un coupable qu'on méprise, mais on ne devient pas son ami ; il fallait peut-être que Cinna très criminel fût encore grand aux yeux d'Auguste. Cela n'empêche pas que le discours d'Auguste ne soit un des plus beaux que nous ayons dans notre langue. (V.)

Il y avait plus de finesse que de vérité dans cette plaisanterie du maréchal de La Feuillade. Auguste se devait à lui-même de dire à Cinna tout ce qu'il lui dit. Puisqu'il était son ami auparavant, et qu'il veut bien continuer de l'être, son intention n'est pas de l'avilir, mais de le remettre à sa place en lui faisant sentir le peu de puissance réelle qu'il a, et tous les obstacles qui s'opposeraient à son ambition. Ajoutons même que la clémence d'Auguste est intéressée à les lui faire sentir, pour le détourner d'une rechute qui deviendrait impardonnable. (P.)

Les Cosses, les Métels, les Pauls, les Fabiens,
Et tant d'autres enfin de qui les grands courages
Des héros de leur sang sont les vives images,
Quittent le noble orgueil d'un sang si généreux
Jusqu'à pouvoir souffrir que tu règnes sur eux?
Parle, parle, il est temps.

CINNA.

Je demeure stupide;
Non que votre colère ou la mort m'intimide;
Je vois qu'on m'a trahi, vous m'y voyez rêver,
Et j'en cherche l'auteur sans le pouvoir trouver.
Mais c'est trop y tenir toute l'ame occupée[1].
Seigneur, je suis Romain, et du sang de Pompée.
Le père et les deux fils lâchement égorgés,
Par la mort de César étoient trop peu vengés;
C'est là d'un beau dessein l'illustre et seule cause :
Et puisqu'à vos rigueurs la trahison m'expose,
N'attendez point de moi d'infames repentirs[2],
D'inutiles regrets, ni de honteux soupirs;
Le sort vous est propice autant qu'il m'est contraire
Je sais ce que j'ai fait, et ce qu'il vous faut faire[3].
Vous devez un exemple à la postérité,
Et mon trépas importe à votre sûreté.

AUGUSTE.

Tu me braves, Cinna, tu fais le magnanime,

[1] VAR. Cette stupidité s'est enfin dissipée. (1643-48.)

[2] Le *repentir* ne peut admettre ici de pluriel. (V.) — Pou
quoi donc? On dit bien *les regrets*, et Voltaire a demandé qu
l'on puisse dire *mes désespoirs*. (Voyez tome III, p. 331, note 4
(A.-M.)

[3] Le sens est, *ce que vous devez faire*; mais l'expression est tr
équivoque, elle semble signifier ce que Cinna doit faire à A
guste. (V.)

ACTE V, SCÈNE II.

Et, loin de t'excuser, tu couronnes ton crime.
Voyons si ta constance ira jusques au bout.
Tu sais ce qui t'est dû, tu vois que je sais tout;
Fais ton arrêt toi-même, et choisis tes supplices.

SCÈNE II.

LIVIE, AUGUSTE, CINNA, ÆMILIE, FULVIE.

LIVIE.

Vous ne connoissez pas encor tous les complices;
Votre Æmilie en est, seigneur, et la voici [1].

CINNA.

C'est elle-même, ô dieux!

AUGUSTE.

Et toi, ma fille, aussi [2]!

ÆMILIE.

Oui, tout ce qu'il a fait, il l'a fait pour me plaire [3],
Et j'en étois, seigneur, la cause et le salaire.

AUGUSTE.

Quoi! l'amour qu'en ton cœur j'ai fait naître aujourd'hui
T'emporte-t-il déja jusqu'à mourir pour lui?
Ton ame à ces transports un peu trop s'abandonne,

---

[1] Les acteurs ont été obligés de retrancher Livie, qui venait faire ici le personnage d'un exempt, et qui ne disait que ces deux vers. On les fait prononcer par Émilie; mais ils lui sont peu convenables : elle ne doit pas dire à Auguste *votre Émilie*, ce mot la condamne; si elle vient s'accuser elle-même, il faut qu'elle débute en disant : *Je viens mourir avec Cinna*. (V.)

[2] C'est le sublime *Et tu, Brute*, de Jules César. (A.-M.)

[3] VAR. Oui, seigneur, du dessein je suis la seule cause;
C'est pour moi qu'il conspire, et c'est pour moi qu'il ose. (1643-48.)

120   CINNA.
Et c'est trop tôt aimer l'amant que je te donne¹.
ÆMILIE.
Cet amour qui m'expose à vos ressentiments
N'est point le prompt effet de vos commandements ;
Ces flammes dans nos cœurs sans votre ordre étoient nées²
Et ce sont des secrets de plus de quatre années :
Mais, quoique je l'aimasse, et qu'il brûlât pour moi,
Une haine plus forte à tous deux fit la loi ;
Je ne voulus jamais lui donner d'espérance
Qu'il ne m'eût de mon père assuré la vengeance ;
Je la lui fis jurer ; il chercha des amis :
Le ciel rompt le succès que je m'étois promis ³,
Et je vous viens, seigneur, offrir une victime,
Non pour sauver sa vie en me chargeant du crime,
Son trépas est trop juste après son attentat,
Et toute excuse est vaine en un crime d'état :
Mourir en sa présence, et rejoindre mon père,
C'est tout ce qui m'amène, et tout ce que j'espère.
AUGUSTE.
Jusques à quand, ô ciel, et par quelle raison
Prendrez-vous contre moi des traits dans ma maison ?
Pour ses débordements j'en ai chassé Julie ;
Mon amour en sa place a fait choix d'Æmilie,
Et je la vois comme elle indigne de ce rang.

¹ Cette petite ironie est-elle bien placée dans ce moment tragique ? est-ce ainsi qu'Auguste doit parler ? (V.)

² VAR. Ces flammes dans nos cœurs dès long-temps étoient nées. (1643-

³ On ne rompt point un succès, encore moins un succès qu'on s'est promis ; on rompt une union, on détruit des espérances, on fait avorter des desseins, on prévient des projets : le ciel ne m'a pas accordé, m'ôte, me ravit, le succès que je m'étais promis. (V.)

L'une m'ôtoit l'honneur, l'autre a soif de mon sang;
Et, prenant toutes deux leur passion pour guide,
L'une fut impudique, et l'autre est parricide [1].
O ma fille, est-ce là le prix de mes bienfaits?
####　ÆMILIE.
Ceux de mon père en vous firent mêmes effets [2].
####　AUGUSTE.
Songe avec quel amour j'élevai ta jeunesse.
####　ÆMILIE.
Il éleva la vôtre avec même tendresse;
Il fut votre tuteur, et vous son assassin;
Et vous m'avez au crime enseigné le chemin :
Le mien d'avec le vôtre en ce point seul diffère,
Que votre ambition s'est immolé mon père,
Et qu'un juste courroux dont je me sens brûler
A son sang innocent vouloit vous immoler.
####　LIVIE [3].
C'en est trop, Æmilie, arrête, et considère
Qu'il t'a trop bien payé les bienfaits de ton père :

---

[1] Il est ici question de Julie et d'Émilie. Ce mot *impudique* ne se dit plus guère dans le style noble, parcequ'il présente une idée qui ne l'est pas; on n'aime point d'ailleurs à voir Auguste se rappeler cette idée humiliante, et étrangère au sujet. Les gens instruits savent trop bien qu'Émilie ne fut même jamais adoptée par Auguste; elle ne l'est que dans cette pièce. (V.)

[2] *Firent mêmes effets* n'est recevable ni en vers ni en prose. (V.)

Var. Mon père l'eut pareil de ceux qu'il vous a faits. (1643-48.)

[3] Les comédiens ont retranché tout le couplet de Livie, et il n'est pas à regretter : non-seulement Livie n'était pas nécessaire, mais elle se faisait de fête mal-à-propos pour débiter une maxime aussi fausse qu'horrible, qu'il est permis d'assassiner pour une couronne, et qu'on est absous de tous les crimes quand on règne. (V.)

Sa mort, dont la mémoire allume ta fureur,
Fut un crime d'Octave, et non de l'empereur.

Tous ces crimes d'état qu'on fait pour la couronne,
Le ciel nous en absout alors qu'il nous la donne,
Et dans le sacré rang où sa faveur l'a mis
Le passé devient juste, et l'avenir permis [1].
Qui peut y parvenir ne peut être coupable;
Quoi qu'il ait fait ou fasse, il est inviolable :
Nous lui devons nos biens, nos jours sont en sa main;
Et jamais on n'a droit sur ceux du souverain.

ÆMILIE.

Aussi, dans le discours que vous venez d'entendre,
Je parlois pour l'aigrir, et non pour me défendre.

Punissez donc, seigneur, ces criminels appas
Qui de vos favoris font d'illustres ingrats;
Tranchez mes tristes jours pour assurer les vôtres.
Si j'ai séduit Cinna, j'en séduirai bien d'autres [2];
Et je suis plus à craindre, et vous plus en danger,
Si j'ai l'amour ensemble et le sang à venger [3].

CINNA.

Que vous m'ayez séduit, et que je souffre encore
D'être déshonoré par celle que j'adore!

Seigneur, la vérité doit ici s'exprimer :

[1] Ce vers n'a pas de sens. L'*avenir* ne peut signifier *les crimes à venir*; et, s'il le signifiait, cette idée serait abominable. (V.) — Aussi Livie n'entend-elle pas les crimes *à venir*, mais *la puissance à venir*; puissance d'abord usurpée, et que les dieux sanctionnent par le succès. (A.-M.)

[2] Il semble qu'Émilie soit toujours sûre de faire conspirer qui elle voudra, parcequ'elle se croit belle. Doit-elle dire à Auguste qu'elle aura d'autres amants qui vengeront celui qu'elle aura perdu? (V.)

[3] Var. Ayant avec un père un amant à venger. (1643-48.)

ACTE V, SCÈNE II.

J'avois fait ce dessein avant que de l'aimer;
A mes plus saints desirs la trouvant inflexible¹,
Je crus qu'à d'autres soins elle seroit sensible;
Je parlai de son père, et de votre rigueur,
Et l'offre de mon bras suivit celle du cœur.
Que la vengeance est douce à l'esprit d'une femme²!
Je l'attaquai par-là, par-là je pris son ame³;
Dans mon peu de mérite elle me négligeoit,
Et ne put négliger le bras qui la vengeoit:
Elle n'a conspiré que par mon artifice;
J'en suis le seul auteur, elle n'est que complice⁴.

ÆMILIE.

Cinna, qu'oses-tu dire? est-ce là me chérir,
Que de m'ôter l'honneur quand il me faut mourir?

CINNA.

Mourez, mais en mourant ne souillez point ma gloire.

ÆMILIE.

La mienne se flétrit, si César te veut croire.

---

¹ Var. A mes chastes desirs la trouvant inflexible. (1643-48.)

² Ce vers paraît trop du ton de la comédie, et est d'autant plus déplacé, qu'Émilie doit être supposée avoir voulu venger son père, non pas parcequ'elle a le caractère d'une femme, mais parcequ'elle a écouté la voix de la nature. (V.)

³ Expression trop familière. (V.)

⁴ Pourquoi toute cette contestation entre Cinna et Émilie est-elle un peu froide? C'est que, si Auguste veut leur pardonner, il importe fort peu qui des deux soit le plus coupable; et que, s'il veut les punir, il importe encore moins qui des deux a séduit l'autre. Ces disputes, ces combats à qui mourra l'un pour l'autre, font une grande impression quand on peut hésiter entre deux personnages, quand on ignore sur lequel des deux le coup tombera, mais non pas quand tous les deux sont condamnés et condamnables. (V.)

CINNA.
Et la mienne se perd, si vous tirez à vous
Toute celle qui suit de si généreux coups ¹.

ÆMILIE.
Eh bien! prends-en ta part, et me laisse la mienne;
Ce seroit l'affoiblir que d'affoiblir la tienne :
La gloire et le plaisir, la honte et les tourments,
Tout doit être commun entre de vrais amants ².
Nos deux ames, seigneur, sont deux ames romaines;
Unissant nos desirs, nous unîmes nos haines;
De nos parents perdus le vif ressentiment
Nous apprit nos devoirs en un même moment;
En ce noble dessein nos cœurs se rencontrèrent,
Nos esprits généreux ensemble le formèrent;
Ensemble nous cherchons l'honneur d'un beau trépas :
Vous vouliez nous unir, ne nous séparez pas.

AUGUSTE.
Oui, je vous unirai, couple ingrat et perfide,
Et plus mon ennemi qu'Antoine ni Lépide;
Oui, je vous unirai, puisque vous le voulez :
Il faut bien satisfaire aux feux dont vous brûlez;
Et que tout l'univers, sachant ce qui m'anime,
S'étonne du supplice aussi bien que du crime.

¹ *Tirez à vous* est une expression trop peu noble. *Généreux coups* ne peut se dire d'une entreprise qui n'a pas eu d'effet. (V.)
² Ce vers est encore du ton de la comédie; et cette expression *de vrais amants* revient trop souvent. (V.)

SCÈNE III.

AUGUSTE, LIVIE, CINNA, MAXIME, ÆMILIE, FULVIE.

AUGUSTE.
Mais enfin le ciel m'aime, et ses bienfaits nouveaux [1]
Ont arraché Maxime à la fureur des eaux [2].
Approche, seul ami que j'éprouve fidèle.
MAXIME.
Honorez moins, seigneur, une ame criminelle.
AUGUSTE.
Ne parlons plus de crime après ton repentir,
Après que du péril tu m'as su garantir;
C'est à toi que je dois et le jour et l'empire.
MAXIME.
De tous vos ennemis connoissez mieux le pire :
Si vous régnez encor, seigneur, si vous vivez,
C'est ma jalouse rage à qui vous le devez.
Un vertueux remords n'a point touché mon ame;
Pour perdre mon rival j'ai découvert sa trame;

---

[1] Var. Mais enfin le ciel m'aime, et parmi tant de maux
Il m'a rendu Maxime, et l'a sauvé des eaux. (1643-48.)

[2] Maxime vient ici faire un personnage aussi inutile que Livie : il paraît qu'il ne doit point dire à Auguste qu'on l'a fait passer pour noyé, de peur qu'on n'eût envoyé après lui, puisqu'il n'avait révélé la conspiration qu'à condition qu'on lui pardonnerait. N'eût-il pas été mieux qu'il se fût noyé en effet de douleur d'avoir joué un si lâche personnage ? On ne s'intéresse qu'au sort de Cinna et d'Émilie, et la grace de Maxime ne touche personne. (V.)

126   CINNA.

Euphorbe vous a feint que je m'étois noyé [1],
De crainte qu'après moi vous n'eussiez envoyé :
Je voulois avoir lieu d'abuser Æmilie,
Effrayer son esprit, la tirer d'Italie,
Et pensois la résoudre à cet enlèvement
Sous l'espoir du retour pour venger son amant [2] ;
Mais, au lieu de goûter ces grossières amorces,
Sa vertu combattue a redoublé ses forces [3],
Elle a lu dans mon cœur : vous savez le surplus,
Et je vous en ferois des récits superflus.
Vous voyez le succès de mon lâche artifice :
Si pourtant quelque grace est due à mon indice [4],
Faites périr Euphorbe au milieu des tourments [5],
Et souffrez que je meure aux yeux de ces amants.
J'ai trahi mon ami, ma maîtresse, mon maître,

[1] *Feindre* ne peut gouverner le datif; on ne peut dire *feindre à quelqu'un.* (V.) — C'est un latinisme dont Corneille a enrichi la langue, et dont on peut voir un second exemple dans *Athalie*:

      Il *lui feint* qu'en un lieu que vous seul connoissez, etc.

Ainsi Corneille et Racine ont employé cette locution, qui n'est encore d'usage que dans la langue poétique. (A.-M.)

[2] *Sous l'espoir du retour.....* expression de comédie ; *retour pour venger*, expression vicieuse. (V.)

[3] On dit *les forces d'un état, la force de l'ame*. De plus, Émilie n'avait besoin ni de force ni de vertu pour mépriser Maxime. (V.)

[4] *Indice* est là pour rimer à *artifice* : le mot propre est *aveu.* (V.)

[5] C'est un sentiment lâche, cruel, et inutile. (V.)

    VAR. A vos bontés, seigneur, j'en demanderai deux,
        Le supplice d'Euphorbe, et ma mort à leurs yeux. (1643-48.)

Cette ancienne leçon nous paraît préférable. Maxime, à qui les amours d'Émilie et de Cinna ne peuvent rappeler que de honteux souvenirs, doit éviter une expression qui les lui retrace trop vivement. (P.)

ACTE V, SCÈNE III.

Ma gloire, mon pays, par l'avis de ce traître ;
Et croirai toutefois mon bonheur infini,
Si je puis m'en punir après l'avoir puni.

AUGUSTE.

En est-ce assez, ô ciel? et le sort pour me nuire
A-t-il quelqu'un des miens qu'il veuille encor séduire?
Qu'il joigne à ses efforts le secours des enfers :
Je suis maître de moi comme de l'univers ;
Je le suis, je veux l'être. O siècles, ô mémoire,
Conservez à jamais ma dernière victoire !
Je triomphe aujourd'hui du plus juste courroux
De qui le souvenir puisse aller jusqu'à vous.
  Soyons amis, Cinna, c'est moi qui t'en convie[1] :
Comme à mon ennemi je t'ai donné la vie ;
Et, malgré la fureur de ton lâche dessein,
Je te la donne encor comme à mon assassin.
Commençons un combat qui montre par l'issue
Qui l'aura mieux de nous ou donnée ou reçue.

[1] C'est ce que dit Auguste qui est admirable ; c'est là ce qui fit verser des larmes au grand Condé, larmes qui n'appartiennent qu'à de belles ames. De toutes les tragédies de Corneille, celle-ci fit le plus grand effet à la cour. On était alors dans un temps où les esprits, animés par les factions qui avaient agité le règne de Louis XIII, ou plutôt du cardinal de Richelieu, étaient plus propres à recevoir les sentiments qui règnent dans cette pièce. Les premiers spectateurs furent ceux qui combattirent à la Marfée, et qui firent la guerre de la Fronde. Il y a d'ailleurs dans cette pièce un vrai continuel, un développement de la constitution de l'empire romain qui plaît extrêmement aux hommes d'état ; et alors chacun voulait l'être. J'observerai ici que, dans toutes les tragédies grecques faites pour un peuple si amoureux de sa liberté, on ne trouve pas un trait qui regarde cette liberté, et que Corneille, né Français, en est rempli. (V.)

Tu trahis mes bienfaits, je les veux redoubler ;
Je t'en avois comblé, je t'en veux accabler :
Avec cette beauté que je t'avois donnée,
Reçois le consulat pour la prochaine année.
   Aime Cinna, ma fille, en cet illustre rang ;
Préfère-s-en la pourpre à celle de mon sang ¹ ;
Apprends sur mon exemple à vaincre ta colère ² :
Te rendant un époux, je te rends plus qu'un père.

ÉMILIE.

Et je me rends, seigneur, à ces hautes bontés ;
Je recouvre la vue auprès de leurs clartés :
Je connois mon forfait qui me sembloit justice ;
Et, ce que n'avoit pu la terreur du supplice,
Je sens naître en mon ame un repentir puissant,
Et mon cœur en secret me dit qu'il y consent.
   Le ciel a résolu votre grandeur suprême ;
Et pour preuve, seigneur, je n'en veux que moi-même.
J'ose avec vanité me donner cet éclat,
Puisqu'il change mon cœur, qu'il veut changer l'état
Ma haine va mourir, que j'ai crue immortelle ;
Elle est morte, et ce cœur devient sujet fidèle,
Et, prenant désormais cette haine en horreur,
L'ardeur de vous servir succède à sa fureur.

CINNA.

Seigneur, que vous dirai-je, après que nos offenses
Au lieu de châtiments trouvent des récompenses ?
O vertu sans exemple ! ô clémence, qui rend
Votre pouvoir plus juste, et mon crime plus grand !

---

¹ *La pourpre d'un rang* est intolérable; cette pourpre, comparée au sang parcequ'il est rouge, est puérile. (V.)

² Var. Apprends, à mon exemple, à vaincre ta colère. (1643.)

ACTE V, SCÈNE III.

AUGUSTE.

Cesse d'en retarder un oubli magnanime ;
Et tous deux avec moi faites grace à Maxime :
Il nous a trahis tous ; mais ce qu'il a commis
Vous conserve innocents, et me rend mes amis.

(à Maxime.)

Reprends auprès de moi ta place accoutumée ;
Rentre dans ton crédit et dans ta renommée ;
Qu'Euphorbe de tous trois ait sa grace à son tour ;
Et que demain l'hymen couronne leur amour.
Si tu l'aimes encor, ce sera ton supplice.

MAXIME.

Je n'en murmure point, il a trop de justice [1] ;
Et je suis plus confus, seigneur, de vos bontés,
Que je ne suis jaloux du bien que vous m'ôtez.

CINNA.

Souffrez que ma vertu dans mon cœur rappelée
Vous consacre une foi lâchement violée,
Mais si ferme à présent, si loin de chanceler,
Que la chute du ciel ne pourroit l'ébranler.
Puisse le grand moteur des belles destinées,
Pour prolonger vos jours, retrancher nos années ;
Et moi, par un bonheur dont chacun soit jaloux,
Perdre pour vous cent fois ce que je tiens de vous !

LIVIE.

Ce n'est pas tout, seigneur ; une céleste flamme
D'un rayon prophétique illumine mon ame [2].

---

[1] Un supplice est juste ; on l'ordonne avec justice ; celui qui punit a de la justice ; mais le supplice n'en a point, parcequ'un supplice ne peut être personnifié. (V.)

[2] *Un rayon prophétique* ne semble pas convenir à Livie ; la

Oyez ce que les dieux vous font savoir par moi :
De votre heureux destin c'est l'immuable loi.

Après cette action vous n'avez rien à craindre ;
On portera le joug désormais sans se plaindre ;
Et les plus indomptés, renversant leurs projets,
Mettront toute leur gloire à mourir vos sujets ;
Aucun lâche dessein, aucune ingrate envie
N'attaquera le cours d'une si belle vie ;
Jamais plus d'assassins, ni de conspirateurs :
Vous avez trouvé l'art d'être maître des cœurs.
Rome avec une joie et sensible et profonde
Se démet en vos mains de l'empire du monde ;
Vos royales vertus lui vont trop enseigner
Que son bonheur consiste à vous faire régner :
D'une si longue erreur pleinement affranchie,
Elle n'a plus de vœux que pour la monarchie,
Vous prépare déjà des temples, des autels,
Et le ciel une place entre les immortels ;
Et la postérité, dans toutes les provinces,
Donnera votre exemple aux plus généreux princes.

AUGUSTE.

J'en accepte l'augure, et j'ose l'espérer :
Ainsi toujours les dieux vous daignent inspirer !

Qu'on redouble demain les heureux sacrifices
Que nous leur offrirons sous de meilleurs auspices,
Et que vos conjurés entendent publier

juste espérance que la clémence d'Auguste préviendra déso
mais toute conspiration vaut bien mieux qu'un rayon proph
tique.

On retranche aux représentations ce dernier couplet de Liv
comme les autres, par la raison que tout acteur qui n'est p
nécessaire gâte les plus grandes beautés. (V.)

ACTE V, SCÈNE III.

Qu'Auguste a tout appris, et veut tout oublier [1].

[1] Le pardon généreux d'Auguste, les vers qu'il prononce, qui sont le sublime de la grandeur d'ame; ces vers que l'admiration a gravés dans la mémoire de tous ceux qui les ont entendus, et cet avantage attaché à la beauté du dénouement, de laisser au spectateur une dernière impression qui est la plus heureuse et la plus vive de toutes celles qu'il a reçues, ont fait regarder assez généralement cette tragédie comme le chef-d'œuvre de Corneille; et si l'on ajoute à ce grand mérite du cinquième acte le discours éloquent de Cinna dans la scène où il fait le tableau des proscriptions d'Octave; cette autre scène si théâtrale où Auguste délibère avec ceux qui ont résolu de l'assassiner; les idées profondes et l'énergie de style qu'on remarque dans ce dialogue aussi frappant à la lecture qu'au théâtre; le monologue d'Auguste au quatrième acte; la fierté du caractère d'Émilie, et les traits heureux dont il est semé; cette préférence paraîtra suffisamment justifiée.

N'oublions pas surtout de remarquer combien l'auteur de *Cinna* a embelli les détails qu'il a puisés dans Sénèque. Tel est l'avantage inappréciable des beaux vers, telle est la supériorité qu'ils ont sur la meilleure prose, que la mesure et l'harmonie ont gravé dans tous les esprits et mis dans toutes les bouches ce qui demeurait comme enseveli dans les écrits d'un philosophe, et n'existait que pour un petit nombre de lecteurs. Cette précision, commandée par le rhythme poétique, a tellement consacré les paroles que Corneille prête à Auguste, qu'on croirait qu'il n'a pu s'exprimer autrement; et la conversation d'Auguste et de Cinna ne sera jamais autre chose que les vers qu'on a retenus de Corneille. (LA H.)

FIN.

EXAMEN DE CINNA.

Ce poëme a tant d'illustres suffrages qui lui donnent le premier rang parmi les miens, que je me ferois trop d'importants ennemis si j'en disois du mal : je ne le suis pas assez de moi-même pour chercher des défauts [1] où ils n'en ont point voulu voir, et accuser le jugement qu'ils en ont fait, pour obscurcir la gloire qu'ils m'en ont donnée. Cette approbation si forte et si générale vient sans doute de ce que la vraisemblance s'y trouve si heureusement conservée

---

[1] Quoique j'aie osé y trouver des défauts, j'oserais dire ici à Corneille : Je souscris à l'avis de ceux qui mettent cette pièce au-dessus de tous vos autres ouvrages ; je suis frappé de la noblesse, des sentiments vrais, de la force, de l'éloquence, des grands traits de cette tragédie. Il y a peu de cette emphase et de cette enflure qui n'est qu'une grandeur fausse. Le récit que fait Cinna au premier acte, la délibération d'Auguste, plusieurs traits d'Émilie, et enfin la dernière scène, sont des beautés de tous les temps, et des beautés supérieures. Quand je vous compare sur-tout aux contemporains qui osaient alors produire leurs ouvrages à côté des vôtres, je lève les épaules, et je vous admire comme un être à part. Qui étaient ces hommes qui voulaient courir la même carrière que vous ? Tristan, La Case, Grenaille, Rosiers, Boyer, Colletet, Gaulmin, Gillet, Provais, La Ménardière, Magnon, Picou, De Brosse. J'en nommerais cinquante dont pas un n'est connu, ou dont les noms ne se prononcent qu'en riant. C'est au milieu de cette foule que vous vous éleviez au-delà des bornes connues de l'art. Vous deviez avoir autant d'ennemis qu'il y avait de mauvais écrivains ; et tous les bons esprits devaient être vos admirateurs. Si j'ai trouvé des taches dans *Cinna*, ces défauts mêmes auraient été de très grandes beautés dans les écrits de vos pitoyables adversaires. Je n'ai remarqué ces défauts que pour la perfection d'un art dont je vous regarde comme le créateur. Je ne peux ni ajouter ni ôter rien à votre gloire : mon seul but est de faire des remarques utiles aux étrangers qui apprennent votre langue, aux jeunes auteurs qui veulent vous imiter, aux lecteurs qui veulent s'instruire. (V.)

aux endroits où la vérité lui manque, qu'il n'a jamais besoin de recourir au nécessaire. Rien n'y contredit l'histoire, bien que beaucoup de choses y soient ajoutées ; rien n'y est violenté par les incommodités de la représentation, ni par l'unité de jour, ni par celle de lieu.

Il est vrai qu'il s'y rencontre une duplicité de lieu particulier. La moitié de la pièce se passe chez Æmilie, et l'autre dans le cabinet d'Auguste. J'aurois été ridicule si j'avois prétendu que cet empereur délibérât avec Maxime et Cinna s'il quitteroit l'empire ou non, précisément dans la même place où ce dernier vient de rendre compte à Æmilie de la conspiration qu'il a formée contre lui. C'est ce qui m'a fait rompre la liaison des scènes au quatrième acte, n'ayant pu me résoudre à faire que Maxime vînt donner l'alarme à Æmilie de la conjuration découverte au lieu même où Auguste en venoit de recevoir l'avis par son ordre, et dont il ne faisoit que de sortir avec tant d'inquiétude et d'irrésolution. C'eût été une impudence extraordinaire, et tout-à-fait hors du vraisemblable, de se présenter dans son cabinet un moment après qu'il lui avoit fait révéler le secret de cette entreprise, dont il était un des chefs, et porter la nouvelle de sa fausse mort. Bien loin de pouvoir surprendre Æmilie par la peur de se voir arrêtée, c'eût été se faire arrêter lui-même, et se précipiter dans un obstacle invincible au dessein qu'il vouloit exécuter. Æmilie ne parle donc pas où parle Auguste, à la réserve du cinquième acte ; mais cela n'empêche pas qu'à considérer tout le poëme ensemble, il n'aie son unité de lieu, puisque tout s'y peut passer, non seulement dans Rome, ou dans un quartier de Rome, mais dans le seul palais d'Auguste, pourvu que vous y vouliez donner un appartement à Æmilie qui soit éloigné du sien.

Le compte que Cinna lui rend de sa conspiration justifie ce que j'ai dit ailleurs, que, pour faire souffrir une narration ornée, il faut que celui qui la fait et celui qui l'écoute aient l'esprit assez tranquille, et s'y plaisent assez pour lui prêter toute la patience qui lui est nécessaire. Æmilie a de la joie d'apprendre de la bouche de son amant avec quelle chaleur il a suivi ses intentions ; et Cinna n'en a pas moins de lui pouvoir donner de si belles espérances de l'effet qu'elle en souhaite : c'est pourquoi, quelque longue que soit cette narration, sans interruption aucune, elle n'ennuie point. Les ornements de rhétorique dont j'ai tâché de l'enrichir ne la font point condamner de trop d'artifice, et la diversité de ses figures ne fait point regretter le temps que j'y perds ; mais si j'avois attendu à la commencer qu'Évandre eût troublé ces deux amants par la nouvelle qu'il leur apporte, Cinna eût été obligé de s'en taire ou de la conclure en six vers, et Æmilie n'en eût pu supporter davantage.

Comme les vers de ma tragédie d'*Horace* ont quelque chose de plus net et de moins guindé pour les pensées que ceux du *Cid*, on peut dire que ceux de cette pièce ont quelque chose de plus achevé que ceux d'*Horace*, et qu'enfin la facilité de concevoir le sujet, qui n'est ni trop chargé d'incidents, ni trop embarrassé des récits de ce qui s'est passé avant le commencement de la pièce, est une des causes sans doute de la grande approbation qu'il a reçue. L'auditeur aime à s'abandonner à l'action présente, et à n'être point obligé, pour l'intelligence de ce qu'il voit, de réfléchir sur ce qu'il a déjà vu, et de fixer sa mémoire sur les premiers actes, pendant que les derniers sont devant ses yeux. C'est l'incommodité des pièces embarrassées, qu'en termes de l'art on nomme *implexes*, par un mot emprunté du latin, telles que sont *Rodogune* et *Héraclius*. Elle ne se rencontre pas dans les simples ; mais comme celles-là ont sans doute besoin de plus d'esprit pour les imaginer, et de plus d'art pour les conduire, celles-ci, n'ayant pas le même secours du côté du sujet, demandent plus de force de vers, de raisonnement, et de sentiments pour les soutenir [1].

---

[1] On peut conclure de ces derniers mots que les pièces simples on

beaucoup plus d'art et de beauté que les pièces implexes. Rien n'est plus simple que l'*OEdipe* et l'*Électre* de Sophocle; et ce sont, avec leurs défauts, les deux plus belles pièces de l'antiquité. *Cinna* et *Athalie*, parmi les modernes, sont, je crois, fort au-dessus d'*Électre* et d'*OEdipe*. Il en est de même dans l'épique. Qu'y a-t-il de plus simple que le quatrième livre de Virgile? Nos romans, au contraire, sont chargés d'incidents et d'intrigues. (V.)

POLYEUCTE,

MARTYR,

TRAGÉDIE CHRÉTIENNE.

1640.

A LA REINE RÉGENTE[1].

Madame,

Quelque connoissance que j'aie de ma foiblesse, quelque profond respect qu'imprime Votre Majesté dans les ames de ceux qui l'approchent, j'avoue que je me jette à ses pieds sans timidité et sans défiance, et que je me tiens assuré de lui plaire, parceque je suis assuré de lui parler de ce qu'elle aime le mieux. Ce n'est qu'une pièce de théâtre que je lui présente, mais qui l'entretiendra de Dieu : la dignité de la matière est si haute, que l'impuissance de l'artisan ne la peut ravaler; et votre ame royale se plaît trop à cette sorte d'entretien pour s'offenser des défauts d'un ouvrage où elle rencontrera les délices de son cœur. C'est par-là, Madame, que j'espère obtenir de Votre Majesté le pardon du long temps que j'ai attendu à lui rendre cette sorte d'hom-

---

[1] La tragédie de *Polyeucte* fut imprimée pour la première fois en 1643. Louis XIII était mort l'année précédente, laissant les rênes de l'état entre les mains d'Anne d'Autriche, sa veuve, régente pendant la minorité de son fils, qui fut depuis Louis-le-Grand. (Par.)

mage. Toutes les fois que j'ai mis sur notre scène des
vertus morales ou politiques, j'en ai toujours cru les
tableaux trop peu dignes de paroître devant elle, quand
j'ai considéré qu'avec quelque soin que je les pusse
choisir dans l'histoire, et quelques ornements dont l'artifice les pût enrichir, elle en voyoit de plus grands
exemples dans elle-même. Pour rendre les choses proportionnées, il falloit aller à la plus haute espèce, et
n'entreprendre pas de rien offrir de cette nature à une
Reine très chrétienne, et qui l'est beaucoup plus encore
par ses actions que par son titre, à moins que de lui
offrir un portrait des vertus chrétiennes dont l'amour
et la gloire de Dieu formassent les plus beaux traits, et
qui rendît les plaisirs qu'elle y pourra prendre aussi
propres à exercer sa piété qu'à délasser son esprit. C'est
à cette extraordinaire et admirable piété, MADAME, que
la France est redevable des bénédictions qu'elle voit
tomber sur les premières armes de son Roi; les heureux succès qu'elles ont obtenus en sont les rétributions
éclatantes, et des coups du ciel qui répand abondamment sur tout le royaume les récompenses et les graces
que Votre Majesté a méritées. Notre perte sembloit infaillible après celle de notre grand monarque; toute
l'Europe avoit déja pitié de nous, et s'imaginoit que
nous nous allions précipiter dans un extrême désordre,
parcequ'elle nous voyoit dans une extrême désolation :
cependant la prudence et les soins de Votre Majesté,
les bons conseils qu'elle a pris, les grands courages
qu'elle a choisis pour les exécuter, ont agi si puissam-

ÉPITRE. 141

ment dans tous les besoins de l'état, que cette première année de sa régence a non seulement égalé les plus glorieuses de l'autre règne, mais a même effacé, par la prise de Thionville, le souvenir du malheur qui, devant ses murs, avoit interrompu une si longue suite de victoires. Permettez que je me laisse emporter au ravissement que me donne cette pensée, et que je m'écrie dans ce transport :

Que vos soins [1], grande reine, enfantent de miracles !
Bruxelles et Madrid en sont tout interdits ;
Et si notre Apollon me les avoit prédits,
J'aurois moi-même osé douter de ses oracles.

Sous vos commandements on force tous obstacles ;
On porte l'épouvante aux cœurs les plus hardis,
Et par des coups d'essai vos états agrandis
De drapeaux ennemis font d'illustres spectacles.

La victoire elle-même accourant à mon roi,
Et mettant à ses pieds Thionville et Rocroi,
Fait retentir ces vers sur les bords de la Seine :

[1] Corneille n'était pas fait pour les sonnets et pour les madrigaux. Il aurait mieux fait de ne se point *écrier dans son transport*. Les vers que Voiture fit cette année-là même pour la reine, en sa présence, sont dans un autre goût et un peu meilleurs :

. . . .
Mais que vous étiez plus heureuse
Lorsque vous étiez autrefois,
Je ne veux pas dire amoureuse,
La rime le dit toutefois !

C'est un assez plaisant contraste que Voiture loue la reine d'avoir été un peu galante, et que Corneille fasse l'éloge de sa dévotion. (V.)

ÉPITRE.

France, attends tout d'un règne ouvert en triomphant,
Puisque tu vois déja les ordres de ta reine
Faire un foudre en tes mains des armes d'un enfant.

Il ne faut point douter que des commencements si merveilleux ne soient soutenus par des progrès encore plus étonnants. Dieu ne laisse point ses ouvrages imparfaits ; il les achèvera, MADAME, et rendra non seulement la régence de Votre Majesté, mais encore toute sa vie, un enchaînement continuel de prospérités. Ce sont les vœux de toute la France, et ce sont ceux que fait avec plus de zèle,

MADAME,

DE VOTRE MAJESTÉ,

Le très humble, très obéissant, et très fidèle serviteur et sujet,
CORNEILLE.

ABRÉGÉ

DU MARTYRE DE SAINT POLYEUCTE,

ÉCRIT PAR SIMÉON MÉTAPHRASTE,
ET RAPPORTÉ PAR SURIUS.

L'ingénieuse tissure des fictions avec la vérité, où consiste le plus beau secret de la poésie, produit d'ordinaire deux sortes d'effets, selon la diversité des esprits qui la voient. Les uns se laissent si bien persuader à cet enchaînement, qu'aussitôt qu'ils ont remarqué quelques événements véritables, ils s'imaginent la même chose des motifs qui les font naître et des circonstances qui les accompagnent; les autres, mieux avertis de notre artifice, soupçonnent de fausseté tout ce qui n'est pas de leur connoissance : si bien que, quand nous traitons quelque histoire écartée dont ils ne trouvent rien dans leur souvenir, ils l'attribuent tout entière à l'effort de notre imagination, et la prennent pour une aventure de roman.

L'un et l'autre de ces effets seroit dangereux en cette rencontre : il y va de la gloire de Dieu, qui se plaît dans celle de ses saints, dont la mort si précieuse devant ses yeux ne doit pas passer pour fabuleuse devant ceux des hommes. Au lieu de sanctifier notre théâtre par sa représentation, nous y profanerions la sainteté de leurs souffrances, si nous permettions que la crédulité des uns et la défiance des autres, également abusées par ce mélange, se méprissent également en la vénération qui leur est due, et que les premiers la rendissent mal-à-propos à ceux qui ne la méritent pas, pendant que les autres la dénieroient à ceux à qui elle appartient.

ABRÉGÉ DU MARTYRE

Saint Polyeucte est un martyr dont, s'il m'est permis de parler ainsi, beaucoup ont plutôt appris le nom à la comédie qu'à l'église. Le *Martyrologe romain* en fait mention sur le 13 de février, mais en deux mots, suivant sa coutume; Baronius, dans ses *Annales*, n'en dit qu'une ligne; le seul Surius, ou plutôt Mosander, qui l'a augmenté dans les dernières impressions, en rapporte la mort assez au long sur le neuvième de janvier : et j'ai cru qu'il étoit de mon devoir d'en mettre ici l'abrégé. Comme il a été à propos d'en rendre la représentation agréable, afin que le plaisir pût insinuer plus doucement l'utilité, et lui servir comme de véhicule pour la porter dans l'ame du peuple, il est juste aussi de lui donner cette lumière pour démêler la vérité d'avec ses ornements, et lui faire reconnoître ce qui lui doit imprimer du respect comme saint, et ce qui le doit seulement divertir comme industrieux. Voici donc ce que ce dernier nous apprend :

« Polyeucte et Néarque étoient deux cavaliers étroitement liés ensemble d'amitié; ils vivoient en l'an 250, sous l'empire de Décius; leur demeure étoit dans Mélitène, capitale d'Arménie; leur religion différente, Néarque étant chrétien, et Polyeucte suivant encore la secte des gentils, mais ayant toutes les qualités dignes d'un chrétien, et une grande inclination à le devenir. L'empereur ayant fait publier un édit très rigoureux contre les chrétiens, cette publication donna un grand trouble à Néarque, non pour la crainte des supplices dont il étoit menacé, mais pour l'appréhension qu'il eut que leur amitié ne souffrît quelque séparation ou refroidissement par cet édit, vu les peines qui y étoient proposées à ceux de sa religion, et les honneurs promis à ceux du parti contraire; il en conçut un si profond déplaisir, que son ami s'en aperçut; et l'ayant obligé de lui en dire la cause, il prit de là occasion de lui ouvrir son cœur : Ne craignez point, lui dit-il, que l'édit de l'empereur nous désunisse; j'ai vu cette nuit le Christ que vous adorez; il m'a dépouillé d'une robe sale pour me revêtir d'une autre toute lumineuse, et m'a fait monter sur un cheval ailé pour le suivre : cette vision m'a résolu entièrement à faire ce qu'il y a long-temps que je médite ; le seul nom de chrétien me manque ; et vous-même, toutes les fois que vous m'avez parlé de votre grand Messie, vous avez pu remarquer que je vous ai toujours écouté avec respect ; et quand vous m'avez lu sa vie et ses enseignements, j'ai toujours admiré la sainteté de ses actions et de ses discours. O Néarque ! si je ne me croyois pas indigne d'aller à lui sans être initié de ses mystères et avoir reçu la grace de ses sacrements, que vous verriez éclater l'ardeur que j'ai de mourir pour sa gloire et le soutien de ses éternelles vérités ! Néarque l'ayant éclairci sur l'illusion du scrupule où il étoit par l'exemple du bon larron, qui en un moment mérita le ciel, bien qu'il n'eût pas reçu le baptême; aussitôt notre martyr, plein d'une sainte ferveur, prend l'édit de l'empereur, crache dessus, et le déchire en morceaux qu'il jette au vent; et, voyant des idoles que le peuple portoit sur les autels pour les adorer, il les arrache à ceux qui les portoient, les brise contre terre, et les foule aux pieds, étonnant tout le monde et son ami même par la chaleur de ce zèle qu'il n'avoit pas espéré.

Son beau-père Félix, qui avoit la commission de l'empereur pour persécuter les chrétiens, ayant vu lui-même ce qu'avoit fait son gendre, saisi de douleur de voir l'espoir et l'appui de sa famille perdus, tâche d'ébranler sa constance, premièrement par de belles paroles, ensuite par des menaces, enfin par des coups qu'il lui fait donner par ses bourreaux sur tout le visage : mais, n'en ayant pu venir à bout, pour dernier effort il lui envoie sa fille Pauline, afin de voir si ses larmes n'auroient point plus de pouvoir sur l'esprit d'un mari que n'avoient eu ses artifices et ses rigueurs. Il n'avance rien davantage par-là ; au contraire, voyant que sa fermeté convertissoit beaucoup de païens, il le condamne à perdre la tête. Cet arrêt fut exécuté sur l'heure ; et le saint martyr, sans autre baptême que de son sang, s'en alla prendre possession de la gloire que Dieu a promise à ceux qui renonceroient à eux-mêmes pour l'amour de lui.

Voilà en peu de mots ce qu'en dit Surius : le songe de Pauline, l'amour de Sévère, le baptême effectif de Polyeucte, le sacrifice pour la victoire de l'empereur, la dignité de Félix que je fais gouverneur d'Arménie, la mort de Néarque, la conversion de Félix et de Pauline, sont des inventions et des embellissements de théâtre. La seule victoire de l'empereur contre les Perses a quelque fondement dans l'histoire ; et, sans chercher d'autres auteurs, elle est rapportée par M. Coeffeteau dans son *Histoire romaine*; mais il ne dit pas, ni qu'il leur imposa tribut, ni qu'il envoya faire des sacrifices de remerciement en Arménie.

Si j'ai ajouté ces incidents et ces particularités selon l'art, ou non, les savants en jugeront ; mon but ici n'est pas de les justifier, mais seulement d'avertir le lecteur de ce qu'il en peut croire.

10.

ACTEURS.

FÉLIX, sénateur romain, gouverneur d'Arménie.
POLYEUCTE, seigneur arménien, gendre de Félix [1].
SÉVÈRE, chevalier romain, favori de l'empereur Décie [2].
NÉARQUE, seigneur arménien, ami de Poyleucte [3].
PAULINE, fille de Félix, et femme de Polyeucte [4].
STRATONICE, confidente de Pauline.
ALBIN, confident de Félix.
FABIAN, domestique de Sévère.
CLÉON, domestique de Félix.
TROIS GARDES.

La scène est à Mélitène, capitale d'Arménie, dans le palais de Félix.

Noms des acteurs qui ont joué d'original dans Polyeucte :

[1] D'Orgemont. — [2] Floridor. — [3] Desurlis. — [4] Mlle Duclos.

POLYEUCTE

FÉLIX. — À la mort.
POLYEUCTE. — À la gloire.

Publié par Furne à Paris.

POLYEUCTE,
MARTYR.

ACTE PREMIER.

SCÈNE I.
POLYEUCTE, NÉARQUE.

NÉARQUE.
Quoi! vous vous arrêtez aux songes d'une femme!

[1] Quand on passe de *Cinna* à *Polyeucte*, on se trouve dans un monde tout différent : mais les grands poëtes, ainsi que les grands peintres, savent traiter tous les sujets. C'est une chose assez connue que, Corneille ayant lu sa tragédie de *Polyeucte* chez madame de Rambouillet, où se rassemblaient alors les esprits les plus cultivés, cette pièce y fut condamnée d'une voix unanime, malgré l'intérêt qu'on prenait à l'auteur dans cette maison : Voiture fut député de toute l'assemblée pour engager Corneille à ne pas faire représenter cet ouvrage. Il est difficile de démêler ce qui put porter les hommes du royaume qui avaient le plus de goût et de lumières à juger si singulièrement : furent-ils persuadés qu'un martyr ne pouvait jamais réussir sur le théâtre? c'était ne pas connaître le peuple ; croyaient-ils que les défauts que leur sagacité leur faisait remarquer révolteraient le public? c'était tomber dans la même erreur qui avait trompé les censeurs du *Cid* : ils examinaient le *Cid* par l'exacte raison, et ils ne voyaient pas qu'au spectacle on juge par sentiment. Pou-

De si foibles sujets troublent cette grande ame [1] !
Et ce cœur tant de fois dans la guerre éprouvé
S'alarme d'un péril qu'une femme a rêvé [2] !

POLYEUCTE.

Je sais ce qu'est un songe, et le peu de croyance
Qu'un homme doit donner à son extravagance,
Qui d'un amas confus des vapeurs de la nuit

vaient-ils ne pas sentir les beautés singulières des rôles de Sévère et de Pauline? Ces beautés d'un genre si neuf et si délicat les alarmèrent peut-être : ils purent craindre qu'une femme qui aimait à-la-fois son amant et son mari n'intéressât pas ; et c'est précisément ce qui fit le succès de la pièce. On trouvera dans les remarques quelques anecdotes concernant ce jugement de l'hôtel de Rambouillet. Ce qui est étonnant, c'est que tous ces chefs-d'œuvre se suivaient d'année en année. *Cinna* fut joué au commencement de 1639, et *Polyeucte* en 1640. Il est vrai que Lope de Vega, Garnier, Calderon, composaient encore plus vite, *stantes pede in uno*; mais quand on ne s'asservit à aucune règle, qu'on n'est gêné ni par la rime, ni par la conduite, ni par aucune bienséance, il est plus aisé de faire dix tragédies que de faire *Cinna* et *Polyeucte*. (V.)

[1] *Des songes qui sont des sujets*. Il était aisé de commencer avec plus d'exactitude et d'élégance ; mais la faute est très légère. (V.)

[2] Le mot de *rêver* est devenu trop familier; peut-être ne l'était-il pas du temps de Corneille. Il faut observer qu'il avait déjà l'art de varier son style ; il nous avertit même dans ses examens qu'il l'a proportionné à ses sujets. Toutes les pièces des autres auteurs paraissent jetées dans le même moule. Il faut convenir pourtant qu'un connaisseur reconnaîtra toujours le même fonds de style dans les pièces de Corneille qui paraissent le plus diversement écrites : c'est en effet le même tour dans les phrases, toujours un peu de raisonnement dans la passion, toujours des maximes détachées, toujours des pensées retournées en plus d'une manière. C'est le style de Rotrou, avec plus de force, d'élégance et de richesse. La manière du peintre est visible, quelque sujet que traite son pinceau. (V.)

ACTE I, SCÈNE I.

Forme de vains objets que le réveil détruit.
Mais vous ne savez pas ce que c'est qu'une femme;
Vous ignorez quels droits elle a sur toute l'ame [1]
Quand, après un long temps qu'elle a su nous charmer,
Les flambeaux de l'hymen viennent de s'allumer.
Pauline, sans raison dans la douleur plongée,
Craint et croit déja voir ma mort qu'elle a songée;
Elle oppose ses pleurs au dessein que je fais,
Et tâche à m'empêcher de sortir du palais.
Je méprise sa crainte, et je cède à ses larmes;
Elle me fait pitié sans me donner d'alarmes;
Et mon cœur, attendri sans être intimidé,
N'ose déplaire aux yeux dont il est possédé [2].
L'occasion, Néarque, est-elle si pressante
Qu'il faille être insensible aux soupirs d'une amante?
Par un peu de remise épargnons son ennui,
Pour faire en plein repos ce qu'il trouble aujourd'hui [3].

---

[1] Ce mot *toute* est inutile, et fait languir le vers; une vaine épithète affaiblit toujours la diction et la pensée. (V.)

VAR. Ni le juste pouvoir qu'elle prend sur une ame. (1643-48.)

[2] Expression impropre, vicieuse; on ne peut dire, *être possédé des yeux*. (V.)

[3] Cela est à peine intelligible. Ce style est trop à-la-fois négligé et forcé. Pour juger si des vers sont mauvais, mettez-les en prose; si cette prose est incorrecte, les vers le sont. *Épargnons son ennui par un peu de remise, pour faire en plein repos ce qu'il trouble.* Vous voyez combien une telle phrase révolte. Les vers doivent avoir la clarté, la pureté de la prose la plus correcte, et l'élégance, la force, la hardiesse, l'harmonie de la poésie.

Ce qui est assez singulier, c'est que Corneille, dans la première édition de *Polyeucte*, avait mis :

Remettons ce dessein qui l'accable d'ennui,
Nous le pourrons demain aussi bien qu'aujourd'hui;

NÉARQUE.

Avez-vous cependant une pleine assurance [1]
D'avoir assez de vie, ou de persévérance?
Et Dieu, qui tient votre ame et vos jours dans sa main,
Promet-il à vos vœux de le pouvoir demain [2]?
Il est toujours tout juste et tout bon; mais sa grace
Ne descend pas toujours avec même efficace;
Après certains moments que perdent nos longueurs,
Elle quitte ces traits qui pénètrent les cœurs [3]; «
Le nôtre s'endurcit, la repousse, l'égare :
Le bras qui la versoit en devient plus avare [4],

et dans toutes les autres éditions qu'il fit faire*, il corrigea ces deux vers de la manière dont nous les imprimons dans le texte. Apparemment on avait critiqué *remettre un dessein*, parcequ'on remet à un autre jour l'accomplissement, l'exécution, et non pas le dessein. On avait pu blâmer aussi, *nous le pourrons demain*, parceque ce *le* se rapporte à *dessein*, et que *pouvoir un dessein* n'est pas français. Mais en général il vaut mieux pécher un peu contre l'exactitude de la syntaxe que de faire des vers obscurs et mal tournés. La première manière était, à la vérité, un peu fautive, mais elle vaut beaucoup mieux que la seconde. Tout cela prouve que la versification française est d'une difficulté presque insurmontable. (V.)

[1] VAR. Oui; mais où prenez-vous l'infaillible assurance
. . . .
Ce Dieu, qui tient votre ame et vos jours dans sa main,
Vous a-t-il assuré du pouvoir de demain? (1643.)

[2] Est-ce Dieu qui *promet de vouloir demain*, ou qui promet que Polyeucte voudra? Un écrivain ne doit jamais tomber dans ces amphibologies; on ne les permet plus. (V.)

[3] Tous ces vers sont rampants, trop négligés, trop du style familier des livres de dévotion. *Après certains moments*, etc., cela sent plus le style comique que le tragique. (V.)

[4] Il y avait dans les premières éditions :

* Ils sont dans les éditions de 1643-57.

ACTE I, SCÈNE I.

Et cette sainte ardeur qui doit porter au bien [1]
Tombe plus rarement, ou n'opère plus rien.
Celle qui vous pressoit de courir au baptême,
Languissante déja, cesse d'être la même,
Et, pour quelques soupirs qu'on vous a fait ouïr [2],
Sa flamme se dissipe, et va s'évanouir.

POLYEUCTE.

Vous me connoissez mal : la même ardeur me brûle,
Et le desir s'accroît quand l'effet se recule.
Ces pleurs, que je regarde avec un œil d'époux,
Me laissent dans le cœur aussi chrétien que vous ;
Mais, pour en recevoir le sacré caractère
Qui lave nos forfaits dans une eau salutaire,
Et qui, purgeant notre ame, et dessillant nos yeux [3],
Nous rend le premier droit que nous avions aux cieux,
Bien que je le préfère aux grandeurs d'un empire [4],
Comme le bien suprême et le seul où j'aspire,

   Le bras qui la versoit s'arrête et se courrouce ;
   Notre cœur s'endurcit, et sa pointe s'émousse. (1643-48.)

Il faut avouer qu'aujourd'hui on ne souffriroit pas *un bras qui verse une grace*. (V.)

[1] Var. Et cette sainte ardeur qui nous emporte au bien
       Tombe sur un rocher, et n'opère plus rien. (1643-48.)

[2] Ce mot *ouïr* ne peut guère convenir à des *soupirs*. Quand Racine, dans son style châtié, toujours élégant, toujours noble, et d'autant plus hardi qu'il le paraît moins, fait dire à Andromaque :

   . . . . . Ah ! seigneur, vous entendiez assez
   Des soupirs qui craignoient de se voir repoussés ;

le mot *d'entendre* signifie là *comprendre, connaître. Vous connaissiez mon cœur par mes soupirs*. (V.)

[3] Var. Et, d'un rayon divin nous dessillant les yeux. (1643-48.)

[4] Var. Quoique je le préfère aux grandeurs d'un empire. (1643-48.)

Je crois, pour satisfaire un juste et saint amour,
Pouvoir un peu remettre, et différer d'un jour.

NÉARQUE.

Ainsi du genre humain l'ennemi vous abuse [1] :
Ce qu'il ne peut de force, il l'entreprend de ruse [2].
Jaloux des bons desseins qu'il tâche d'ébranler,
Quand il ne les peut rompre, il pousse à reculer [3];
D'obstacle sur obstacle il va troubler le vôtre,

---

[1] Ce langage familier de la dévotion parut d'abord extraordinaire : on venait de jouer *Sainte Agnès*, d'un Puget de La Serre; elle était tombée : sa chute donna mauvaise opinion de *Saint Polyeucte* à l'hôtel de Rambouillet. Le cardinal de Richelieu le condamna comme *le Cid*. C'est ce que nous apprend l'abbé Hédelin d'Aubignac, ennemi de Corneille, et qui croyait être son maître.

Remarquez que cette périphrase, *l'ennemi du genre humain*, est noble, et que le nom propre eût été ridicule : le vulgaire se représente le diable avec des cornes et une longue queue; *l'ennemi du genre humain* donne l'idée d'un être terrible qui combat contre Dieu même. Toutes les fois qu'un mot présente une image, ou basse, ou dégoûtante, ou comique, ennoblissez-la par des images accessoires; mais aussi ne vous piquez pas de vouloir ajouter une grandeur vaine à ce qui est imposant par soi-même. Si vous voulez exprimer que le roi vient, dites *Le roi vient*, et n'imitez pas le poëte qui, trouvant ces mots trop communs, dit :

Ce grand roi roule ici ses pas impérieux. (V.)

[2] *De force, de ruse*, cela est lâche, et n'est pas d'un français pur. On n'entreprend point de ruse. (V.) — On entreprend par ruse ce qu'on avait tenté vainement par la force. Corneille emploie *de* au lieu de *par :* ce qui était familier, et ce qui l'est encore à tous les poëtes. (P.)

[3] *Les rompre, demi-rompu, rompez*. Ce mot *rompre*, si souvent répété, est d'autant plus vicieux qu'on ne dit ni *rompre un dessein*, ni *rompre un coup*. (V.) — On dit fort bien *rompre un dessein*

ACTE I, SCÈNE I. 155

Aujourd'hui par des pleurs, chaque jour par quelque autre [1] ;
Et ce songe rempli de noires visions [2]
N'est que le coup d'essai de ses illusions :
Il met tout en usage, et prière, et menace ;
Il attaque toujours, et jamais ne se lasse ;
Il croit pouvoir enfin ce qu'encore il n'a pu,
Et que ce qu'on diffère est à demi rompu.
  Rompez ses premiers coups ; laissez pleurer Pauline.
Dieu ne veut point d'un cœur où le monde domine [3],
Qui regarde en arrière, et, douteux en son choix,
Lorsque sa voix l'appelle, écoute une autre voix.

POLYEUCTE.
Pour se donner à lui faut-il n'aimer personne ?

NÉARQUE.
Nous pouvons tout aimer, il le souffre, il l'ordonne ;
Mais, à vous dire tout, ce Seigneur des seigneurs [4]
Veut le premier amour et les premiers honneurs.
Comme rien n'est égal à sa grandeur suprême,

---

rompre un coup, tant au propre qu'au figuré. Cette locution, très usitée du temps de Corneille, l'est encore du nôtre. Racine s'en est servi dans *Athalie*, acte Ier, sc. II :

  Rompez, rompez tout pacte avec l'impiété. (A.-M.)

[1] Après *par des pleurs* il fallait spécifier un autre obstacle. *Chaque jour par quelque autre* : il semble que ce soit par quelque autre pleur. Le sens est clair, à la vérité, mais la phrase ne l'est pas. Ces petites négligences multipliées se font plus sentir à la lecture qu'au théâtre ; rien ne doit échapper aux lecteurs qui veulent s'instruire. Quand Virgile eut appris aux Romains à faire des vers toujours nobles et élégants, il ne fut plus permis d'écrire comme Ennius. (V.)

[2] VAR. Ce songe si rempli de noires visions. (1643-48.)

[3] VAR. Dieu ne veut point d'un cœur que le monde domine. (1643-48.)

[4] VAR. Mais ce grand Roi des rois, ce Seigneur des seigneurs. (1643-48.)

156 POLYEUCTE.

Il faut ne rien aimer qu'après lui, qu'en lui-même,
Négliger, pour lui plaire, et femme, et biens, et rang
Exposer pour sa gloire et verser tout son sang.
Mais que vous êtes loin de cette ardeur parfaite ¹
Qui vous est nécessaire, et que je vous souhaite!
Je ne puis vous parler que les larmes aux yeux.
Polyeucte, aujourd'hui qu'on nous hait en tous lieux
Qu'on croit servir l'état quand on nous persécute,
Qu'aux plus âpres tourments un chrétien est en butte
Comment en pourrez-vous surmonter les douleurs,
Si vous ne pouvez pas résister à des pleurs?

POLYEUCTE.

Vous ne m'étonnez point; la pitié qui me blesse
Sied bien aux plus grands cœurs, et n'a point de foibles
Sur mes pareils, Néarque, un bel œil est bien fort ⁵.
Tel craint de le fâcher, qui ne craint pas la mort;
Et s'il faut affronter les plus cruels supplices,
Y trouver des appas, en faire mes délices,
Votre Dieu, que je n'ose encor nommer le mien,
M'en donnera la force en me faisant chrétien.

NÉARQUE.

Hâtez-vous donc de l'être.

POLYEUCTE.

　　　　　　Oui, j'y cours, cher Néarque
Je brûle d'en porter la glorieuse marque.

¹ Var. Mais que vous êtes loin de cette amour parfaite. (1643-48.)

² Var. Est grandeur de courage aussitôt que foiblesse *. (1643.)

⁵ On ne dirait plus aujourd'hui, *sur mes pareils*, ni *un bel œil*
Ce terme de *pareil*, dont Rotrou et Corneille se sont toujours
servis, et que Racine n'employa jamais, semble caractériser une
petite vanité bourgeoise. Un bel œil est toujours ridicule, e

* Var. Digne des plus grands cœurs, n'est rien moins que foiblesse. (1648.)

ACTE I, SCÈNE I.

Mais Pauline s'afflige, et ne peut consentir,
Tant ce songe la trouble, à me laisser sortir.

NÉARQUE.

Votre retour pour elle en aura plus de charmes ;
Dans une heure au plus tard vous essuierez ses larmes ;
Et l'heur de vous revoir lui semblera plus doux,
Plus elle aura pleuré pour un si cher époux.
Allons, on nous attend.

POLYEUCTE.

Apaisez donc sa crainte¹,
Et calmez la douleur dont son ame est atteinte.
Elle revient.

NÉARQUE.

Fuyez.

POLYEUCTE.

Je ne puis.

NÉARQUE.

Il le faut ;
Fuyez un ennemi qui sait votre défaut,
Qui le trouve aisément, qui blesse par la vue,
Et dont le coup mortel vous plaît quand il vous tue².

beaucoup plus dans un mari que dans un amant. *Fâcher un bel œil* est encore pis. (V.)

¹ On apaise la colère, et non la crainte. (V.) — On dit *apaiser la colère* et *apaiser la douleur*; pourquoi ne dirait-on pas *apaiser la crainte*? Ce mot, synonyme de *calmer*, peut s'appliquer à toutes les passions tumultueuses. (A.-M.)

² Plusieurs personnes ont cru que Néarque ne devait pas parler ainsi d'une épouse : que dirait-il de plus si c'était une maîtresse? Le mot *tue* semble ici un peu trop fort ; car, après tout, une complaisance de quelques heures pour sa femme tuerait-elle l'ame de Polyeucte ? (V.)

SCÈNE II.

POLYEUCTE, NÉARQUE, PAULINE, STRATONICE.

POLYEUCTE.

Fuyons, puisqu'il le faut. Adieu, Pauline, adieu.
Dans une heure au plus tard je reviens en ce lieu.

PAULINE.

Quel sujet si pressant à sortir vous convie?
Y va-t-il de l'honneur? y va-t-il de la vie?

POLYEUCTE.

Il y va de bien plus.

PAULINE.

Quel est donc ce secret?

POLYEUCTE.

Vous le saurez un jour : je vous quitte à regret;
Mais enfin il le faut[1].

PAULINE.

Vous m'aimez!

POLYEUCTE.

Je vous aime,
Le ciel m'en soit témoin, cent fois plus que moi-même
Mais....

PAULINE.

Mais mon déplaisir ne vous peut émouvoir!
Vous avez des secrets que je ne puis savoir!

---

[1] Voilà trois fois de suite *il le faut*. Cette inadvertance n'ôt rien à l'intérêt qui commence à naître dès la première scène et quoique le style soit souvent incorrect et négligé, il est tou jours au-dessus de son siècle. (V.)

ACTE I, SCÈNE III. 159

Quelle preuve d'amour! Au nom de l'hyménée,
Donnez à mes soupirs cette seule journée.

POLYEUCTE.

Un songe vous fait peur!

PAULINE.

Ses présages sont vains,
Je le sais; mais enfin je vous aime, et je crains.

POLYEUCTE.

Ne craignez rien de mal pour une heure d'absence.
Adieu : vos pleurs sur moi prennent trop de puissance;
Je sens déja mon cœur prêt à se révolter,
Et ce n'est qu'en fuyant que j'y puis résister.

SCÈNE III.

PAULINE, STRATONICE.

PAULINE.

Va, néglige mes pleurs, cours, et te précipite
Au-devant de la mort que les dieux m'ont prédite;
Suis cet agent fatal de tes mauvais destins,
Qui peut-être te livre aux mains des assassins.
Tu vois, ma Stratonice, en quel siècle nous sommes[1] :
Voilà notre pouvoir sur les esprits des hommes[2],

[1] Var. Voilà, ma Stratonice, en ce siècle où nous sommes,
     Notre empire absolu sur les esprits des hommes. (1643-48.)

[2] Ces deux vers sentent la comédie. Le peu de rimes de notre langue fait que, pour rimer à *hommes*, on fait venir comme on peut *le siècle où nous sommes, l'état où nous sommes, tous tant que nous sommes*. Cette gêne ne se fait que trop sentir en mille occasions. La seule ressource est d'éviter, si l'on peut, ces malheureuses rimes, et de chercher un autre tour; la difficulté est prodigieuse, mais il la faut vaincre. (V.)

160 POLYEUCTE.

Voilà ce qui nous reste, et l'ordinaire effet
De l'amour qu'on nous offre, et des vœux qu'on nous fait.
Tant qu'ils ne sont qu'amants nous sommes souveraines,
Et jusqu'à la conquête ils nous traitent de reines [1];
Mais après l'hyménée ils sont rois à leur tour [2].

STRATONICE.

Polyeucte pour vous ne manque point d'amour [3];
S'il ne vous traite ici d'entière confidence [4],
S'il part malgré vos pleurs, c'est un trait de prudence [5];
Sans vous en affliger, présumez avez moi
Qu'il est plus à propos qu'il vous cèle pourquoi [6];

[1] Var. . . . . Ils nous traitent en reines. (1643-48.)

[2] Ce vers a passé en proverbe. Il n'est pas, à la vérité, de la haute tragédie, mais cette naïveté ne peut déplaire.

Et tragicus plerumque dolet sermone pedestri.

Il y a ici une remarque bien plus importante à faire. Il s'agit de la vie de Polyeucte. Pauline croit que le fanatique Néarque va livrer son mari aux mains des assassins, et elle s'amuse à dire *Voilà notre pouvoir sur les hommes dans le siècle où nous sommes*, etc. Si elle est réellement si effrayée, si elle craint pour la vie de Polyeucte, c'est de cette crainte qu'elle devait d'abord parler, elle devait même la confier à son mari, et ne pas attendre son départ pour raconter son rêve à une confidente. (V.) — On voit dans la première scène, que Pauline a déjà raconté ce songe à son mari. (A.-M.)

[3] *Manquer d'amour* est d'une prose trop faible. (V.)

[4] Cela n'est pas français; c'est un barbarisme de phrase. (V. — Cela est très français, du moins en vers, où l'écrivain emploie souvent *de* au lieu de *avec*. On dit bien en prose : *Frapper de verges*, pour *avec des verges*. (A.-M.)

[5] Expression de la haute comédie, mais que la tragédie peut souffrir. (V.)

[6] Ce dernier vers ou cette ligne tient trop du bourgeois. C'est une règle assez générale qu'un vers héroïque ne doit guère finir par un adverbe, à moins que cet adverbe se fasse à peine re

ACTE I, SCÈNE III.

Assurez-vous sur lui qu'il en a juste cause.
Il est bon qu'un mari nous cache quelque chose [1],
Qu'il soit quelquefois libre, et ne s'abaisse pas
A nous rendre toujours compte de tous ses pas :
On n'a tous deux qu'un cœur qui sent mêmes traverses [2] ;
Mais ce cœur a pourtant ses fonctions diverses,
Et la loi de l'hymen qui vous tient assemblés [3]
N'ordonne pas qu'il tremble alors que vous tremblez :
Ce qui fait vos frayeurs ne peut le mettre en peine ;
Il est Arménien, et vous êtes Romaine,
Et vous pouvez savoir que nos deux nations
N'ont pas sur ce sujet mêmes impressions.
Un songe en notre esprit passe pour ridicule,
Il ne nous laisse espoir, ni crainte, ni scrupule ;

marquer comme adverbe, je ne le verrai *plus*, je ne l'aimerai *jamais*. *Pourquoi* pourrait être employé à la fin d'un vers quand le sens est suspendu :

> Eh ! comment et pourquoi
> Voulez-vous que je vive,
> Quand vous ne vivez pas pour moi ?
> QUINAULT.

Mais alors ce *pourquoi* lie la phrase. Vous ne trouverez jamais dans le style noble, *il m'a dit pourquoi ; je sais pourquoi* : la nuance du simple et du familier est délicate, il faut la saisir. (V.)

[1] Ce vers est absolument comique, et même burlesque. (V.)

[2] Cette expression ne paraît pas d'abord française, elle l'est cependant. *Est-on allé là ? on y est allé deux* ; mais c'est un gallicisme qui ne s'emploie que dans le style très familier. *Mêmes traverses, fonctions diverses* ; cela n'est pas assez élégamment écrit, et l'idée est un peu subtile. Rien n'est véritablement beau que ce qui est écrit naturellement, avec élégance et pureté : on ne saurait trop avoir ces règles devant les yeux. (V.)

[3] Le mot propre est *unis* ; on ne peut se servir de celui d'*assembler* que pour plusieurs personnes. (V.)

162   POLYEUCTE.

Mais il passe dans Rome avec autorité
Pour fidèle miroir de la fatalité [1].

PAULINE.

Quelque peu de crédit que chez vous il obtienne [2],
Je crois que ta frayeur égaleroit la mienne,
Si de telles horreurs t'avoient frappé l'esprit,
Si je t'en avois fait seulement le récit.

STRATONICE.

A raconter ses maux souvent on les soulage [3].

PAULINE.

Écoute ; mais il faut te dire davantage,
Et que, pour mieux comprendre un si triste discours,
Tu saches ma foiblesse et mes autres amours :

[1] Il est à remarquer que du temps de l'empereur Décie les Romains n'avaient nulle foi aux songes ; les honnêtes gens ne connaissaient plus de superstitions. On dit bien *miroir de l'avenir*, parcequ'on est supposé voir l'avenir comme dans un miroir ; mais on ne peut dire *miroir de la fatalité*, parceque ce n'est pas cette fatalité qu'on voit, mais les événements qu'elle amène. (V.)—*Fatalité* signifie évidemment la suite des événements, les événements eux-mêmes. D'ailleurs on dit : *le miroir de la vérité*, *un miroir de vertu*, expressions que Voltaire met, sans le vouloir, à l'index. (A.-M.)

[2] Le mot de *crédit* est impropre. Un songe n'obtient point de crédit. (V.) — Ce mot est encore très usité dans le sens où Corneille l'emploie. *Crédit* est l'équivalent d'autorité, et les songes en conservent encore sur le peuple. Il est des hommes sur qui le merveilleux le plus absurde aura toujours du crédit. (P.)

VAR. Le mien est bien étrange ; et, quoique Arménienne. (1643-48.)

[3] Ce vers est un peu familier, et il faut *en racontant*, et non à *à raconter*. (V.) — Voltaire se trompe : *à*, suivi d'un infinitif, équivaut très souvent au participe précédé de la préposition *en* : *à le voir on juge de son état*. C'était la règle du temps de Corneille, c'est encore la règle aujourd'hui. (A.-M.)

ACTE I, SCÈNE III.

Une femme d'honneur peut avouer sans honte
Ces surprises des sens que la raison surmonte;
Ce n'est qu'en ces assauts qu'éclate la vertu,
Et l'on doute d'un cœur qui n'a point combattu [1].
 Dans Rome, où je naquis, ce malheureux visage [2]
D'un chevalier romain captiva le courage;
Il s'appeloit Sévère : excuse les soupirs
Qu'arrache encore un nom trop cher à mes desirs.

     STRATONICE.

Est-ce lui qui naguère aux dépens de sa vie
Sauva des ennemis votre empereur Décie,

---

[1] Plusieurs personnes ont trouvé que Pauline ne devait pas débuter par dire un peu crûment qu'elle a eu *d'autres amours*, et qu'une coquette ne s'exprimerait pas autrement : d'autres disent que Corneille avait la simplicité d'un grand homme, et qu'il la donne à Pauline. On peut remarquer ici que Corneille étale presque toujours en maxime ce que Racine mettait en sentiment. Il y a peut-être une espèce d'appareil, une petite affectation dans une nouvelle mariée, à dire ainsi qu'une femme d'honneur peut raconter ses amours. On sent que c'est le poëte qui débite ses pensées, et qui prépare une excuse pour Pauline. Si Pauline n'avait pas combattu, voudrait-elle qu'on doutât de sa conduite? Une femme est-elle moins estimée pour n'avoir aimé que son mari? faut-il absolument qu'elle ait un autre amour, pour qu'on ne doute pas de sa vertu? (V.) — Corneille, dans l'Examen de *Polyeucte*, avait réfuté d'avance l'objection de Voltaire : « Pauline, dit-il, ne s'ouvre à Stratonice que pour lui « faire entendre le songe qui la trouble, et les sujets qu'elle a « de s'en alarmer. » Elle ne pouvait lui raconter ce songe, dans lequel il est question de Sévère, sans lui confier le secret de ses premières amours : *secret*, ajoute Corneille, *qu'elle ne lui eût jamais révélé sans cette occasion qui l'y oblige*. Il n'y a donc pas de coquetterie dans cette confidence de Pauline. (P.)

[2] *Ce malheureux visage...* Cette expression est condamnée comme burlesque. (V.)

164 POLYEUCTE.

Qui leur tira mourant la victoire des mains [1],
Et fit tourner le sort des Perses aux Romains [2]?
Lui, qu'entre tant de morts immolés à son maître
On ne put rencontrer, ou du moins reconnoître;
A qui Décie enfin pour des exploits si beaux
Fit si pompeusement dresser de vains tombeaux?

PAULINE.

Hélas! c'étoit lui-même, et jamais notre Rome
N'a produit plus grand cœur, ni vu plus honnête homme.
Puisque tu le connois, je ne t'en dirai rien.
Je l'aimai, Stratonice; il le méritoit bien.
Mais que sert le mérite où manque la fortune?
L'un étoit grand en lui, l'autre foible et commune;
Trop invincible obstacle, et dont trop rarement
Triomphe auprès d'un père un vertueux amant!

STRATONICE.

La digne occasion d'une rare constance [3] !

PAULINE.

Dis plutôt d'une indigne et folle résistance.
Quelque fruit qu'une fille en puisse recueillir [4],

---

[1] *Tirer la victoire des mains*, expression impropre et un peu basse aujourd'hui; peut-être ne l'était-elle pas alors. (V.)

[2] *Le sort* ne peut être employé pour *la victoire*; mais le sens est si clair, qu'il ne peut y avoir d'équivoque. *Tourner le sort*, n'est pas heureux. (V.)

[3] Stratonice pourrait parler ainsi avant le mariage, mais non après. Ce vers est trop d'une soubrette. (V.)

[4] *Le fruit recueilli par une fille* ne présente pas un sens clair; et si par ce fruit Pauline entend la possession d'un amant, ce discours paraît peu convenable à une nouvelle mariée. Racine a employé cette expression dans *Phèdre* :

> Hélas! du crime affreux dont la honte me suit
> Jamais mon triste cœur n'a recueilli le fruit.

ACTE I, SCÈNE III.

Ce n'est une vertu que pour qui veut faillir.
Parmi ce grand amour que j'avois pour Sévère[1],
J'attendois un époux de la main de mon père,
Toujours prête à le prendre; et jamais ma raison
N'avoua de mes yeux l'aimable trahison.
Il possédoit mon cœur, mes desirs, ma pensée;
Je ne lui cachois point combien j'étois blessée;
Nous soupirions ensemble et pleurions nos malheurs;
Mais au lieu d'espérance il n'avoit que des pleurs;
Et, malgré des soupirs si doux, si favorables,
Mon père et mon devoir étoient inexorables.
Enfin je quittai Rome et ce parfait amant,
Pour suivre ici mon père en son gouvernement;
Et lui, désespéré, s'en alla dans l'armée
Chercher d'un beau trépas l'illustre renommée[2].
Le reste, tu le sais. Mon abord en ces lieux

Mais cela veut dire, *je n'ai jamais goûté de douceur dans ma passion criminelle*. (V.) — Les vers de Racine disent peut-être un peu trop : Pauline ne dit que ce qu'elle doit dire; mais Corneille aurait pu l'exprimer plus heureusement. (P.)

[1] *Parmi ce grand amour* est un solécisme. *Parmi* demande toujours un pluriel ou un nom collectif. (V.) — *Parmi* se construisait alors avec un singulier. C'était si bien l'usage, que Richelet s'est contenté d'appuyer cette construction d'un seul exemple : *Parmi l'embarras des affaires*. Racine a dit dans *Britannicus*, *parmi le plaisir*, et dans *Athalie*, *parmi le débris*. Ces exemples justifient Corneille. Aujourd'hui on pourrait dire encore *parmi le débris*, parceque *débris* est presque un mot collectif. (*Voyez* le *Dictionnaire de la langue de Racine*, tome III des *OEuvres de Racine*, édition de Lefèvre; *Paris*, 1844.) (A.-M.)

[2] *La renommée* ne convient point à *trépas* : ce mot ne regarde jamais que la personne, parceque *renommée* vient de *nom*; la renommée d'un guerrier; la gloire d'un *trépas* : mais la poésie permet ces licences. (V.) — Étymologie n'est pas toujours rai-

Me fit voir Polyeucte, et je plus à ses yeux;
Et comme il est ici le chef de la noblesse,
Mon père fut ravi qu'il me prît pour maîtresse,
Et par son alliance il se crut assuré
D'être plus redoutable et plus considéré.
Il approuva sa flamme, et conclut l'hyménée;
Et moi, comme à son lit je me vis destinée,
Je donnai par devoir à son affection
Tout ce que l'autre avoit par inclination [1].
Si tu peux en douter, juge-le par la crainte [2]
Dont en ce triste jour tu me vois l'ame atteinte.

STRATONICE.

Elle fait assez voir à quel point vous l'aimez [3].
Mais quel songe, après tout, tient vos sens alarmés?

PAULINE.

Je l'ai vu cette nuit, ce malheureux Sévère,
La vengeance à la main, l'œil ardent de colère :
Il n'étoit point couvert de ces tristes lambeaux
Qu'une ombre désolée emporte des tombeaux;

---

son. *Renommée* est le seul mot français qui réponde au *fama* des Latins. Il n'y a là aucune licence. (A.-M.)

[1] Rien ne paraît plus neuf, plus singulier, et d'une nuance plus délicate. Quoi qu'on en dise, ce sentiment peut être très naturel dans une femme sensible et honnête. Ceux qui ont dit qu'ils ne voudraient de Pauline ni pour femme ni pour maîtresse ont dit un bon mot, qui ne dérobe rien à la beauté extraordinaire du caractère de Pauline. Il serait à souhaiter que ces vers fussent aussi délicats par l'expression que par le sentiment. *Affection*, *inclination*, ne terminent pas un vers heureusement. (V.)

[2] Il faut éviter ces *le* après les verbes. *Juge-s-en* ne serait pas moins dur. (V.)

[3] Var. Je vois que vous l'aimez autant qu'on peut l'aimer;
    Mais quel songe, après tout, tient vos sens alarmés? (1643-48.)

ACTE I, SCÈNE III.

Il n'étoit point percé de ces coups pleins de gloire
Qui, retranchant sa vie, assurent sa mémoire;
Il sembloit triomphant, et tel que sur son char
Victorieux dans Rome entre notre César.
Après un peu d'effroi que m'a donné sa vue,
« Porte à qui tu voudras la faveur qui m'est due,
« Ingrate, m'a-t-il dit, et, ce jour expiré,
« Pleure à loisir l'époux que tu m'as préféré. »
A ces mots j'ai frémi, mon ame s'est troublée ;
Ensuite des chrétiens une impie assemblée,
Pour avancer l'effet de ce discours fatal,
A jeté Polyeucte aux pieds de son rival.
Soudain à son secours j'ai réclamé mon père ;
Hélas! c'est de tout point ce qui me désespère.
J'ai vu mon père même, un poignard à la main,
Entrer le bras levé pour lui percer le sein :
Là, ma douleur trop forte a brouillé ces images ;
Le sang de Polyeucte a satisfait leurs rages[1].

---

[1] *De tout point*, *brouiller des images*, sont des termes bannis du tragique. *Rages* ne se dit plus au pluriel; je ne sais pourquoi, car il faisait un très bel effet dans Malherbe et dans Corneille. Craignons d'appauvrir notre langue. Plusieurs personnes ont entendu dire au marquis de Saint-Aulaire, mort à l'âge de cent ans, que l'hôtel de Rambouillet avait condamné ce songe de Pauline. On disait que, dans une pièce chrétienne, ce songe est envoyé par Dieu même, et que, dans ce cas, Dieu, qui a en vue la conversion de Pauline, doit faire servir ce songe à cette même conversion ; mais qu'au contraire il semble uniquement fait pour inspirer à Pauline de la haine contre les chrétiens; qu'elle voit des chrétiens qui assassinent son mari, et qu'elle devait voir tout le contraire.

  . . . . Des chrétiens une impie assemblée,...
  A jeté Polyeucte aux pieds de son rival.

Ce qu'on pourrait encore reprocher peut-être à ce songe, c'est

168   POLYEUCTE.

Je ne sais ni comment ni quand ils l'ont tué,
Mais je sais qu'à sa mort tous ont contribué.
Voilà quel est mon songe.

STRATONICE.

Il est vrai qu'il est triste [1] ;

qu'il ne sert de rien dans la pièce ; ce n'est qu'un morceau de
déclamation. Il n'en est pas ainsi du songe d'Athalie, envoyé
exprès par le Dieu des Juifs ; il fait entrer Athalie dans le temple
pour lui faire rencontrer ce même enfant qui lui est apparu
pendant la nuit, et pour amener l'enfant même, le nœud et le
dénouement de la pièce ; un pareil songe est à la fois sublime,
vraisemblable, intéressant et nécessaire : celui de Pauline est à
la vérité un peu hors d'œuvre, la pièce peut s'en passer. L'ouvrage serait sans doute meilleur s'il y avait le même art que dans
Athalie; mais si ce songe de Pauline est une moindre beauté,
ce n'est point du tout un défaut choquant ; il y a de l'intérêt et
du pathétique. On fait souvent des critiques judicieuses qui sub-
sistent, mais l'ouvrage qu'elles attaquent subsiste aussi. Je ne
sais qui a dit que ce songe est envoyé par le diable. (V.) — L'hôtel
de Rambouillet avait évidemment tort. Ce n'est pas Dieu, c'est
au contraire le diable, qui, dans l'intention de l'auteur, envoie
ce songe à Pauline pour lui faire haïr les chrétiens. C'est ce que
Corneille fait dire expressément à Néarque dans la première
scène de ce premier acte, où il est question du même songe.
Voltaire auroit dû se rappeler ces vers :

Et ce songe, rempli de noires visions,
N'est pas le coup d'essai de ses illusions.

Le diable veut exciter Pauline à s'opposer au baptême de Polyeucte : supposition qui n'a rien que de naturel dans une tragédie chrétienne, quelque absurde qu'elle puisse paraître à la
raison. (P.)

[1] Cette naïveté fait toujours rire le parterre ; je n'en ai jamais
trop connu la raison : on pouvait s'exprimer avec un tour plus
noble ; mais la simplicité n'est-elle pas permise dans une confidente? ses expressions ici ne sont point comiques. A l'égard du
songe, s'il n'a pas l'extrême mérite de celui d'Athalie, qui fait

ACTE I, SCÈNE III.

Mais il faut que votre ame à ces frayeurs résiste :
La vision de soi peut faire quelque horreur [1],
Mais non pas vous donner une juste terreur.
Pouvez-vous craindre un mort, pouvez-vous craindre un père,
Qui chérit votre époux, que votre époux révère,
Et dont le juste choix vous a donnée à lui
Pour s'en faire en ces lieux un ferme et sûr appui ?

PAULINE.

Il m'en a dit autant, et rit de mes alarmes ;
Mais je crains des chrétiens les complots et les charmes,
Et que sur mon époux leur troupeau ramassé
Ne venge tant de sang que mon père a versé.

STRATONICE.

Leur secte est insensée, impie, et sacrilége,
Et dans son sacrifice use de sortilége ;
Mais sa fureur ne va qu'à briser nos autels ;
Elle n'en veut qu'aux dieux, et non pas aux mortels.
Quelque sévérité que sur eux on déploie,
Ils souffrent sans murmure, et meurent avec joie ;
Et depuis qu'on les traite en criminels d'état,
On ne peut les charger d'aucun assassinat.

PAULINE.

Tais-toi, mon père vient.

le nœud de la pièce, il a le mérite de celui de Camille dans *Horace*, il prépare. (V.)

[1] *La vision* est bannie du genre noble, et *de soi* l'est de tous les genres. (V.)

SCÈNE IV.

FÉLIX, ALBIN, PAULINE, STRATONICE.

FÉLIX.
              Ma fille, que ton songe[1]
En d'étranges frayeurs ainsi que toi me plonge!
Que j'en crains les effets qui semblent s'approcher!
PAULINE.
Quelle subite alarme ainsi vous peut toucher[2]?
FÉLIX.
Sévère n'est point mort.
PAULINE.
              Quel mal nous fait sa vie[3]?
FÉLIX.
Il est le favori de l'empereur Décie.
PAULINE.
Après l'avoir sauvé des mains des ennemis,
L'espoir d'un si haut rang lui devenoit permis;
Le destin, aux grands cœurs si souvent mal propice[4],
Se résout quelquefois à leur faire justice.

[1] VAR.   Que depuis peu ton songe. (1648.)

[2] VAR. De grâce, apprenez-moi ce qui vous peut toucher. (1643.)

[3] *Sévère n'est point mort....* Ce mot seul fait un beau coup de théâtre. Et combien la réponse de Pauline est intéressante! Que le lecteur me pardonne de remarquer quelquefois ces beautés, qu'il sent assez, sans qu'on les lui indique. (V.)

[4] Il n'y a que ce mot *mal propice* qui gâte cette belle et naturelle réflexion de Pauline. *Mal* détruit *propice* : il faut *peu propice*. (V.) — *Mal* s'unissait alors à presque tous les adjectifs pour en nier la qualité; et c'est précisément dans ce sens que Corneille l'emploie ici. Il nous reste de cet ancien usage un assez

ACTE I, SCÈNE IV.

FÉLIX.

Il vient ici lui-même.

PAULINE.

Il vient!

FÉLIX.

Tu le vas voir.

PAULINE.

C'en est trop; mais comment le pouvez-vous savoir [1]?

FÉLIX.

Albin l'a rencontré dans la proche campagne;
Un gros de courtisans en foule l'accompagne [2],
Et montre assez quel est son rang et son crédit.
Mais, Albin, redis-lui ce que ses gens t'ont dit.

ALBIN.

Vous savez quelle fut cette grande journée,
Que sa perte pour nous rendit si fortunée,
Où l'empereur captif, par sa main dégagé,
Rassura son parti déja découragé,
Tandis que sa vertu succomba sous le nombre;

---

grand nombre d'adjectifs composés : *malgracieux*, *malhabile*, *malheureux*, *malpropre*, *malhonnête*, etc. (A.-M.)

[1] Il n'est pas naturel qu'un gouverneur d'Arménie ne sache pas de si grands événements arrivés dans la Perse qui touche à l'Arménie, et qu'il ne les apprenne que par l'arrivée de Sévère : il ne paraît pas convenable qu'il ne soit instruit que par un subalterne à qui les gens de Sévère ont parlé. (V.)

[2] Ce vers convient moins à un gouverneur de province qu'à un homme du commun, que cette foule de suivants éblouit. Le récit de toutes ces aventures arrivées dans le voisinage de Félix fait trop voir que Félix devait en être instruit. Cette cure secrète de Sévère est un mauvais artifice, qui n'empêche pas que la cure ne soit publique : l'auteur, en voulant ménager une surprise, a oublié toute la vraisemblance. (V.)

Vous savez les honneurs qu'on fit faire à son ombre[1],
Après qu'entre les morts on ne le put trouver :
Le roi de Perse aussi l'avoit fait enlever.
Témoin de ses hauts faits, et de son grand courage,
Ce monarque en voulut connoître le visage[2] ;
On le mit dans sa tente, où, tout percé de coups,
Tout mort qu'il paroissoit, il fit mille jaloux[3].
Là bientôt il montra quelque signe de vie :
Ce prince généreux en eut l'ame ravie,
Et sa joie, en dépit de son dernier malheur,
Du bras qui le causoit honora la valeur ;
Il en fit prendre soin, la cure en fut secrète[4] ;
Et comme au bout d'un mois sa santé fut parfaite,
Il offrit dignités, alliance, trésors,
Et pour gagner Sévère il fit cent vains efforts.
Après avoir comblé ses refus de louange,

[1] Il faudrait, *qu'on rendit*. (V.)

[2] Témoin de *ses* hauts faits et de *son* courage, c'est-à-dire des hauts faits et du courage de *lui*,

    Ce monarque *en* voulut connoître le visage,

c'est-à-dire le visage de *lui*. Ici *en* se rapporte à *lui*, qui est compris dans les possessifs *ses* et *son*. C'est une syllepse, figure permise en poésie, et dont Racine et Boileau ont fait un assez fréquent usage. (A.-M.)

    Var. Témoin de ses hauts faits, encor qu'à son dommage,
      Il en voulut tout mort connoître le visage. (1643-48.)

[3] Var. Chacun plaignoit son sort, bien qu'il en fût jaloux.
. . . .
    Ce généreux monarque en eut l'ame ravie,
    Et, vaincu qu'il étoit, oublia son malheur
    Pour dans son auteur même honorer la valeur. (1643-48.)

[4] Pourquoi la cure en fut-elle secrète? cela n'est point du tout vraisemblable; on ne fait point guérir secrètement un guerrier dont on honore la valeur publiquement. (V.)

ACTE I, SCÈNE IV. 173

Il envoie à Décie en proposer l'échange ;
Et soudain l'empereur, transporté de plaisir,
Offre au Perse son frère, et cent chefs à choisir.
Ainsi revint au camp le valeureux Sévère
De sa haute vertu recevoir le salaire ;
La faveur de Décie en fut le digne prix.
De nouveau l'on combat, et nous sommes surpris.
Ce malheur toutefois sert à croître sa gloire ;
Lui seul rétablit l'ordre, et gagne la victoire,
Mais si belle, et si pleine, et par tant de beaux faits,
Qu'on nous offre tribut, et nous faisons la paix.
L'empereur, qui lui montre une amour infinie [1],
Après ce grand succès l'envoie en Arménie [2] ;
Il vient en apporter la nouvelle en ces lieux,
Et par un sacrifice en rendre hommage aux dieux.

FÉLIX.
O ciel ! en quel état ma fortune est réduite !

ALBIN.
Voilà ce que j'ai su d'un homme de sa suite,
Et j'ai couru, seigneur, pour vous y disposer [3].

FÉLIX.
Ah ! sans doute, ma fille, il vient pour t'épouser [4] ;

[1] Var. L'empereur lui témoigne une amour infinie,
    Et, ravi du succès, l'envoie en Arménie.
    . . . .
    Et par un sacrifice en rendre grace aux dieux. (1643-48.)

[2] Il n'est point du tout naturel que l'empereur envoie son libérateur et son favori en Arménie porter une nouvelle. (V.)

[3] Ce *disposer* ne se rapporte à rien ; il veut dire, *pour vous disposer à le recevoir*. (V.)

[4] Cette idée de Félix, que Sévère vient pour épouser sa fille, condamne encore son ignorance. Sévère ne devait-il pas lui expédier un exprès de la frontière, lui écrire, l'instruire de tout,

174   POLYEUCTE.

L'ordre d'un sacrifice est pour lui peu de chose,
C'est un prétexte faux dont l'amour est la cause.

PAULINE.

Cela pourroit bien être; il m'aimoit chèrement.

FÉLIX.

Que ne permettra-t-il à son ressentiment!
Et jusques à quel point ne porte sa vengeance
Une juste colère avec tant de puissance!
Il nous perdra, ma fille.

PAULINE.

Il est trop généreux.

FÉLIX.

Tu veux flatter en vain un père malheureux;
Il nous perdra, ma fille. Ah! regret qui me tue,
De n'avoir pas aimé la vertu toute nue!
Ah, Pauline! en effet, tu m'as trop obéi;
Ton courage étoit bon, ton devoir l'a trahi [1].

et lui demander Pauline? N'était-il pas infiniment plus raisonnable que Félix dît à sa fille : *Sévère n'est point mort, il arrive, il m'écrit, il vous demande pour épouse?* En ce cas, Pauline ne lui aurait pas répondu par ce vers comique : *Cela pourrait bien être.* Mais ici elle doit répondre : *Cela ne doit pas être;* il fait trop peu de cas de vous, il ne vous écrit point; vous ne savez sa victoire que par ses valets; s'il vouloit m'épouser, il ne vous traiterait pas avec tant de mépris. (V.) — Ces paroles expriment un doute qui n'est que dans la bouche de Pauline, et que dément la fin du vers. Quiconque les entendra prononcer à mademoiselle Rachel n'y trouvera rien de comique : la grande artiste a deviné la pensée du grand poëte. Quant à l'autre critique, elle n'est pas plus juste. Sévère n'a pas besoin d'écrire à Félix pour avoir son consentement : ce qui lui importe avant tout, c'est de connaître les sentiments de Pauline. De quoi lui servirait de l'avoir demandée à son père, s'il n'était plus aimé? (A.-M.)

[1] On dit bien dans le style familier, *tu as bon courage;* mai

Que ta rebellion m'eût été favorable!
Qu'elle m'eût garanti d'un état déplorable!
Si quelque espoir me reste, il n'est plus aujourd'hui
Qu'en l'absolu pouvoir qu'il te donnoit sur lui;
Ménage en ma faveur l'amour qui le possède,
Et d'où provient mon mal fais sortir le remède [1].

PAULINE.

Moi! moi! que je revoie un si puissant vainqueur,
Et m'expose à des yeux qui me percent le cœur!
Mon père, je suis femme, et je sais ma foiblesse;
Je sens déjà mon cœur qui pour lui s'intéresse,
Et poussera sans doute, en dépit de ma foi,
Quelque soupir indigne et de vous et de moi.
Je ne le verrai point.

FÉLIX.

Rassure un peu ton ame.

PAULINE.

Il est toujours aimable, et je suis toujours femme [2];

non pas *ton courage est bon*. L'auteur veut dire, *tu pensais mieux que moi.... le ciel t'inspirait.... ton cœur ne se trompait pas.* (V.)

[1] Félix n'annonce-t-il pas par ce vers le caractère le plus bas et le plus lâche? ces expressions bourgeoises, *fais sortir le remède*, ne portent-elles pas dans l'esprit l'idée que sa fille doit faire des caresses à Sévère pour l'apaiser? devait-il craindre qu'un courtisan poli d'un empereur juste vînt persécuter le père et la fille parcequ'il n'a pas épousé Pauline? ne serait-ce pas en partie la raison pour laquelle l'hôtel de Rambouillet et le cardinal de Richelieu refusèrent leur suffrage à *Polyeucte?* (V.)

[2] Ce combat de Pauline, qui dit deux fois qu'elle est femme, et de Félix, qui, malgré ce danger, veut absolument que Pauline voie son ancien amant, n'aurait-il pas quelque chose de comique plus que de tragique? *Je suis toujours femme* est une expression bourgeoise. (V.) — Cette répétition de *je suis femme* me semble au contraire admirable, et elle produit toujours un bon

176   POLYEUCTE.

Dans le pouvoir sur moi que ses regards ont eu,
Je n'ose m'assurer de toute ma vertu [1].
Je ne le verrai point.

FÉLIX.
Il faut le voir, ma fille,
Ou tu trahis ton père et toute ta famille [2].

PAULINE.
C'est à moi d'obéir, puisque vous commandez ;
Mais voyez les périls où vous me hasardez.

FÉLIX.
Ta vertu m'est connue.

PAULINE.
Elle vaincra sans doute ;

effet. Dans la bouche d'une coquette, le mot serait comique parcequ'il exprimerait la coquetterie ; dans la bouche de Pauline, il est simple et touchant, parcequ'il exprime la modest défiance qui convient à la vertu ; mais il faut une bonne actric pour le dire. (A.-M.)

[1] Cela contredit ce bel hémistiche, *elle vaincra sans doute*. n'est point du tout convenable qu'une femme dise, *je ne réponc pas de ma vertu*; mais qu'elle le dise après quinze jours de m riage, cela paraît bien peu décent. (V.) — Voltaire change un crainte modeste en une défiance honteuse ; on dirait qu'il n comprend pas ce noble caractère de Pauline. C'est là une de c notes qu'on regrette de rencontrer dans un si excellent travail et que Voltaire aurait dû supprimer non-seulement parcequ'el jette une fausse lumière sur Corneille, mais encore parcequ'el n'est pas en harmonie avec la complète impartialité du con mentateur. (A.-M.)

VAR. Je ne me réponds pas de toute ma vertu. (1643-48.)

[2] Malheureuse preuve de l'esclavage de la rime : *toute ta f mille* pour rimer à *fille*; toute la *province* pour rimer à *prince*. O ne tombe plus guère aujourd'hui dans ces fautes ; mais la rin gêne toujours, et met souvent de la langueur dans le style. (V

ACTE I, SCÈNE IV.

Ce n'est pas le succès que mon ame redoute :
Je crains ce dur combat et ces troubles puissants
Que fait déja chez moi la révolte des sens ;
Mais, puisqu'il faut combattre un ennemi que j'aime,
Souffrez que je me puisse armer contre moi-même,
Et qu'un peu de loisir me prépare à le voir.

FÉLIX.

Jusqu'au-devant des murs je vais le recevoir[1] ;
Rappelle cependant tes forces étonnées[2],
Et songe qu'en tes mains tu tiens nos destinées.

PAULINE.

Oui, je vais de nouveau dompter mes sentiments,
Pour servir de victime à vos commandements.

---

[1] On va au-devant de quelqu'un, mais non au-devant des murs; on va le recevoir hors des murs, au-delà des murs. (V.)

[2] On n'a jamais dit *les forces* d'une femme en pareil cas. (V.)

FIN DU PREMIER ACTE.

ACTE SECOND.

SCÈNE 1.

SÉVÈRE, FABIAN.

SÉVÈRE.

Cependant que Félix donne ordre au sacrifice,
Pourrai-je prendre un temps à mes vœux si propice [1]
Pourrai-je voir Pauline, et rendre à ses beaux yeux
L'hommage souverain que l'on va rendre aux dieux ?
Je ne t'ai point celé que c'est ce qui m'amène,
Le reste est un prétexte à soulager ma peine [2] ;
Je viens sacrifier, mais c'est à ses beautés
Que je viens immoler toutes mes volontés.

FABIAN.

Vous la verrez, seigneur.

SÉVÈRE.

Ah, quel comble de joie !

---

[1] Il est bien peu décent, bien peu naturel que Sévère n'a pas encore vu le gouverneur, et que ce gouverneur aille fair l'office de prêtre, au lieu de recevoir Sévère. Mais si Félix e allé le recevoir *hors des murs,* comment Polyeucte ne l'a-t-il p accompagné ? comment n'a-t-on point parlé de Pauline ? Il e inconcevable que Sévère ignore que Pauline est mariée, et qu' l'apprenne par son écuyer Fabian. (V.) — Sévère a vu aux port de la ville le gouverneur, qui, dans un discours d'apparat pr noncé en public, ne lui a pas dit : « Ma fille est mariée. » Il nou semble qu'il n'y a pas là de quoi tant s'étonner. (A.-M.)

[2] Var. Du reste mon esprit ne s'en met guère en peine. (1643-48.)

ACTE II, SCÈNE I.

Cette chère beauté consent que je la voie [1] !
Mais ai-je sur son ame encor quelque pouvoir ?
Quelque reste d'amour s'y fait-il encor voir ?
Quel trouble, quel transport lui cause ma venue ?
Puis-je tout espérer de cette heureuse vue ?
Car je voudrois mourir plutôt que d'abuser
Des lettres de faveur que j'ai pour l'épouser [2] ;
Elles sont pour Félix, non pour triompher d'elle :
Jamais à ses desirs mon cœur ne fut rebelle ;
Et, si mon mauvais sort avoit changé le sien,
Je me vaincrois moi-même, et ne prétendrois rien.

FABIAN.

Vous la verrez, c'est tout ce que je vous puis dire.

SÉVÈRE.

D'où vient que tu frémis, et que ton cœur soupire ?
Ne m'aime-t-elle plus ? éclaircis-moi ce point.

FABIAN.

M'en croirez-vous, seigneur ? ne la revoyez point ;
Portez en lieu plus haut l'honneur de vos caresses :
Vous trouverez à Rome assez d'autres maîtresses [3] ;

---

[1] Var. Cet adorable objet consent que je le voie !
. . . .
En lui parlant d'amour, l'as-tu vu s'émouvoir ? (1643-48.)

[2] Ces expressions sont-elles convenables ? tout cela ne justifie-t-il pas l'hôtel de Rambouillet ? Il a des lettres *de faveur* pour épouser Pauline, et il ne les a pas montrées ! Il vient pourtant *immoler toutes ses volontés aux beautés* de sa maîtresse. (V.) — Il n'a pas montré ses lettres de faveur, *parcequ'il ne prétendroit rien* si le cœur de Pauline était changé : c'est ce qu'il va dire à l'instant dans cette même scène ; et ce sentiment est très délicat. (P.)

[3] Cela est-il de la dignité de la tragédie ? Corneille retourne ici ce vers du vieil Horace :

Et, dans ce haut degré de puissance et d'honneur,
Les plus grands y tiendront votre amour à bonheur.
                    SÉVÈRE.
Qu'à des pensers si bas mon ame se ravale¹!
Que je tienne Pauline à mon sort inégale!
Elle en a mieux usé, je la dois imiter;
Je n'aime mon bonheur que pour le mériter.
Voyons-la, Fabian, ton discours m'importune;
Allons mettre à ses pieds cette haute fortune :
Je l'ai dans les combats trouvée heureusement
En cherchant une mort digne de son amant;
Ainsi ce rang est sien, cette faveur est sienne²,

> . . . . Vous ne perdez qu'un homme
> Dont la perte est aisée à réparer dans Rome ;

et cet autre de don Diègue : *Il est tant de maîtresses! Mais porter l'honneur de ses caresses en lieu plus haut* est intolérable. (V.)

¹ *Pensers* pour *pensées* est de la création de Corneille. Quant à *ravale*, le mot est peu usité aujourd'hui, quoiqu'il soit plein de dédain, et que Racine l'ait employé d'une manière admirable dans *Britannicus* :

> Quoi! tu ne vois donc pas jusqu'où l'on me ravale? (A.-M.)

² Comment ce rang peut-il être sien, c'est-à-dire appartenir à Pauline? C'est, dit-il, parcequ'il a voulu mourir quand on n'a pas voulu de lui. Est-ce ainsi que Didon parle dans Virgile? Un homme passionné épuise-t-il ainsi son esprit à chercher de si fausses raisons? Les Italiens, à qui on reproche les *concetti*, en ont-ils de plus condamnables? *Rang sien, faveur sienne*, expressions de comédie. Voyez avec quelle noble élégance Titus, dans Racine, dit qu'il doit tout à Bérénice :

> Bérénice me plut. Que ne fait point un cœur
> Pour plaire à ce qu'il aime et gagner son vainqueur?
> Je prodiguai mon sang; tout fit place à mes armes :
> Je revins triomphant. Mais le sang et les larmes
> Ne me suffisoient pas pour mériter ses vœux :
> J'entrepris le bonheur de mille malheureux ;

ACTE II, SCÈNE 1.   181
Et je n'ai rien enfin que d'elle je ne tienne.
FABIAN.
Non, mais encore un coup ne la revoyez point.
SÉVÈRE.
Ah! c'en est trop, enfin éclaircis-moi ce point;
As-tu vu des froideurs quand tu l'en as priée [1]?
FABIAN.
Je tremble à vous le dire; elle est....
SÉVÈRE.
Quoi?
FABIAN.
Mariée [2].

On vit de toutes parts mes bontés se répandre,
Heureux, et plus heureux que tu ne peux comprendre,
Quand je pouvois paroître à ses yeux satisfaits
Chargé de mille cœurs conquis par mes bienfaits !
Je lui dois tout, Paulin............

Cette élégance est absolument nécessaire pour constituer un ouvrage parfait. Je ne prétends pas dépriser Corneille; mon commentaire n'est ni un panégyrique, ni une censure, mais un examen impartial. La perfection de l'art est mon seul objet. (V.)

[1] Ce petit artifice de ne pas apprendre tout d'un coup à Sévère que Pauline est mariée est peut-être un ressort indigne de la tragédie : on voit trop que l'auteur prend ses avantages pour ménager une surprise; et encore la surprise n'est pas naturelle : car il n'est pas possible qu'on ignore un moment, dans la maison de Félix, le mariage de sa fille; il a dû le savoir en mettant le pied dans l'Arménie. (V.)

[2] Comment s'exprimerait-on autrement dans la comédie? Quelle idée peut avoir Sévère en disant *quoi?* que peut-il soupçonner? il sait que Pauline est vivante, qu'elle est honorée. Ce *quoi?* n'est là que pour faire dire à Fabian, *mariée*, et Sévère devait le savoir tout aussi bien que Fabian. Remarquez toutefois que, malgré tous ces défauts contre la vraisemblance, il règne dans cette scène un très grand intérêt : et c'est là ce qui fait le

182   POLYEUCTE.
SÉVÈRE.

Soutiens-moi, Fabian; ce coup de foudre est grand,
Et frappe d'autant plus, que plus il me surprend [1].

FABIAN.

Seigneur, qu'est devenu ce généreux courage?

SÉVÈRE.

La constance est ici d'un difficile usage;
De pareils déplaisirs accablent un grand cœur;
La vertu la plus mâle en perd toute vigueur;
Et, quand d'un feu si beau les ames sont éprises,
La mort les trouble moins que de telles surprises [2].
Je ne suis plus à moi quand j'entends ce discours [3].
Pauline est mariée!

FABIAN.

Oui, depuis quinze jours [4];

succès des tragédies. Ce mouvement d'intérêt diminuerait beaucoup si les spectateurs étaient tous des censeurs éclairés; mais le public est composé d'hommes qui se laissent entraîner au sentiment. (V.) — Sévère n'a ni idée ni soupçon. Il n'interrompt pas Fabian pour dire quoi? C'est Fabian qui hésite, qui recule devant la nécessité de l'instruire. C'est lui qui s'arrête, après avoir dit : *elle est....* et l'impatience de Sévère le fait s'écrier : *Quoi!* Tout cela est très naturel, et il n'y a d'inconcevable que la préoccupation de Voltaire. (A.-M.)

[1] *Ce coup de foudre* est d'un héros de roman. Quand l'expression est trop forte pour la situation, elle devient comique. Et comment un coup de foudre *frappe-t-il d'autant plus qu'il surprend?* il faut que la métaphore soit juste. (V.)

[2] Ces quatre vers refroidissent. C'est l'auteur qui parle, et non pas le personnage. On ne débite pas des lieux communs quand on est profondément affligé. Corneille tombe trop souvent dans ce défaut. (V.)

[3] VAR. J'ai de la peine encore à croire tes discours. (1643-48.)

[4] Quoi! elle est mariée depuis quinze jours, et Sévère n'en

ACTE II, SCÈNE I.

Polyeucte, un seigneur des premiers d'Arménie,
Goûte de son hymen la douceur infinie.

SÉVÈRE.

Je ne la puis du moins blâmer d'un mauvais choix;
Polyeucte a du nom, et sort du sang des rois :
Foibles soulagements d'un malheur sans remède!
Pauline, je verrai qu'un autre vous possède!
  O ciel, qui malgré moi me renvoyez au jour,
O sort, qui redonniez l'espoir à mon amour,
Reprenez la faveur que vous m'avez prêtée,
Et rendez-moi la mort que vous m'avez ôtée!
  Voyons-la toutefois, et dans ce triste lieu
Achevons de mourir en lui disant adieu;
Que mon cœur, chez les morts emportant son image,
De son dernier soupir puisse lui faire hommage.

FABIAN.

Seigneur, considérez....

SÉVÈRE.

    Tout est considéré.
Quel désordre peut craindre un cœur désespéré?
N'y consent-elle pas?

FABIAN.

Oui, seigneur, mais....

SÉVÈRE.

              N'importe.

FABIAN.

Cette vive douleur en deviendra plus forte.

---

rien su en venant en Arménie! Plus j'y réfléchis, plus cela me paraît absurde; et cependant on se sent remué, attendri à la représentation : grande preuve qu'il ne s'agit pas au théâtre d'avoir raison, mais d'émouvoir. (V.)

184   POLYEUCTE.
                SÉVÈRE.
Et ce n'est pas un mal que je veuille guérir;
Je ne veux que la voir, soupirer, et mourir.
                FABIAN.
Vous vous échapperez sans doute en sa présence [1];
Un amant qui perd tout n'a plus de complaisance;
Dans un tel entretien il suit sa passion [2],
Et ne pousse qu'injure et qu'imprécation [3].
                SÉVÈRE.
Juge autrement de moi, mon respect dure encore;
Tout violent qu'il est, mon désespoir l'adore.
Quels reproches aussi peuvent m'être permis?
De quoi puis-je accuser qui ne m'a rien promis?
Elle n'est point parjure, elle n'est point légère;
Son devoir m'a trahi, mon malheur, et son père [4].
Mais son devoir fut juste, et son père eut raison;
J'impute à mon malheur toute la trahison [5];
Un peu moins de fortune et plus tôt arrivée
Eût gagné l'un par l'autre, et me l'eût conservée [6];

[1] Expression bourgeoise. (V.)

[2] VAR. Dans un tel désespoir il suit sa passion. (1643-48.)

[3] Cela n'est ni noble ni français. (V.)

[4] Voilà où il est beau de s'élever au-dessus des règles de la grammaire. L'exactitude demanderait *son devoir, et son père, et mon malheur, m'ont trahi*; mais la passion rend ce désordre de paroles très beau : on peut dire seulement que *trahi* n'est pas le mot propre. (V.)

[5] Un devoir ne peut être ni juste, ni injuste; mais la justice consiste à faire son devoir. Il n'y a point eu là de trahison. (V.)

[6] *L'un par l'autre* ne se rapporte à rien : on devine seulement qu'il eût gagné Félix par Pauline. Il faut éviter en poésie ces termes, *celui-ci, celui-là, l'un, l'autre, le premier, le second*, tous termes de discussion, tous d'une prose rampante, qui ne peuvent être employés qu'avec une extrême circonspection. (V.)

ACTE II, SCÈNE I.

Trop heureux, mais trop tard, je n'ai pu l'acquérir :
Laisse-la-moi donc voir, soupirer, et mourir [1].

FABIAN.

Oui, je vais l'assurer qu'en ce malheur extrême
Vous êtes assez fort pour vous vaincre vous-même.
Elle a craint comme moi ces premiers mouvements
Qu'une perte imprévue arrache aux vrais amants,
Et dont la violence excite assez de trouble,
Sans que l'objet présent l'irrite et le redouble.

SÉVÈRE.

Fabian, je la vois.

FABIAN.

Seigneur, souvenez-vous....

SÉVÈRE.

Hélas! elle aime un autre, un autre est son époux.

---

[1] Un général d'armée qui vient en Arménie *soupirer et mourir*, paraît très ridicule aux gens sensés de l'Europe. Cette imitation des héros de la chevalerie infectait déjà notre théâtre dans sa naissance; c'est ce que Boileau appelle *mourir par métaphore* : l'écuyer Fabian, qui parle *des vrais amants*, est encore un écuyer de roman. Tout cela est vrai; et il n'est pas moins vrai que l'amour de Sévère intéresse, parceque tous ses sentiments sont nobles. On n'insiste pas ici sur *la douceur infinie de l'hymen*, sur ces expressions : *Éclaircis-moi ce point; vous vous échapperez; ne pousse qu'injure; et les premiers mouvements des vrais amants.* Il est peut-être un peu étrange que Pauline ait parlé de ces premiers mouvements à l'écuyer Fabian; mais enfin tout cela n'ôte rien à l'intérêt théâtral. (V.)

SCÈNE II.

SÉVÈRE, PAULINE, STRATONICE, FABIAN.

PAULINE.

Oui, je l'aime, Sévère, et n'en fais point d'excuse;
Que tout autre que moi vous flatte et vous abuse,
Pauline a l'ame noble, et parle à cœur ouvert[1].
  Le bruit de votre mort n'est point ce qui vous perd[2].
Si le ciel en mon choix eût mis mon hyménée,
A vos seules vertus je me serois donnée,
Et toute la rigueur de votre premier sort
Contre votre mérite eût fait un vain effort;
Je découvrois en vous d'assez illustres marques
Pour vous préférer même aux plus heureux monarques

---

[1] Plus on a l'ame noble, moins on doit le dire; l'art consiste à faire voir cette noblesse sans l'annoncer. Racine n'a jamais manqué à cette règle. Corneille fait toujours dire à ses héros qu'ils sont grands; ce serait les avilir, s'ils pouvaient l'être. L'opposé de la magnanimité est de se dire magnanime. Ce n'est guère que dans un excès de passion, dans un moment où l'on craint d'être avili, qu'il est permis de parler ainsi de soi-même. (V.)

[2] *Ce qui vous perd*, n'est pas tout-à-fait le mot propre. Une femme qui a manqué un mariage si avantageux ne doit pas dire à un homme tel que Sévère : *Vous êtes perdu*, parceque vous n'êtes pas à moi. (V.)

[3] Ces *marques* pour rimer à *monarques* reviennent souvent, et ne doivent jamais paraître dans la poésie, à moins que ces *marques* ne signifient quelque chose. La plus grande de toutes les difficultés est de faire tellement ses vers, que le lecteur n'aperçoive pas qu'on a été occupé de la rime. Dirait-on en prose : *Le prince Eugène avait des marques qui l'égalaient aux monarques?* (V.)
— Dans notre ancienne langue, le mot *marques* ainsi placé sous-

ACTE II, SCÈNE II.

Mais puisque mon devoir m'imposoit d'autres lois,
De quelque amant pour moi que mon père eût fait choix,
Quand à ce grand pouvoir que la valeur vous donne
Vous auriez ajouté l'éclat d'une couronne [1],
Quand je vous aurois vu, quand je l'aurois haï,
J'en aurois soupiré, mais j'aurois obéi,
Et sur mes passions ma raison souveraine
Eût blâmé mes soupirs, et dissipé ma haine.

SÉVÈRE.

Que vous êtes heureuse! et qu'un peu de soupirs [2]

---

entendait les épithètes de *grandeur*, de *puissance*, de *mérite*, etc. Cela est si vrai, qu'ici l'esprit des auditeurs complète naturellement et tacitement le sens de ce mot. Voyez surtout que Corneille ne dit pas, comme Voltaire se plaît à lui faire dire, que Polyeucte AVAIT *des marques*, mais qu'on DÉCOUVRAIT en lui d'IL-LUSTRES *marques* qui le faisaient préférer, etc., etc. On peut s'étonner encore que Voltaire, en parlant de Corneille, veuille toujours soumettre aux mêmes règles la poésie et la prose, ces deux mortelles ennemies, comme les appelait si bien Ronsard. Une pareille loi ne pourrait amener que la confusion de tous les styles et de tous les genres, et Voltaire lui-même aurait refusé de s'y soumettre. (A.-M.)

[1] Pauline, Romaine, parle peut-être trop de monarque et de couronne à un Romain; il semble qu'elle parle à un Perse : elle vivait, à la vérité, sous un empereur; mais jamais empereur ne donna de royaume à un Romain. C'est un discours ordinaire que l'auteur met ici dans la bouche de Pauline; mais c'est précisément à Pauline qu'il ne convenait pas. (V.)

[2] On ne peut dire correctement *un peu de soupirs*, *un peu de larmes*, *un peu de sanglots*, comme on dit, *un peu d'eau*, *un peu de pain* : on dira bien, *elle a versé peu de larmes*, mais non pas *un peu de larmes*; *elle a peu de douleur, peu d'amour*, non *un peu de douleur, un peu d'amour*; *elle a peu de chagrin*, et non *un peu de chagrin*, etc. *Fait un aisé remède à*, n'est pas français : on remédie à des maux, on les répare, on les adoucit, on en console. *Remède* n'est ad-

188   POLYEUCTE.

Fait un aisé remède à tous vos déplaisirs [1] !
Ainsi, de vos desirs toujours reine absolue,
Les plus grands changements vous trouvent résolue;
De la plus forte ardeur vous portez vos esprits
Jusqu'à l'indifférence, et peut-être au mépris;
Et votre fermeté fait succéder sans peine
La faveur au dédain, et l'amour à la haine [2].
Qu'un peu de votre humeur ou de votre vertu
Soulageroit les maux de ce cœur abattu !
Un soupir, une larme à regret épandue
M'auroit déja guéri de vous avoir perdue;
Ma raison pourroit tout sur l'amour affoibli,
Et de l'indifférence iroit jusqu'à l'oubli;
Et, mon feu désormais se réglant sur le vôtre,
Je me tiendrois heureux entre les bras d'une autre.
O trop aimable objet, qui m'avez trop charmé,
Est-ce là comme on aime, et m'avez-vous aimé?

PAULINE.

Je vous l'ai trop fait voir, seigneur; et si mon ame [3]

mis dans la poésie noble qu'avec une épithète qui l'ennoblit:

D'un incurable amour remèdes impuissants. (V.)

— Voltaire se permet souvent des décisions trop tranchantes. Selon lui, le mot *remède* ne peut être admis dans la poésie noble qu'avec une épithète qui l'ennoblisse; et lui-même l'a employé dans *Rome sauvée*, sans se croire obligé de l'ennoblir :

Dans ce péril pressant qui croît et nous obsède,
Vous montrez tous nos maux : montrez-vous le remède? (P.)

[1] Var. Vous acquitte aisément de tous vos déplaisirs. (1643-48.)

[2] Var. La faveur au mépris, et l'amour à la haine. (1643-48.)

[3] Var. Je vous aimai, Sévère; et si dedans mon ame
Je pouvois étouffer les restes de ma flamme,
. . . .
Ma raison, il est vrai, dompte mes mouvements. (1643-48)

ACTE II, SCÈNE II.

Pouvoit bien étouffer les restes de sa flamme,
Dieux, que j'éviterois de rigoureux tourments !
Ma raison, il est vrai, dompte mes sentiments :
Mais, quelque autorité que sur eux elle ait prise,
Elle n'y règne pas, elle les tyrannise ;
Et, quoique le dehors soit sans émotion,
Le dedans n'est que trouble et que sédition :
Un je ne sais quel charme encor vers vous m'emporte ;
Votre mérite est grand, si ma raison est forte :
Je le vois, encor tel qu'il alluma mes feux,
D'autant plus puissamment solliciter mes vœux
Qu'il est environné de puissance et de gloire,
Qu'en tous lieux après vous il traîne la victoire,
Que j'en sais mieux le prix, et qu'il n'a point déçu
Le généreux espoir que j'en avois conçu ;
Mais ce même devoir qui le vainquit dans Rome [1],
Et qui me range ici dessous les lois d'un homme,
Repousse encor si bien l'effort de tant d'appas,
Qu'il déchire mon ame et ne l'ébranle pas.
C'est cette vertu même, à nos desirs cruelle,
Que vous louiez alors en blasphémant contre elle [2] :

---

[1] On cherche à quoi se rapporte ce *le*, et on trouve que c'est à *espoir* : c'est donc le devoir qui a vaincu un *espoir*. Ces phrases obscures, ces expressions impropres et forcées ne seraient pas pardonnées aujourd'hui dans de bons ouvrages, c'est-à-dire dans des ouvrages dignes de la critique. On a substitué *me* à *le* dans quelques éditions. (V.) — Ce *le* ne se rapporte point à *espoir* ; il se rapporte à ce charme qui entraînait Pauline vers Sévère. (P.) — Il est vrai que le sujet est un peu éloigné du verbe, et que cela nuit à la clarté du vers. (A.-M.)

[2] *Louiez, louer, blasphémer*, termes qu'on eût dû corriger ; car *louiez* est désagréable à l'oreille : *blasphémer* n'est point convenable. *Vous blasphémiez contre ma vertu* ; cela ne peut se dire ni en

190   POLYEUCTE.

Plaignez-vous-en encor[1], mais louez sa rigueur
Qui triomphe à-la-fois de vous et de mon cœur,
Et voyez qu'un devoir moins ferme et moins sincère[2]
N'auroit pas mérité l'amour du grand Sévère.

SÉVÈRE.

Ah! madame, excusez une aveugle douleur
Qui ne connoît plus rien que l'excès du malheur :
Je nommois inconstance, et prenois pour un crime[3]
De ce juste devoir l'effort le plus sublime.
De grace, montrez moins à mes sens désolés
La grandeur de ma perte et ce que vous valez ;
Et, cachant par pitié cette vertu si rare
Qui redouble mes feux lorsqu'elle nous sépare,
Faites voir des défauts qui puissent à leur tour
Affoiblir ma douleur avecque mon amour[4].

vers ni en prose : une femme doit faire sentir qu'elle est ver
tueuse, et ne jamais dire *ma vertu*. Voyez si *Monime*, dont *Mithri
date* voulut faire sa concubine, et qui est attaquée par les deu
enfants de ce prince, dit jamais *ma vertu !* (V.)

[1] *En encor* fait une mauvaise consonnance ; mais Corneille
en Normandie, était accoutumé à entendre prononcer : plaignez
vous è *nencor*. Il lui eût été si facile de mettre : *plaignez-vous-e
toujours*. (A.-M.)

[2] *Un devoir* ne peut être ni *ferme* ni *faible* : c'est le cœur qu
l'est. Mais le sens est si clair, que le sentiment ne peut être af
faibli. (V.)

   VAR. De plus bas sentiments n'auroient pas méritée
         Cette parfaite amour que vous m'aviez portée *.
                    SÉVÈRE.
   Ah ! Pauline, excusez une aveugle douleur. (1643.)

[3] VAR. Je nommois inconstance, et prenois pour des crimes
         D'un vertueux devoir les efforts légitimes. (1643-48.)

[4] Des critiques sévères, mais justes, peuvent dire que cela es

  * VAR. De plus bas sentiments d'une ardeur moins discrète
         N'auroient pas mérité cette amour si parfaite. (1648.)

PAULINE.
Hélas! cette vertu, quoique enfin invincible,
Ne laisse que trop voir une ame trop sensible.
Ces pleurs en sont témoins, et ces lâches soupirs
Qu'arrachent de nos feux les cruels souvenirs :
Trop rigoureux effets d'une aimable présence [1]
Contre qui mon devoir a trop peu de défense !
Mais si vous estimez ce vertueux devoir,
Conservez-m'en la gloire, et cessez de me voir.
Épargnez-moi des pleurs qui coulent à ma honte ;
Épargnez-moi des feux qu'à regret je surmonte ;
Enfin épargnez-moi ces tristes entretiens,
Qui ne font qu'irriter vos tourments et les miens.

SÉVÈRE.
Que je me prive ainsi du seul bien qui me reste !

PAULINE.
Sauvez-vous d'une vue à tous les deux funeste.

SÉVÈRE.
Quel prix de mon amour ! quel fruit de mes travaux !

PAULINE.
C'est le remède seul qui peut guérir nos maux.

d'une galanterie un peu comique. *Madame, faites-moi voir des défauts, afin que je vous aime moins.* De plus, le seul défaut que Pauline montre serait trop d'amour pour Sévère ; certainement il n'en aimerait pas moins sa maîtresse. La pensée est donc fausse, recherchée, alambiquée. (V.)

[1] *D'une aimable présence* est une expression d'idylle. Monime, en exprimant le même sentiment, dit :

> Je verrois en secret mon ame déchirée
> Revoler vers le bien dont elle est séparée.

Plus une situation est délicate, plus l'expression doit l'être. (V.)

SÉVÈRE.

Je veux mourir des miens ; aimez-en la mémoire.

PAULINE.

Je veux guérir des miens ; ils souilleroient ma gloire.

SÉVÈRE.

Ah ! puisque votre gloire en prononce l'arrêt,
Il faut que ma douleur cède à son intérêt.
Est-il rien que sur moi cette gloire n'obtienne [1] ?
Elle me rend les soins que je dois à la mienne.
Adieu : je vais chercher au milieu des combats
Cette immortalité que donne un beau trépas,
Et remplir dignement, par une mort pompeuse,
De mes premiers exploits l'attente avantageuse [2],
Si toutefois, après ce coup mortel du sort,
J'ai de la vie assez pour chercher une mort [3]..

PAULINE.

Et moi, dont votre vue augmente le supplice,
Je l'éviterai même en votre sacrifice [4] ;
Et, seule dans ma chambre enfermant mes regrets,
Je vais pour vous aux dieux faire des vœux secrets.

SÉVÈRE.

Puisse le juste ciel, content de ma ruine,
Combler d'heur et de jours Polyeucte et Pauline !

PAULINE.

Puisse trouver Sévère, après tant de malheur,
Une félicité digne de sa valeur !

[1] Var. D'un cœur comme le mien qu'est-ce qu'elle n'obtienne ?
Vous réveillez le soin que je dois à la mienne. (1643-48.)

[2] *Rend les soins, mort pompeuse*, etc., tous mots impropres. (V.)

[3] Ces pensées affectées, ces idées plus recherchées que naturelles, étaient les vices du temps. (V.)

[4] Var. Je la veux éviter, mêmes au sacrifice. (1643-48.)

ACTE II, SCÈNE III.

SÉVÈRE.

Il la trouvoit en vous.

PAULINE.

Je dépendois d'un père ¹.

SÉVÈRE.

O devoir qui me perd et qui me désespère !
Adieu, trop vertueux objet, et trop charmant.

PAULINE.

Adieu, trop malheureux et trop parfait amant ².

SCÈNE III.

PAULINE, STRATONICE.

STRATONICE.

Je vous ai plaints tous deux, j'en verse encor des larmes ;

---

¹ Ces sentiments sont touchants ; ce dernier vers convient aussi bien à la tragédie qu'à la comédie, parcequ'il est noble autant que simple ; il y a tendresse et précision. (V.)

² Ces vers-ci sont un peu de l'églogue : quand les malheurs de l'amour ne consistent qu'à aller dans sa chambre, et à vivre avec son mari, ce sont des malheurs de comédie ; nulle pitié, nulle terreur, rien de tragique : cette scène ne contribue en rien au nœud de la pièce ; mais elle est intéressante par elle-même. Corneille sentait bien que l'entrevue de deux personnes qui s'aiment et qui ne doivent pas s'aimer ferait un très grand effet ; et l'hôtel de Rambouillet ne sentit pas ce mérite.

Jusqu'ici on ne voit à la vérité dans Pauline qu'une femme qui n'a point épousé son amant, qui l'aime encore, et qui le lui dit quinze jours après ses noces ; mais c'est une préparation à ce qui doit suivre, au péril de son mari, à la fermeté que montrera Pauline en parlant à Sévère pour ce mari même, à la grandeur d'âme de Sévère ; voilà ce qui rend l'amour de Pauline infiniment théâtral et digne de la tragédie. (V.)

CORNEILLE. — T. IV.   13

Mais du moins votre esprit est hors de ses alarmes [1] :
Vous voyez clairement que votre songe est vain ;
Sévère ne vient pas la vengeance à la main.

PAULINE.

Laisse-moi respirer du moins si tu m'as plainte :
Au fort de ma douleur tu rappelles ma crainte ;
Souffre un peu de relâche à mes esprits troublés,
Et ne m'accable point par des maux redoublés.

STRATONICE.

Quoi ! vous craignez encor !

PAULINE.

Je tremble, Stratonice ;
Et, bien que je m'effraie avec peu de justice [2],
Cette injuste frayeur sans cesse reproduit
L'image des malheurs que j'ai vus cette nuit.

STRATONICE.

Sévère est généreux.

PAULINE.

Malgré sa retenue,
Polyeucte sanglant frappe toujours ma vue.

STRATONICE.

Vous voyez ce rival faire des vœux pour lui [3].

PAULINE.

Je crois même au besoin qu'il seroit son appui :

---

[1] On dit *hors d'alarmes*; *hors de crainte*; *hors de danger*; mais non *hors de ses alarmes, de sa crainte, de son danger*, parcequ'on n'est pas hors de quelque chose qu'on a ; il est *hors de mesure* et non *hors de sa mesure* ; ce mot *hors* bien employé peut devenir noble :

Mais le cœur d'Émilie est hors de son pouvoir. (V.)

[2] Var. Et, quoique je m'effraie avec peu de justice. (1643-48.)

[3] Var. Vous-même êtes témoin des vœux qu'il fait pour lui. (1643-48.

ACTE II, SCÈNE IV.

Mais soit cette croyance ou fausse, ou véritable[1],
Son séjour en ce lieu m'est toujours redoutable;
A quoi que sa vertu puisse le disposer,
Il est puissant, il m'aime, et vient pour m'épouser.

SCÈNE IV.

POLYEUCTE, NÉARQUE, PAULINE, STRATONICE.

POLYEUCTE.

C'est trop verser de pleurs; il est temps qu'ils tarissent[2] :
Que votre douleur cesse, et vos craintes finissent;
Malgré les faux avis par vos dieux envoyés,
Je suis vivant, madame, et vous me revoyez.

---

[1] *Soit cette croyance* n'est pas français; il faut *que cette croyance soit fausse ou véritable*. Je ne sais, au reste, si ce passage subit de la tendresse pour Sévère à la crainte pour son mari est bien naturel, si cela n'est pas ce qu'on appelle ajusté au théâtre : le spectateur n'est point du tout ému de ce renouvellement de crainte pour Polyeucte. Ne sent-on pas qu'une femme tendre qui sort d'une conversation tendre avec son amant, ne s'afflige que par bienséance pour son mari? (V.) — Voltaire nous semble ici un peu en contradiction avec lui-même. (Voyez la première note du premier acte.) (A.-M.)

[2] Si Pauline verse des pleurs, c'est son amour pour Sévère, et le combat de cet amour et de son devoir qui la font pleurer : il est clair qu'elle ne peut pleurer de ce que Polyeucte est sorti pendant une heure. Cette méprise de Polyeucte peut jeter un peu d'avilissement sur le rôle d'un mari qui croit qu'on a pleuré son absence, tandis qu'on a entretenu un amant. (V.) — Polyeucte ne croit pas qu'on a pleuré son absence. Il se reporte par la pensée au moment où il a quitté Pauline en pleurs, et l'aborde en lui disant : Ne pleurez plus. (A.-M.)

PAULINE.

Le jour est encor long, et, ce qui plus m'effraie,
La moitié de l'avis se trouve déja vraie ;
J'ai cru Sévère mort, et je le vois ici.

POLYEUCTE.

Je le sais ; mais enfin j'en prends peu de souci.
Je suis dans Mélitène ; et, quel que soit Sévère,
Votre père y commande, et l'on m'y considère ;
Et je ne pense pas qu'on puisse avec raison
D'un cœur tel que le sien craindre une trahison :
On m'avoit assuré qu'il vous faisoit visite,
Et je venois lui rendre un honneur qu'il mérite.

PAULINE.

Il vient de me quitter assez triste et confus ;
Mais j'ai gagné sur lui qu'il ne me verra plus.

POLYEUCTE.

Quoi ! vous me soupçonnez déja de quelque ombrage ?

PAULINE.

Je ferois à tous trois un trop sensible outrage[1].
J'assure mon repos que troublent ses regards :
La vertu la plus ferme évite les hasards ;
Qui s'expose au péril veut bien trouver sa perte ;

---

[1] Cela est admirable. Le reste n'affaiblit-il pas ce beau vers ? Pauline doit-elle dire en face à son époux que le vrai mérite de Sévère a dû l'enflammer, qu'il a droit de la *charmer* ? Quel mari ne serait pas très offensé de ce discours outrageant et très indécent ? Il répond à cette insulte : *O vertu trop parfaite !* cette vertu aurait été bien plus parfaite si elle n'avait pas dit à son mari qu'il lui est pénible de résister à son amant. (V.) — C'est vouloir changer le noble caractère de Pauline. Elle parle à son mari comme elle a parlé à son amant, avec une ame ouverte, et qui peut laisser voir ses plus secrets sentiments, parcequ'elle se sent la force de les soumettre à la vertu. (A.-M.)

ACTE II, SCÈNE IV. 197

Et, pour vous en parler avec une ame ouverte [1],
Depuis qu'un vrai mérite a pu nous enflammer,
Sa présence toujours a droit de nous charmer.
Outre qu'on doit rougir de s'en laisser surprendre,
On souffre à résister, on souffre à s'en défendre;
Et, bien que la vertu triomphe de ces feux,
La victoire est pénible, et le combat honteux.

POLYEUCTE.

O vertu trop parfaite, et devoir trop sincère [2],
Que vous devez coûter de regrets à Sévère!
Qu'aux dépens d'un beau feu vous me rendez heureux [3]!
Et que vous êtes doux à mon cœur amoureux!
Plus je vois mes défauts, et plus je vous contemple,
Plus j'admire...

[1] On dit parler *à cœur ouvert*, et par analogie Corneille a pu dire : *parler avec une ame ouverte;* c'est là une création à la manière de Racine. (A.-M.)

[2] Un devoir n'est ni *sincère* ni *dissimulé;* et Polyeucte ne doit pas dire que sa femme doit coûter des regrets à Sévère; c'est l'encourager à l'aimer. Qui jamais a parlé à sa femme *du beau feu de l'amant* de sa femme? Pauline a un étrange beau-père et un étrange mari. Sans l'amour et le caractère de Sévère, la pièce était très hasardée; et l'hôtel de Rambouillet pouvait avoir pleinement raison. Jusqu'ici il n'y a encore rien de tragique : c'est une femme qui veut que son mari ménage son amant, et qui se ménage elle-même entre l'un et l'autre. (V.) — Un étrange beau-père, nous en convenons, car sa politique est à-la-fois artificieuse et basse; mais, loin d'être un personnage étrange, Polyeucte est souvent sublime. (P.)

[3] Les *dépens d'un beau feu* ne devaient avoir place que dans les romans de Scudéry. (V.)

SCÈNE V.

POLYEUCTE, PAULINE, NÉARQUE, STRATONICE, CLÉON.

CLÉON.

Seigneur, Félix vous mande au temple
La victime est choisie, et le peuple à genoux ;
Et pour sacrifier on n'attend plus que vous.

POLYEUCTE.

Va, nous allons te suivre. Y venez-vous, madame?

PAULINE.

Sévère craint ma vue, elle irrite sa flamme ;
Je lui tiendrai parole, et ne veux plus le voir.
Adieu : vous l'y verrez; pensez à son pouvoir,
Et ressouvenez-vous que sa valeur est grande [1].

POLYEUCTE.

Allez, tout son crédit n'a rien que j'appréhende ;
Et comme je connois sa générosité,
Nous ne nous combattrons que de civilité [2].

---

[1] Le sens est, *songez, mon mari, que mon amant est un gra*{}
seigneur qu'il ne faut pas choquer : cela semble avilir son mar{}
(V.) — Ce n'est pas avilir son mari que de lui supposer plus d{}
courage que de prudence. (A.-M.)

VAR. Et vous ressouvenez que sa faveur est grande. (1643.)

[2] Vers de comédie. (V.)

SCÈNE VI.

POLYEUCTE, NÉARQUE.

NÉARQUE.
Où pensez-vous aller?
POLYEUCTE.
Au temple où l'on m'appelle.
NÉARQUE.
Quoi! vous mêler aux vœux d'une troupe infidèle?
Oubliez-vous déja que vous êtes chrétien?
POLYEUCTE.
Vous par qui je le suis, vous en souvient-il bien?
NÉARQUE.
J'abhorre les faux dieux.
POLYEUCTE.
Et moi, je les déteste.
NÉARQUE.
Je tiens leur culte impie.
POLYEUCTE.
Et je le tiens funeste.
NÉARQUE.
Fuyez donc leurs autels.
POLYEUCTE.
Je les veux renverser [1],

---

[1] C'est une tradition que tout l'hôtel de Rambouillet, et particulièrement l'évêque de Vence, Godeau, condamnèrent cette entreprise de Polyeucte : on disait que c'est un zèle imprudent; que plusieurs évêques et plusieurs synodes avaient expressément défendu ces attentats contre l'ordre et contre les lois; qu'on refusait même la communion aux chrétiens qui, par des

Et mourir dans leur temple, ou les y terrasser [1].

Allons, mon cher Néarque, allons aux yeux des homm[es]
Braver l'idolâtrie, et montrer qui nous sommes :
C'est l'attente du ciel, il nous la faut remplir;
Je viens de le promettre, et je vais l'accomplir [2].
Je rends graces au Dieu que tu m'as fait connoître
De cette occasion qu'il a sitôt fait naître,
Où déja sa bonté, prête à me couronner,

témérités pareilles, avaient exposé l'Église entière aux persécutions : on ajoutait que Polyeucte et même Pauline auraient intéressé bien davantage si Polyeucte avait simplement refusé d'assister à un sacrifice idolâtre fait en l'honneur de la victoire de Sévère. Ces réflexions me paraissent judicieuses ; mais il me paraît aussi que le spectateur pardonne à Polyeucte son imprudence, comme celle d'un jeune homme pénétré d'un zèle ardent que le baptême fortifie en lui : il n'examine pas si ce zèle est selon la science. Au théâtre, on se prête toujours aux sentiments naturels des personnages; on devient enthousiaste avec Polyeucte, inflexible avec Horace, tendre avec Chimène ; le dialogue est vif, et il entraîne. Il est vrai que les esprits philosophes, dont le nombre est fort augmenté, méprisent beaucoup l'action de Polyeucte et de Néarque; ils ne regardent ce Néarque que comme un convulsionnaire qui a ensorcelé un jeune imprudent. Mais le parterre entier ne sera jamais philosophe ; les idées populaires seront toujours admises au théâtre. (V.) — Il est possible que l'évêque de Vence ait blâmé justement le zèle indiscret des chrétiens qui couraient au martyre ; mais ce n'est pas ce dont il s'agit. Ce dont il s'agit, c'est de savoir si cette sainte folie est ou n'est pas un fait historique, et surtout si le fait historique est un fait dramatique. A la première question, l'histoire répond par les martyrs de toutes les religions et de tous les temps. La seconde est parfaitement résolue par le succès toujours croissant de Polyeucte. (A.-M.)

[1] Var. Et mourir dans leur temple, ou bien les en chasser. (1643.)

[2] Var. Je le viens de promettre, et je vais l'accomplir. (1643.)

ACTE II, SCÈNE VI.

Daigne éprouver la foi qu'il vient de me donner.
NÉARQUE.
Ce zèle est trop ardent, souffrez qu'il se modère.
POLYEUCTE.
On n'en peut avoir trop pour le Dieu qu'on révère.
NÉARQUE.
Vous trouverez la mort.
POLYEUCTE.
Je la cherche pour lui.
NÉARQUE.
Et si ce cœur s'ébranle?
POLYEUCTE.
Il sera mon appui.
NÉARQUE.
Il ne commande point que l'on s'y précipite.
POLYEUCTE.
Plus elle est volontaire, et plus elle mérite.
NÉARQUE.
Il suffit, sans chercher, d'attendre et de souffrir.
POLYEUCTE.
On souffre avec regret quand on n'ose s'offrir.
NÉARQUE.
Mais dans ce temple enfin la mort est assurée.
POLYEUCTE.
Mais dans le ciel déja la palme est préparée.
NÉARQUE.
Par une sainte vie il faut la mériter[1].
POLYEUCTE.
Mes crimes en vivant me la pourroient ôter.
Pourquoi mettre au hasard ce que la mort assure?

---

[1] VAR. Par une sainte vie il la faut mériter. (1643-48.)

202 POLYEUCTE.

Quand elle ouvre le ciel, peut-elle sembler dure?
Je suis chrétien, Néarque, et le suis tout-à-fait;
La foi que j'ai reçue aspire à son effet [1].
Qui fuit croit lâchement, et n'a qu'une foi morte.

NÉARQUE.
Ménagez votre vie, à Dieu même elle importe [2];
Vivez pour protéger les chrétiens en ces lieux.

POLYEUCTE.
L'exemple de ma mort les fortifiera mieux.

NÉARQUE.
Vous voulez donc mourir?

POLYEUCTE.
     Vous aimez donc à vivre?

NÉARQUE.
Je ne puis déguiser que j'ai peine à vous suivre.
Sous l'horreur des tourments je crains de succomber.

POLYEUCTE.
Qui marche assurément n'a point peur de tomber.
Dieu fait part, au besoin, de sa force infinie.
Qui craint de le nier, dans son ame le nie;
Il croit le pouvoir faire, et doute de sa foi.

NÉARQUE.
Qui n'appréhende rien présume trop de soi.

POLYEUCTE.
J'attends tout de sa grace, et rien de ma foiblesse.
Mais loin de me presser, il faut que je vous presse!
D'où vient cette froideur?

NÉARQUE.
     Dieu même a craint la mort

[1] *Tout-à-fait* ne doit jamais entrer dans la poésie; et *une fo qui aspire à son effet* n'est pas un vers correct et élégant. (V.)

[2] Var. Voyez que votre vie à Dieu mêmes importe. (1643 48.)

POLYEUCTE.

Il s'est offert pourtant; suivons ce saint effort;
Dressons-lui des autels sur des monceaux d'idoles.
Il faut, je me souviens encor de vos paroles,
Négliger, pour lui plaire, et femme, et biens, et rang;
Exposer pour sa gloire et verser tout son sang.
Hélas! qu'avez-vous fait de cette amour parfaite
Que vous me souhaitiez, et que je vous souhaite?
S'il vous en reste encor, n'êtes-vous point jaloux
Qu'à grand'peine chrétien j'en montre plus que vous?

NÉARQUE.

Vous sortez du baptême, et ce qui vous anime,
C'est sa grace qu'en vous n'affoiblit aucun crime;
Comme encor tout entière, elle agit pleinement,
Et tout semble possible à son feu véhément:
Mais cette même grace en moi diminuée,
Et par mille péchés sans cesse exténuée,
Agit aux grands effets avec tant de langueur,
Que tout semble impossible à son peu de vigueur:
Cette indigne mollesse et ces lâches défenses
Sont des punitions qu'attirent mes offenses;
Mais Dieu, dont on ne doit jamais se défier,
Me donne votre exemple à me fortifier.
Allons, cher Polyeucte, allons aux yeux des hommes
Braver l'idolâtrie, et montrer qui nous sommes;
Puissé-je vous donner l'exemple de souffrir,
Comme vous me donnez celui de vous offrir!

POLYEUCTE.

A cet heureux transport que le ciel vous envoie,
Je reconnois Néarque, et j'en pleure de joie.
Ne perdons plus de temps; le sacrifice est prêt;
Allons-y du vrai Dieu soutenir l'intérêt;

Allons fouler aux pieds ce foudre ridicule [1]
Dont arme un bois pourri ce peuple trop crédule;
Allons en éclairer l'aveuglement fatal [2];
Allons briser ces dieux de pierre et de métal [3];
Abandonnons nos jours à cette ardeur céleste;
Faisons triompher Dieu : qu'il dispose du reste.

NÉARQUE.

Allons faire éclater sa gloire aux yeux de tous,
Et répondre avec zèle à ce qu'il veut de nous [4].

[1] Voilà un exemple d'un mot bas noblement employé. (V.)

[2] *En éclairer* est dur à l'oreille. Il faut éviter ces cacophonies : de plus, on éclaire des yeux; on n'éclaire point un aveuglement, on le dissipe, on le guérit. (V.) — *En éclairer* n'a rien de dur à l'oreille. *Éclairer* l'aveuglement du peuple signifie éclairer le peuple aveugle. Cette forme de phrase est très usitée, même en prose. Le fréquent usage des substantifs abstraits est un des traits caractéristiques de notre langue. (A.-M.)

[3] C'est sans doute une action très ridicule et très coupable. Un seigneur turc qui, dans Constantinople, irait briser les statues de l'église chrétienne pendant la grand'messe, passerait pour un fou, et serait sévèrement puni par les Turcs même. (V.) — Encore une fois, il ne s'agit pas de savoir si l'action est ridicule, mais si le sujet est dramatique. C'est le jugement de l'art qu'on attend de vous, et non celui de la raison philosophique. Et quant à l'action en elle-même, loin d'être ridicule, elle a un côté sublime; c'est la fermeté dans la foi qui est tout le sujet de la pièce. (A.-M.)

[4] Néarque ne fait ici que répéter en deux vers languissants ce qu'a dit Polyeucte; aussi j'ai vu souvent supprimer ces vers à la représentation. (V.)

VAR. Allons mourir pour lui comme il est mort pour nous. (1643.)

FIN DU SECOND ACTE.

ACTE TROISIÈME.

SCÈNE I.

PAULINE.

Que de soucis flottants, que de confus nuages
Présentent à mes yeux d'inconstantes images !
Douce tranquillité, que je n'ose espérer,
Que ton divin rayon tarde à les éclairer !
Mille agitations, que mes troubles produisent [1],
Dans mon cœur ébranlé tour-à-tour se détruisent ;
Aucun espoir n'y coule où j'ose persister ;
Aucun effroi n'y règne où j'ose m'arrêter.
Mon esprit, embrassant tout ce qu'il s'imagine,
Voit tantôt mon bonheur, et tantôt ma ruine,
Et suit leur vaine idée avec si peu d'effet,
Qu'il ne peut espérer ni craindre tout-à-fait.
Sévère incessamment brouille ma fantaisie [2] :

---

[1] Var. Mille pensers divers, que mes troubles produisent,
Dans mon cœur incertain à l'envi se détruisent ;
Nul espoir ne me flatte où j'ose persister ;
Nulle peur ne m'effraie où j'ose m'arrêter.
. . . .
Veut tantôt mon bonheur, et tantôt ma ruine ;
L'un et l'autre le frappe avec si peu d'effet. (1643-48.)

[2] Cette fantaisie devrait-elle être *brouillée* après les assurances de *civilités* réciproques ? Pauline doit-elle craindre que Sévère et Polyeucte se querellent au temple ? Ce monologue, qui n'est

J'espère en sa vertu, je crains sa jalousie ;
Et je n'ose penser que d'un œil bien égal
Polyeucte en ces lieux puisse voir son rival.
Comme entre deux rivaux la haine est naturelle,
L'entrevue aisément se termine en querelle ;
L'un voit aux mains d'autrui ce qu'il croit mériter,
L'autre un désespéré qui peut trop attenter [1].
Quelque haute raison qui règle leur courage,
L'un conçoit de l'envie, et l'autre de l'ombrage ;
La honte d'un affront que chacun d'eux croit voir
Ou de nouveau reçue, ou prête à recevoir,
Consumant dès l'abord toute leur patience,
Forme de la colère et de la défiance ;
Et, saisissant ensemble et l'époux et l'amant,
En dépit d'eux les livre à leur ressentiment.
Mais que je me figure une étrange chimère,

qu'une répétition de ses terreurs, et même des terreurs qu'elle ne peut avoir qu'en vertu de son rêve, languit un peu à la re présentation : non seulement il est long et sans chaleur ; mais si Pauline est encore effrayée par son rêve, elle ne doit craindre qu'une assemblée de chrétiens, puisque c'est *de chrétiens un impie assemblée* qui a tué son mari en songe, et qu'elle ne doit pas présumer que cette impie assemblée soit dans le temple de Jupiter. Je crois que, si elle avait craint un assassinat de la par des chrétiens, cela produirait un coup de théâtre quand on vient lui dire que son mari est chrétien lui-même. (V.)

[1] Cette dissertation paraît bien froide. Le grand défaut de Corneille est de faire des raisonnements quand il faut du senti ment. Le public ne s'aperçut pas d'abord de ce défaut, qui étai caché par tant de beautés ; mais il augmenta avec l'âge, et jet dans toutes ses dernières pièces une langueur insupportable. Ic cette faute est un peu couverte par l'intérêt qu'on prend au rôl si neuf et si singulier de Pauline. (V.)

VAR. L'autre un désespéré qui le lui veut ôter. (1643-48.)

Et que je traite mal Polyeucte et Sévère!
Comme si la vertu de ces fameux rivaux
Ne pouvoit s'affranchir de ces communs défauts!
Leurs ames à tous deux d'elles-mêmes maîtresses [1]
Sont d'un ordre trop haut pour de telles bassesses :
Ils se verront au temple en hommes généreux.
Mais las! ils se verront, et c'est beaucoup pour eux [2].
Que sert à mon époux d'être dans Mélitène,
Si contre lui Sévère arme l'aigle romaine,
Si mon père y commande, et craint ce favori,
Et se repent déja du choix de mon mari [3]?
Si peu que j'ai d'espoir ne luit qu'avec contrainte [4];
En naissant il avorte, et fait place à la crainte;
Ce qui doit l'affermir sert à le dissiper.
Dieux! faites que ma peur puisse enfin se tromper!

SCÈNE II.
PAULINE, STRATONICE.

PAULINE.
Mais sachons-en l'issue [5]. Eh bien, ma Stratonice,

[1] *Leurs ames à tous deux* : cette expression n'est pas française. (V.)

[2] On diroit bien de deux rivaux ennemis, C'est beaucoup pour eux de se voir, c'est-à-dire, Ils ont fait un grand effort, ils ont surmonté leur aversion, ils ont pris sur eux de se voir : ici l'auteur veut dire, *il est dangereux qu'ils se voient;* mais il ne le dit pas. (V.)

[3] Vers de comédie. (V.) — Ajoutons que *le choix de mon mari* est équivoque. Corneille veut dire : de m'avoir donné Polyeucte pour mari. (A.-M.)

[4] Cela n'est pas français; il faut *le peu.* (V.)

[5] Cette *issue* se rapporte à *peur :* une peur n'a point d'issue. (V.)

Comment s'est terminé ce pompeux sacrifice?
Ces rivaux généreux au temple se sont vus?

STRATONICE.

Ah, Pauline!

PAULINE.

Mes vœux ont-ils été déçus?
J'en vois sur ton visage une mauvaise marque.
Se sont-ils querellés?

STRATONICE.

Polyeucte, Néarque,
Les chrétiens...

PAULINE.

Parle donc : les chrétiens...?

STRATONICE.

Je ne puis.

PAULINE.

Tu prépares mon ame à d'étranges ennuis.

STRATONICE.

Vous n'en sauriez avoir une plus juste cause.

PAULINE.

L'ont-ils assassiné?

STRATONICE.

Ce seroit peu de chose.
Tout votre songe est vrai, Polyeucte n'est plus....

PAULINE.

Il est mort!

STRATONICE.

Non, il vit; mais, ô pleurs superflus!
Ce courage si grand, cette ame si divine,
N'est plus digne du jour, ni digne de Pauline.
Ce n'est plus cet époux si charmant à vos yeux;
C'est l'ennemi commun de l'état et des dieux,

ACTE III, SCÈNE II.

Un méchant, un infame, un rebelle, un perfide [1],
Un traître, un scélérat, un lâche, un parricide,
Une peste exécrable à tous les gens de bien,
Un sacrilége impie, en un mot, un chrétien.

PAULINE.

Ce mot auroit suffi sans ce torrent d'injures.

STRATONICE.

Ces titres aux chrétiens sont-ce des impostures?

PAULINE.

Il est ce que tu dis, s'il embrasse leur foi;
Mais il est mon époux, et tu parles à moi.

STRATONICE.

Ne considérez plus que le Dieu qu'il adore.

PAULINE.

Je l'aimai par devoir; ce devoir dure encore.

STRATONICE.

Il vous donne à présent sujet de le haïr :
Qui trahit tous nos dieux auroit pu vous trahir [2].

PAULINE.

Je l'aimerois encor, quand il m'auroit trahie.
Et si de tant d'amour tu peux être ébahie [3],
Apprends que mon devoir ne dépend point du sien :
Qu'il y manque, s'il veut; je dois faire le mien.

---

[1] Ce couplet fait toujours un peu rire; mais la réponse de Pauline est belle, et répare incontinent le ridicule produit par cet entassement d'injures. (V.)

[2] VAR. Qui trahit bien les dieux auroit pu vous trahir. (1643-48.)

[3] *Ébahie* ne s'emploie que dans le bas comique; je crois qu'on a mis à la place :

Je l'aimerois encor, m'eût-il abandonnée;
Et si de tant d'amour tu parois étonnée.... (V.)

VAR. Et si de cette amour tu peux être ébahie. (1643-48.)

Quoi! s'il aimoit ailleurs, serois-je dispensée¹
A suivre, à son exemple, une ardeur insensée?
Quelque chrétien qu'il soit, je n'en ai point d'horreur;
Je chéris sa personne, et je hais son erreur.
Mais quel ressentiment en témoigne mon père?

STRATONICE.

Une secrète rage, un excès de colère,
Malgré qui toutefois un reste d'amitié
Montre pour Polyeucte encor quelque pitié.
Il ne veut point sur lui faire agir sa justice²,
Que du traître Néarque il n'ait vu le supplice.

PAULINE.

Quoi! Néarque en est donc?

STRATONICE.

      Néarque l'a séduit;
De leur vieille amitié c'est là l'indigne fruit.
Ce perfide tantôt, en dépit de lui-même,
L'arrachant de vos bras, le traînoit au baptême.
Voilà ce grand secret et si mystérieux
Que n'en pouvoit tirer votre amour curieux.

PAULINE.

Tu me blâmois alors d'être trop importune.

STRATONICE.

Je ne prévoyois pas une telle infortune.

PAULINE.

Avant qu'abandonner mon ame à mes douleurs,
Il me faut essayer la force de mes pleurs³;

---

¹ Du temps de Corneille *dispenser à* se disait pour *autoriser à*. Voyez tome V, dans *Rodogune*, acte I, scène v, la note sur *dispenser à*.

² Cela n'est pas français; il faut *agir contre lui*, ou *déployer sur lui*. (V.)

³ Il faut *le pouvoir*; mais un autre tour serait beaucoup mieux: de plus, doit-elle se préparer ainsi à pleurer? les pleurs sont

ACTE III, SCÈNE II.

En qualité de femme, ou de fille, j'espère
Qu'ils vaincront un époux, ou fléchiront un père.
Que si sur l'un et l'autre ils manquent de pouvoir,
Je ne prendrai conseil que de mon désespoir.
Apprends-moi cependant ce qu'ils ont fait au temple.

STRATONICE.

C'est une impiété qui n'eut jamais d'exemple.
Je ne puis y penser sans frémir à l'instant [1],
Et crains de faire un crime en vous la racontant.
Apprenez en deux mots leur brutale insolence.
  Le prêtre avoit à peine obtenu du silence,
Et devers l'orient assuré son aspect,
Qu'ils ont fait éclater leur manque de respect [2].
A chaque occasion de la cérémonie,
A l'envi l'un et l'autre étaloit sa manie,
Des mystères sacrés hautement se moquoit,
Et traitoit de mépris les dieux qu'on invoquoit.
Tout le peuple en murmure, et Félix s'en offense;
Mais tous deux s'emportant à plus d'irrévérence,
«Quoi! lui dit Polyeucte en élevant sa voix,
«Adorez-vous des dieux ou de pierre ou de bois [3]?»

involontaires; elle aurait dû dire, *il aura peut-être pitié de mes pleurs.* (V.)

[1] On ne peut remarquer avec trop d'attention ces mots inutiles que la rime arrache. *Sans frémir* dit tout; *à l'instant* est ce qu'on appelle *cheville.* (V.)

[2] Var. Que l'on s'est aperçu de leur peu de respect. (1643-48.)

[3] Je ne répondrai point à cette fausse opinion où l'on est que les Romains adoraient du bois et de la pierre. Il est bien sûr que leur *Deus optimus, maximus,* que *deûm sator atque hominum rex* n'était point une statue, et que Polyeucte avait très grand tort de leur reprocher une sottise dont ils n'étaient point coupables; mais c'est une opinion commune. Polyeucte était dans cette er-

Ici dispensez-moi du récit des blasphèmes
Qu'ils ont vomis tous deux contre Jupiter mêmes [1] :
L'adultère et l'inceste en étoient les plus doux.
« Oyez, dit-il ensuite, oyez, peuple; oyez tous [2] ;
  « Le Dieu de Polyeucte et celui de Néarque
« De la terre et du ciel est l'absolu monarque;
« Seul être indépendant, seul maître du destin [3],
« Seul principe éternel, et souveraine fin.
« C'est ce Dieu des chrétiens qu'il faut qu'on remercie
« Des victoires qu'il donne à l'empereur Décie;
« Lui seul tient en sa main le succès des combats;
« Il le veut élever, il le peut mettre à bas [4];
« Sa bonté, son pouvoir, sa justice est immense;
« C'est lui seul qui punit, lui seul qui récompense :
« Vous adorez en vain des monstres impuissants. »
Se jetant à ces mots sur le vin et l'encens,
Après en avoir mis les saints vases par terre,
Sans crainte de Félix, sans crainte du tonnerre,

reur ; il parle comme il doit parler, conformément aux préjugés. La poésie n'est pas de la philosophie ; ou plutôt la philosophie consiste à faire dire ce que les caractères des personnages comportent. (V).

[1] Corneille emploie indifféremment cet adverbe *même* avec une *s* et sans *s*. Les poëtes, tant gênés d'ailleurs, peuvent avoir la liberté d'ôter et d'ajouter une *s* à ce mot. (V.)

[2] *Oyez* n'est plus employé qu'au barreau : on a conservé ce mot en Angleterre ; les huissiers disent *ois* sans savoir ce qu'ils disent. Nous n'avons gardé de ce verbe que l'infinitif *ouïr* ; et nous disions autrefois *oyer*. Les sessions de l'échiquier de Normandie s'appelaient *oyer et terminer*. (V.)

VAR. Oyez, Félix, suit-il ; oyez, peuple, oyez tous. (1643-48.)

[3] VAR. Seul maître du destin, seul être indépendant,
Substance qui jamais ne reçoit d'accident. (1643-48.)

[4] VAR. Il le veut élever, il le peut mettre bas. (1643-48.)

D'une fureur pareille ils courent à l'autel.
Cieux, a-t-on vu jamais, a-t-on rien vu de tel?
Du plus puissant des dieux nous voyons la statue
Par une main impie à leurs pieds abattue,
Les mystères troublés, le temple profané,
La fuite et les clameurs d'un peuple mutiné
Qui craint d'être accablé sous le courroux céleste.
Félix.... Mais le voici qui vous dira le reste[1].

PAULINE.

Que son visage est sombre et plein d'émotion!
Qu'il montre de tristesse et d'indignation!

SCÈNE III.

FÉLIX, PAULINE, STRATONICE.

FÉLIX.

Une telle insolence avoir osé paroître!
En public! à ma vue! il en mourra, le traître.

PAULINE.

Souffrez que votre fille embrasse vos genoux.

FÉLIX.

Je parle de Néarque, et non de votre époux.
Quelque indigne qu'il soit de ce doux nom de gendre,
Mon ame lui conserve un sentiment plus tendre;
La grandeur de son crime et de mon déplaisir
N'a pas éteint l'amour qui me l'a fait choisir.

PAULINE.

Je n'attendois pas moins de la bonté d'un père.

FÉLIX.

Je pouvois l'immoler à ma juste colère :

[1] Il y a là un grand intérêt : c'est là, encore une fois, ce qui fait le succès des pièces de théâtre. (V.)

Car vous n'ignorez pas à quel comble d'horreur
De son audace impie a monté la fureur;
Vous l'avez pu savoir du moins de Stratonice.

PAULINE.

Je sais que de Néarque il doit voir le supplice.

FÉLIX.

Du conseil qu'il doit prendre il sera mieux instruit,
Quand il verra punir celui qui l'a séduit.
 Au spectacle sanglant d'un ami qu'il faut suivre,
La crainte de mourir et le desir de vivre
Ressaisissent une ame avec tant de pouvoir,
Que qui voit le trépas cesse de le vouloir[1].
L'exemple touche plus que ne fait la menace :
Cette indiscrète ardeur tourne bientôt en glace,
Et nous verrons bientôt son cœur inquiété[2]
Me demander pardon de tant d'impiété.

PAULINE.

Vous pouvez espérer qu'il change de courage[3] ?

FÉLIX.

Aux dépens de Néarque il doit se rendre sage.

[1] Voilà où les maximes générales sont bien placées ; elles ne sont point ici dans la bouche d'un homme passionné qui doit parler avec sentiment, et éviter les sentences et les lieux communs ; c'est un juge qui parle, et qui dit des raisons prises dans la connaissance du cœur humain. (V.)

[2] VAR. N'en ayez plus l'esprit si fort inquiété ;
    Il se repentira de son impiété.
                    PAULINE.
        Quoi ! vous espérez donc qu'il change de courage ? (1643-48.)

[3] Courage, *valeur, bravoure*. Il s'est dit ensuite pour *cœur*, parceque le courage vient du cœur : résolution *pleine de cœur*, pour *pleine de courage*. Enfin le même mot a été employé pour *ressentiment*, pour *colère*, et pour *pensée*. Et c'est dans ce dernier sens que Corneille le prend ici. (A. M.)

ACTE III, SCÈNE III.   215

PAULINE.

Il le doit, mais, hélas! où me renvoyez-vous?
Et quels tristes hasards ne court point mon époux,
Si de son inconstance il faut qu'enfin j'espère
Le bien que j'espérois de la bonté d'un père?

FÉLIX.

Je vous en fais trop voir, Pauline, à consentir [1]
Qu'il évite la mort par un prompt repentir.
Je devois même peine à des crimes semblables [2] ;
Et, mettant différence entre ces deux coupables,
J'ai trahi la justice à l'amour paternel [3] ;
Je me suis fait pour lui moi-même criminel ;
Et j'attendois de vous, au milieu de vos craintes,
Plus de remerciements que je n'entends de plaintes.

PAULINE.

De quoi remercier qui ne me donne rien?
Je sais quelle est l'humeur et l'esprit d'un chrétien.
Dans l'obstination jusqu'au bout il demeure :
Vouloir son repentir, c'est ordonner qu'il meure.

FÉLIX.

Sa grace est en sa main, c'est à lui d'y rêver.

PAULINE.

Faites-la tout entière.

FÉLIX.

Il la peut achever.

PAULINE.

Ne l'abandonnez pas aux fureurs de sa secte.

[1] Var. Je lui fais trop de grace encor de consentir. (1643-48.)

[2] Var. La même peine est due à des crimes semblables. (1643-48.)

[3] Cette suppression des articles n'est permise que dans le style burlesque, qu'on nomme *marotique*; et *trahir la justice à l'amour paternel* n'est pas français. (V.)

FÉLIX.

Je l'abandonne aux lois, qu'il faut que je respecte.

PAULINE.

Est-ce ainsi que d'un gendre un beau-père est l'appui?

FÉLIX.

Qu'il fasse autant pour soi comme je fais pour lui[1].

PAULINE.

Mais il est aveuglé.

FÉLIX.

Mais il se plaît à l'être,
Qui chérit son erreur ne la veut pas connoître.

PAULINE.

Mon père, au nom des dieux....

FÉLIX.

Ne les réclamez pas,
Ces dieux dont l'intérêt demande son trépas.

PAULINE.

Ils écoutent nos vœux.

FÉLIX.

Eh bien! qu'il leur en fasse[2].

PAULINE.

Au nom de l'empereur, dont vous tenez la place....

FÉLIX.

J'ai son pouvoir en main; mais, s'il me l'a commis,

[1] Ce vers est un barbarisme : on dit *autant que*, et non pas *autant comme*. *Soi* ne se dit qu'à l'indéfini; il faut faire quelque chose pour *soi*, il travaille pour *lui*. (V.) — *Autant comme* est une expression vieillie, et non un *barbarisme*. Nicot dit : « Aviser *autant* pour l'un *comme* pour l'aultre. » C'est la phrase de Corneille. Richelet dit : « *Aussi* est une conjonction qui signifie *autant comme*. » Il n'y a donc ici ni faute ni barbarisme. (A.-M.)

[2] Le lecteur voit sans doute combien tout ce dialogue est vif, pressé, naturel, intéressant ; c'est un chef-d'œuvre. (V.)

C'est pour le déployer contre ses ennemis.
PAULINE.
Polyeucte l'est-il ?
FÉLIX.
Tous chrétiens sont rebelles.
PAULINE.
N'écoutez point pour lui ces maximes cruelles;
En épousant Pauline il s'est fait votre sang.
FÉLIX.
Je regarde sa faute, et ne vois plus son rang.
Quand le crime d'état se mêle au sacrilége [1],
Le sang ni l'amitié n'ont plus de privilége.
PAULINE.
Quel excès de rigueur!
FÉLIX.
Moindre que son forfait.
PAULINE.
O de mon songe affreux trop véritable effet!
Voyez-vous qu'avec lui vous perdez votre fille?
FÉLIX.
Les dieux et l'empereur sont plus que ma famille.
PAULINE.
La perte de tous deux ne vous peut arrêter!
FÉLIX.
J'ai les dieux et Décie ensemble à redouter.
Mais nous n'avons encore à craindre rien de triste :
Dans son aveuglement pensez-vous qu'il persiste?
S'il nous sembloit tantôt courir à son malheur,
C'est d'un nouveau chrétien la première chaleur.
PAULINE.
Si vous l'aimez encor, quittez cette espérance

---

[1] Var. Où le crime d'état se mêle au sacrilége. (1643-48.)

Que deux fois en un jour il change de croyance :
Outre que les chrétiens ont plus de dureté [1],
Vous attendez de lui trop de légèreté.
Ce n'est point une erreur avec le lait sucée,
Que sans l'examiner son ame ait embrassée :
Polyeucte est chrétien parcequ'il l'a voulu,
Et vous portoit au temple un esprit résolu.
Vous devez présumer de lui comme du reste :
Le trépas n'est pour eux ni honteux ni funeste ;
Ils cherchent de la gloire à mépriser nos dieux [2] ;
Aveugles pour la terre, ils aspirent aux cieux ;
Et, croyant que la mort leur en ouvre la porte,
Tourmentés, déchirés, assassinés, n'importe,
Les supplices leur sont ce qu'à nous les plaisirs,
Et les mènent au but où tendent leurs desirs :
La mort la plus infame, ils l'appellent martyre.

FÉLIX.
Eh bien donc, Polyeucte aura ce qu'il desire :
N'en parlons plus.

PAULINE.
Mon père....

---

[1] *Outre que*, expression qui ne doit jamais entrer dans la poésie. *Plus de dureté*, ce *plus* ne se rapporte à rien. On peut demander pourquoi elle dit que Polyeucte sera inébranlable, quand elle espère le fléchir par ses pleurs ? Peut-être que, si elle espérai un retour de Polyeucte à la religion de ses pères, la situation en deviendrait plus touchante quand elle verrait ensuite son espérance trompée. Cette scène d'ailleurs est supérieurement dialoguée. (V.)

[2] Var. Ils cherchent de la gloire à mépriser les dieux. (1643-48.)

SCÈNE IV.

FÉLIX, ALBIN, PAULINE, STRATONICE.

FÉLIX.

Albin, en est-ce fait?

ALBIN.

Oui, seigneur; et Néarque a payé son forfait.

FÉLIX.

Et notre Polyeucte a vu trancher sa vie?

ALBIN.

Il l'a vu, mais, hélas! avec un œil d'envie.
Il brûle de le suivre, au lieu de reculer;
Et son cœur s'affermit, au lieu de s'ébranler.

PAULINE.

Je vous le disois bien. Encore un coup, mon père,
Si jamais mon respect a pu vous satisfaire,
Si vous l'avez prisé, si vous l'avez chéri....

FÉLIX.

Vous aimez trop, Pauline, un indigne mari.

PAULINE.

Je l'ai de votre main : mon amour est sans crime [1];
Il est de votre choix la glorieuse estime;
Et j'ai, pour l'accepter, éteint le plus beau feu [2]

---

[1] On est toujours un peu étonné que Pauline prononce le mot d'amour en parlant de son mari, elle qui a avoué à ce mari qu'elle en aimait un autre; mais *je l'ai de votre main* est admirable. Dans le vers qui suit, *la glorieuse estime de votre choix* est un barbarisme. (V.)

[2] VAR. Et j'ai, pour l'accepter, éteint les plus beaux feux
Qui d'une ame bien née aient mérité les vœux. (1643-48.)

220   POLYEUCTE.

Qui d'une ame bien née ait mérité l'aveu.
Au nom de cette aveugle et prompte obéissance
Que j'ai toujours rendue aux lois de la naissance,
Si vous avez pu tout sur moi, sur mon amour,
Que je puisse sur vous quelque chose à mon tour!
Par ce juste pouvoir à présent trop à craindre,
Par ces beaux sentiments qu'il m'a fallu contraindre
Ne m'ôtez pas vos dons; ils sont chers à mes yeux,
Et m'ont assez coûté pour m'être précieux.

FÉLIX.

Vous m'importunez trop : bien que j'aie un cœur tendre
Je n'aime la pitié qu'au prix que j'en veux prendre²
Employez mieux l'effort de vos justes douleurs ;
Malgré moi m'en toucher, c'est perdre et temps et pleurs
J'en veux être le maître, et je veux bien qu'on sache
Que je la désavoue alors qu'on me l'arrache.
Préparez-vous à voir ce malheureux chrétien,
Et faites votre effort quand j'aurai fait le mien.
Allez ; n'irritez plus un père qui vous aime,
Et tâchez d'obtenir votre époux de lui-même.
Tantôt jusqu'en ce lieu je le ferai venir ³ :
Cependant quittez-nous, je veux l'entretenir.

¹ Var. Vous m'importunez trop.
PAULINE.
Dieux ! que viens-je d'entendre!
FÉLIX.
Je n'aime la pitié qu'au prix que j'en veux prendre :
Par tant de vains efforts malgré moi m'en toucher,
C'est perdre avec le temps des pleurs à me fâcher.
Vous m'en avez donné ; mais je veux bien qu'on sache. (1643-48

² Que veut dire *aimer la pitié au prix qu'on en veut prendr*
qu'est-ce que ce prix ? Cette phrase était autrefois triviale,
jamais noble ni exacte. (V.)

³ Var. Tantôt jusques ici je le ferai venir. (1643-48.)

PAULINE.

De grace, permettez....

FÉLIX.

Laissez-nous seuls, vous dis-je;
Votre douleur m'offense autant qu'elle m'afflige.
A gagner Polyeucte appliquez tous vos soins;
Vous avancerez plus en m'importunant moins.

SCÈNE V.

FÉLIX, ALBIN.

FÉLIX.

Albin, comme est-il mort [1]?

ALBIN.

En brutal [2], en impie,
En bravant les tourments, en dédaignant la vie,
Sans regret, sans murmure, et sans étonnement,
Dans l'obstination et l'endurcissement,
Comme un chrétien enfin, le blasphème à la bouche.

FÉLIX.

Et l'autre?

ALBIN.

Je l'ai dit déjà, rien ne le touche;
Loin d'en être abattu, son cœur en est plus haut.
On l'a violenté pour quitter l'échafaud :

---

[1] Il faut *comment*. (V.) — *Comme* était alors usité en ce sens. Richelet dans son dictionnaire en cite un exemple, et l'on peut voir dans les *OEuvres mêlées* de Chevreau une dissertation sur la différence de *comme* et de *comment*, qui justifie la phrase de Corneille. (A.-M.)

[2] Mauvaise expression. (V.)

Il est dans la prison où je l'ai vu conduire;
Mais vous êtes bien loin encor de le réduire[1].

FÉLIX.

Que je suis malheureux!

ALBIN.

Tout le monde vous plaint.

FÉLIX.

On ne sait pas les maux dont mon cœur est atteint;
De pensers sur pensers mon ame est agitée,
De soucis sur soucis elle est inquiétée[2];
Je sens l'amour, la haine, et la crainte, et l'espoir,
La joie et la douleur tour-à-tour l'émouvoir[3];
J'entre en des sentiments qui ne sont pas croyables;
J'en ai de violents, j'en ai de pitoyables;
J'en ai de généreux qui n'oseroient agir :
J'en ai même de bas, et qui me font rougir.
J'aime ce malheureux que j'ai choisi pour gendre,
Je hais l'aveugle erreur qui le vient de surprendre;
Je déplore sa perte, et, le voulant sauver,
J'ai la gloire des dieux ensemble à conserver;
Je redoute leur foudre, et celui de Décie;
Il y va de ma charge, il y va de ma vie.
Ainsi tantôt pour lui je m'expose au trépas,
Et tantôt je le perds pour ne me perdre pas.

ALBIN.

Décie excusera l'amitié d'un beau-père;
Et d'ailleurs Polyeucte est d'un sang qu'on révère.

---

[1] Var. Mais vous n'êtes pas prêt encor de le réduire. (1643-48.)

[2] Il n'y a pas là d'élégance, mais il y a de la vivacité de senti ment. (V.)

[3] *La joie* : ce mot ne découvre-t-il pas trop la bassesse de Félix Quel moment pour sentir de la joie! (V.)

ACTE III, SCÈNE V.   223

FÉLIX.

A punir les chrétiens son ordre est rigoureux [1] ;
Et plus l'exemple est grand, plus il est dangereux :
On ne distingue point quand l'offense est publique ;
Et lorsqu'on dissimule un crime domestique,
Par quelle autorité peut-on, par quelle loi,
Châtier en autrui ce qu'on souffre chez soi?

ALBIN.

Si vous n'osez avoir d'égard à sa personne,
Écrivez à Décie afin qu'il en ordonne.

FÉLIX.

Sévère me perdroit, si j'en usois ainsi :
Sa haine et son pouvoir font mon plus grand souci.
Si j'avois différé de punir un tel crime,
Quoiqu'il soit généreux, quoiqu'il soit magnanime,
Il est homme, et sensible, et je l'ai dédaigné,
Et de tant de mépris son esprit indigné [2],
Que met au désespoir cet hymen de Pauline,
Du courroux de Décie obtiendroit ma ruine [3].
Pour venger un affront tout semble être permis,
Et les occasions tentent les plus remis.

[1] Un *ordre à punir* est un solécisme. (V.) — Du temps de Corneille c'était du très bon français. (A.-M.)

[2] Var. Et des mépris reçus son esprit indigné. (1643.)

[3] Cette crainte n'est-elle pas aussi frivole que celle où était Pauline que son mari et son amant ne se querellassent au temple? Personne ne craint pour Félix ; il n'a rien à redouter en demandant l'ordre de l'empereur ; il affecte une terreur qui paraît peu naturelle. (V.) — Félix est un vieux courtisan, et en cette qualité, non-seulement il ne doit croire ni à la loyauté ni à la vertu, mais il doit voir partout des piéges. Sa terreur est donc très naturelle. Ce caractère concourt à rehausser par un juste contraste la vertu et le courage de Polyeucte. (A.-M.)

Peut-être, et ce soupçon n'est pas sans apparence,
Il rallume en son cœur déja quelque espérance;
Et, croyant bientôt voir Polyeucte puni,
Il rappelle un amour à grand'peine banni.
Juge si sa colère, en ce cas implacable,
Me feroit innocent de sauver un coupable,
Et s'il m'épargneroit, voyant par mes bontés
Une seconde fois ses desseins avortés.
Te dirai-je un penser indigne, bas, et lâche?
Je l'étouffe; il renaît; il me flatte, et me fâche :
L'ambition toujours me le vient présenter;
Et tout ce que je puis, c'est de le détester.
Polyeucte est ici l'appui de ma famille;
Mais si, par son trépas, l'autre épousoit ma fille,
J'acquerrois bien par-là de plus puissants appuis [1]

[1] Voici le sentiment le plus bas qu'on puisse jamais développer; mais il est ménagé avec art. Ces expressions, *si l'autre épousait ma fille, j'acquerrais par-là, cent fois plus haut*, sont aussi basses que le sentiment de Félix. Cependant j'ai toujours remarqué qu'on n'écoutait pas sans plaisir l'aveu de ces sentiments, tout condamnables qu'ils sont : on aimait en secret ce développement honteux du cœur humain; on sentait qu'il n'est que trop vrai que souvent les hommes sacrifient tout à leur propre intérêt. Enfin Félix dit au moins qu'il déteste ces pensers si lâches; on lui pardonne un peu : mais pardonne-t-on à Albin qui lui dit qu'il a *l'ame trop haute?* C'est ici le lieu d'examiner si on peut mettre sur la scène tragique des caractères bas et lâches. Le public en général ne les aime pas : le parterre murmure quand Narcisse dit dans *Britannicus, Et pour nous rendre heureux perdons les misérables*. On n'aime point le prêtre Mathan qui veut *à force d'attentats perdre tous ses remords*. Cependant, puisque ces caractères sont dans la nature, il semble qu'il soit permis de les peindre; et l'art de les faire contraster avec les personnages héroïques peut quelquefois produire des beautés. (V.)

ACTE III, SCÈNE V.

Qui me mettroient plus haut cent fois que je ne suis.
Mon cœur en prend par force une maligne joie :
Mais que plutôt le ciel à tes yeux me foudroie,
Qu'à des pensers si bas je puisse consentir,
Que jusque-là ma gloire ose se démentir !

ALBIN.

Votre cœur est trop bon, et votre ame trop haute.
Mais vous résolvez-vous à punir cette faute ?

FÉLIX.

Je vais dans la prison faire tout mon effort
A vaincre cet esprit par l'effroi de la mort;
Et nous verrons après ce que pourra Pauline [1].

ALBIN.

Que ferez-vous enfin si toujours il s'obstine ?

FÉLIX.

Ne me presse point tant; dans un tel déplaisir,
Je ne puis que résoudre, et ne sais que choisir.

ALBIN.

Je dois vous avertir, en serviteur fidèle,
Qu'en sa faveur déjà la ville se rebelle [2],

Corneille a atteint son but. Il voulait réunir en un seul tableau l'image de la dégradation d'un cœur servile, à côté de la noblesse des sentiments chrétiens et politiques. Félix manquerait à ce drame excellent, s'il n'y était pas ; et le public n'eût pas appris par une si complète leçon qu'il n'est rien de plus féroce que l'avarice et la pusillanimité. (LEMERCIER.)

[1] VAR. Et nous verrons après le pouvoir de Pauline *. (1643.)

* VAR. J'emploierai puis après le pouvoir de Pauline. (1648.)

[2] *Rebeller* ne se dit plus, et devrait se dire, puisqu'il vient de *rebelle*, *rébellion*. Mais comment cette ville païenne peut-elle se révolter en faveur d'un chrétien, après que l'on a dit que ce même peuple a été indigné de son sacrilége, et qu'il s'est enfui du temple si épouvanté, qu'il a craint d'être écrasé par la

Et ne peut voir passer par la rigueur des lois
Sa dernière espérance et le sang de ses rois.
Je tiens sa prison même assez mal assurée[1] ;
J'ai laissé tout autour une troupe éplorée;
Je crains qu'on ne la force.

FÉLIX.

Il faut donc l'en tirer,
Et l'amener ici pour nous en assurer.

ALBIN.

Tirez-l'en donc vous-même, et d'un espoir de grace
Apaisez la fureur de cette populace.

FÉLIX.

Allons, et, s'il persiste à demeurer chrétien,
Nous en disposerons sans qu'elle en sache rien.

foudre? Il eût donc fallu expliquer comment on a passé sitôt de l'exécration pour l'action de Polyeucte à l'amour pour sa personne. (V.)

[1] Var. Et même sa prison n'est pas fort assurée. (1643-48.)

FIN DU TROISIÈME ACTE.

ACTE QUATRIÈME.

SCÈNE I.

POLYEUCTE, CLÉON, TROIS AUTRES GARDES.

POLYEUCTE.

Gardes, que me veut-on ?

CLÉON.

Pauline vous demande.

POLYEUCTE.

O présence, ô combat que sur-tout j'appréhende !
Félix, dans la prison j'ai triomphé de toi,
J'ai ri de ta menace, et t'ai vu sans effroi :
Tu prends pour t'en venger de plus puissantes armes;
Je craignois beaucoup moins tes bourreaux que ses larmes.
  Seigneur, qui vois ici les périls que je cours,
En ce pressant besoin redouble ton secours.
Et toi qui, tout sortant encor de la victoire,
Regardes mes travaux du séjour de la gloire,
Cher Néarque, pour vaincre un si fort ennemi,
Prête du haut du ciel la main à ton ami.
  Gardes, oseriez-vous me rendre un bon office ?
Non pour me dérober aux rigueurs du supplice [1],

---

[1] Var. CLÉON.
Nous n'osons plus, seigneur, vous rendre aucun service.
POLYEUCTE.
Je ne vous parle pas de me faire évader. (1643-48.)

Ce n'est pas mon dessein qu'on me fasse évader;
Mais comme il suffira de trois à me garder,
L'autre m'obligeroit d'aller querir Sévère¹;
Je crois que sans péril on peut me satisfaire² :
Si j'avois pu lui dire un secret important,
Il vivroit plus heureux, et je mourrois content.

CLÉON.

Si vous me l'ordonnez, j'y cours en diligence³.

POLYEUCTE.

Sévère à mon défaut fera ta récompense.
Va, ne perds point de temps, et reviens promptement.

CLÉON.

Je serai de retour, seigneur, dans un moment.

¹ *Querir* ne se dit plus. (V.)

² VAR. Je crois que sans péril cela se peut bien faire. (1643-48.)

³ Il n'est pas naturel que Polyeucte envoie prier Sévère de venir lui parler : il ne doit rien avoir à lui dire, mais le public est dans l'attente qu'il dira quelque chose d'important. On ne se doute pas que Polyeucte envoie chercher Sévère pour lui donner sa femme. (V.)

VAR. Puisque c'est pour Sévère, à tout je me dispense.
POLYEUCTE.
Lui-même, à mon défaut, fera ta récompense.
Le plus tôt vaut le mieux; va donc, et promptement.
CLÉON.
J'y cours, et vous m'aurez ici dans un moment. (1643-48.)

SCÈNE II[1].

POLYEUCTE.

(Les gardes se retirent aux coins du théâtre.)

Source délicieuse, en misères féconde,
Que voulez-vous de moi, flatteuses voluptés?
Honteux attachements de la chair et du monde,
Que ne me quittez-vous, quand je vous ai quittés?
Allez, honneurs, plaisirs, qui me livrez la guerre :
    Toute votre félicité,
    Sujette à l'instabilité,
    En moins de rien tombe par terre[2] ;
    Et, comme elle a l'éclat du verre,
    Elle en a la fragilité[3].

Ainsi n'espérez pas qu'après vous je soupire.
Vous étalez en vain vos charmes impuissants;
Vous me montrez en vain par tout ce vaste empire

---

[1] Quatre ans après *Polyeucte*, Rotrou donna *Saint Genest* comme une tragédie sainte. On sait que ce Genest était un comédien qui se convertit sur le théâtre en jouant dans une farce contre les chrétiens. Rotrou, dans cette pièce, a imité ces stances de Polyeucte. (V.)

[2] *Tombe par terre* est toujours mauvais ; la raison en est que *par terre* est inutile, et n'est pas noble. Cette manière de parler est de la conversation familière : *il est tombé par terre*. (V.)

[3] C'est là un de ces *concetti*, un de ces faux brillants qui étaient tant à la mode. Ce n'est pas l'éclat qui fait la fragilité; les diamants, qui éclatent bien davantage, sont très solides. On remarqua, dès les premières représentations de *Polyeucte*, que ces

Les ennemis de Dieu pompeux et florissants.
Il étale à son tour des revers équitables
　　Par qui les grands sont confondus ;
　　Et les glaives qu'il tient pendus [1]
　　Sur les plus fortunés coupables [2]
　　Sont d'autant plus inévitables,
　　Que leurs coups sont moins attendus.

Tigre altéré de sang, Décie impitoyable [3],
Ce Dieu t'a trop long-temps abandonné les siens ;
De ton heureux destin vois la suite effroyable ;
Le Scythe va venger la Perse et les chrétiens.
Encore un peu plus outre, et ton heure est venue ;
　　Rien ne t'en sauroit garantir ;
　　Et la foudre qui va partir,
　　Toute prête à crever la nue,
　　Ne peut plus être retenue
　　Par l'attente du repentir.

trois vers étaient pris entièrement de la trente-deuxième strophe d'une ode de l'évêque Godeau à Louis XIII :

　　　Mais leur gloire tombe par terre ;
　　　Et, comme elle a l'éclat du verre,
　　　Elle en a la fragilité.

Cette ode était oubliée ; mais on la déterra pour accuser Corneille de ce petit plagiat. Sa mémoire pouvait l'avoir trompé : ces trois vers purent se présenter à lui dans la foule de ses autres enfants : il eût été mieux de ne les pas employer ; il était assez riche de son propre fonds. (V.)

[1] *Qu'il tient suspendus* serait mieux. *Pendus* n'est pas agréable. (V.)

[2] Var. Dessus ces illustres coupables. (1643-48.)

[3] Var. Tigre affamé de sang, Décie impitoyable. (1643-48.)

ACTE IV, SCÈNE II.

Que cependant Félix m'immole à ta colère;
Qu'un rival plus puissant éblouisse ses yeux[1];
Qu'aux dépens de ma vie il s'en fasse beau-père,
Et qu'à titre d'esclave il commande en ces lieux :
Je consens, ou plutôt j'aspire à ma ruine.
    Monde, pour moi tu n'as plus rien[2].
    Je porte en un cœur tout chrétien
      Une flamme toute divine;
      Et je ne regarde Pauline
    Que comme un obstacle à mon bien.

Saintes douceurs du ciel, adorables idées,
Vous remplissez un cœur qui vous peut recevoir :
De vos sacrés attraits les ames possédées
Ne conçoivent plus rien qui les puisse émouvoir.
Vous promettez beaucoup, et donnez davantage :
    Vos biens ne sont point inconstants,
    Et l'heureux trépas que j'attends
    Ne vous sert que d'un doux passage
    Pour nous introduire au partage
    Qui nous rend à jamais contents.

C'est vous, ô feu divin que rien ne peut éteindre,
Qui m'allez faire voir Pauline sans la craindre.
Je la vois : mais mon cœur, d'un saint zèle enflammé,
N'en goûte plus l'appas dont il étoit charmé;
Et mes yeux, éclairés des célestes lumières,
Ne trouvent plus aux siens leurs graces coutumières[3].

[1] VAR. Qu'un rival plus puissant lui donne dans les yeux. (1643-48.)

[2] VAR. Vains appas, vous ne m'êtes rien. (1643-48.)

[3] C'est dommage que ce dernier mot ne soit plus d'usage que dans le burlesque. (V.)

SCÈNE III.

POLYEUCTE, PAULINE, GARDES.

POLYEUCTE.

Madame, quel dessein vous fait me demander?
Est-ce pour me combattre, ou pour me seconder?
Cet effort généreux de votre amour parfaite [1]
Vient-il à mon secours, vient-il à ma défaite [2] ?
Apportez-vous ici la haine, ou l'amitié,
Comme mon ennemie, ou ma chère moitié?

PAULINE.

Vous n'avez point ici d'ennemi que vous-même [3] ;
Seul vous vous haïssez, lorsque chacun vous aime [4] ;
Seul vous exécutez tout ce que j'ai rêvé [5] :
Ne veuillez pas vous perdre, et vous êtes sauvé.
A quelque extrémité que votre crime passe,
Vous êtes innocent si vous vous faites grace.
Daignez considérer le sang dont vous sortez,
Vos grandes actions, vos rares qualités ;
Chéri de tout le peuple, estimé chez le prince,
Gendre du gouverneur de toute la province [6] ;

[1] VAR. Et l'effort généreux de cette amour parfaite
Vient-il à mon secours, ou bien à ma défaite ? (1643-48.)

[2] Cela n'est pas français. (V.)

[3] *Point* est ici une faute contre la langue ; il faut *vous n'avez d'ennemi que vous-même*. (V.)

[4] VAR. Vous seul vous haïssez, lorsque chacun vous aime. (1643-48.)

[5] On a déja dit que les mots *rêver*, *songer*, *faire un rêve*, *un songe*, ne sont pas du style de la tragédie. (V.)

[6] Ce *toute* gâte le vers, parcequ'il est à-la-fois inutile et emphatique. (V.)

ACTE IV, SCÈNE III. 233

Je ne vous compte à rien le nom de mon époux :
C'est un bonheur pour moi qui n'est pas grand pour vous.
Mais après vos exploits, après votre naissance,
Après votre pouvoir, voyez notre espérance [1];
Et n'abandonnez pas à la main d'un bourreau
Ce qu'à nos justes vœux promet un sort si beau.

POLYEUCTE.

Je considère plus ; je sais mes avantages,
Et l'espoir que sur eux forment les grands courages [2].
Ils n'aspirent enfin qu'à des biens passagers,
Que troublent les soucis, que suivent les dangers ;
La mort nous les ravit, la fortune s'en joue ;
Aujourd'hui dans le trône, et demain dans la boue ;
Et leur plus haut éclat fait tant de mécontents,
Que peu de vos Césars en ont joui long-temps.

J'ai de l'ambition, mais plus noble et plus belle :
Cette grandeur périt, j'en veux une immortelle,
Un bonheur assuré, sans mesure et sans fin,
Au-dessus de l'envie, au-dessus du destin.
Est-ce trop l'acheter que d'une triste vie,
Qui tantôt, qui soudain me peut être ravie [3];

---

[1] On ne peut dire *après votre naissance, après votre pouvoir*, comme on dit *après vos exploits. Voyez notre espérance* est le contraire de ce qu'elle entend ; car elle entend, voyez la juste terreur qui nous reste, voyez où vous nous réduisez ; vous, d'une si grande naissance, vous qui avez tant de pouvoir ! (V.)

[2] L'espoir que les *grands courages* forment sur des *avantages* n'est pas une faute contre la syntaxe ; mais cela n'est pas bien écrit : la raison en est qu'il ne faut pas un grand courage pour espérer une grande fortune quand on est gendre du gouverneur de *toute la province*, et estimé chez le *prince*. (V.)

[3] *Tantôt* est ici pour *bientôt*. J'ai vu des gens traiter de capucinade ce discours de Polyeucte ; mais il faut toujours se mettre à

Qui ne me fait jouir que d'un instant qui fuit,
Et ne peut m'assurer de celui qui le suit?
PAULINE.
Voilà de vos chrétiens les ridicules songes¹ ;
Voilà jusqu'à quel point vous charment leurs mensonges:
Tout votre sang est peu pour un bonheur si doux.
Mais, pour en disposer, ce sang est-il à vous?
Vous n'avez pas la vie ainsi qu'un héritage ;
Le jour qui vous la donne en même temps l'engage :
Vous la devez au prince, au public, à l'état.
POLYEUCTE.
Je la voudrois pour eux perdre dans un combat;
Je sais quel en est l'heur, et quelle en est la gloire.
Des aïeux de Décie on vante la mémoire ;
Et ce nom, précieux encore à vos Romains,
Au bout de six cents ans lui met l'empire aux mains.
Je dois ma vie au peuple, au prince, à sa couronne;
Mais je la dois bien plus au Dieu qui me la donne :
Si mourir pour son prince est un illustre sort,
Quand on meurt pour son Dieu, quelle sera la mort?
PAULINE.
Quel Dieu!
POLYEUCTE.
Tout beau, Pauline : il entend vos paroles² ;

la place du personnage qui parle. Polyeucte ne dit que ce qu'il doit dire. (V.)

¹ C'est ici que le mot de *ridicule* est bien placé dans la bouche de Pauline. Les termes les plus bas, employés à propos, s'ennoblissent. Racine, dans *Athalie*, se sert des mots de *bouc* et *chien* avec succès. (V.)

² *Tout beau* ne peut jamais être ennobli, parcequ'il ne peut être accompagné de rien qui le relève ; mais presque tout ce que dit Polyeucte dans cette scène est du genre sublime. (V.)

ACTE IV, SCÈNE III.

Et ce n'est pas un Dieu comme vos dieux frivoles,
Insensibles et sourds, impuissants, mutilés,
De bois, de marbre, ou d'or, comme vous les voulez :
C'est le Dieu des chrétiens, c'est le mien, c'est le vôtre;
Et la terre et le ciel n'en connoissent point d'autre.

PAULINE.

Adorez-le dans l'ame, et n'en témoignez rien.

POLYEUCTE.

Que je sois tout ensemble idolâtre et chrétien!

PAULINE.

Ne feignez qu'un moment : laissez partir Sévère,
Et donnez lieu d'agir aux bontés de mon père.

POLYEUCTE.

Les bontés de mon Dieu sont bien plus à chérir :
Il m'ôte des périls que j'aurois pu courir [1],
Et, sans me laisser lieu de tourner en arrière [2],
Sa faveur me couronne entrant dans la carrière;
Du premier coup de vent il me conduit au port,
Et, sortant du baptême, il m'envoie à la mort [3].

---

[1] On n'ôte point *des périls;* on vous sauve d'un péril; on détourne un péril; on vous arrache à un péril. (V.) — La faute est bien légère, puisque l'on dit : *retirer* d'un péril. Corneille aurait pu mettre : « Il m'arrache au péril. » (A.-M.)

[2] *Sans me laisser lieu*, expression de prose rampante. (V.)

[3] Observez que voilà quatre vers qui disent tous la même chose; c'est une *carrière*, c'est un *port*, c'est la *mort*. Cette superfluité fait quelquefois languir une idée; une seule image la fortifierait : une seule métaphore se présente naturellement à un esprit rempli de son objet; mais deux ou trois métaphores accumulées sentent le rhéteur. Que dirait-on d'un homme qui, en revenant dans sa patrie, dirait : *Je rentre dans mon nid, j'arrive au port à pleines voiles, je reviens à bride abattue?* C'est une règle de la vraie éloquence, qu'une seule métaphore convient à la passion. (V.)

236   POLYEUCTE.
Si vous pouviez comprendre, et le peu qu'est la vie,
Et de quelles douceurs cette mort est suivie....
Mais que sert de parler de ces trésors cachés
A des esprits que Dieu n'a pas encor touchés?

PAULINE.
Cruel! car il est temps que ma douleur éclate[1],
Et qu'un juste reproche accable une ame ingrate;
Est-ce là ce beau feu? sont-ce là tes serments?
Témoignes-tu pour moi les moindres sentiments?
Je ne te parlois point de l'état déplorable
Où ta mort va laisser ta femme inconsolable;
Je croyois que l'amour t'en parleroit assez,
Et je ne voulois pas de sentiments forcés :
Mais cette amour si ferme et si bien méritée
Que tu m'avois promise, et que je t'ai portée,
Quand tu me veux quitter, quand tu me fais mourir,
Te peut-elle arracher une larme, un soupir?
Tu me quittes, ingrat, et le fais avec joie[2];
Tu ne la caches pas, tu veux que je la voie;
Et ton cœur, insensible à ces tristes appas,
Se figure un bonheur où je ne serai pas!
C'est donc là le dégoût qu'apporte l'hyménée?
Je te suis odieuse après m'être donnée!

POLYEUCTE.
Hélas!

PAULINE.
Que cet hélas a de peine à sortir[3]!

[1] Il me semble que ce couplet est tendre, animé, douloureux naturel, et très à sa place. (V.)

[2] Var. Tu me quittes, ingrat, et mêmes avec joie. (1643-48.)

[3] Cet hélas est un peu familier, mais il est attendrissant, quoi que le mot sortir ne soit pas noble. (V.)

ACTE IV, SCÈNE III.

Encor s'il commençoit un heureux repentir [1],
Que, tout forcé qu'il est, j'y trouverois de charmes!
Mais courage, il s'émeut, je vois couler des larmes.

POLYEUCTE.

J'en verse, et plût à Dieu qu'à force d'en verser
Ce cœur trop endurci se pût enfin percer!
Le déplorable état où je vous abandonne
Est bien digne des pleurs que mon amour vous donne;
Et si l'on peut au ciel sentir quelques douleurs [2],
J'y pleurerai pour vous l'excès de vos malheurs :
Mais si, dans ce séjour de gloire et de lumière,
Ce Dieu tout juste et bon peut souffrir ma prière;
S'il y daigne écouter un conjugal amour,
Sur votre aveuglement il répandra le jour.

Seigneur, de vos bontés il faut que je l'obtienne [3];
Elle a trop de vertus pour n'être pas chrétienne [4] :
Avec trop de mérite il vous plut la former,
Pour ne vous pas connoître et ne vous pas aimer,
Pour vivre des enfers esclave infortunée,
Et sous leur triste joug mourir comme elle est née.

PAULINE.

Que dis-tu, malheureux? qu'oses-tu souhaiter?

POLYEUCTE.

Ce que de tout mon sang je voudrois acheter.

---

[1] Var. Encore s'il marquoit un heureux repentir. (1643-48.)

[2] Var. Et si l'on peut au ciel emporter des douleurs,
   J'en emporte de voir l'excès de vos malheurs. (1643-48.)

[3] Je me souviens qu'autrefois l'acteur qui jouait Polyeucte avec des gants blancs et un grand chapeau, ôtait ses gants et son chapeau pour faire sa prière à Dieu. Je ne sais pas si ce ridicule subsiste encore. (V.)

[4] Ce vers est admirable. On a beau dire qu'un mahométan

238   POLYEUCTE.

PAULINE.

Que plutôt...!

POLYEUCTE.

C'est en vain qu'on se met en défense :
Ce Dieu touche les cœurs lorsque moins on y pense.
Ce bienheureux moment n'est pas encor venu ;
Il viendra ; mais le temps ne m'en est pas connu.

PAULINE.

Quittez cette chimère, et m'aimez.

POLYEUCTE.

Je vous aime,
Beaucoup moins que mon Dieu, mais bien plus que moi-

PAULINE.

Au nom de cet amour, ne m'abandonnez pas.

POLYEUCTE.

Au nom de cet amour, daignez suivre mes pas [1].

PAULINE.

C'est peu de me quitter, tu veux donc me séduire?

POLYEUCTE.

C'est peu d'aller au ciel, je vous y veux conduire.

PAULINE.

Imaginations!

POLYEUCTE.

Célestes vérités!

PAULINE.

Étrange aveuglement!

en dirait autant à Constantinople de sa femme, si elle était chr
tienne, *Elle a trop de vertus pour n'être pas musulmane* : c'est p
cela même que cette idée est très belle, parcequ'elle est dans
nature. C'est ce qu'Horace appelle *bene morata fabula*. (V.)

[1] Var. Au nom de cet amour, venez suivre mes pas. (1643-48.)

ACTE IV, SCÈNE IV.   239
POLYEUCTE.
Éternelles clartés!
PAULINE.
Tu préfères la mort à l'amour de Pauline!
POLYEUCTE.
Vous préférez le monde à la bonté divine!
PAULINE.
Va, cruel, va mourir; tu ne m'aimas jamais.
POLYEUCTE.
Vivez heureuse au monde, et me laissez en paix.
PAULINE.
Oui, je t'y vais laisser; ne t'en mets plus en peine;
Je vais....

SCÈNE IV.

POLYEUCTE, PAULINE, SÉVÈRE, FABIAN,
GARDES.

PAULINE.
Mais quel dessein en ce lieu vous amène,
Sévère? auroit-on cru qu'un cœur si généreux [1]
Pût venir jusqu'ici braver un malheureux?
POLYEUCTE.
Vous traitez mal, Pauline, un si rare mérite;
A ma seule prière il rend cette visite.
Je vous ai fait, seigneur, une incivilité [2],

[1] Var. Sévère, est-ce le fait d'un homme généreux
De venir jusqu'ici braver un malheureux? (1643-48.)

[2] *Rendre visite* et *incivilité* ne doivent jamais être employés dans la tragédie. (V.)

Var. Je vous ai fait, Sévère, une incivilité. (1643-48.)

Que vous pardonnerez à ma captivité.
Possesseur d'un trésor dont je n'étois pas digne,
Souffrez avant ma mort que je vous le résigne[1],
Et laisse la vertu la plus rare à nos yeux
Qu'une femme jamais pût recevoir des cieux
Aux mains du plus vaillant et du plus honnête homme
Qu'ait adoré la terre et qu'ait vu naître Rome.
Vous êtes digne d'elle, elle est digne de vous ;
Ne la refusez pas de la main d'un époux :
S'il vous a désunis, sa mort vous va rejoindre.
Qu'un feu jadis si beau n'en devienne pas moindre ;
Rendez-lui votre cœur, et recevez sa foi :
Vivez heureux ensemble, et mourez comme moi :
C'est le bien qu'à tous deux Polyeucte desire.

Qu'on me mène à la mort, je n'ai plus rien à dire.
Allons, gardes, c'est fait.

[1] Cette étrange idée de prier Sévère de venir pour lui céder sa femme ne serait pas tolérable en toute autre occasion ; on ne peut l'approuver que dans un chrétien qui n'aime que le martyre. Cette cession, d'ailleurs lâche et ridicule, peut devenir héroïque par le motif. Le philosophe même peut être touché car le philosophe sait que chacun doit parler suivant son caractère. Cependant on peut dire que cette cession n'a rien d'attendrissant, parcequ'elle n'a rien de nécessaire ; que c'est une chose que Polyeucte peut également faire ou ne faire pas, qu n'est point fondée dans l'intrigue de la pièce, un hors-d'œuvre qui ne va point au cœur. Il semble qu'il cède sa femme pour avoir le plaisir de la céder. Mais cela produit de très grandes beautés dans la scène suivante. (V.)

Var. Souffrez, avant mourir, que je vous la résigne. (1643.)

SCÈNE V.

SÉVÈRE, PAULINE, FABIAN.

SÉVÈRE.
                Dans mon étonnement,
Je suis confus pour lui de son aveuglement[1] ;
Sa résolution a si peu de pareilles,
Qu'à peine je me fie encore à mes oreilles.
Un cœur qui vous chérit (mais quel cœur assez bas[2]
Auroit pu vous connoître, et ne vous chérir pas?),
Un homme aimé de vous, sitôt qu'il vous possède,
Sans regret il vous quitte : il fait plus, il vous cède ;
Et, comme si vos feux étoient un don fatal,
Il en fait un présent lui-même à son rival[3] !
Certes, ou les chrétiens ont d'étranges manies,
Ou leurs félicités doivent être infinies,
Puisque, pour y prétendre, ils osent rejeter
Ce que de tout l'empire il faudroit acheter.

---

[1] Cette résignation de Polyeucte fait naître une des plus belles scènes qui soient au théâtre : c'est là sur-tout ce qui soutient cette tragédie. Remarquez que si l'acte finissait par la proposition étrange de Polyeucte de laisser sa femme à son rival par testament, rien ne serait plus ridicule et plus froid ; mais le grand art de relever cette espèce de bassesse par la scène entre Sévère et Pauline est d'un génie plein de ressources. (V.)

[2] *Assez bas* n'est pas le mot propre. *Assez* ne se rapporte à rien. (V.) — *Assez* se rapporte à *bas*, comme dans ces vers de *Zaïre* :

    Qui peut avoir un cœur assez lâche, assez bas,
    Pour feindre tant d'amour, et ne le sentir pas ? (P.)

[3] C'est dommage qu'*un présent de vos feux* gâte un peu ces vers excellents. (V.)

Pour moi, si mes destins, un peu plus tôt propices,
Eussent de votre hymen honoré mes services,
Je n'aurois adoré que l'éclat de vos yeux,
J'en aurois fait mes rois, j'en aurois fait mes dieux;
On m'auroit mis en poudre, on m'auroit mis en cendre[1],
Avant que....

PAULINE.

Brisons là; je crains de trop entendre,
Et que cette chaleur, qui sent vos premiers feux[2],
Ne pousse quelque suite indigne de tous deux.
Sévère, connoissez Pauline tout entière.
Mon Polyeucte touche à son heure dernière;
Pour achever de vivre il n'a plus qu'un moment;
Vous en êtes la cause, encor qu'innocemment.
Je ne sais si votre ame, à vos desirs ouverte,
Auroit osé former quelque espoir sur sa perte :
Mais sachez qu'il n'est point de si cruels trépas
Où d'un front assuré je ne porte mes pas,
Qu'il n'est point aux enfers d'horreurs que je n'endure,
Plutôt que de souiller une gloire si pure,
Que d'épouser un homme, après son triste sort,
Qui de quelque façon soit cause de sa mort[3] :

---

[1] *En poudre, en cendre;* c'est une petite négligence qui n'affaiblit point les sublimes et pathétiques beautés de cette scène. (V.)

[2] *Une chaleur qui sent des premiers feux et qui pousse une suite;* cela est mal écrit, d'abord; mais le sentiment l'emporte ici sur les termes, et le reste est d'une beauté dont il n'y eut jamais d'exemple. Les Grecs étaient des déclamateurs froids, en comparaison de cet endroit de Corneille. (V.)

[3] Par la construction, c'est le triste sort de cet homme qu'elle épouserait en secondes noces; et par le sens, c'est le triste sort de Polyeucte dont il s'agit. (V.)

ACTE IV, SCÈNE V.

Et, si vous me croyiez d'une ame si peu saine [1],
L'amour que j'eus pour vous tourneroit toute en haine.
Vous êtes généreux; soyez-le jusqu'au bout.
Mon père est en état de vous accorder tout,
Il vous craint; et j'avance encor cette parole,
Que, s'il perd mon époux, c'est à vous qu'il l'immole.
Sauvez ce malheureux, employez-vous pour lui;
Faites-vous un effort pour lui servir d'appui.
Je sais que c'est beaucoup que ce que je demande;
Mais plus l'effort est grand, plus la gloire en est grande.
Conserver un rival dont vous êtes jaloux,
C'est un trait de vertu qui n'appartient qu'à vous;
Et si ce n'est assez de votre renommée,
C'est beaucoup qu'une femme autrefois tant aimée,
Et dont l'amour peut-être encor vous peut toucher,
Doive à votre grand cœur ce qu'elle a de plus cher :
Souvenez-vous enfin que vous êtes Sévère.
Adieu. Résolvez seul ce que vous voulez faire [2];
Si vous n'êtes pas tel que je l'ose espérer,
Pour vous priser encor je le veux ignorer [3].

[1] *Si peu saine* n'est pas le mot propre; il s'en faut beaucoup. (V.)

[2] VAR. Je m'en vais sans réponse, après cette prière;
    Et si vous n'êtes tel que je l'ose espérer. (1643-48.)

[3] Il n'est point du tout naturel que Pauline sorte sans recevoir une réponse qu'elle attend avec tant d'empressement. Mais le dernier vers est si beau, et en même temps si adroit, qu'il fait tout pardonner. (V.)

SCÈNE VI.

SÉVÈRE, FABIAN.

SÉVÈRE.

Qu'est-ce ci, Fabian? quel nouveau coup de foudre
Tombe sur mon bonheur et le réduit en poudre [1]!
Plus je l'estime près, plus il est éloigné;
Je trouve tout perdu quand je crois tout gagné;
Et toujours la fortune, à me nuire obstinée,
Tranche mon espérance aussitôt qu'elle est née.
Avant qu'offrir des vœux je reçois des refus :
Toujours triste, toujours et honteux et confus
De voir que lâchement elle ait osé renaître,
Qu'encor plus lâchement elle ait osé paroître;
Et qu'une femme enfin dans la calamité [2]

[1] Si on ôtait ce *qu'est-ce ci*, et ce *coup de foudre* qui réduit un espoir en poudre, et les deux vers faibles qui suivent, et si on commençait la scène par ces mots : *Quoi! toujours la fortune*, etc., elle en serait plus vive. (V.)

[2] Corneille avait dit d'abord :

Et qu'une femme enfin dans l'infélicité. (1643-48.)

Ce vers fut mal reçu du public, parcequ'il y avait un mot nouveau : *infélicité*. Corneille supprima le mot, et il fit une double faute, car sa correction est mauvaise, et le mot qu'il supprimait était excellent. Toutefois il n'abandonna pas ce mot, et on le retrouve admirablement placé dans sa traduction de *l'Imitation*, liv. IV, ch. vii :

Gémis d'avoir aimé les plaisirs de la table,
D'avoir pris le travail pour *infélicité*.

Richelet a donné place à ce mot dans son dictionnaire, et l'ap-

ACTE IV, SCÈNE VI.

Me fasse des leçons de générosité.

Votre belle ame est haute autant que malheureuse,
Mais elle est inhumaine autant que généreuse,
Pauline; et vos douleurs avec trop de rigueur
D'un amant tout à vous tyrannisent le cœur.
C'est donc peu de vous perdre, il faut que je vous donne;
Que je serve un rival lorsqu'il vous abandonne;
Et que, par un cruel et généreux effort,
Pour vous rendre en ses mains je l'arrache à la mort.

FABIAN.

Laissez à son destin cette ingrate famille;
Qu'il accorde, s'il veut, le père avec la fille,
Polyeucte et Félix, l'épouse avec l'époux :
D'un si cruel effort quel prix espérez-vous ?

SÉVÈRE.

La gloire de montrer à cette ame si belle
Que Sévère l'égale, et qu'il est digne d'elle,
Qu'elle m'étoit bien due, et que l'ordre des cieux
En me la refusant m'est trop injurieux.

FABIAN.

Sans accuser le sort ni le ciel d'injustice,
Prenez garde au péril qui suit un tel service;
Vous hasardez beaucoup, seigneur, pensez-y bien.
Quoi! vous entreprenez de sauver un chrétien?
Pouvez-vous ignorer pour cette secte impie
Quelle est et fut toujours la haine de Décie?
C'est un crime vers lui si grand, si capital,
Qu'à votre faveur même il peut être fatal.

SÉVÈRE.

Cet avis seroit bon pour quelque ame commune.

puie d'une citation de Saint-Évremont, qui très probablement
n'a employé le mot qu'après Corneille. (A.-M.)

S'il tient entre ses mains ma vie et ma fortune,
Je suis encor Sévère ; et tout ce grand pouvoir
Ne peut rien sur ma gloire, et rien sur mon devoir.
Ici l'honneur m'oblige, et j'y veux satisfaire :
Qu'après le sort se montre ou propice ou contraire,
Comme son naturel est toujours inconstant,
Périssant glorieux, je périrai content.
  Je te dirai bien plus, mais avec confidence,
La secte des chrétiens n'est pas ce que l'on pense[1] :
On les hait ; la raison, je ne la connois point ;
Et je ne vois Décie injuste qu'en ce point.
Par curiosité j'ai voulu les connoître :
On les tient pour sorciers dont l'enfer est le maître ;
Et sur cette croyance on punit du trépas
Des mystères secrets que nous n'entendons pas.
Mais Cérès Éleusine, et la Bonne Déesse,
Ont leurs secrets comme eux à Rome et dans la Grèce ;
Encore impunément nous souffrons en tous lieux,
Leur Dieu seul excepté, toute sorte de dieux :
Tous les monstres d'Égypte ont des temples dans Rome ;
Nos aïeux à leur gré faisoient un dieu d'un homme ;
Et, leur sang parmi nous conservant leurs erreurs,
Nous remplissons le ciel de tous nos empereurs :
Mais, à parler sans fard de tant d'apothéoses,
L'effet est bien douteux de ces métamorphoses.
  Les chrétiens n'ont qu'un Dieu, maître absolu de tout,
De qui le seul vouloir fait tout ce qu'il résout :
Mais, si j'ose entre nous dire ce qu'il me semble,

---

[1] On sait assez que c'est là un des plus beaux endroits de la pièce ; jamais on n'a mieux parlé de la tolérance ; c'est la condamnation de tous les persécuteurs. (V.)

ACTE IV, SCÈNE VI.   247

Les nôtres bien souvent s'accordent mal ensemble ;
Et, me dût leur colère écraser à tes yeux,
Nous en avons beaucoup pour être de vrais dieux [1].
Enfin chez les chrétiens les mœurs sont innocentes,
Les vices détestés, les vertus florissantes [2] ;
Ils font des vœux pour nous qui les persécutons [3] ;
Et, depuis tant de temps que nous les tourmentons,
Les a-t-on vus mutins ? les a-t-on vus rebelles ?
Nos princes ont-ils eu des soldats plus fidèles ?

[1] Vers supprimés :

> Peut-être qu'après tout ces croyances publiques
> Ne sont qu'inventions de sages politiques,
> Pour contenir un peuple ou bien pour l'émouvoir,
> Et dessus sa foiblesse affermir leur pouvoir. (1643-48.)

[2] Vers supprimés :

> Jamais un adultère, un traître, un assassin ;
> Jamais d'ivrognerie, et jamais de larcin :
> Ce n'est qu'amour entre eux, que charité sincère ;
> Chacun y chérit l'autre, et le secourt en frère. (1643-48.)

[3] Remarquez ici que Racine, dans *Esther*, exprime la même chose en cinq vers :

> Tandis que votre main sur eux appesantie
> A leurs persécuteurs les livroit sans secours,
> Ils conjuroient ce Dieu de veiller sur vos jours,
> De rompre des méchants les trames criminelles,
> De mettre votre trône à l'ombre de ses ailes.

Sévère, qui parle en homme d'état, ne dit qu'un mot, et ce mot est plein d'énergie : Esther, qui veut toucher Assuérus, étend davantage cette idée. Sévère ne fait qu'une réflexion ; Esther fait une prière : ainsi l'un doit être concis, et l'autre déployer une éloquence attendrissante. Ce sont des beautés différentes, et toutes deux à leur place. On peut souvent faire de ces comparaisons ; rien ne contribue davantage à épurer le goût. (V.)

Furieux dans la guerre, ils souffrent nos bourreaux;
Et, lions au combat, ils meurent en agneaux.
J'ai trop de pitié d'eux pour ne les pas défendre.
Allons trouver Félix; commençons par son gendre;
Et contentons ainsi, d'une seule action,
Et Pauline, et ma gloire, et ma compassion.

FIN DU QUATRIÈME ACTE.

ACTE CINQUIÈME.

SCÈNE I.

FÉLIX, ALBIN, CLÉON.

FELIX.

Albin, as-tu bien vu la fourbe de Sévère[1] ?
As-tu bien vu sa haine? et vois-tu ma misère[2] ?

[1] Je ne doute pas que Corneille n'ait voulu faire contraster la bassesse de Félix avec la grandeur de Sévère. Les oppositions sont belles en peinture, en poésie, en éloquence. Homère a son Thersite; l'Arioste a son Brunel : il n'en est pas ainsi au théâtre, les caractères lâches n'y sont presque jamais tolérés : on ne veut pas voir ce qu'on méprise.

Non seulement Félix est méprisable, mais il se trompe toujours dans ses raisonnements. Il prétend que Sévère méprise dans Pauline les restes de Polyeucte. Cependant Sévère aime passionnément *ces restes*. Il a beau dire que Sévère *tempête*, qu'il tranche du *généreux*, et qu'au fond c'est un *fourbe*; il devrait bien voir que Sévère n'a pas besoin de l'être. En général, tout ce qui n'est que politique est froid au théâtre ; et la politique de Félix est aussi fausse que lâche. S'il croit que Sévère se soucie peu de Pauline, il ne doit pas croire qu'il veuille se venger. Pourquoi ne pas donner à Félix un grand zèle pour sa religion? cela ferait un bien meilleur contraste avec le zèle de Polyeucte pour la sienne. (V.) — Voltaire nous paroît se tromper ; ce contraste ne produiroit entre le gendre et le beau-père qu'une scène de controverse, déplacée dans une tragédie. (P.)

[2] Le mot de *misère*, qu'on emploie souvent en vers pour malheur, peut n'être pas convenable ici, parcequ'il peut être en-

ALBIN.

Je n'ai vu rien en lui qu'un rival généreux,
Et ne vois rien en vous qu'un père rigoureux.

FÉLIX.

Que tu discernes mal le cœur d'avec la mine¹ !
Dans l'ame il hait Félix et dédaigne Pauline;
Et, s'il l'aima jadis, il estime aujourd'hui
Les restes d'un rival trop indignes de lui².
Il parle en sa faveur, il me prie, il menace,
Et me perdra, dit-il, si je ne lui fais grace;
Tranchant du généreux, il croit m'épouvanter.
L'artifice est trop lourd pour ne pas l'éventer.
Je sais des gens de cour quelle est la politique³,
J'en connois mieux que lui la plus fine pratique⁴.
C'est en vain qu'il tempête et feint d'être en fureur :
Je vois ce qu'il prétend auprès de l'empereur.
De ce qu'il me demande il m'y feroit un crime;
Épargnant son rival, je serois sa victime;
Et s'il avoit affaire à quelque maladroit,
Le piége est bien tendu, sans doute il le perdroit⁵ :

tendu de la misère, c'est-à-dire de la bassesse des sentiments (V.)

¹ Ce vers est trop du ton de la comédie. (V.)
VAR. Que tu le connois mal ! tout son fait n'est que mine. (1643-48.

² *Les restes d'un rival*, expression toujours déshonnète, et d discours familier. (V.)

³ VAR. Je connois avant lui la cour et ses intrigues;
J'en connois les détours, j'en connois les pratiques. (1643-48.

⁴ *Tranchant du généreux.... l'artifice est trop lourd.... la plus fi pratique*; tout cela est bourgeois et comique. (V.)

⁵ Toute cette tirade et ces expressions bourgeoises, *c'est e vain qu'il tempête, j'en ai tant vu de toutes les façons, et j'en fera des leçons au besoin, et s'il avait affaire à un maladroit*, sont abs

ACTE V, SCÈNE I. 251

Mais un vieux courtisan est un peu moins crédule [1].;
Il voit quand on le joue, et quand on dissimule;
Et moi j'en ai tant vu de toutes les façons,
Qu'à lui-même au besoin j'en ferois des leçons.

ALBIN.
Dieux! que vous vous gênez par cette défiance!

FÉLIX.
Pour subsister en cour c'est la haute science [2].
Quand un homme une fois a droit de nous haïr,
Nous devons présumer qu'il cherche à nous trahir;
Toute son amitié nous doit être suspecte.
Si Polyeucte enfin n'abandonne sa secte,
Quoi que son protecteur ait pour lui dans l'esprit,
Je suivrai hautement l'ordre qui m'est prescrit.

ALBIN.
Grace, grace, seigneur! que Pauline l'obtienne!

FÉLIX.
Celle de l'empereur ne suivroit pas la mienne [3];

lument mauvaises. Il faut savoir avouer les fautes, comme admirer les beautés. (V.)

[1] VAR. Mais un vieux courtisan n'est pas si fort crédule. (1643-48.)

[2] *Pour subsister en cour* est une expression bourgeoise. *La haute science pour subsister en cour* n'est pas de faire couper le cou à son gendre avant de demander l'ordre de l'empereur; il faut des raisons plus fortes. Le zèle de la religion suffisait, et pouvait fournir des choses sublimes. (V.) — Le zèle pour la religion aurait ennobli le caractère de Félix : cela n'entrait pas dans le plan de Corneille, qui a voulu peindre ici un homme vicieux puni par son propre vice. (A.-M.)

[3] Qui lui a dit que la grace de l'empereur ne suivrait pas la sienne? Au contraire, il doit présumer que l'empereur trouvera fort bon qu'il n'ait pas fait couper le cou à son gendre, et qu'il attende des ordres positifs. (V.)

252 POLYEUCTE.
Et, loin de le tirer de ce pas dangereux¹,
Ma bonté ne feroit que nous perdre tous deux.
ALBIN.
Mais Sévère promet.....
FÉLIX.
Albin, je m'en défie,
Et connois mieux que lui la haine de Décie ;
En faveur des chrétiens s'il choquoit son courroux,
Lui-même assurément se perdroit avec nous.
Je veux tenter pourtant encore une autre voie.
Amenez Polyeucte ; et si je le renvoie,
S'il demeure insensible à ce dernier effort,
Au sortir de ce lieu qu'on lui donne la mort.
ALBIN.
Votre ordre est rigoureux.
FÉLIX.
Il faut que je le suive,
Si je veux empêcher qu'un désordre n'arrive.
Je vois le peuple ému pour prendre son parti² ;
Et toi-même tantôt tu m'en as averti :
Dans ce zèle pour lui qu'il fait déja paroître
Je ne sais si long-temps j'en pourrois être maître;

---

¹ Var. Et, loin de le tirer de ce pas hasardeux. (1643.)

² Cette raison ne paraît guère meilleure que les autres. Il es difficile, comme on l'a déja remarqué, que le peuple, qui a eu tant d'horreur pour le fanatisme punissable de Polyeucte, se révolte sur-le-champ en sa faveur. Ce qu'il y a de triste, c'est que les défauts du rôle de Félix ne sont rachetés par aucune beauté il parle presque toujours aussi bassement qu'il pense. On ne di point *ému pour*, cela n'est pas français. (V.) — Corneille suppose que le peuple s'indigne de voir appliquer si sévèrement l'édi impérial contre le dernier rejeton de la famille royale. (A.-M.)

ACTE V, SCÈNE II.

Peut-être dès demain, dès la nuit, dès ce soir,
J'en verrois des effets que je ne veux pas voir;
Et Sévère aussitôt, courant à sa vengeance,
M'iroit calomnier de quelque intelligence [1].
Il faut rompre ce coup qui me seroit fatal.

ALBIN.

Que tant de prévoyance est un étrange mal [2] !
Tout vous nuit, tout vous perd, tout vous fait de l'ombrage :
Mais voyez que sa mort mettra ce peuple en rage;
Que c'est mal le guérir que le désespérer.

FÉLIX.

En vain après sa mort il voudra murmurer;
Et, s'il ose venir à quelque violence,
C'est à faire à céder deux jours à l'insolence :
J'aurai fait mon devoir, quoi qu'il puisse arriver.
Mais Polyeucte vient, tâchons à le sauver.
Soldats, retirez-vous, et gardez bien la porte.

SCÈNE II.

FÉLIX, POLYEUCTE, ALBIN.

FÉLIX.

As-tu donc pour la vie une haine si forte,
Malheureux Polyeucte? et la loi des chrétiens
T'ordonne-t-elle ainsi d'abandonner les tiens?

POLYEUCTE.

Je ne hais point la vie, et j'en aime l'usage,
Mais sans attachement qui sente l'esclavage [3],

---

[1] *Calomnier de* n'est pas français. (V.)

[2] Var. Que votre défiance est un étrange mal ! (1643.)

[3] *L'esclavage* n'est pas le mot propre, parcequ'on n'est pas

254   POLYEUCTE.

Toujours prêt à la rendre au Dieu dont je la tiens;
La raison me l'ordonne, et la loi des chrétiens;
Et je vous montre à tous par-là comme il faut vivre,
Si vous avez le cœur assez bon pour me suivre.

FÉLIX.

Te suivre dans l'abyme où tu te veux jeter?

POLYEUCTE.

Mais plutôt dans la gloire où je m'en vais monter[1].

FÉLIX.

Donne-moi pour le moins le temps de la connoître;
Pour me faire chrétien, sers-moi de guide à l'être;
Et ne dédaigne pas de m'instruire en ta foi,
Ou toi-même à ton Dieu tu répondras de moi.

POLYEUCTE.

N'en riez point, Félix, il sera votre juge;
Vous ne trouverez point devant lui de refuge;
Les rois et les bergers y sont d'un même rang :
De tous les siens sur vous il vengera le sang.

FÉLIX.

Je n'en répandrai plus, et, quoi qu'il en arrive,
Dans la foi des chrétiens je souffrirai qu'on vive;
J'en serai protecteur.

POLYEUCTE.

Non, non, persécutez,

esclave de la vie. (V.) — Oui, mais on dirait très bien qu'u
homme est esclave de son attachement pour la vie, et c'est ain
que Corneille l'entend. (A.-M.)

[1] Ce vers fait un mauvais effet, parcequ'il affaiblit le be
vers de la scène suivante, *Où le conduisez-vous? — A la mort.*
A la gloire. Voyez comme ces mots *où je m'en vais monter* gâten
énervent ce sentiment, comme ce qui est superflu est toujou
mauvais. (V.)

Et soyez l'instrument de nos félicités :
Celle d'un vrai chrétien n'est que dans les souffrances [1] ;
Les plus cruels tourments lui sont des récompenses.
Dieu, qui rend le centuple aux bonnes actions,
Pour comble donne encor les persécutions :
Mais ces secrets pour vous sont fâcheux à comprendre [2] ;
Ce n'est qu'à ses élus que Dieu les fait entendre.

FÉLIX.

Je te parle sans fard, et veux être chrétien.

POLYEUCTE.

Qui peut donc retarder l'effet d'un si grand bien?

FÉLIX.

La présence importune....

POLYEUCTE.

Et de qui? de Sévère?

FÉLIX.

Pour lui seul contre toi j'ai feint tant de colère [3] :
Dissimule un moment jusques à son départ.

POLYEUCTE.

Félix, c'est donc ainsi que vous parlez sans fard?
Portez à vos païens, portez à vos idoles,
Le sucre empoisonné que sèment vos paroles [4].

---

[1] Var. Aussi bien un chrétien n'est rien sans les souffrances ;
  Les plus cruels tourments nous sont des récompenses. (1643-48.)

[2] Ce mot *fâcheux* n'est pas le mot propre, c'est *difficile*. (V.) — Nous pensons qu'ici *fâcheux* vaut mieux que *difficile*. Il exprime la mauvaise volonté que les impies opposent aux *fâcheuses* vérités du christianisme. Fâcheuses pour eux, puisqu'elles les condamnent. L'expression est donc très poétique. (A.-M.)

[3] Cet artifice est de *mauvaise grace*, comme le dit très bien Polyeucte. (V.)

[4] Ce mot de *sucre* n'est admis que dans le discours très fami-

Un chrétien ne craint rien, ne dissimule rien ;
Aux yeux de tout le monde il est toujours chrétien.
               FÉLIX.
Ce zèle de ta foi ne sert qu'à te séduire,
Si tu cours à la mort plutôt que de m'instruire.
               POLYEUCTE.
Je vous en parlerois ici hors de saison ;
Elle est un don du ciel, et non de la raison ;
Et c'est là que bientôt, voyant Dieu face à face,
Plus aisément pour vous j'obtiendrai cette grace.
               FÉLIX.
Ta perte cependant me va désespérer.
               POLYEUCTE.
Vous avez en vos mains de quoi la réparer ;
En vous ôtant un gendre, on vous en donne un autre
Dont la condition répond mieux à la vôtre[1] ;
Ma perte n'est pour vous qu'un change avantageux.
               FÉLIX.
Cesse de me tenir ce discours outrageux[2].
Je t'ai considéré plus que tu ne mérites ;
Mais, malgré ma bonté, qui croit plus tu l'irrites[3],
Cette insolence enfin te rendroit odieux,
Et je me vengerois aussi bien que nos dieux.
               POLYEUCTE.
Quoi ! vous changez bientôt d'humeur et de langage !

lier. (V.) — Ici il est très expressif, parcequ'il fait antithèse à empoisonné. (A.-M.)

[1] *La condition* est du style de la comédie. (V.)

[2] *Outrageux* n'est pas un mot usité ; mais plusieurs auteurs s'en sont heureusement servis. Nous ne sommes pas assez riches pour devoir nous priver de ce que nous avons. (V.)

[3] Var. Mais, malgré ma bonté, qui croit quand tu l'irrites. (1643-48.)

Le zèle de vos dieux rentre en votre courage !
Celui d'être chrétien s'échappe ! et par hasard
Je vous viens d'obliger à me parler sans fard !

FÉLIX.

Va, ne présume pas que, quoi que je te jure,
De tes nouveaux docteurs je suive l'imposture.
Je flattois ta manie, afin de t'arracher
Du honteux précipice où tu vas trébucher;
Je voulois gagner temps pour ménager ta vie,
Après l'éloignement d'un flatteur de Décie[1] :
Mais j'ai trop fait d'injure à nos dieux tout-puissants;
Choisis de leur donner ton sang, ou de l'encens.

POLYEUCTE.

Mon choix n'est point douteux. Mais j'aperçois Pauline :
O ciel !

SCÈNE III.

FÉLIX, POLYEUCTE, PAULINE, ALBIN.

PAULINE.

Qui de vous deux aujourd'hui m'assassine ?
Sont-ce tous deux ensemble, ou chacun à son tour ?
Ne pourrai-je fléchir la nature ou l'amour ?
Et n'obtiendrai-je rien d'un époux ni d'un père ?

FÉLIX.

Parlez à votre époux.

---

[1] *Gagner temps*, style de comédie. *Flatteur de Décie*; ce n'est pas ainsi qu'il doit caractériser Sévère. (V.) — Félix le caractérise comme il le comprend. (A.-M.)

POLYEUCTE.
Vivez avec Sévère [1].
PAULINE.
Tigre, assassine-moi du moins sans m'outrager.
POLYEUCTE.
Mon amour, par pitié, cherche à vous soulager [2] ;
Il voit quelle douleur dans l'ame vous possède,
Et sait qu'un autre amour en est le seul remède [3].
Puisqu'un si grand mérite a pu vous enflammer [4],
Sa présence toujours a droit de vous charmer :
Vous l'aimiez, il vous aime, et sa gloire augmentée....
PAULINE.
Que t'ai-je fait, cruel, pour être ainsi traitée,
Et pour me reprocher, au mépris de ma foi,
Un amour si puissant que j'ai vaincu pour toi ?
Vois, pour te faire vaincre un si fort adversaire,

[1] On est un peu révolté que Polyeucte ne parle à sa femme que de l'amour qu'elle a pour Sévère. Cette répétition peut déplaire. Le christianisme n'ordonne point qu'on cède sa femme ; mais ici Polyeucte semble lui reprocher qu'elle en aime un autre. (V.) — Polyeucte ne reproche rien, le reproche tient de trop près à la passion. Il n'éprouve plus qu'une douce pitié ; le reste lui est indifférent. (A.-M.)

[2] VAR. Ma pitié, tant s'en faut, cherche à vous soulager ;
Notre amour vous emporte à des douleurs si vraies,
Que rien qu'un autre amour ne peut guérir ces plaies. (1643-48.)

[3] Ces maximes d'amour sont ici un peu révoltantes. Il n'est pas convenable que Polyeucte l'encourage à aimer un autre amant, et ce n'est pas à un homme uniquement occupé du bonheur du martyre à dire qu'il n'y a qu'un autre amour qui puisse remédier à l'amour. Un martyr enthousiaste doit-il débiter ces fades maximes de comédie ? (V.)

[4] *Un si grand mérite*, style de comédie. (V.)

ACTE V, SCÈNE III.

Quels efforts à moi-même il a fallu me faire [1] :
Quels combats j'ai donnés pour te donner un cœur [2]
Si justement acquis à son premier vainqueur ;
Et si l'ingratitude en ton cœur ne domine,
Fais quelque effort sur toi pour te rendre à Pauline :
Apprends d'elle à forcer ton propre sentiment [3] ;
Prends sa vertu pour guide en ton aveuglement ;
Souffre que de toi-même elle obtienne ta vie,
Pour vivre sous tes lois à jamais asservie.
Si tu peux rejeter de si justes desirs,
Regarde au moins ses pleurs, écoute ses soupirs ;
Ne désespère pas une ame qui t'adore [4].

POLYEUCTE.

Je vous l'ai déja dit, et vous le dis encore,
Vivez avec Sévère, ou mourez avec moi [5].
Je ne méprise point vos pleurs, ni votre foi ;
Mais, de quoi que pour vous notre amour m'entretienne,
Je ne vous connois plus, si vous n'êtes chrétienne.

[1] On dit bien *se faire des efforts*, mais non pas *faire des efforts à soi*; il faut *sur soi*. (V.)

[2] *Donnés pour te donner*, répétition vicieuse. (V.)

[3] Le mot propre est *dompter* (V.)

[4] Comment Pauline peut-elle dire qu'elle adore Polyeucte ? elle lui donne, *par devoir* et *par affection*, tout ce que l'autre avait *par inclination*; mais *l'adorer*, c'est trop ; certainement elle ne l'adore pas. (V.)

[5] Cette troisième apostrophe, cet empressement extrême de lui donner un mari, ne paraissent pas naturels. Tout cela n'empêche pas que cette scène ne soit écoutée avec un grand plaisir. L'obstination de Polyeucte, sa résignation, son transport divin, plaisent beaucoup. Ceux qui assistent au spectacle étant persuadés, pour la plupart, des vérités qui enflamment Polyeucte, sont saisis de son transport : ils ne sont pas fort attendris, mais ils s'intéressent à la situation. (V.)

C'en est assez : Félix, reprenez ce courroux,
Et sur cet insolent vengez vos dieux, et vous.

PAULINE.

Ah! mon père, son crime à peine est pardonnable;
Mais s'il est insensé, vous êtes raisonnable [1] :
La nature est trop forte, et ses aimables traits
Imprimés dans le sang ne s'effacent jamais :
Un père est toujours père, et sur cette assurance
J'ose appuyer encore un reste d'espérance.
Jetez sur votre fille un regard paternel :
Ma mort suivra la mort de ce cher criminel;
Et les dieux trouveront sa peine illégitime,
Puisqu'elle confondra l'innocence et le crime,
Et qu'elle changera, par ce redoublement [2],
En injuste rigueur un juste châtiment :
Nos destins, par vos mains rendus inséparables,
Nous doivent rendre heureux ensemble, ou misérables;
Et vous seriez cruel jusques au dernier point,
Si vous désunissiez ce que vous avez joint.
Un cœur à l'autre uni jamais ne se retire [3];
Et pour l'en séparer il faut qu'on le déchire.
Mais vous êtes sensible à mes justes douleurs,

[1] Ce vers est du style de la comédie. (V.)

[2] Il est triste que *redoublement* ne puisse se dire en cette occasion : le sens est beau; mais on n'a jamais appelé *redoublement* la mort d'un mari et d'une femme. (V.)

[3] Ces maximes générales conviennent peu à la douleur : c'est là parler de sentiments; ce n'est pas en avoir. Comment se peut-il faire que cette scène ne fasse jamais verser de larmes? N'est-ce point qu'on sent que Pauline n'agit que par devoir, et qu'elle s'efforce d'aimer un homme pour lequel elle n'a point d'amour? D'ailleurs elle parle ici de désunion après avoir parlé de *redoublement* de mort qui les sépare. (V.)

ACTE V, SCÈNE III.

Et d'un œil paternel vous regardez mes pleurs.

FÉLIX.

Oui, ma fille, il est vrai qu'un père est toujours père :
Rien n'en peut effacer le sacré caractère;
Je porte un cœur sensible, et vous l'avez percé.
Je me joins avec vous contre cet insensé.

Malheureux Polyeucte, es-tu seul insensible ?
Et veux-tu rendre seul ton crime irrémissible ?
Peux-tu voir tant de pleurs d'un œil si détaché[1] ?
Peux-tu voir tant d'amour sans en être touché ?
Ne reconnois-tu plus ni beau-père, ni femme,
Sans amitié pour l'un, et pour l'autre sans flamme ?
Pour reprendre les noms et de gendre et d'époux,
Veux-tu nous voir tous deux embrasser tes genoux ?

POLYEUCTE.

Que tout cet artifice est de mauvaise grace[2] !
Après avoir deux fois essayé la menace,
Après m'avoir fait voir Néarque dans la mort,
Après avoir tenté l'amour et son effort[3],
Après m'avoir montré cette soif du baptême,
Pour opposer à Dieu l'intérêt de Dieu même,
Vous vous joignez ensemble ! ah ! ruses de l'enfer !
Faut-il tant de fois vaincre avant que triompher[4] !

---

[1] Le cœur peut être détaché, mais l'œil ne l'est pas. (V.)—On s'éloigne d'un objet qui fait une impression trop vive, on en détache ses yeux ; il nous semble que cette expression pourrait être permise. (P.)

Var. Peux-tu voir tant de pleurs d'un cœur si détaché ? (1643.)

[2] Ce vers est du style de la comédie. (V.)

[3] Cela n'est ni d'un français exact, ni d'un français agréable. (V.)

[4] *Ruses de l'enfer,* expression pardonnable au personnage qui

Vos résolutions usent trop de remise [1] ;
Prenez la vôtre enfin, puisque la mienne est prise.
  Je n'adore qu'un Dieu, maître de l'univers,
Sous qui tremblent le ciel, la terre, et les enfers ;
Un Dieu qui, nous aimant d'une amour infinie,
Voulut mourir pour nous avec ignominie,
Et qui, par un effort de cet excès d'amour [2],
Veut pour nous en victime être offert chaque jour [3].
Mais j'ai tort d'en parler à qui ne peut m'entendre.
Voyez l'aveugle erreur que vous osez défendre :
Des crimes les plus noirs vous souillez tous vos dieux ;
Vous n'en punissez point qui n'ait son maître aux cieux ;
La prostitution, l'adultère, l'inceste,
Le vol, l'assassinat, et tout ce qu'on déteste,
C'est l'exemple qu'à suivre offrent vos immortels.
J'ai profané leur temple, et brisé leurs autels ;
Je le ferois encor, si j'avois à le faire [4],
Même aux yeux de Félix, même aux yeux de Sévère,

parle, mais qui n'est pas d'un style noble. *Enfer* ne rime avec *triompher* qu'à l'aide d'une prononciation vicieuse ; grande preuve que l'on ne doit rimer que pour les oreilles. (V.)

[1] Phrase qui n'a point d'élégance. *User de remise*, expression prosaïque : *user* d'ailleurs suppose *usage* ; une résolution n'a point d'usage. (V.)

[2] Var. Et qui, par un excès de cette même amour. (1643-48.)

[3] Cette allusion à l'eucharistie est un anachronisme. La consécration du pain était un mystère, c'est-à-dire que les chrétiens ne devaient jamais en parler en présence des gentils. De plus, les catéchumènes n'y étaient initiés qu'après de longues épreuves, et un néophyte comme Polyeucte devait l'ignorer complétement. (A.-M.)

[4] Ce vers est dans *le Cid*, et est à sa place dans les deux pièces. (V.)

ACTE V, SCÈNE III.   263

Même aux yeux du sénat, aux yeux de l'empereur.
FÉLIX.
Enfin ma bonté cède à ma juste fureur :
Adore-les, ou meurs.
POLYEUCTE.
Je suis chrétien.
FÉLIX.
Impie !
Adore-les, te dis-je; ou renonce à la vie¹.
POLYEUCTE.
Je suis chrétien.
FÉLIX.
Tu l'es ? O cœur trop obstiné !
Soldats, exécutez l'ordre que j'ai donné.
PAULINE.
Où le conduisez-vous ?
FÉLIX.
A la mort.
POLYEUCTE.
A la gloire².
Chère Pauline, adieu ; conservez ma mémoire.
PAULINE.
Je te suivrai par-tout, et mourrai si tu meurs³.
POLYEUCTE.
Ne suivez point mes pas, ou quittez vos erreurs.

¹ *Renonce à la vie* n'enchérit point sur *mourir :* quand on répète la pensée, il faut fortifier l'expression. (V.)
² Dialogue admirable et toujours applaudi. (V.)
³ Var. Je te suivrai par-tout, et mêmes au trépas.
POLYEUCTE.
Sortez de votre erreur, ou ne me suivez pas. (1643.)

FÉLIX.

Qu'on l'ôte de mes yeux, et que l'on m'obéisse.
Puisqu'il aime à périr, je consens qu'il périsse.

SCÈNE IV.

FÉLIX, ALBIN.

FÉLIX.

Je me fais violence, Albin, mais je l'ai dû ;
Ma bonté naturelle aisément m'eût perdu.
Que la rage du peuple à présent se déploie,
Que Sévère en fureur tonne, éclate, foudroie,
M'étant fait cet effort, j'ai fait ma sûreté.
Mais n'es-tu point surpris de cette dureté?
Vois-tu comme le sien des cœurs impénétrables [1],
Ou des impiétés à ce point exécrables?
Du moins j'ai satisfait mon esprit affligé [2] :
Pour amollir son cœur je n'ai rien négligé;
J'ai feint même à tes yeux des lâchetés extrêmes :
Et certes, sans l'horreur de ses derniers blasphèmes,
Qui m'ont rempli soudain de colère et d'effroi,
J'aurois eu de la peine à triompher de moi.

---

[1] *Impénétrable* n'est pas le mot propre; il signifie caché, dissimulé, qu'on ne peut découvrir, qu'on ne peut pénétrer, et ne peut jamais être mis à la place d'*inflexible*. (V.) — Ce mot, qui est de l'invention de Corneille, signifie ici : *dans lequel la pitié ne peut pénétrer*. Ayant inventé le mot, le poëte a bien eu le droit de lui donner un sens, et ce n'est pas sa faute si ce sens a été altéré depuis. (A.-M.)

[2] Var. Du moins j'ai satisfait à mon cœur affligé :
    Pour amollir le sien je n'ai rien négligé. (1643.)

ACTE V, SCÈNE IV.

ALBIN.

Vous maudirez peut-être un jour cette victoire,
Qui tient je ne sais quoi d'une action trop noire,
Indigne de Félix, indigne d'un Romain,
Répandant votre sang par votre propre main.

FÉLIX.

Ainsi l'ont autrefois versé Brute et Manlie [1];
Mais leur gloire en a crû, loin d'en être affoiblie;
Et quand nos vieux héros avoient de mauvais sang [2],
Ils eussent, pour le perdre, ouvert leur propre flanc [3].

ALBIN.

Votre ardeur vous séduit; mais, quoi qu'elle vous die,
Quand vous la sentirez une fois refroidie,
Quand vous verrez Pauline, et que son désespoir
Par ses pleurs et ses cris saura vous émouvoir [4]....

---

[1] On est un peu surpris que cet homme se compare aux Brutus et aux Manlius, après avoir avoué les sentiments les plus lâches. (V.)

[2] Var. Jamais nos vieux héros n'ont eu de mauvais sang,
    Qu'ils n'eussent pour le perdre ouvert leur propre flanc. (1643.)

[3] C'est une vieille erreur qu'en se faisant saigner on se délivrait de son mauvais sang : cette fausse métaphore a été souvent employée, et on la retrouve dans la tragédie de *Don Carlos* sous le nom d'*Andronic* :

    Quand j'ai de mauvais sang, je me le fais tirer.

On a dit que Philippe II fit cette abominable plaisanterie à son fils en le condamnant. (V.)

[4] Remarquez que nous employons souvent ce mot *savoir* en poésie assez mal-à-propos : *j'ai su le satisfaire*, pour *je l'ai satisfait*, *j'ai su lui plaire*, au lieu de *je lui ai plu*. Il ne faut employer ce mot que quand il marque quelque dessein. (V.) — *Je sais* exprime plutôt un pouvoir qu'un dessein. *Je sais* une chose, c'est-à-dire je peux faire cette chose. Ce n'est pas mal-à-propos que la poésie l'emploie dans ce sens. Albin dit ici : son désespoir *saura*

FÉLIX.

Tu me fais souvenir qu'elle a suivi ce traître,
Et que ce désespoir qu'elle fera paroître
De mes commandements pourra troubler l'effet :
Va donc y donner ordre, et voir ce qu'elle fait ;
Romps ce que ses douleurs y donneroient d'obstacle,
Tire-la, si tu peux, de ce triste spectacle[1] ;
Tâche à la consoler. Va donc ; qui te retient ?

ALBIN.

Il n'en est pas besoin, seigneur, elle revient.

SCÈNE V.

FÉLIX, PAULINE, ALBIN.

PAULINE.

Père barbare, achève, achève ton ouvrage ;
Cette seconde hostie est digne de ta rage[2] :
Joins ta fille à ton gendre ; ose : que tardes-tu ?
Tu vois le même crime, ou la même vertu :
Ta barbarie en elle a les mêmes matières[3].
Mon époux en mourant m'a laissé ses lumières ;
Son sang, dont tes bourreaux viennent de me couvrir
M'a dessillé les yeux, et me les vient d'ouvrir[4].

vous émouvoir, c'est-à-dire, aura assez de force pour vous attendrir. (A.-M.)

[1] *Romps, tire-la*, mauvaises expressions : *des douleurs qui donnent obstacle* est un barbarisme ; et *ce qu'ils donneraient d'obstacle* est un barbarisme encore plus grand. (V.)

[2] Ce mot *hostie* signifiait alors *victime*. (V.)

[3] Ce vers est trop négligé, et n'est pas français : *une barbarie qui a des matières*, et *matières en elle*, cela est un peu barbare. (V.)

[4] Pléonasme. (V.)

ACTE V, SCÈNE V.   267

Je vois, je sais, je crois, je suis désabusée :
De ce bienheureux sang tu me vois baptisée;
Je suis chrétienne enfin, n'est-ce point assez dit?
Conserve en me perdant ton rang et ton crédit;
Redoute l'empereur, appréhende Sévère[1] :
Si tu ne veux périr, ma perte est nécessaire;
Polyeucte m'appelle à cet heureux trépas;
Je vois Néarque et lui qui me tendent les bras.
Mène, mène-moi voir tes dieux que je déteste;
Ils n'en ont brisé qu'un, je briserai le reste.
On m'y verra braver tout ce que vous craignez,
Ces foudres impuissants qu'en leurs mains vous peignez,
Et, saintement rebelle aux lois de la naissance,
Une fois envers toi manquer d'obéissance.
Ce n'est point ma douleur que par-là je fais voir;
C'est la grace qui parle, et non le désespoir.
Le faut-il dire encor, Félix? je suis chrétienne[2];
Affermis par ma mort ta fortune et la mienne;
Le coup à l'un et l'autre en sera précieux,

[1] D'où sait-elle que Félix a sacrifié Polyeucte à la crainte qu'il a de Sévère? est-ce une révélation? (V.) — D'où elle le sait? des sentiments bas et lâches que son père lui a fait voir dans la quatrième scène du premier acte. Félix ne lui dissimule ni la peur qu'il a de Sévère, ni le regret que lui donne cette peur de lui avoir préféré Polyeucte. (P.)

[2] Ce miracle soudain a révolté beaucoup de gens. *Quodcumque ostendis mihi sic, incredulus odi.* Mais le parterre aimera long-temps ce prodige; il est la récompense de la vertu de Pauline; et, s'il n'est pas dans l'histoire, il convient parfaitement au théâtre dans une tragédie chrétienne. (V.) — Si ce miracle n'est pas dans l'histoire de Polyeucte, il se retrouve à chaque pays dans l'histoire des martyrs, et cela suffit pour justifier Corneille, qui lui-même fait cette remarque à la fin de son *Examen*. (A.-M.)

268   POLYEUCTE.

Puisqu'il t'assure en terre en m'élevant aux cieux¹.

SCÈNE VI².

FÉLIX, SÉVÈRE, PAULINE, ALBIN, FABIAN.

SÉVÈRE.

Père dénaturé, malheureux politique,
Esclave ambitieux d'une peur chimérique³ ;
Polyeucte est donc mort! et par vos cruautés
Vous pensez conserver vos tristes dignités!
La faveur que pour lui je vous avois offerte,
Au lieu de le sauver, précipite sa perte!
J'ai prié, menacé, mais sans vous émouvoir ;
Et vous m'avez cru fourbe, ou de peu de pouvoir!
Eh bien! à vos dépens vous verrez que Sévère⁴

---

¹ *T'assure en terre* n'est pas français : elle veut dire, *affermi ton pouvoir sur la terre*. (V.)

² La pièce semble finie quand Polyeucte est mort. Autrefois quand les acteurs représentaient les Romains avec le chapeau e une cravate, Sévère arrivait le chapeau sur la tête, et Félix l'é coutait chapeau bas ; ce qui faisait un effet ridicule. (V.)

³ D'où sait-il que Félix a immolé son gendre à la peur mépri sable qu'il avait de Sévère? Ce Sévère ne pouvait le savoir, moins que Polyeucte, par un second miracle, ne le lui eût ré vélé. Le reste est fort juste et fort beau ; il doit être irrité qu Félix n'ait pas déféré à sa noble prière. (V.) — Sévère est ins truit, sans miracle, des sentiments de Félix. Pauline elle-même au quatrième acte, lui en a fait l'aveu en lui disant :

Mon père est en état de vous accorder tout,
Il vous craint ; et j'avance encor cette parole,
Que, s'il perd mon époux, c'est à vous qu'il l'immole. (P.)

⁴ Var. Eh bien! à vos dépens vous saurez que Sévère. (1643.)

ACTE V, SCÈNE VI.

Ne se vante jamais que de ce qu'il peut faire ;
Et par votre ruine il vous fera juger
Que qui peut bien vous perdre eût pu vous protéger.
Continuez aux dieux ce service fidèle ;
Par de telles horreurs montrez-leur votre zèle.
Adieu ; mais quand l'orage éclatera sur vous,
Ne doutez point du bras dont partiront les coups.

FÉLIX.

Arrêtez-vous, seigneur, et d'une ame apaisée [1]
Souffrez que je vous livre une vengeance aisée.
 Ne me reprochez plus que par mes cruautés
Je tâche à conserver mes tristes dignités ;
Je dépose à vos pieds l'éclat de leur faux lustre :
Celle où j'ose aspirer est d'un rang plus illustre ;
Je m'y trouve forcé par un secret appas ;
Je cède à des transports que je ne connois pas [2] ;
Et, par un mouvement que je ne puis entendre [3],
De ma fureur je passe au zèle de mon gendre.
C'est lui, n'en doutez point, dont le sang innocent
Pour son persécuteur prie un Dieu tout-puissant ;
Son amour épandu sur toute la famille
Tire après lui le père aussi bien que la fille [4].
J'en ai fait un martyr, sa mort me fait chrétien :

---

[1] VAR. Arrêtez-vous, Sévère, et d'une ame apaisée. (1643.)

[2] Ce nouveau miracle n'est pas si bien reçu du parterre que les deux autres ; il ne faut pas sur-tout prodiguer coup sur coup les prodiges de même espèce. Quand on pardonnerait la conversion incroyable de ce lâche Félix, on n'en serait pas touché, parcequ'on ne s'intéresse pas à lui comme à Pauline, et qu'il est même odieux. (V.)

[3] *Comprendre* semblerait plus juste qu'*entendre*. (V.)

[4] *Tirer après soi* est devenu bas avec le temps. (V.)

J'ai fait tout son bonheur, il veut faire le mien.
C'est ainsi qu'un chrétien se venge et se courrouce :
Heureuse cruauté dont la suite est si douce!
Donne la main, Pauline. Apportez des liens;
Immolez à vos dieux ces deux nouveaux chrétiens.
Je le suis, elle l'est; suivez votre colère.

PAULINE.

Qu'heureusement enfin je retrouve mon père!
Cet heureux changement rend mon bonheur parfait.

FÉLIX.

Ma fille, il n'appartient qu'à la main qui le fait.

SÉVÈRE.

Qui ne seroit touché d'un si tendre spectacle!
De pareils changements ne vont point sans miracle[1] :
Sans doute vos chrétiens qu'on persécute en vain
Ont quelque chose en eux qui surpasse l'humain;
Ils mènent une vie avec tant d'innocence,
Que le ciel leur en doit quelque reconnoissance[2] :
Se relever plus forts, plus ils sont abattus,
N'est pas aussi l'effet des communes vertus[3].

---

[1] Des changements ne *vont* point : ou mène une vie innocente, et non pas *avec innocence* ; mais *j'approuve que chacun ait ses dieux*, et *servez notre monarque*, reçoivent toujours des applaudissements. La manière dont le fameux Baron récitait ces vers, en appuyant sur *servez notre monarque*, était reçue avec transport. Plusieurs n'approuvent pas que Sévère dise à Félix : *Gardez votre pouvoir, reprenez-en la marque*, parceque ce n'est pas lui qui donne les gouvernements, et que Félix n'a pas quitté le sien ; il n'appartient qu'à l'empereur de parler ainsi. (V.)

[2] Style trop familier; et d'ailleurs cela n'est pas français, comme on l'a déja dit. (V.)

[3] *Se relever n'est pas l'effet*; cela n'est pas exact, mais c'est une licence que je crois permise. (V.)

ACTE V, SCÈNE VI.

Je les aimai toujours, quoi qu'on m'en ait pu dire;
Je n'en vois point mourir que mon cœur n'en soupire;
Et peut-être qu'un jour je les connoîtrai mieux.
J'approuve cependant que chacun ait ses dieux [1],
Qu'il les serve à sa mode [2], et sans peur de la peine.
Si vous êtes chrétien, ne craignez plus ma haine;
Je les aime, Félix, et de leur protecteur
Je n'en veux pas sur vous faire un persécuteur [3].
 Gardez votre pouvoir, reprenez-en la marque;
Servez bien votre Dieu, servez notre monarque.
Je perdrai mon crédit envers sa majesté,
Ou vous verrez finir cette sévérité [4] :
Par cette injuste haine il se fait trop d'outrage.

FÉLIX.

Daigne le ciel en vous achever son ouvrage,
Et, pour vous rendre un jour ce que vous méritez,
Vous inspirer bientôt toutes ses vérités!
 Nous autres, bénissons notre heureuse aventure [5].

---

[1] Ce vers est toujours très bien reçu du parterre : c'est la voix de la nature. (V.)

[2] *Qu'il les serve à sa mode*, est du style comique; *à son choix* eût peut-être été mieux placé. (V.)

[3] *Sur vous* est une faute de langage; on persécute un homme, et non *sur* un homme. (V.)

[4] Var. Ou bien il quittera cette sévérité. (1643.)

[5] *Notre heureuse aventure*, immédiatement après avoir coupé le cou à son gendre, fait un peu rire; et *nous autres* y contribue. L'extrême beauté du rôle de Sévère, la situation piquante de Pauline, sa scène admirable avec Sévère au quatrième acte, assurent à cette pièce un succès éternel : non seulement elle enseigne la vertu la plus pure, mais la dévotion et la perfection du christianisme. *Polyeucte* et *Athalie* sont la condamnation éternelle de ceux qui, par une jalousie secrète, voudraient proscrire un

Allons à nos martyrs donner la sépulture,
Baiser leurs corps sacrés, les mettre en digne lieu,
Et faire retentir par-tout le nom de Dieu [1].

art sublime dont les beautés n'effacent que trop leurs ouvrages, ils sentent combien cet art est au-dessus du leur; ne pouvant y atteindre, ils le veulent proscrire, et, par une injustice aussi absurde que barbare, ils confondent Tabarin et Guillot Gorju avec saint Polyeucte et le grand-prêtre Joad. Dacier, dans ses remarques sur la Poétique d'Aristote, prétend que Polyeucte n'est pas propre au théâtre, parceque ce personnage n'excite ni la pitié ni la crainte; il attribue tout le succès à Sévère et à Pauline. Cette opinion est assez générale; mais il faut avouer aussi qu'il y a de très beaux traits dans le rôle de Polyeucte, et qu'il a fallu un très grand génie pour manier un sujet si difficile. (V.

[1] Les maximes sur la grace divine, qui reviennent en plus d'un endroit de cette pièce, pouvaient avoir un intérêt particulier à cette époque où les querelles du jansénisme commençaient à diviser la France.

Personne n'ignore que le christianisme, qui fait le fond de cet ouvrage, était une des choses qui l'avaient fait condamner par l'hôtel de Rambouillet. Il est également concevable qu'on en ait regardé quelques passages comme plus faits pour la chaire que pour le théâtre, et que la multitude, qui entendait parler tous les jours de ces mêmes matières, se soit trouvée par avance familiarisée avec ces discussions théologiques, et n'ait pas été blessée de les retrouver dans une tragédie. Mais ce qui est certain, c'est que la disposition des esprits, soit par rapport à la politique, soit par rapport à la religion, ne fit ni le succès de *Cinna*, ni celui de *Polyeucte*. (LA H.)

FIN.

EXAMEN DE POLYEUCTE.

Ce martyre est rapporté par Surius sur le neuvième de janvier. Polyeucte vivoit en l'année 250, sous l'empereur Décius. Il étoit Arménien, ami de Néarque, et gendre de Félix, qui avoit la commission de l'empereur pour faire exécuter ses édits contre les chrétiens. Cet ami l'ayant résolu à se faire chrétien, il déchira ces édits qu'on publioit, arracha les idoles des mains de ceux qui les portoient sur les autels pour les adorer, les brisa contre terre, résista aux larmes de sa femme Pauline, que Félix employa auprès de lui pour le ramener à leur culte, et perdit la vie par l'ordre de son beau-père, sans autre baptême que celui de son sang. Voilà ce que m'a prêté l'histoire ; le reste est de mon invention.

Pour donner plus de dignité à l'action, j'ai fait Félix gouverneur d'Arménie, et ai pratiqué un sacrifice public, afin de rendre l'occasion plus illustre, et donner un prétexte à Sévère de venir en cette province, sans faire éclater son amour avant qu'il en eût l'aveu de Pauline. Ceux qui veulent arrêter nos héros dans une médiocre bonté, où quelques interprètes d'Aristote bornent leur vertu, ne trouveront pas ici leur compte, puisque celle de Polyeucte va jusqu'à la sainteté, et n'a aucun mélange de foiblesse. J'en ai déjà parlé ailleurs ; et pour confirmer ce que j'en ai dit par quelques autorités, j'ajouterai ici que Minturnus, dans son *Traité du Poëte*, agite cette question, *si la Passion de Jésus-Christ et les martyres des saints doivent être exclus du théâtre, à cause qu'ils passent cette médiocre bonté*, et résout en ma faveur. Le célèbre Heinsius, qui non seulement a traduit la *Poétique* de notre philosophe, mais a fait un *Traité de la Constitution de la Tragédie* selon sa pensée, nous en a donné une sur le martyre des Innocents. L'illustre Grotius a mis sur la scène la Passion même de Jésus-Christ et l'histoire de Joseph; et le savant Buchanan a fait la même chose de celle de Jephté, et de la mort de saint Jean-Baptiste. C'est sur ces exemples que j'ai hasardé ce poëme, où je me suis donné des licences qu'ils n'ont pas prises, de changer l'histoire en quelque chose, et d'y mêler des épisodes d'invention : aussi m'étoit-il plus permis sur cette matière qu'à eux sur celle qu'ils ont choisie. Nous ne devons qu'une croyance pieuse à la vie des saints, et nous avons le même droit sur ce que nous en tirons pour le porter sur le théâtre que sur ce que nous empruntons des autres histoires; mais nous devons une foi chrétienne et indispensable à tout ce qui est dans la *Bible*, qui ne nous laisse aucune liberté d'y rien changer. J'estime toutefois qu'il ne nous est pas défendu d'y ajouter quelque chose, pourvu qu'il ne détruise rien de ces vérités dictées par le Saint-Esprit. Buchanan ni Grotius ne l'ont pas fait dans leurs poëmes; mais aussi ne les ont-ils pas rendus assez fournis pour notre théâtre, et ne s'y sont proposé pour exemple que la constitution la plus simple des anciens. Heinsius a plus osé qu'eux dans celui que j'ai nommé : les anges qui bercent l'enfant Jésus, et l'ombre de Mariamne avec les furies qui agitent l'esprit d'Hérode, sont des agréments qu'il n'a pas trouvés dans l'Évangile. Je crois même qu'on en peut supprimer quelque chose, quand il y a apparence qu'il ne plairoit pas sur le théâtre, pourvu qu'on ne mette rien en la place; car alors ce seroit changer l'histoire, ce que le respect que nous devons à l'Écriture ne permet point. Si j'avois à y exposer celle de David et de Bethsabée, je ne décrirois pas comme il en devint amoureux en la voyant se baigner dans une fontaine, de peur que l'image de cette nudité ne fît une impression trop chatouilleuse dans l'esprit de l'auditeur;

mais je me contenterois de le peindre avec de l'amour pour elle, sans parler aucunement de quelle manière cet amour se seroit emparé de son cœur.

Je reviens à *Polyeucte*, dont le succès a été très heureux. Le style n'en est pas si fort ni si majestueux que celui de *Cinna* et de *Pompée*; mais il a quelque chose de plus touchant, et les tendresses de l'amour humain y font un si agréable mélange avec la fermeté du divin, que sa représentation a satisfait tout ensemble les dévots et les gens du monde. A mon gré, je n'ai point fait de pièce où l'ordre du théâtre soit plus beau et l'enchaînement des scènes mieux ménagé. L'unité d'action, et celle de jour et de lieu, y ont leur justesse; et les scrupules qui peuvent naître touchant ces deux dernières se dissiperont aisément, pour peu qu'on me veuille prêter de cette faveur que l'auditeur nous doit toujours, quand l'occasion s'en offre, en reconnoissance de la peine que nous avons prise à le divertir.

Il est hors de doute que, si nous appliquons ce poëme à nos coutumes, le sacrifice se fait trop tôt après la venue de Sévère; et cette précipitation sortira du vraisemblable par la nécessité d'obéir à la règle. Quand le roi envoie ses ordres dans les villes pour y faire rendre des actions de graces pour ses victoires, ou pour d'autres bénédictions qu'il reçoit du ciel, on ne les exécute pas dès le jour même; mais aussi il faut du temps pour assembler le clergé, les magistrats et les corps de ville, et c'est ce qui en fait différer l'exécution. Nos acteurs n'avoient ici aucune de ces assemblées à faire.

Il suffisoit de la présence de Sévère et de Félix, et du ministère du grand-prêtre; ainsi nous n'avons eu aucun besoin de remettre ce sacrifice à un autre jour. D'ailleurs, comme Félix craignoit ce favori, qu'il croyoit irrité du mariage de sa fille, il étoit bien aise de lui donner le moins d'occasion de tarder qu'il lui étoit possible, et de tâcher, durant son peu de séjour, à gagner son esprit par une prompte complaisance, et montrer tout ensemble une impatience d'obéir aux volontés de l'empereur.

L'autre scrupule regarde l'unité de lieu, qui est assez exacte, puisque tout s'y passe dans une salle ou antichambre commune aux appartements de Félix et de sa fille. Il semble que la bienséance y soit un peu forcée pour conserver cette unité au second acte, en ce que Pauline vient jusque dans cette antichambre pour trouver Sévère, dont elle devroit attendre la visite dans son cabinet. A quoi je réponds qu'elle a eu deux raisons de venir au-devant de lui ; l'une, pour faire plus d'honneur à un homme dont son père redoutoit l'indignation, et qu'il lui avoit commandé d'adoucir en sa faveur ; l'autre, pour rompre plus aisément la conversation avec lui, en se retirant dans ce cabinet, s'il ne vouloit pas la quitter à sa prière, et se délivrer, par cette retraite, d'un entretien dangereux pour elle ; ce qu'elle n'eût pu faire, si elle eût reçu sa visite dans son appartement.

Sa confidence avec Stratonice, touchant l'amour qu'elle avoit eu pour ce cavalier, me fait faire une réflexion sur le temps qu'elle prend pour cela. Il s'en fait beaucoup sur nos théâtres d'affections qui ont déja duré deux ou trois ans, dont on attend à révéler le secret justement au jour de l'action qui se représente, et non seulement sans aucune raison de choisir ce jour-là plutôt qu'un autre pour le déclarer, mais lors même que vraisemblablement on s'en est dû ouvrir auparavant avec la personne à qui on en fait confidence. Ce sont choses dont il faut instruire le spectateur en les faisant apprendre par un des acteurs à l'autre ; mais il faut prendre garde avec soin que celui à qui on les apprend ait eu lieu de les ignorer jusque-là aussi bien que le spectateur, et que quelque occasion tirée du sujet oblige celui qui les récite à rompre enfin un silence qu'il a gardé si long-temps. L'Infante, dans *le Cid*, avoue à Léonor l'amour secret qu'elle a pour lui, et l'auroit pu faire un an ou six mois plus tôt. Cléopâtre, dans *Pompée*, ne prend pas des

mesures plus justes avec Charmion; elle lui conte la passion
de César pour elle, et comme

> Chaque jour ses courriers
> Lui portent en tribut ses vœux et ses lauriers.

Cependant, comme il ne paroît personne avec qui elle ait
plus d'ouverture de cœur qu'avec cette Charmion, il y a
grande apparence que c'étoit elle-même dont cette reine
se servoit pour introduire ces courriers, et qu'ainsi elle
devoit savoir déja tout ce commerce entre César et sa maîtresse. Du moins il falloit marquer quelque raison qui lui
eût laissé ignorer jusque-là tout ce qu'elle lui apprend, et
de quel autre ministère cette princesse s'étoit servie pour
recevoir ces courriers. Il n'en va pas de même ici. Pauline
ne s'ouvre avec Stratonice que pour lui faire entendre le
songe qui la trouble, et les sujets qu'elle a de s'en alarmer;
et comme elle n'a fait ce songe que la nuit d'auparavant,
et qu'elle ne lui eût jamais révélé son secret sans cette occasion qui l'y oblige, on peut dire qu'elle n'a point eu lieu
de lui faire cette confidence plus tôt qu'elle ne l'a faite.

Je n'ai point fait de narration de la mort de Polyeucte,
parceque je n'avois personne pour la faire ni pour l'écouter,
que des païens qui ne la pouvoient ni écouter, ni faire que
comme ils avoient fait et écouté celle de Néarque; ce qui
auroit été une répétition et marque de stérilité, et, en outre, n'auroit pas répondu à la dignité de l'action principale,
qui est terminée par-là. Ainsi j'ai mieux aimé la faire connoître par un saint emportement de Pauline, que cette
mort a convertie, que par un récit qui n'eût point eu de
grace dans une bouche indigne de le prononcer. Félix son
père se convertit après elle; et ces deux conversions, quoique miraculeuses, sont si ordinaires dans les martyres,
qu'elles ne sortent point de la vraisemblance, parcequ'elles
ne sont pas de ces événements rares et singuliers qu'on ne
peut tirer en exemple; et elles servent à remettre le calme

dans les esprits de Félix, de Sévère, et de Pauline, qu(
sans cela j'aurois eu bien de la peine à retirer du théâtr(
dans un état qui rendît la pièce complète, en ne laissan(
rien à souhaiter à la curiosité de l'auditeur.

POMPÉE,

TRAGÉDIE.

1641.

A MONSEIGNEUR

L'ÉMINENTISSIME

CARDINAL MAZARIN[1].

Monseigneur,

Je présente le grand Pompée à votre Éminence, c'est-à-dire le plus grand personnage de l'ancienne Rome au plus illustre de la nouvelle ; je mets sous la protection du premier ministre de notre jeune roi un héros qui, dans sa bonne fortune, fut le protecteur de beaucoup de rois, et qui, dans sa mauvaise, eut encore des rois pour ses ministres. Il espère de la générosité de V. É. qu'elle ne dédaignera pas de lui conserver cette seconde vie que j'ai tâché de lui redonner, et que, lui rendant cette justice qu'elle fait rendre par tout le royaume, elle le vengera pleinement de la mauvaise

[1] Cette dédicace fut suivie d'un remerciement en vers, qu'on trouvera dans le tome XII.

politique de la cour d'Égypte. Il l'espère, et avec raison, puisque, dans le peu de séjour qu'il a fait en France, il a déja su de la voix publique que les maximes dont vous vous servez pour la conduite de cet état ne sont point fondées sur d'autres principes que ceux de la vertu. Il a su d'elle les obligations que vous a la France de l'avoir choisie pour votre seconde mère, qui vous est d'autant plus redevable, que les grands services que vous lui rendez sont de purs effets de votre inclination et de votre zèle, et non pas des devoirs de votre naissance. Il a su d'elle que Rome s'est acquittée envers notre jeune Monarque de ce qu'elle devoit à ses prédécesseurs, par le présent qu'elle lui a fait de votre personne. Il a su d'elle enfin que la solidité de votre prudence et la netteté de vos lumières enfantent des conseils si avantageux pour le gouvernement, qu'il semble que ce soit vous à qui, par un esprit de prophétie, notre Virgile ait adressé ce vers il y a plus de seize siècles :

Tu regere imperio populos, Romane, memento.

Voilà, MONSEIGNEUR, ce que ce grand homme a appris en apprenant à parler françois :

Pauca, sed a pleno venientia pectore veri.

Et comme la gloire de V. É. est assez assurée sur la fidélité de cette voix publique, je n'y mêlerai point la foiblesse de mes pensées, ni la rudesse de mes expressions, qui pourroient diminuer quelque chose de son

ÉPITRE.

éclat; et je n'ajouterai rien aux célèbres témoignages qu'elle vous rend, qu'une profonde vénération pour les hautes qualités qui vous les ont acquis, avec une protestation très sincère et très inviolable d'être toute ma vie,

MONSEIGNEUR,

DE VOTRE ÉMINENCE,

Le très humble, très obéissant,
et très fidèle serviteur,
CORNEILLE.

AU LECTEUR.

Si je voulois faire ici ce que j'ai fait en mes deux derniers ouvrages, et te donner le texte ou l'abrégé des auteurs dont cette histoire est tirée, afin que tu pusses remarquer en quoi je m'en serois écarté pour l'accommoder au théâtre, je ferois un avant-propos dix fois plus long que mon poëme, et j'aurois à rapporter des livres entiers de presque tous ceux qui ont écrit l'histoire romaine. Je me contenterai de t'avertir que celui dont je me suis le plus servi a été le poëte Lucain, dont la lecture m'a rendu si amoureux de la force de ses pensées et de la majesté de son raisonnement, qu'afin d'en enrichir notre langue j'ai fait cet effort pour réduire en poëme dramatique ce qu'il a traité en épique. Tu trouveras ici cent ou deux cents vers traduits ou imités de lui [1]. J'ai tâché de suivre ce grand homme dans le reste, et de prendre son caractère quand son exemple m'a manqué : si je suis demeuré bien loin derrière, tu en jugeras. Cependant j'ai cru ne te déplaire pas de te donner ici trois passages qui ne viennent pas mal à mon sujet. Le premier est un épitaphe [2] de Pompée, prononcé par Caton dans Lucain. Les deux autres sont deux peintures de Pompée et de César, tirées de Velléius Paterculus. Je les laisse en latin, de peur que ma traduction n'ôte trop de leur grace et de leur force. Les dames se les feront expliquer.

---

[1] C'est le huitième livre de Lucain qui a fourni à Corneille le sujet de Pompée. Le succès de cette tragédie détermina Brébeuf à traduire *la Pharsale*. (PAR.)

[2] *Épitaphe* étoit alors du genre masculin. (PAR.)

EPITAPHIUM
POMPEII MAGNI.

CATO, apud LUCANUM, lib. IX[1].

Civis obit, inquit, multum majoribus impar
Nosse modum juris, sed in hoc tamen utilis ævo,
Cui non ulla fuit justi reverentia : salva
Libertate potens, et solus plebe parata
Privatus servire sibi, rectorque senatus,
Sed regnantis, erat. Nil belli jure poposcit :
Quæque dari voluit, voluit sibi posse negari.
Immodicas possedit opes, sed plura retentis
Intulit : invasit ferrum; sed ponere norat.
Prætulit arma togæ; sed pacem armatus amavit.
Juvit sumpta ducem, juvit dimissa potestas.
Casta domus, luxuque carens, corruptaque nunquam
Fortuna domini. Clarum et venerabile nomen
Gentibus, et multum nostræ quod proderat urbi.
Olim vera fides, Sylla Marioque receptis,
Libertatis obit : Pompeio rebus adempto
Nunc et ficta perit. Non jam regnare pudebit :
Nec color imperii, nec frons erit ulla senatus.
O felix, cui summa dies fuit obvia victo,
Et cui quærendos Pharium scelus obtulit enses!
Forsitan in soceri potuisset vivere regno.
Scire mori, sors prima viris, sed proxima, cogi.
Et mihi, si fatis aliena in jura venimus,
Da talem, Fortuna, Jubam : non deprecor hosti
Servari, dum me servet cervice recisa.

[1] V. 190 et seqq.

ICON POMPEII MAGNI.

VELLEIUS PATERCULUS, lib. II, c. xxix.

Fuit hic genitus matre Lucilia, stirpis senatoriæ, forma excellens, non ea qua flos commendatur ætatis, sed dignitate et constantia : quæ in illam conveniens amplitudinem, fortunam quoque ejus ad ultimum vitæ comitata est diem : innocentia eximius, sanctitate præcipuus, eloquentia medius ; potentiæ quæ honoris causa ad eum deferretur, non ut ab eo occuparetur, cupidissimus : dux bello peritissimus : civis in toga (nisi ubi vereretur ne quem haberet parem) modestissimus, amicitiarum tenax, in offensis exorabilis, in reconcilianda gratia fidelissimus, in accipienda satisfactione facillimus, potentia sua nunquam aut raro ad impotentiam usus, pene omnium votorum expers, nisi numeraretur inter maxima, in civitate libera dominaque gentium, indignari, cum omnes cives jure haberet pares, quemquam æqualem dignitate conspicere.

ICON C. J. CÆSARIS.

VELLEIUS PATERCULUS, LIB. II, c. XLI.

Hic nobilissima Juliorum genitus familia, et, quod inter omnes antiquissimos constabat, ab Anchise ac Venere deducens genus, forma omnium civium excellentissimus, vigore animi acerrimus, munificentia effusissimus, animo super humanam et naturam et fidem evectus, magnitudine cogitationum, celeritate bellandi, patientia periculorum, Magno illi Alexandro, sed sobrio, neque iracundo, simillimus : qui denique semper et somno et cibo in vitam, non in voluptatem uteretur.

ACTEURS.

JULES-CÉSAR [1].
MARC-ANTOINE.
LÉPIDE.
CORNÉLIE, femme de Pompée [2].
PTOLOMÉE*, roi d'Égypte [3].
CLÉOPATRE, sœur de Ptolomée.
PHOTIN, chef du conseil d'Égypte.
ACHILLAS, lieutenant-général des armées du roi d'Égypte.
SEPTIME, tribun romain, à la solde du roi d'Égypte.
CHARMION, dame d'honneur de Cléopâtre.
ACHORÉE, écuyer de Cléopâtre.
PHILIPPE, affranchi de Pompée.
Troupe de Romains.
Troupe d'Égyptiens.

La scène est en Alexandrie, dans le palais de Ptolomée.

Noms des acteurs qui ont joué d'original dans Pompée :

[1] D'Orgemont. — [2] Mlle Duclos. — [3] Floridor.

* *Ptolémée* eût été plus conforme à l'étymologie. Voltaire a écrit l'un et l'autre. (Par.)

Bayalos pinxit. Blanchard père sc.

POMPÉE.

CORNÉLIE

Moi je jure des dieux la puissance suprême.

Acte 5, Sc. 1.

Publié par Furne à Paris.

POMPÉE[1].

ACTE PREMIER.

SCÈNE I.

PTOLOMÉE, PHOTIN, ACHILLAS, SEPTIME.

PTOLOMÉE.
Le destin se déclare, et nous venons d'entendre
Ce qu'il a résolu du beau-père et du gendre.
Quand les dieux étonnés sembloient se partager[2],

[1] Dans la première édition (1644), cette tragédie avoit pour titre : la Mort de Pompée ; et c'est ainsi qu'aujourd'hui encore on la désigne ordinairement. (PAR.)

[2] Un roi d'Égypte, qui n'a point vu Pharsale, et à qui cette guerre est étrangère, ne doit point dire que les dieux étaient étonnés en se partageant, qu'ils n'osaient juger, et que la bataille a jugé pour eux. Dès qu'on reconnaît des dieux, on doit convenir qu'ils ont jugé par la bataille même. *Ces champs empestés, ces montagnes de morts qui se vengent, ces débordements de parricides, ces troncs pourris,* étaient notés par Boileau comme un exemple d'enflure et de déclamation. Il fallait dire simplement :

Le destin se déclare ; et le droit de l'épée,
Justifiant César, a condamné Pompée.

C'était parler en roi. Les vers ampoulés ne conviennent pas dans un conseil d'état. Il n'y a donc qu'à retrancher des vers sonores et inutiles, pour que la pièce commence noblement ; car l'ampoulé n'est pas plus noble que convenable. (V.)

Pharsale a décidé ce qu'ils n'osoient juger.
Ses fleuves teints de sang, et rendus plus rapides
Par le débordement de tant de parricides,
Cet horrible débris d'aigles, d'armes, de chars,
Sur ses champs empestés confusément épars,
Ces montagnes de morts privés d'honneurs suprêmes,
Que la nature force à se venger eux-mêmes,
Et dont les troncs pourris exhalent dans les vents [1]
De quoi faire la guerre au reste des vivants,
Sont les titres affreux dont le droit de l'épée,
Justifiant César, a condamné Pompée [2].
Ce déplorable chef du parti le meilleur,
Que sa fortune lasse abandonne au malheur,
Devient un grand exemple, et laisse à la mémoire
Des changements du sort une éclatante histoire [3].
Il fuit, lui qui, toujours triomphant et vainqueur,
Vit ses prospérités égaler son grand cœur;
Il fuit, et dans nos ports, dans nos murs, dans nos villes;
Et, contre son beau-père ayant besoin d'asiles,
Sa déroute orgueilleuse en cherche aux mêmes lieux
Où contre les titans en trouvèrent les dieux [4] :

[1] VAR. Et de leurs troncs pourris exhalent dans les vents. (1644-48.)

[2] VAR. Justifie* César, et condamne Pompée. (1644-48.)

[3] VAR. Des changements du sort une effroyable histoire. (1644-48.)

[4] *Une déroute orgueilleuse qui cherche un asile* ne présente ni une idée vraie, ni une idée nette. *Où les dieux en trouvèrent contre les titans* est une idée qui pourrait être admise dans une ode, où le poëte se livre à l'enthousiasme; mais dans un conseil on parle sérieusement. De plus, Pompée serait ici le dieu, et César le titan; et, si une comparaison poétique était une raison, c'en serait une en faveur de Pompée. (V.)

* On ne trouve guère, dans toutes les pièces de Corneille, que cette seule faute contre les règles de notre versification. (V.)

ACTE I, SCÈNE I.

Il croit que ce climat, en dépit de la guerre,
Ayant sauvé le ciel, sauvera bien la terre,
Et, dans son désespoir à la fin se mêlant,
Pourra prêter l'épaule au monde chancelant [1].
Oui, Pompée avec lui porte le sort du monde,
Et veut que notre Égypte, en miracles féconde,
Serve à sa liberté de sépulcre ou d'appui [2],
Et relève sa chute, ou trébuche sous lui.
  C'est de quoi, mes amis, nous avons à résoudre ;
Il apporte en ces lieux les palmes ou la foudre :
S'il couronna le père, il hasarde le fils ;
Et, nous l'ayant donnée, il expose Memphis.
Il faut le recevoir, ou hâter son supplice [3],
Le suivre, ou le pousser dedans le précipice.
L'un me semble peu sûr, l'autre peu généreux ;
Et je crains d'être injuste, ou d'être malheureux [4].
Quoi que je fasse enfin, la fortune ennemie
M'offre bien des périls, ou beaucoup d'infamie :

---

[1] Observez que, dans cette déclamation, *prêter l'épaule* est du genre familier ; et un climat qui *prête l'épaule* forme une idée trop incohérente. Comment l'auteur de *Cinna* put-il se livrer à un pareil phébus ? c'est qu'il y eut de mauvais critiques qui ne trouvèrent pas les beaux vers de *Cinna* assez relevés ; c'est que de son temps on n'avait ni connaissance, ni goût : cela est si vrai, que Boileau fut le premier qui fit connaître combien ce commencement est défectueux. (V.)

VAR. Pourra prêter épaule au monde chancelant. (1644-48.)

[2] *Appui* n'est pas l'opposé de *sépulcre* ; mais c'est une très légère faute. (V.) — Est-il donc nécessaire que *sépulcre* et *appui* soient absolument opposés ? Bien des lecteurs trouveront qu'il y a entre ces deux idées une différence suffisante. (A.-M.)

[3] VAR. Il faut ou recevoir, ou hâter son supplice. (1644-48.)

[4] VAR. Et je crains d'être injuste, et d'être malheureux. (1644-48.)

292   POMPÉE.

C'est à moi de choisir, c'est à vous d'aviser
A quel choix vos conseils doivent me disposer¹.
Il s'agit de Pompée, et nous aurons la gloire
D'achever de César, ou troubler la victoire²;
Et je puis dire enfin que jamais potentat ³
N'eut à délibérer d'un si grand coup d'état ⁴.

PHOTIN.

Seigneur, quand par le fer les choses sont vidées ⁵,
La justice et le droit sont de vaines idées;
Et qui veut être juste en de telles saisons
⁶ Balance le pouvoir, et non pas les raisons ⁷.

¹ Var. A quel choix vos conseils me doivent disposer. (1644-48.)

² On peut dire également ici *de troubler* ou *troubler*; parceque le *de* répété est désagréable. Mais *troubler* n'est pas le mot propre; une *victoire troublée* n'a pas un sens assez déterminé, assez clair. (V.) — Il y a ici une ellipse facile à remplir : ou troubler *la joie* de sa victoire. (A.-M.)

³ Var. Et jamais potentat n'a vu sous le soleil
    Matière plus illustre agiter son conseil. (1644-48.)

⁴ L'usage veut aujourd'hui que *délibérer* soit suivi de *sur*; mais le *de* est aussi permis. On délibéra du sort de Jacques II dans le conseil du prince d'Orange : mais je crois que la règle est de pouvoir employer le *de* quand on spécifie les intérêts dont on parle. On délibère aujourd'hui *de* la nécessité, ou *sur* la nécessité d'envoyer des secours en Allemagne; on délibère *sur* de grands intérêts, *sur* des points importants. (V.)

⁵ *Les choses vidées* n'est pas du style noble; de plus, on vide un procès, une querelle; on ne vide pas une chose. (V.)

Var. Sire, quand par le fer les choses sont vidées. (1644-48.)

⁶ Imit. Metiri sua regna decet, viresque fateri.

⁷ *En de telles saisons* est pour la rime. *Balance le pouvoir, et non pas les raisons*; il veut dire, *examine ce qu'il peut, et non pas ce qu'il doit*; mais il ne l'exprime pas. On ne balance point le pouvoir; cette expression est impropre et obscure, et c'est précisément

ACTE I, SCÈNE I. 293

Voyez donc votre force; et regardez Pompée,
Sa fortune abattue, et sa valeur trompée.
¹ César n'est pas le seul qu'il fuie en cet état :
Il fuit et le reproche et les yeux du sénat,
Dont plus de la moitié piteusement étale
Une indigne curée aux vautours de Pharsale ² ;
⁵ Il fuit Rome perdue, il fuit tous les Romains ⁴,
A qui par sa défaite il met les fers aux mains ;
Il fuit le désespoir des peuples et des princes

les raisons politiques qu'on balance. (V.) — Photin ne veut pas dire : *Examine ce qu'il peut, et non pas ce qu'il doit.* Il conseille à son maître de comparer le pouvoir de César et celui de Pompée, sans peser la justice de leurs causes. (A.-M.)

[1] IMIT. Nec soceri tantum arma fugit : fugit ora senatus,
   Cujus thessalicas saturat pars magna volucres.

[2] *Piteusement, curée,* expressions basses en poésie. (V.) — Les mots les plus vulgaires peuvent entrer dans le style noble : tout dépend de la place qu'ils occupent, et du grand contraste qu'ils doivent produire. Dans Racine, une reine est dévorée par des *chiens*; dans Corneille, Horace, le sauveur de Rome, est abandonné à l'infame *couteau*. Voltaire lui-même trouve beau que les cendres de Pompée soient recueillies dans une urne *chétive*. Pourquoi les mots *piteusement* et *curée* seraient-ils ici des expressions basses? Ne sont-ils pas convenablement placés pour former une magnifique antithèse avec ce qu'il y a de plus auguste et de plus puissant au monde, le sénat romain? (A.-M.)

[3] IMIT. Et metuit gentes quas uno in sanguine mixtas
   Deseruit, regesque timet quorum omnia mersit.

[4] *Perdue* n'est pas le mot propre; on ne fuit pas ce qu'on a perdu. (V.) — On fuit une ville qu'on a perdue en défendant mal sa liberté, dont on s'était déclaré le protecteur; on la fuit par un sentiment de honte de l'avoir laissée en proie aux tyrans qu'on s'était flatté de vaincre : et voilà ce que Rome se promettait de l'appui de Pompée. (P.)

Qui vengeroient sur lui le sang de leurs provinces[1],
Leurs états et d'argent et d'hommes épuisés,
Leurs trônes mis en cendre, et leurs sceptres brisés :
Auteur des maux de tous, il est à tous en butte,
Et fuit le monde entier écrasé sous sa chute[2].
Le défendrez-vous seul contre tant d'ennemis?
L'espoir de son salut en lui seul étoit mis ;
Lui seul pouvoit pour soi : cédez alors qu'il tombe.
[3] Soutiendrez-vous un faix sous qui Rome succombe,
Sous qui tout l'univers se trouve foudroyé[4],
Sous qui le grand Pompée a lui-même ployé ?
[5] Quand on veut soutenir ceux que le sort accable,
A force d'être juste on est souvent coupable ;
[6] Et la fidélité qu'on garde imprudemment,
Après un peu d'éclat, traîne un long châtiment,
Trouve un noble revers, dont les coups invincibles[7],
Pour être glorieux, ne sont pas moins sensibles.

[1] Var. Qui veut venger sur lui le sang de leurs provinces. (1644-48.)

[2] Comment peut-on fuir l'univers écrasé ? comment et où fuir quand on est écrasé avec cet univers ? Cette métaphore n'est pas plus juste qu'un *climat qui prête l'épaule.* (V.)

[3] Imit. Tu, Ptolemæe, potes Magni fulcire ruinam
Sub qua Roma jacet ?

[4] *Un faix sous qui l'on se trouve foudroyé* est encore une de ces figures fausses, une de ces images incohérentes qu'on ne peut admettre : un faix ne foudroie pas. (V.)

[5] Imit. Jus et fas multos faciunt, Ptolemæe, nocentes.

[6] Imit. Dat pœnas laudata fides, cum sustinet, inquit,
Quos fortuna premit.

[7] Ces termes ne paraîtront pas justes à ceux qui exigent la pureté du langage et la justesse des figures ; en effet, un coup n'est pas *invincible,* parcequ'un coup ne combat pas. (V.)
Les coups invincibles d'un revers sont en effet une expression très vicieuse ; mais des coups auxquels rien ne résiste sont, dans

ACTE I, SCÈNE I. 295

Seigneur, n'attirez point le tonnerre en ces lieux [1],
[2] Rangez-vous du parti des destins et des dieux;
Et sans les accuser d'injustice ou d'outrage [3],
[4] Puisqu'ils font les heureux, adorez leur ouvrage;
Quels que soient leurs décrets, déclarez-vous pour eux,
Et, pour leur obéir, perdez le malheureux.
Pressé de toutes parts des colères célestes [5],
Il en vient dessus vous faire fondre les restes [6];
[7] Et sa tête, qu'à peine il a pu dérober,
Toute prête de choir, cherche avec qui tomber.
Sa retraite chez vous en effet n'est qu'un crime [8];

toutes les langues et chez tous les poëtes, des coups invincibles. (P.)

[1] Var. Sire, n'attirez point le tonnerre en ces lieux. (1644-48.)

[2] Imit. . . . . . . Fatis accede, deisque.

[3] Accuse-t-on les destins d'outrage? (V.) — Oui, on le pouvait à une époque où *outrage* était synonyme d'injustice, et enchérissait sur ce mot : « *Vous m'auez guerroyé à tort et par moult grand oultrage. Item, Ie ne vous demande rien d'oultrage, c'est à dire rien qui soit iniuste et desraisonnable.* » (Voyez le *Dictionnaire de Nicot.*) (A.-M.)

[4] Imit. Et cole felices, miseros fuge.

[5] *Colère,* substantif, n'admet point le pluriel. (V.)

[6] *Dessus vous* est une faute contre la langue, et *faire fondre* en est une contre l'harmonie : et quelle expression que les *restes des colères!* (V.) — A l'époque de Corneille, la distinction entre les adverbes et les prépositions *dessus, sur; dedans, dans; dessous, sous,* n'était pas encore établie. (A.-M.)

[7] Imit. Postquam nulla manet rerum fiducia, quærit
        Cum qua gente cadat.

[8] La retraite de Pompée peut-elle être représentée comme un crime et comme un effet de sa haine contre Ptolomée? est-ce ainsi que s'exprime un ministre d'état? n'est-ce point aller au-delà du but? Tout le reste de ce morceau est d'une beauté ache-

Elle marque sa haine, et non pas son estime [1];
Il ne vient que vous perdre en venant prendre port [2] :
Et vous pouvez douter s'il est digne de mort!
[3] Il devoit mieux remplir nos vœux et notre attente,
Faire voir sur ses nefs la victoire flottante;
Il n'eût ici trouvé que joie et que festins [4] :
Mais puisqu'il est vaincu, qu'il s'en prenne aux destins.
[5] J'en veux à sa disgrace, et non à sa personne :
J'exécute à regret ce que le ciel ordonne;
Et du même poignard pour César destiné
Je perce en soupirant son cœur infortuné.
Vous ne pouvez enfin qu'aux dépens de sa tête
Mettre à l'abri la vôtre, et parer la tempête [6].
Laissez nommer sa mort un injuste attentat :
La justice n'est pas une vertu d'état.
[7] Le choix des actions ou mauvaises ou bonnes

vée; et plus le fond du discours est naturel et vrai, plus les exagérations emphatiques sont déplacées. (V.)

[1] Cette exagération d'un ministre d'état est trop évidemment fausse. Est-ce une preuve de haine que de demander un asile? (V.)

[2] *Venant prendre port,* expression trop triviale pour la tragédie. (V.) — L'expression a vieilli, mais elle n'a jamais été triviale. (A.-M.)

[3] IMIT. . . . . Votis tua fovimus arma.

[4] On pourrait encore dire que *joie et festins* ne sont pas l'expression convenable dans la bouche d'un ministre d'état; c'est ainsi qu'on parlerait de la réception d'une bourgeoise. (V.)

[5] IMIT. Hoc ferrum, quod fata jubent proferre, paravi,
Non tibi, sed victo. Feriam tua viscera, Magne;
Malueram soceri.

[6] On ne pare point une tempête. (V.)

[7] IMIT. Sceptrorum vis tota perit, si pendere justa
Incipit.

ACTE I, SCÈNE I.

297

Ne fait qu'anéantir la force des couronnes [1] :
Le droit des rois consiste à ne rien épargner ;
La timide équité détruit l'art de régner [2].
[3] Quand on craint d'être injuste, on a toujours à craindre ;
Et qui veut tout pouvoir doit oser tout enfreindre,
Fuir comme un déshonneur la vertu qui le perd,
Et voler sans scrupule au crime qui lui sert [4].
 C'est là mon sentiment. Achillas et Septime
S'attacheront peut-être à quelque autre maxime.
Chacun a son avis ; mais, quel que soit le leur,
Qui punit le vaincu ne craint point le vainqueur.

ACHILLAS.

Seigneur, Photin dit vrai ; mais, quoique de Pompée [5]
Je voie et la fortune et la valeur trompée,

---

[1] Ces deux vers obscurs et entortillés affaiblissent cette tirade : c'est d'ailleurs trop retourner, trop répéter la même chose. (V.)

[2] Cette maxime horrible n'est point du tout convenable ici : il ne s'agit point du droit des rois contre d'autres rois, ni avec leurs sujets ; il ne s'agit que de mériter la faveur de César. Ptolomée est lui-même une espèce de sujet, un vassal à qui on propose de flatter son maître par une action infame. Ainsi la dernière partie du discours de Photin pèche contre la raison autant que contre la morale. (V.)

[3] IMIT. . . . . . Semper metuet, quem sæva pudebunt.

[4] C'est ce qu'on a dit quelquefois des ministres ; mais ils ne parlent jamais ainsi. Un homme qui veut faire passer son avis ne lui donne point de si abominables couleurs. La Saint-Barthélemy même ne fut point présentée dans le conseil de Charles IX comme un crime, mais comme une sévérité nécessaire. La tragédie est une imitation des mœurs, et non pas une amplification de rhétorique. (V.)

VAR. Et voler sans scrupule au crime qui le sert. (1644-48.)

[5] VAR. Sire, Photin dit vrai ; mais, quoique de Pompée. (1644-48.)

Je regarde son sang comme un sang précieux,
Qu'au milieu de Pharsale ont respecté les dieux.
Non qu'en un coup d'état je n'approuve le crime;
Mais s'il n'est nécessaire, il n'est point légitime :
Et quel besoin ici d'une extrême rigueur?
¹ Qui n'est point au vaincu ne craint point le vainqueur.
Neutre jusqu'à présent, vous pouvez l'être encore;
Vous pouvez adorer César, si l'on l'adore ² :
Mais, quoique vos encens le traitent d'immortel ³,
Cette grande victime est trop pour son autel ;
Et sa tête immolée au dieu de la victoire
Imprime à votre nom une tache trop noire :
Ne le pas secourir suffit sans l'opprimer.
En usant de la sorte, on ne vous peut blâmer ⁴.
Vous lui devez beaucoup; par lui Rome animée
A fait rendre le sceptre au feu roi Ptolomée :
Mais la reconnoissance et l'hospitalité
Sur les ames des rois n'ont qu'un droit limité.
Quoi que doive un monarque, et dût-il sa couronne,

---

¹ Imit. Quidquid non fuerit Magni, dum bella geruntur,
  Nec victoris erit.

² Il faut éviter ces syllabes désagréables de *l'on l'a*. (V.)

³ *Encens* ne souffre point le pluriel. On offre de l'encens aux immortels, mais l'encens ne traite point d'immortel. (V.) — Ici *vos encens* est d'autant plus admissible qu'il est au figuré pour *vos adulations*, ce qui justifie parfaitement l'expression *le traitent d'immortel*. (A.-M.)

⁴ *En usant de la sorte, on ne vous peut blâmer*, n'est ni français ni noble. On dit, dans le langage familier, *en user de la sorte*, mais non pas *user de la sorte*. (V.) — Dans ce vers, *en* n'est pas la préposition du gérondif, comme Voltaire semble le croire. *En usant* est le participe de *en user*. *En usant de la sorte* signifie *si vous en usez de la sorte*. Il n'y a donc pas de faute. (A.-M.)

ACTE I, SCÈNE I.

Il doit à ses sujets encor plus qu'à personne,
Et cesse de devoir quand la dette est d'un rang
A ne point s'acquitter qu'aux dépens de leur sang [1].
S'il est juste d'ailleurs que tout se considère,
Que hasardoit Pompée en servant votre père?
Il se voulut par-là faire voir tout-puissant,
Et vit croître sa gloire en le rétablissant.
Il le servit enfin, mais ce fut de la langue;
La bourse de César fit plus que sa harangue [2] :
Sans ses mille talents, Pompée et ses discours
Pour rentrer en Égypte étoient un froid secours [3].
Qu'il ne vante donc plus ses mérites frivoles,
Les effets de César valent bien ses paroles :
Et, si c'est un bienfait qu'il faut rendre aujourd'hui,
Comme il parla pour vous vous parlerez pour lui.
Ainsi vous le pouvez et devez reconnoître [4].
Le recevoir chez vous, c'est recevoir un maître,
Qui, tout vaincu qu'il est, bravant le nom de roi,
Dans vos propres états vous donneroit la loi.

[1] Une dette est trop forte, trop grande, elle n'est pas *d'un rang à ne point s'acquitter qu'aux*; ce *point* est de trop, jamais on ne l'emploie que dans le sens absolu : *je n'irai point, je n'irai qu'à cette condition.* (V.)

Var. Qu'il ne peut acquitter qu'aux dépens de leur sang. (1644.)

[2] *La langue, la bourse,* sont des expressions trop familières. Voyez comme il est difficile de dire noblement les petites choses, et comme il est aisé de traiter les autres avec emphase. Le grand art des vers consiste à n'être jamais ni ampoulé, ni bas. (V.)

[3] *Un secours* n'est ni chaud ni froid : le mot propre est souvent difficile à rencontrer, et quand il est trouvé, la gêne du vers et de la rime empêche qu'on ne l'emploie. (V.)

[4] On reconnaît un bienfait, mais non pas la personne. *Je vous reconnois* n'est pas français, et ne forme point le sens, à moins

Fermez-lui donc vos ports, mais épargnez sa tête.
S'il le faut toutefois, ma main est toute prête;
J'obéis avec joie, et je serois jaloux [1]
Qu'autre bras que le mien portât les premiers coups.

SEPTIME.

Seigneur, je suis Romain [2], je connois l'un et l'autre [3].
Pompée a besoin d'aide, il vient chercher la vôtre :
Vous pouvez, comme maître absolu de son sort,
Le servir, le chasser, le livrer vif ou mort.
Des quatre le premier vous seroit trop funeste;
Souffrez donc qu'en deux mots j'examine le reste.
  Le chasser, c'est vous faire un puissant ennemi,
Sans obliger par-là le vainqueur qu'à demi,
Puisque c'est lui laisser et sur mer et sur terre
La suite d'une longue et difficile guerre [4],
Dont peut-être tous deux également lassés
Se vengeroient sur vous de tous les maux passés.
Le livrer à César n'est que la même chose [5] :

qu'il ne signifie au propre, *je ne vous remettais pas, et je vous reconnais*, ou bien, *je reconnais là votre caractère.* (V.)

[1] VAR. Je sais obéir, sire, et je serois jaloux. (1644-48.)

[2] Le raisonnement de Septime est encore plus fort que celui d'Achillas. Cette scène est au fond parfaitement traitée, et, à quelques fautes près (qu'on est toujours obligé de remarquer pour l'utilité des jeunes gens et des étrangers), elle est très forte de raisonnement. (V.)

[3] VAR. Sire, je suis Romain ; je connois l'un et l'autre. (1644-48.)

[4] Il faut éviter autant qu'on peut ces hémistiches trop communs, *et sur mer et sur terre*, qui ne sont que pour la rime, et qui font tout languir ; *laisser la suite d'une guerre* n'est pas français. (V.)

[5] *Le livrer à César n'est que la même chose*; expression trop familière et trop triviale : de plus, livrer Pompée à César n'est

ACTE I, SCÈNE I. 301

Il lui pardonnera, s'il faut qu'il en dispose,
Et, s'armant à regret de générosité,
D'une fausse clémence il fera vanité ;
Heureux de l'asservir en lui donnant la vie,
Et de plaire par-là même à Rome asservie,
Cependant que, forcé d'épargner son rival,
Aussi bien que Pompée il vous voudra du mal [1].
  Il faut le délivrer du péril et du crime,
Assurer sa puissance, et sauver son estime [2],
Et du parti contraire en ce grand chef détruit,
Prendre sur vous le crime, et lui laisser le fruit [3] ;
C'est là mon sentiment, ce doit être le vôtre :
Par-là vous gagnez l'un, et ne craignez plus l'autre.
Mais, suivant d'Achillas le conseil hasardeux,
Vous n'en gagnez aucun, et les perdez tous deux.

PTOLOMÉE.

N'examinons donc plus la justice des causes,
Et cédons au torrent qui roule toutes choses [4].

pas la même chose que le renvoyer. Il y a une différence immense entre laisser un homme en liberté et le mettre dans les mains de son ennemi. (V.) — Photin ne dit pas que livrer Pompée à César c'est la même chose que le renvoyer. Il dit que c'est la même chose, parceque César aura toujours un rival, et Ptolomée deux ennemis. (A.-M.)

[1] *Il vous voudra du mal* est une expression de comédie. (V.)

[2] *Sauver son estime* ne forme aucun sens. Veut-il dire que Ptolémée conservera l'estime qu'on a pour César, ou l'estime que César a pour Ptolémée, ou l'estime que César fait de lui-même ? Dans les trois cas, *sauver l'estime* est trop impropre. *J'évite d'être long, et je deviens obscur.* (V.) — *Estime* se disait alors pour *réputation*. Sauver son *estime*, c'est-à-dire sauver la réputation de César. (A.-M.)

[3] VAR. Prendre sur vous la honte, et lui laisser le fruit. (1646.)

[4] *Des causes* est un terme de barreau. *Toutes choses* est trop

302   POMPÉE.
Je passe au plus de voix, et de mon sentiment
Je veux bien avoir part à ce grand changement.
    Assez et trop long-temps l'arrogance de Rome
A cru qu'être Romain c'étoit être plus qu'homme.
Abattons sa superbe avec sa liberté ;
Dans le sang de Pompée éteignons sa fierté ;
Tranchons l'unique espoir où tant d'orgueil se fonde,
Et donnons un tyran à ces tyrans du monde.
Secondons le destin qui les veut mettre aux fers [1],
Et prêtons-lui la main pour venger l'univers.
Rome, tu serviras ; et ces rois que tu braves,
Et que ton insolence ose traiter d'esclaves,
Adoreront César avec moins de douleur,
Puisqu'il sera ton maître aussi bien que le leur.
    Allez donc, Achillas, allez avec Septime
Nous immortaliser par cet illustre crime [2].

prosaïque, quoique dans les délibérations la poésie tragique ne doive point s'élever au-dessus de la prose soutenue ; et d'ailleurs *toutes choses* et *la même chose* dans une page est d'un style trop négligé. On ne peut trop répéter qu'on est dans l'obligation de remarquer ces fautes, de peur que les jeunes gens, qui n'auraient pas la même excuse que Corneille, n'imitent des défauts qu'on devait lui pardonner, mais qu'on ne pardonne plus aujourd'hui. (V.)

    Var. Et cédons au torrent qui traîne toutes choses. (1644-48.)

[1] Var. Consentons au destin qui les veut mettre aux fers. (1644-48.)

[2] Cette pensée est trop emphatique. Ptolémée peut-il dire qu'il s'immortalisera par un assassinat ? Cette illusion qu'il se fait est-elle bien dans la nature ? les raisons qu'il en apporte sont-elles de vraies raisons ? les nations seront-elles moins esclaves pour être esclaves du maître de Rome ? S'exprimer ainsi, c'est substituer une amplification de rhétorique à la solidité d'un conseil d'état. Quel est le souverain qui dirait : Allons nous immortaliser par un illustre crime ? La tragédie doit être l'imitation embellie de

ACTE I, SCÈNE II.   303

Qu'il plaise au ciel ou non, laissez-m'en le souci.
Je crois qu'il veut sa mort, puisqu'il l'amène ici.

ACHILLAS.

Seigneur, je crois tout juste alors qu'un roi l'ordonne[1].

PTOLOMÉE.

Allez, et hâtez-vous d'assurer ma couronne;
Et vous ressouvenez que je mets en vos mains
Le destin de l'Égypte et celui des Romains.

SCÈNE II.

PTOLOMÉE, PHOTIN.

PTOLOMÉE.

Photin, ou je me trompe, ou ma sœur est déçue.
De l'abord de Pompée elle espère autre issue[2].
Sachant que de mon père il a le testament,
Elle ne doute point de son couronnement;

---

la nature. Ces défauts dans le détail n'empêchent pas que le fond de cette première scène ne soit une des plus belles expositions qu'on ait vues sur aucun théâtre. Les anciens n'ont rien qui en approche; elle est auguste, intéressante, importante; elle entre tout d'un coup en action : les autres expositions ne font qu'instruire du sujet de la pièce; celle-ci en est le nœud; placez-la dans quelque acte que vous vouliez, elle sera toujours attachante : c'est la seule qui soit dans ce goût. (V.)

[1] Var. Sire, je crois tout juste alors qu'un roi l'ordonne. (1644.)

[2] *Autre issue* ne se dit que dans le style comique. Il faut, dans le style noble, *une autre issue*. On ne supprime les articles et les pronoms que dans ce familier qui approche du style marotique, *sentir joie, faire mauvaise fin,* etc. Observez encore qu'*issue* n'est pas le mot propre. Un abord n'a point d'*issue*. Il faut toujours ou le mot propre, ou une métaphore noble. (V.)

Elle se croit déjà souveraine maîtresse
D'un sceptre partagé que sa bonté lui laisse [1];
Et, se promettant tout de leur vieille amitié,
De mon trône en son ame elle prend la moitié [2],
Où de son vain orgueil les cendres rallumées
Poussent déjà dans l'air de nouvelles fumées [3]

PHOTIN.

Seigneur, c'est un motif que je ne disois pas [4],
Qui devoit de Pompée avancer le trépas.
Sans doute il jugeroit de la sœur et du frère
Suivant le testament du feu roi votre père [5],
Son hôte et son ami, qui l'en daigna saisir [6] :
Jugez après cela de votre déplaisir.
Ce n'est pas que je veuille, en vous parlant contre elle,

[1] On ne sait, par la construction, à quoi se rapporte *sa bonté*. (V.) — Il se rapporte régulièrement au dernier substantif auquel il puisse se rapporter : *mon père*. (A.-M.)

[2] Ce mot *prend* n'est pas assez noble. (V.)

VAR. De mon trône dans l'ame elle prend la moitié. (1644.)

[3] Jamais un orgueil n'eut de cendres ; ces fumées, poussées par les cendres de l'orgueil, ne sont guère plus admissibles. Tout ce qui n'est pas naturel doit être banni de la poésie et de la prose. (V.) — On dit très bien les *fumées de l'orgueil*. Cette expression a pu suggérer à Corneille la métaphore d'un orgueil mal éteint, dont les cendres se rallument. Quant à la recommandation qui termine la note de Voltaire, elle ne doit pas être prise à la lettre, car elle exclurait toutes les expressions figurées. (A.-M.)

[4] VAR. Sire, c'est un motif que je ne disois pas. (1644-48.)

[5] *Le feu roi votre père* est trop prosaïque, et il y a un enjambement que les règles de notre poésie ne souffrent point dans le style sérieux des vers alexandrins. *Qui l'en daigna saisir* est un terme de chicane. Ma partie est *saisie* de ce testament. On a *saisi* ma partie de ces pièces. (V.)

[6] VAR. Son hôte et son ami, qui l'en voulut saisir. (1644-48.)

ACTE I, SCÈNE III.

Rompre les sacrés nœuds d'une amour fraternelle;
Du trône et non du cœur je la veux éloigner :
Car c'est ne régner pas qu'être deux à régner :
Un roi qui s'y résout est mauvais politique;
Il détruit son pouvoir quand il le communique;
Et les raisons d'état.... Mais, seigneur, la voici [1].

SCÈNE III.
PTOLOMÉE, CLÉOPATRE, PHOTIN.

CLÉOPATRE.

Seigneur, Pompée arrive, et vous êtes ici [2] !

PTOLOMÉE.

J'attends dans mon palais ce guerrier magnanime,
Et lui viens d'envoyer Achillas et Septime [3].

CLÉOPATRE.

Quoi! Septime à Pompée, à Pompée Achillas!

PTOLOMÉE.

Si ce n'est assez d'eux, allez, suivez leurs pas.

CLÉOPATRE.

Donc pour le recevoir c'est trop que de vous-même?

PTOLOMÉE.

Ma sœur, je dois garder l'honneur du diadème.

[1] Var. Et les raisons d'état.... Mais, sire, la voici. (1644-48.)

[2] Var. Sire, Pompée arrive, et vous êtes ici! (1644-48.)

[3] Ce vers en dit plus que vingt n'en pourraient dire. La simple exposition des choses est quelquefois plus énergique que les plus grands mouvements de l'éloquence. Voilà le véritable dialogue de la tragédie : il est simple, mais plein de force ; il fait penser plus qu'il ne dit. Corneille est le premier qui ait eu l'idée de cette vraie beauté ; mais elle est très difficile à saisir, et il ne l'a pas toujours employée. (V.)

306   POMPÉE.

CLÉOPATRE.

Si vous en portez un, ne vous en souvenez
Que pour baiser la main de qui vous le tenez,
Que pour en faire hommage aux pieds d'un si grand homme

PTOLOMÉE.

Au sortir de Pharsale est-ce ainsi qu'on le nomme?

CLÉOPATRE.

Fût-il dans son malheur de tous abandonné,
Il est toujours Pompée, et vous a couronné.

PTOLOMÉE.

Il n'en est plus que l'ombre, et couronna mon père,
Dont l'ombre et non pas moi lui doit ce qu'il espère[1];
Il peut aller, s'il veut, dessus son monument[2]
Recevoir ses devoirs et son remerciement.

CLÉOPATRE.

Après un tel bienfait, c'est ainsi qu'on le traite!

PTOLOMÉE.

Je m'en souviens, ma sœur, et je vois sa défaite.

CLÉOPATRE.

Vous la voyez de vrai, mais d'un œil de mépris.

PTOLOMÉE.

Le temps de chaque chose ordonne et fait le prix.
Vous qui l'estimez tant, allez lui rendre hommage;
Mais songez qu'au port même il peut faire naufrage[3].

---

[1] *Il n'en est plus que l'ombre; donc c'est à l'ombre* de mon père à le payer. Quel raisonnement! et quel mauvais jeu de mots! (V.)

[2] Var. S'il veut, il peut aller dessus son monument. (1644.)

[3] Ptolémée ne commet-il pas ici une indiscrétion en faisant entendre à sa sœur, dont il se défie, qu'il va faire assassiner Pompée? ne doit-il pas craindre qu'elle ne l'en avertisse? Je ne crois pas qu'il soit permis de mettre sur la scène tragique un prince imprudent et indiscret, à moins d'une grande passion

ACTE I, SCÈNE III.   307

CLÉOPATRE.

Il peut faire naufrage, et même dans le port!
Quoi! vous auriez osé lui préparer la mort?

PTOLOMÉE.

J'ai fait ce que les dieux m'ont inspiré de faire,
Et que pour mon état j'ai jugé nécessaire.

CLÉOPATRE.

Je ne le vois que trop, Photin et ses pareils
Vous ont empoisonné de leurs lâches conseils :
Ces ames que le ciel ne forma que de boue...

PHOTIN.

Ce sont de nos conseils, oui, madame; et j'avoue...

CLÉOPATRE.

Photin, je parle au roi; vous répondrez pour tous
Quand je m'abaisserai jusqu'à parler à vous.

PTOLOMÉE, à Photin.

Il faut un peu souffrir de cette humeur hautaine :
Je sais votre innocence, et je connois sa haine;
Après tout, c'est ma sœur, oyez sans repartir [1].

CLÉOPATRE.

Ah! s'il est encor temps de vous en repentir [2],
Affranchissez-vous d'eux et de leur tyrannie,
Rappelez la vertu par leurs conseils bannie,

qui excuse tout. L'imprudence et l'indiscrétion peuvent être jouées à la comédie; mais sur le théâtre tragique il ne faut peindre que des défauts nobles. Britannicus brave Néron avec la hauteur imprudente d'un jeune prince passionné; mais il ne dit pas son secret à Néron imprudemment. (V.) — Il n'est pas question de secret. Photin va lui-même tout avouer. Ptolomée compte sur l'avance que ses émissaires ont sur ceux que pourrait envoyer Cléopâtre. (A.-M.)

[1] *Oyez* ne se dit plus. L'usage fait tout. (V.)

[2] VAR. S'il est, sire, encor temps de vous en repentir. (1644-48.)

Cette haute vertu dont le ciel et le sang
Enflent toujours les cœurs de ceux de notre rang[1].
PTOLOMÉE.
Quoi! d'un frivole espoir déja préoccupée,
Vous me parlez en reine en parlant de Pompée;
Et d'un faux zèle ainsi votre orgueil revêtu
Fait agir l'intérêt sous le nom de vertu!
Confessez-le, ma sœur, vous sauriez vous en taire,
N'étoit le testament du feu roi notre père[2];
Vous savez qu'il le garde.
CLÉOPATRE.
Et vous saurez aussi
Que la seule vertu me fait parler ainsi,
Et que, si l'intérêt m'avoit préoccupée,
J'agirois pour César et non pas pour Pompée.
Apprenez un secret que je voulois cacher,
Et cessez désormais de me rien reprocher.
Quand ce peuple insolent qu'enferme Alexandrie
Fit quitter au feu roi son trône et sa patrie,

---

[1] *Le ciel et le sang qui enflent le cœur de vertu*, n'est pas une expression convenable. Le mot *enfler* est fait pour l'orgueil. On pourrait encore dire, *enfler d'une vaine espérance*. (V.)

[2] *N'étoit* est une expression du style le plus familier, et prise encore du barreau. *Le feu roi notre père*, deux fois répété, n'est pas d'un style assez châtié. Ces façons de parler ne sont plus permises. La poésie ne doit pas être enflée, mais elle ne doit pas être trop familière; c'est une observation qu'on est obligé de faire souvent. C'est un défaut trop grand dans cette pièce que ce mélange continuel d'enflure et de familiarité. (V.) — *N'était le testament*, pour *si ce n'était*, ellipse rapide qui est à regretter. Les Anglais nous l'ont empruntée, et ne l'ont pas laissé perdre. (A.-M.)

ACTE I, SCÈNE III.

Et que, jusque dans Rome, il alla du sénat [1]
Implorer la pitié contre un tel attentat,
Il nous mena tous deux pour toucher son courage [2],
Vous assez jeune encor, moi déja dans un âge
Où ce peu de beauté que m'ont donné les cieux
D'un assez vif éclat faisoit briller mes yeux [3].
César en fut épris, et du moins j'eus la gloire [4]
De le voir hautement donner lieu de le croire ;
Mais, voyant contre lui le sénat irrité,
Il fit agir Pompée et son autorité.
Ce dernier nous servit à sa seule prière,
Qui de leur amitié fut la preuve dernière :
Vous en savez l'effet, et vous en jouissez.

[1] Var. Et que, par ces mutins chassé de son état,
Il fut jusque dans Rome implorer le sénat *. (1644-48.)

[2] Quand on parle du courage de César, on entend toujours sa valeur. Mais ici Cléopâtre entend son ame, son cœur. Le mot de *courage* était entendu en ce sens du temps de Corneille ; nous avons vu que Félix dit à Pauline, *ton courage était bon.* (V.)

[3] Il n'est guère dans les bienséances qu'une princesse parle ainsi devant des ministres. La décence est une des premières lois de notre théâtre : on n'y peut manquer qu'en faveur du grand tragique, dans les occasions où la passion ne ménage plus rien. (V.) — Lorsque deux grands personnages s'entretiennent ensemble sur la scène, leurs ministres ou leurs serviteurs se retirent vers le fond du théâtre. Ces confidences fraternelles ont donc ici lieu en tête à tête, et tout se passe dans les bienséances. (A.-M.)

[4] Var. César en fut épris, du moins il feignit l'être,
Et voulut que l'effet le fît bientôt paroître. (1644-48.)

* *Il fut implorer*, c'était une licence qu'on prenait autrefois. Il y a même encore plusieurs personnes qui disent : *je fus le voir, je fus lui parler ;* mais c'est une faute, par la raison qu'on va parler, qu'on *va* voir : on *n'est point* parler, on *n'est point* voir. Il faut donc dire, *j'allai le voir, j'allai lui parler, il alla l'implorer.* Ceux qui tombent dans cette faute ne diraient pas : *je fus lui remontrer, je fus* lui faire apercevoir. (V.)

POMPÉE.

Mais pour un tel amant ce ne fut pas assez ;
Après avoir pour nous employé ce grand homme
Qui nous gagna soudain toutes les voix de Rome,
Son amour en voulut seconder les efforts [1],
Et, nous ouvrant son cœur, nous ouvrit ses trésors [2] :
Nous eûmes de ses feux, encore en leur naissance,
Et les nerfs de la guerre, et ceux de la puissance [3] ;
Et les mille talents qui lui sont encor dus
Remirent en nos mains tous nos états perdus.
Le roi, qui s'en souvint à son heure fatale,
Me laissa comme à vous la dignité royale,

[1] Que veut dire *en seconder les efforts?* est-ce aux efforts des voix de Rome que cet *en* se rapporte? sont-ce les efforts de l'amour de ce grand homme? Cet *en* est également vicieux dans l'un et l'autre sens. (V.) — Aucun de ces deux sens n'est celui de Corneille. Cet *en* se rapporte évidemment à Pompée, dont César voulut seconder les efforts après que Pompée, à sa prière, eut employé son crédit en faveur de Ptolémée et de Cléopâtre. Il faut avouer pourtant que Corneille aurait dû corriger avec plus de soin des négligences de style, qui se font d'autant plus sentir qu'elles se trouvent mêlées à de très beaux vers qu'il avait imités de Lucain. (P.)

[2] *Ouvrir son cœur et ses trésors* semble un jeu de mots. Tout ce qui a l'air de pointe est l'opposé du style sérieux. (V.)

[3] *Nous eûmes de ses feux les nerfs de la guerre.* Cette expression n'est pas française : qu'est-ce qu'un nerf qu'on a d'un feu? L'idée est plus répréhensible que l'expression. Une femme ne se vante point ainsi d'avoir un amant; cela n'est permis que dans les rôles comiques. (V.) — Sans doute ces vers ne sont pas bons; mais est-il donc besoin de dire à Voltaire que *les feux,* c'est l'amour, et *que le nerf de la guerre,* c'est l'argent? Cléopâtre ne se vante pas d'avoir un amant, elle raconte *à son frère* un fait qui doit le faire pencher pour César, et prouve par là le désintéressement de son plaidoyer en faveur de Pompée. (A.-M.)

ACTE I, SCÈNE III.

Et, par son testament, il vous fit cette loi [1]
Pour me rendre une part de ce qu'il tint de moi.
C'est ainsi qu'ignorant d'où vint ce bon office,
Vous appelez faveur ce qui n'est que justice,
Et l'osez accuser d'une aveugle amitié,
Quand du tout qu'il me doit il me rend la moitié.

PTOLOMÉE.
Certes, ma sœur, le conte est fait avec adresse.

CLÉOPATRE.
César viendra bientôt, et j'en ai lettre expresse ;
Et peut-être aujourd'hui vos yeux seront témoins
De ce que votre esprit s'imagine le moins.
Ce n'est pas sans sujet que je parlois en reine.
Je n'ai reçu de vous que mépris et que haine [2] ;
Et de ma part du sceptre indigne ravisseur [3],
Vous m'avez plus traitée en esclave qu'en sœur ;
Même, pour éviter des effets plus sinistres,
Il m'a fallu flatter vos insolents ministres,
Dont j'ai craint jusqu'ici le fer, ou le poison :
Mais Pompée ou César m'en va faire raison,

---

[1] Var. Et par son testament, qui doit servir de loi,
　　Me rendit une part de ce qu'il tint de moi. (1644-48.)

[2] On ne dit point, *je n'ai reçu que haine*. On ne reçoit point haine ; c'est un barbarisme. (V.) — On ne dit point *je n'ai reçu que haine*; mais l'irrégularité est sauvée par ce qui précède : *je n'ai reçu de vous que mépris*. Le mot *haine* peut venir à la suite, au lieu qu'il eût été choquant, si, comme Voltaire le suppose dans sa remarque, il eût été placé immédiatement après *reçu*. On trouve dans nos meilleurs poëtes, et dans Racine sur-tout, plusieurs exemples qui justifieraient notre observation. (P.)

[3] *Part du sceptre* est hasardé, parcequ'on ne coupe point un sceptre en deux. Mais cette figure, qui ne présente rien de louche et d'obscur, est très admissible. (V.)

Et, quoi qu'avec Photin Achillas en ordonne,
Ou l'une ou l'autre main me rendra ma couronne.
Cependant mon orgueil vous laisse à démêler
Quel étoit l'intérêt qui me faisoit parler.

SCÈNE IV.

PTOLOMÉE, PHOTIN.

PTOLOMÉE.

Que dites-vous, ami, de cette ame orgueilleuse?

PHOTIN.

Seigneur, cette surprise est pour moi merveilleuse[1];
Je n'en sais que penser, et mon cœur étonné[2]
D'un secret que jamais il n'auroit soupçonné,
Inconstant et confus dans son incertitude[3],
Ne se résout à rien qu'avec inquiétude.

PTOLOMÉE.

Sauverons-nous Pompée?

PHOTIN.
           Il faudroit faire effort,

---

[1] *Merveilleuse*, pour *étonnante*, *surprenante*, est du style de la comédie; l'on ne peut dire, *une surprise étonnante, merveilleuse*; ce n'est pas la surprise qui est merveilleuse, c'est la chose qui surprend. (V.)

VAR. Sire, cette surprise est pour moi merveilleuse. (1644-48.)

[2] *Mon cœur* n'est pas le mot propre; on ne l'emploie que dans le sentiment : le cœur n'a jamais de part aux réflexions politiques. Il fallait, *mon esprit*; de plus, quand on vient de dire qu'on est surpris, il ne faut pas ajouter qu'on est étonné. (V.)

[3] *Inconstant* est encore moins convenable. *Le cœur inconstant* n'exprime point du tout un homme embarrassé. (V.)

ACTE I, SCÈNE IV.

Si nous l'avions sauvé, pour conclure sa mort[1].
Cléopâtre vous hait : elle est fière, elle est belle ;
Et si l'heureux César a de l'amour pour elle,
La tête de Pompée est l'unique présent
Qui vous fasse contre elle un rempart suffisant.

PTOLOMÉE.

Ce dangereux esprit a beaucoup d'artifice.

PHOTIN.

Son artifice est peu contre un si grand service.

PTOLOMÉE.

Mais si, tout grand qu'il est, il cède à ses appas ?

PHOTIN.

Il la faudra flatter : mais ne m'en croyez pas ;
Et, pour mieux empêcher qu'elle ne vous opprime,
Consultez-en encore Achillas et Septime[2].

PTOLOMÉE.

Allons donc les voir faire, et montons à la tour ;
Et nous en résoudrons ensemble à leur retour.

---

[1] *Il faudroit faire effort pour conclure.* C'est le contraire de ce que Photin veut dire. *Il ne faudroit point d'effort pour conclure la mort de Pompée;* on aurait une raison de plus pour la conclure; il faudrait s'efforcer de la hâter. (V.)

[2] *En encore :* on doit éviter ce bâillement, ces *hiatus* de syllabes désagréables à l'oreille. Cet acte ne finit point avec la pompe et la noblesse qu'on attendait du commencement. (V.)

FIN DU PREMIER ACTE.

ACTE SECOND.

SCÈNE I.

CLÉOPATRE, CHARMION.

CLÉOPATRE.

Je l'aime, mais l'éclat d'une si belle flamme,
Quelque brillant qu'il soit, n'éblouit point mon ame,
Et toujours ma vertu retrace dans mon cœur
Ce qu'il doit au vaincu, brûlant pour le vainqueur [1].
Aussi qui l'ose aimer porte une ame trop haute
Pour souffrir seulement le soupçon d'une faute ;
Et je le traiterois avec indignité,
Si j'aspirois à lui par une lâcheté [2].

CHARMION.

Quoi ! vous aimez César, et si vous étiez crue,

---

[1] Il semble, par la construction, que le vaincu brûle pour le vainqueur. Cette négligence est pardonnable à Corneille, mais ne le serait pas à d'autres. (V.)

[2] *Je le traiterois avec indignité* ne dit pas ce que Cléopâtre veut dire ; son idée est qu'elle serait indigne de César, si elle ne pensait pas noblement. *Traiter avec indignité* signifie *maltraiter, accabler d'opprobre*. (V.) — L'idée de Cléopâtre n'est pas, comme le dit Voltaire, qu'elle serait *indigne* de César, mais qu'elle traiterait César *non dignement*, non *d'une manière digne de lui*, si elle aspirait à lui par une lâcheté. Le mot *indignité* était nouveau du temps de Corneille, et il l'a probablement employé dans le sens que tout le monde lui donnait. (A.-M.)

ACTE II, SCÈNE I.   315

L'Égypte pour Pompée armeroit à sa vue,
En prendroit la défense, et par un prompt secours
Du destin de Pharsale arrêteroit le cours!
L'amour certes sur vous a bien peu de puissance.

CLÉOPATRE.

Les princes ont cela de leur haute naissance [1];
Leur ame dans leur sang prend des impressions
Qui dessous leur vertu rangent leurs passions;
Leur générosité soumet tout à leur gloire [2] :
Tout est illustre en eux quand ils daignent se croire [3];
Et si le peuple y voit quelques déréglements,
C'est quand l'avis d'autrui corrompt leurs sentiments.
Ce malheur de Pompée achève la ruine.
Le roi l'eût secouru, mais Photin l'assassine :
Il croit cette ame basse, et se montre sans foi;

[1] *Les princes ont cela,* gâte la noblesse de cette idée. C'est ici le lieu de rapporter le sentiment du marquis de Vauvenargues : *Les héros de Corneille, dit-il, parlent toujours trop, et pour se faire connaître. Ceux de Racine se font connaître parcequ'ils parlent.* Cette réflexion est très juste. Les vaines maximes, les lieux communs, disent toujours peu de chose ; et un mot qui échape à propos, qui part du cœur, qui peint le caractère, en dit bien davantage. (V.) — Ces trois vers sont admirables d'expression et de sentiment : c'est la langue de Corneille dans sa vigueur toute gauloise. Voltaire dit que les premiers mots, *les princes ont cela de,* etc., gâtent la noblesse de cette idée. Il nous semble au contraire que ces expressions si simples font encore ressortir la noblesse de la pensée. (A.-M.)

[2] Ce vers a un sens trop vague, qui ôte à ce couplet sa précision, et lui dérobe par conséquent sa force. (V.)

[3] *Tout est illustre* n'est pas le mot propre; c'est *noble* qu'il fallait. (V.)

VAR. Tout est illustre en eux quand ils osent se croire. (1644-48.)

316   POMPÉE.
Mais, s'il croyoit la sienne, il agiroit en roi [1].
CHARMION.
Ainsi donc de César l'amante et l'ennemie....
CLÉOPATRE.
Je lui garde une flamme exempte d'infamie,
Un cœur digne de lui.
CHARMION.
Vous possédez le sien?
CLÉOPATRE.
Je crois le posséder.
CHARMION.
Mais le savez-vous bien?
CLÉOPATRE.
Apprends qu'une princesse aimant sans renommée,
Quand elle dit qu'elle aime, est sûre d'être aimée [2],

[1] Ce dernier vers est beau, et semble demander grace pour les autres. (V.)

[2] Il y avait d'abord :

Quand elle avoue aimer, s'assure d'être aimée. (1644-48.)

Voilà encore une maxime générale, qui a même le défaut de n'être pas vraie; car l'infante du *Cid* avoue qu'elle aime, et n'en est pas plus aimée. Hermione est dans la même situation : il est vrai que si une princesse disait publiquement qu'elle aime et qu'elle n'est point aimée, elle pourrait être avilie; mais il n'est pas vrai qu'une princesse n'avoue à sa confidente sa passion que quand elle est sûre d'être aimée. En général, il faut s'interdire ce ton didactique dans une tragédie : on doit, le plus qu'on peut, mettre les maximes en sentiment. (V.) — Voltaire aurait dû établir les exceptions de cette poétique trop générale. Par exemple, nos passions politiques, nos sentiments, notre héroïsme, sont plus souvent le fruit de l'éducation que les mouvements naturels de l'ame. Ainsi c'est à l'éducation qu'il faut rapporter le patriotisme, l'orgueil du rang et des castes, les préjugés de l'honneur et de *la vendetta*, etc., etc. Or toutes ces passions *arti-*

ACTE II, SCÈNE I. 317

Et que les plus beaux feux dont son cœur soit épris
N'oseroient l'exposer aux hontes d'un mépris [1].
　Notre séjour à Rome enflamma son courage :
Là j'eus de son amour le premier témoignage,
Et depuis jusqu'ici chaque jour ses courriers
M'apportent en tribut ses vœux et ses lauriers.
Par-tout, en Italie, aux Gaules, en Espagne,
La fortune le suit, et l'amour l'accompagne :
Son bras ne dompte point de peuples ni de lieux [2]
Dont il ne rende hommage au pouvoir de mes yeux,
Et de la même main dont il quitte l'épée
Fumante encor du sang des amis de Pompée,
Il trace des soupirs, et d'un style plaintif [3]

ficielles doivent surtout s'exprimer en maximes, parceque le personnage répète comme motifs d'action les principes dans lesquels il a été nourri : *un Romain doit faire ceci; un gentilhomme doit faire cela; une princesse comme moi ne doit dire qu'elle aime que si elle est sûre d'être aimée*, etc. Il n'en est pas de même des passions naturelles, de l'amour par exemple, ou de la tendresse maternelle, dont les inspirations ne sauraient être des maximes apprises. Ces observations répondent à la plupart des critiques de Voltaire; car les héros de Corneille, et surtout les Romains, sont des hommes tout artificiels, et jetés pour ainsi dire dans le même moule par les institutions politiques : leurs maximes, c'est leur éducation, c'est-à-dire l'ame qu'on leur a faite, mais non l'ame que la nature leur avait donnée. (A.-M.)

　[1] Var. Et, de quelque beau feu que son cœur soit épris,
　　　Ne s'expose jamais aux hontes d'un mépris. (1644-48.)
　Soit épris est un solécisme; mais *de beaux feux qui exposent à des hontes* sont pis qu'un solécisme. (V.) — Soit épris au subjonctif, après un superlatif, est parfaitement régulier. (A.-M.)
　[2] *Lieux* après *peuples* est inutile et languissant. *Un bras qui dompte des lieux* révolte l'esprit et l'oreille. (V.)
　[3] César qui trace des soupirs d'un style plaintif n'est point César; et ce ridicule augmente encore par celui de l'expression :

318   POMPÉE.

Dans son champ de victoire il se dit mon captif.
Oui, tout victorieux il m'écrit de Pharsale[1];
Et si sa diligence à ses feux est égale,
Ou plutôt si la mer ne s'oppose à ses feux[2],
L'Égypte le va voir me présenter ses vœux.
Il vient, ma Charmion, jusque dans nos murailles
Chercher auprès de moi le prix de ses batailles,
M'offrir toute sa gloire, et soumettre à mes lois
Ce cœur et cette main qui commandent aux rois[3] :
Et ma rigueur, mêlée aux faveurs de la guerre,
Feroit un malheureux du maître de la terre.

CHARMION.

J'oserois bien jurer que vos charmants appas
Se vantent d'un pouvoir dont ils n'useront pas,
Et que le grand César n'a rien qui l'importune,
Si vos seules rigueurs ont droit sur sa fortune[4].

on ne parlerait pas autrement de Corydon dans une églogue. (V.)

[1] Il faut dire, *oui, tout vainqueur qu'il est.* (V.)

[2] Cette opposition de la *mer* et des *feux* est un jeu de mots puéril, auquel l'auteur n'a peut-être pas pensé. Ce n'est pas assez de ne pas chercher ces petitesses, il faut prendre garde que le lecteur ne puisse les soupçonner. (V.)

[3] VAR. Et le cœur et la main qui les donnent aux rois ;
Si bien que ma rigueur, ainsi que le tonnerre*,
Peut faire un malheureux du maître de la terre.
CHARMION.
J'oserois bien jurer que vos divins appas. (1644-48.)

[4] Toutes ces expressions sont fausses et alambiquées. Des rigueurs n'ont point de droit, elles n'en ont point sur la fortune

* L'expression familière *si bien que* est à peine tolérée dans la comédie. La rigueur d'une femme, comparée au tonnerre, est d'un gigantesque puéril. Un tonnerre qui fait un malheureux est petit ; le tonnerre fait pis, il tue ; et les rigueurs de Cléopâtre, qui tueraient *César* comme le tonnerre, sont quelque chose de plus outré, de plus faux, et de plus choquant que les exagérations de tous nos romans. On ne peut trop s'élever contre ce faux goût. (V.)

ACTE II, SCÈNE I. 319

Mais quelle est votre attente, et que prétendez-vous,
Puisque d'une autre femme il est déja l'époux,
Et qu'avec Calphurnie¹ un paisible hyménée
Par des liens sacrés tient son ame enchaînée?

CLÉOPATRE.

Le divorce, aujourd'hui si commun aux Romains,
Peut rendre en ma faveur tous ces obstacles vains :
César en sait l'usage et la cérémonie ;
Un divorce chez lui fit place à Calphurnie.

CHARMION.

Par cette même voie il pourra vous quitter.

CLÉOPATRE.

Peut-être mon bonheur saura mieux l'arrêter ;
Peut-être mon amour aura quelque avantage²
Qui saura mieux que moi ménager son courage³.
Mais laissons au hasard ce qui peut arriver ;
Achevons cet hymen, s'il se peut achever :

de César; et ce César *qui n'a rien qui importune* est comique.
J'avoue qu'on est étonné de tant de fautes, quand on y regarde
de près. Remarquons-les, puisqu'il faut être utile; mais songeons toujours que Corneille a des beautés admirables, et que
s'il a bronché dans la carrière, c'est lui qui l'a ouverte en
quelque façon, puisqu'il a surpassé ses contemporains jusqu'à
l'époque d'*Andromaque*. (V.)

¹ Le vrai nom est *Calpurnie*; on ne le trouve que dans la
première édition. Il est probable que Corneille a voulu adoucir sa prononciation, un peu dure. (A.-M.)

² VAR. Comme il n'a plus d'enfants, ces chers et nouveaux gages
Me seroient de son cœur de précieux otages. (1644-48.)

³ Son amour qui a un avantage, lequel ménagera mieux le
courage de César qu'elle-même, est une idée obscure exprimée
obscurément. Il y avait auparavant :

Et si jamais le ciel favorisoit ma couche
De quelque rejeton de cette illustre souche,

320   POMPÉE.
Ne durât-il qu'un jour, ma gloire est sans seconde
D'être du moins un jour la maîtresse du monde.
J'ai de l'ambition, et, soit vice, ou vertu,
Mon cœur sous son fardeau veut bien être abattu ;
J'en aime la chaleur, et la nomme sans cesse
La seule passion digne d'une princesse.
Mais je veux que la gloire anime ses ardeurs,
Qu'elle mène sans honte au faîte des grandeurs ;
Et je la désavoue alors que sa manie
Nous présente le trône avec ignominie.
Ne t'étonne donc plus, Charmion, de me voir
Défendre encor Pompée et suivre mon devoir ;
Ne pouvant rien de plus pour sa vertu séduite,
Dans mon ame en secret je l'exhorte à la fuite[1],
Et voudrois qu'un orage, écartant ses vaisseaux,
Malgré lui l'enlevât aux mains de ses bourreaux.
Mais voici de retour le fidèle Achorée,
Par qui j'en apprendrai la nouvelle assurée[2].

Cette heureuse union de mon sang et du sien
Uniroit à jamais son destin et le mien. (1644-48.)

L'auteur retrancha ces vers, qui présentaient une image révoltante. (V.)

[1] Il semble par la phrase qu'il s'agisse de la vertu séduite de Pompée, et c'est de la vertu séduite de l'ame de Cléopâtre. *Je l'exhorte à la fuite dans mon ame.* Cette expression n'est pas heureuse. Mais si Cléopâtre veut secourir Pompée, que ne lui dépêche-t-elle un exprès pour l'avertir de son danger ? Elle en dit trop, quand elle ne fait rien. (V.) — Voltaire veut que Cléopâtre envoie avertir Pompée ; mais cette princesse rivale de son frère a-t-elle des vaisseaux à sa disposition, et est-elle bien libre de ses volontés ? Ne sait-on pas d'ailleurs que Septime et Achillas ont pris l'avance ? (A.-M.)

[2] On apprend des nouvelles sûres, et non une nouvelle assurée. On dit bien, *cette nouvelle m'a été assurée par tels et tels.*

SCÈNE II[1].

CLÉOPATRE, ACHORÉE, CHARMION.

CLÉOPATRE.
En est-ce déja fait, et nos bords malheureux
Sont-ils déja souillés d'un sang si généreux ?
ACHORÉE.
Madame, j'ai couru par votre ordre au rivage ;
J'ai vu la trahison, j'ai vu toute sa rage[2] ;
Du plus grand des mortels j'ai vu trancher le sort[3] :
J'ai vu dans son malheur la gloire de sa mort[4] ;

(V.) — Une nouvelle qui a été *assurée par tels et tels* est une nouvelle *assurée*, et cela d'autant mieux qu'il y a au commencement du vers *par qui* elle va être *assurée*. (A.-M.)

[1] Si Cléopâtre, au lieu de parler en femme galante, avait su donner de la noblesse à son amour pour César, et montrer en même temps la plus grande reconnaissance pour Pompée, et une véritable crainte de sa mort, le récit d'Achorée ferait bien un autre effet. Le cœur n'est point assez ému quand le récit des infortunes n'est fait qu'à des personnes indifférentes. Le nom de Pompée, et de beaux vers, suppléent à l'intérêt qui manque. Cléopâtre a montré assez d'envie de sauver Pompée pour que le récit qu'on lui fait la touche, mais non pas pour que ce récit soit un coup de théâtre, non pas pour qu'il fasse répandre des larmes. (V.)

[2] La rage de la trahison ! (V.) — Oui, la trahison, quand elle n'a plus rien à dissimuler, prend le caractère et les emportements de la rage. (P.)

[3] On tranche la vie, on tranche la tête, on ne tranche point un sort. (V.) — Le sort, poétiquement, se dit très bien pour la vie. (P.)

[4] *La gloire d'une mort !* et cette *gloire* deux fois répétée ! quelle négligence ! (V.) — Quoi ! Voltaire doute qu'en poésie on puisse

Et puisque vous voulez qu'ici je vous raconte
La gloire d'une mort qui nous couvre de honte,
Écoutez, admirez, et plaignez son trépas [1].

Ses trois vaisseaux en rade avoient mis voiles bas;
Et, voyant dans le port préparer nos galères,
Il croyoit que le roi, touché de ses misères,
Par un beau sentiment d'honneur et de devoir,
Avec toute sa cour le venoit recevoir;
[2] Mais voyant que ce prince, ingrat à ses mérites [3],
N'envoyoit qu'un esquif rempli de satellites,
Il soupçonne aussitôt son manquement de foi [4],
Et se laisse surprendre à quelque peu d'effroi;

dire *la gloire de sa mort*, au lieu de *sa mort glorieuse!* (P.)

[1] On n'admire point un *trépas*, mais la manière héroïque dont un homme est mort. Cependant cette expression est une beauté, et non une faute; c'est une figure très admissible. (V.)

[2] IMIT. Quippe fides si pura foret, etc.
   Venturum tota Pharium cum classe tyrannum.

[3] *Ingrat à ses mérites.* Nous disons, *ingrat envers quelqu'un*, et non pas, *ingrat à quelqu'un.* Aujourd'hui que la langue semble commencer à se corrompre, et qu'on s'étudie à parler un jargon ridicule, on se sert du mot impropre *vis-à-vis* : Plusieurs gens de lettres ont été ingrats *vis-à-vis de moi*, au lieu de *envers moi;* cette compagnie s'est rendue difficile *vis-à-vis du roi*, au lieu de *envers le roi* ou *avec le roi.* Vous ne trouverez le mot *vis-à-vis* employé en ce sens dans aucun auteur classique du siècle de Louis XIV. (V.) — Voltaire lui-même, encouragé par l'exemple de Racine, de Boileau, et de tous nos bons poëtes, a dit, dans *la Mort de César, ingrat à tes bontés;* et l'abbé d'Olivet, qui n'était qu'un grammairien, appuie cette manière de s'exprimer d'une citation de Vaugelas. (P.)

[4] *Manquement* n'est plus d'usage; nous disons, *manque;* et ce *manque de foi* est une expression trop faible pour exprimer l'horrible perfidie que Pompée soupçonne. (V.)

VAR. Il soupçonna dès-lors son manquement de foi,

ACTE II, SCÈNE II.

Enfin, voyant nos bords et notre flotte en armes,
Il condamne en son cœur ces indignes alarmes,
Et réduit tous les soins d'un si pressant ennui
A ne hasarder pas Cornélie avec lui :
«[1] N'exposons, lui dit-il, que cette seule tête
«A la réception que l'Égypte m'apprête;
«Et tandis que moi seul j'en courrai le danger,
«Songe à prendre la fuite afin de me venger.
«Le roi Juba nous garde une foi plus sincère;
«Chez lui tu trouveras et mes fils, et ton père;
«Mais quand tu les verrois descendre chez Pluton [2],
«Ne désespère point, du vivant de Caton.»
Tandis que leur amour en cet adieu conteste [3],
Achillas à son bord joint son esquif funeste.
[4] Septime se présente, et, lui tendant la main.
Le salue empereur en langage romain;
Et comme député de ce jeune monarque,
«Passez, seigneur, dit-il, passez dans cette barque;

> Et se laissa surprendre à quelque peu d'effroi.
> . . . .
> Il condamna soudain ces indignes alarmes,
> Et pensa seulement, dans ce pressant ennui. (1644-48.)

[1] Imit. . . . . . . Longeque a littore casus
Expectate meos, et in hac cervice tyranni
Explorate fidem.

[2] Pompée ne se servit certainement pas de cette figure, *descendre chez Pluton*. Il ne faut pas faire parler un héros en poëte. (V.) — *Descendre chez Pluton* est une expression antique tout-à-fait dans les mœurs. Léonidas aux Thermopyles dit à ses compagnons : « Déjeunez bien, mes amis, car ce soir nous souperons chez Pluton. » (A.-M.)

[3] Var. Il dit, et cependant que leur amour conteste. (1644-48.)

[4] Imit. Romanus Pharia miles de puppe salutat
Septimius.

21.

324　　　　　　POMPEE.
« Les sables et les bancs cachés dessous les eaux
« Rendent l'accès mal sûr à de plus grands vaisseaux. »
　　Ce héros voit la fourbe, et s'en moque dans l'ame [1] :
Il reçoit les adieux des siens et de sa femme,
Leur défend de le suivre, et s'avance au trépas
Avec le même front qu'il donnoit les états ;
La même majesté sur son visage empreinte
Entre ces assassins montre un esprit sans crainte ;
Sa vertu tout entière à la mort le conduit :
Son affranchi Philippe est le seul qui le suit ;
C'est de lui que j'ai su ce que je viens de dire ;
Mes yeux ont vu le reste, et mon cœur en soupire,
Et croit que César même à de si grands malheurs [2]
Ne pourra refuser des soupirs et des pleurs.
　　　　　　CLÉOPATRE.
N'épargnez pas les miens ; achevez, Achorée,
L'histoire d'une mort que j'ai déja pleurée.
　　　　　　ACHORÉE.
On l'amène ; et du port nous le voyons venir,
Sans que pas un d'entre eux daigne l'entretenir.
Ce mépris lui fait voir ce qu'il en doit attendre.

[1] *S'en moque* est comique et trivial. Je ne sais pourquoi Corneille feint que Pompée s'aperçoit du dessein de Septime ; car, s'il le devine, il ne doit pas quitter son vaisseau, dans lequel sans doute il a des soldats : il doit prendre le chemin de Carthage. (V.) — *S'en moque* est peut-être ici l'expression la plus convenable, parcequ'elle caractérise le mieux cet héroïque dédain de Pompée. Ce vers et les trois suivants ont toujours été cités comme des exemples de sublime. (P.)

[2] *Un cœur qui croit*. Cela ne serait pas souffert aujourd'hui. (V.) — La *croyance du cœur* est une expression pleine de sentiment. C'est bien le cœur qui croit les grandes choses, car c'est lui qui les inspire. (A.-M.)

ACTE II, SCÈNE II.

Sitôt qu'on a pris terre, on l'invite à descendre¹ :
Il se lève; et soudain pour signal Achillas,
Derrière ce héros, tirant son coutelas,
Septime et trois des siens, lâches enfants de Rome,
Percent à coups pressés les flancs de ce grand homme,
Tandis qu'Achillas même, épouvanté d'horreur,
De ces quatre enragés admire la fureur ².

CLÉOPATRE.

Vous qui livrez la terre aux discordes civiles,
Si vous vengez sa mort, dieux, épargnez nos villes!
N'imputez rien aux lieux, reconnoissez les mains;
Le crime de l'Égypte est fait par des Romains.
Mais que fait et que dit ce généreux courage?

ACHORÉE.

³ D'un des pans de sa robe il couvre son visage,
A son mauvais destin en aveugle obéit,
Et dédaigne de voir le ciel qui le trahit ⁴,

---

¹ Var. Enfin l'esquif aborde, on l'invite à descendre :
    Il se lève; et soudain, par-derrière *, Achillas,
    Comme pour commencer, tirant son coutelas. (1644-48.)

² *Ces quatre enragés* est aujourd'hui du bas comique; il ne l'était pas alors. *Enragé* faisait le même effet que l'*arrabiato* des Italiens, et l'*enraged* des Anglais : *admire* est insoutenable. (V.)
— *Admire la fureur* ne nous paraît pas insoutenable, et Voltaire ne l'avait pas critiqué dans sa première édition. (P.)

³ Imit. Involvit vultus, atque indignatus apertum
    Fortunæ præbere caput, tunc lumina pressit.

⁴ J'ai vu autrefois admirer ce vers; et depuis j'ai vu tous les connaisseurs le condamner comme une exagération, comme un vain ornement, et même comme une pensée fausse. On peut dédaigner de regarder un ami perfide; mais dédaigner de regarder le ciel, parcequ'on se suppose trahi par le ciel, cela est d'un capitan plutôt que d'un héros. (V.)

* *Par-derrière* est d'une prose trop basse. (V.)

De peur que d'un coup d'œil contre une telle offense[1]
Il ne semble implorer son aide ou sa vengeance.
[2] Aucun gémissement à son cœur échappé
Ne le montre, en mourant, digne d'être frappé[3] :
Immobile à leurs coups, en lui-même il rappelle[4]
Ce qu'eut de beau sa vie, et ce qu'on dira d'elle;
Et tient la trahison que le roi leur prescrit
Trop au-dessous de lui pour y prêter l'esprit[5].

[1] Var. De peur qu'il ne semblât contre une telle offense
Implorer d'un coup d'œil son aide et sa vengeance. (1644-48.)

[2] Imit. . . . . . . Nullo gemitu consensit ad ictum.

[3] N'est-ce pas là encore une fausse idée? Pourquoi Pompée aurait-il été *digne d'être frappé*, s'il eût gémi? et que veut dire *digne d'être frappé?* Quelle enflure! quelle fausse grandeur! (V.)

[4] *Immobile* n'a et ne peut avoir de régime : car, en toute langue, on n'est immobile ni à quelque chose ni en quelque chose. (V.)

Immobile à leurs coups nous paraît l'expression que le poëte devait choisir, parceque aucune autre ne peindrait mieux la situation et le courage tranquille de Pompée. Lorsque Racine, dans un seul vers, a fait dire à Hermione :

Muet à mes soupirs, tranquille à mes alarmes,

il ne consultait que la passion et son génie, sans s'arrêter aux scrupules de la grammaire. (P.)

[5] Quoi, Pompée ne daigne pas songer qu'on l'assassine! quoi, il ne daigne pas *prêter l'esprit* à vingt coups de poignard qu'il reçoit! Il n'y a rien au monde de plus faux, de plus romanesque; et *cette vertu qui augmente ainsi son lustre dans leur crime!* Quelles peines l'auteur se donne pour montrer de l'esprit faux et pour s'expliquer en énigmes! (V.) — *Prêter l'esprit*. Ce vers n'est pas dans la bouche de Pompée. C'est un spectateur fortement ému qui cherche à exprimer ce qu'il a senti. La critique de Voltaire porte donc à faux. Pour toute réponse au reste de la note, citons l'histoire : « Dans le moment où il prenait la main de Philippe son affranchi, pour se lever plus facilement, Sep-

ACTE II, SCÈNE II.

Sa vertu dans leur crime augmente ainsi son lustre;
[1] Et son dernier soupir est un soupir illustre [2],
Qui de cette grande ame achevant les destins,
Étale tout Pompée aux yeux des assassins.
[3] Sur les bords de l'esquif sa tête enfin penchée [4],
Par le traître Septime indignement tranchée,
Passe au bout d'une lance en la main d'Achillas,
Ainsi qu'un grand trophée après de grands combats.
On descend, et pour comble à sa noire aventure [5]

timius lui passa le premier, par derrière, son épée au travers du corps; et aussitôt Salvius et Achillas tirèrent leurs épées. Pompée, prenant sa robe avec ses deux mains, s'en couvrit le visage, et *sans rien dire ni rien faire d'indigne de lui*, jetant un simple soupir, il reçut avec fermeté tous les coups dont on le frappait. » (PLUTARQUE.) (A.-M.)

[1] IMIT. Seque probat moriens.

[2] Ce mot *illustre* ne peut convenir à un *soupir;* de plus, un *soupir* n'est-il pas une espèce de gémissement? Achorée vient de dire que Pompée n'a poussé aucun gémissement; et comment un *soupir* peut-il *étaler tout Pompée?* Corneille a voulu traduire le *seque probat moriens* de Lucain; il *prouve en mourant qu'il est Pompée.* Ce peu de mots est vrai, simple, et noble; mais un *soupir illustre* n'est pas tolérable. (V.) — Un *soupir* n'est pas une espèce de gémissement, et il n'est pas ici question de soupirer. *Dernier soupir* est une phrase faite qui signifie *la mort.* Le vers exprime donc que la mort de Pompée est une mort illustre, une mort qui étale tout Pompée aux yeux des assassins *eux-mêmes épouvantés.* C'est de la grande poésie. (A.-M.)

[3] IMIT. Septimius retegit scisso velamine vultus,
    Collaque in obliquo ponit languentia rostro,
    Tunc nervos venasque secat. . . . . . .
    Vindicat hoc Pharius dextra gestare satelles.

[4] VAR. Sa tête sur les bords de la barque penchée*. (1644-48.)

[5] VAR. Et pour combler enfin sa tragique aventure. (1644-48.)

* Est-ce la barque ou la tête qui est penchée? (V.)

¹ On donne à ce héros la mer pour sépulture,
Et le tronc sous les flots roule dorénavant
Au gré de la fortune, et de l'onde, et du vent.
La triste Cornélie, à cet affreux spectacle²,
Par de longs cris aigus tâche d'y mettre obstacle,
Défend ce cher époux de la voix et des yeux;
Puis, n'espérant plus rien, lève les mains aux cieux;
Et, cédant tout-à-coup à la douleur plus forte,
³ Tombe, dans sa galère, évanouie ou morte.
Les siens en ce désastre, à force de ramer,
L'éloignent de la rive, et regagnent la mer⁴.
Mais sa fuite est mal sûre; et l'infâme Septime,
Qui se voit dérober la moitié de son crime,
Afin de l'achever, prend six vaisseaux au port,
Et poursuit sur les eaux Pompée après sa mort.
  Cependant Achillas porte au roi sa conquête :
Tout le peuple tremblant en détourne la tête;
Un effroi général offre à l'un sous ses pas
Des abymes ouverts pour venger ce trépas;

---

¹ IMIT. Littora Pompeium feriunt, truncusque vadosis
         Huc illuc jactatur aquis.
² VAR. A ce spectacle affreux, la pauvre Cornélie....
                CLÉOPATRE.
        Dieux! en quels déplaisirs est-elle ensevelie?
                ACHORÉE.
        Ayant toujours suivi ce cher époux des yeux,
        Je l'ai vue élever ses tristes mains aux cieux *;
        Puis, cédant aussitôt à la douleur plus forte,
        Tomber, dans sa galère, évanouie ou morte. (1644-48.)
³ IMIT. . . . . Interque suorum
         Lapsa manus rapitur trepida fugiente carina.
⁴ VAR. L'éloignent du rivage, et regagnent la mer. (1644-48.)

* On sait bien que des mains ne sont point tristes : cependant cette épithète peut être soufferte en poésie, et sur-tout dans cette occasion. (V.)

ACTE II, SCÈNE II. 329

L'autre entend le tonnerre; et chacun se figure [1]
Un désordre soudain de toute la nature;
Tant l'excès du forfait, troublant leurs jugements,
Présente à leur terreur l'excès des châtiments!
  Philippe, d'autre part, montrant sur le rivage
Dans une ame servile un généreux courage,
Examine d'un œil et d'un soin curieux
Où les vagues rendront ce dépôt précieux,
Pour lui rendre, s'il peut, ce qu'aux morts on doit rendre,
Dans quelque urne chétive en ramasser la cendre [2],
Et d'un peu de poussière élever un tombeau
A celui qui du monde eut le sort le plus beau.
Mais comme vers l'Afrique on poursuit Cornélie,
On voit d'ailleurs César venir de Thessalie :
Une flotte paroît, qu'on a peine à compter....

CLÉOPATRE.

C'est lui-même, Achorée, il n'en faut point douter.
Tremblez, tremblez, méchants, voici venir la foudre;
Cléopâtre a de quoi vous mettre tous en poudre [3] :
César vient, elle est reine, et Pompée est vengé;
La tyrannie est bas, et le sort a changé.
  Admirons cependant le destin des grands hommes,
Plaignons-les, et par eux jugeons ce que nous sommes.

[1] VAR. L'autre entend le tonnerre, et l'autre se figure. (1644-48.)

[2] Le mot de *chétive* ne passerait pas aujourd'hui. Il me paraît qu'il fait ici un très bel effet, par l'opposition d'une fin si déplorable à la grandeur passée de Pompée. (V.)

[3] *Cléopâtre a de quoi :* on évite aujourd'hui de tels hémistiches. La situation n'en est pas moins intéressante; rien n'est plus grand que ce moment où Pompée périt, où Cornélie fuit, et où César arrive. On évite aujourd'hui ces lieux communs, *mettre en poudre*, qui n'étaient employés que pour rimer à *foudre*. (V.)

Ce prince d'un sénat maître de l'univers,
Dont le bonheur sembloit au-dessus du revers [1],
Lui que sa Rome a vu, plus craint que le tonnerre,
Triompher en trois fois des trois parts de la terre [2],
Et qui voyoit encore en ces derniers hasards
L'un et l'autre consul suivre ses étendards ;
Sitôt que d'un malheur sa fortune est suivie,
Les monstres de l'Égypte ordonnent de sa vie :
On voit un Achillas, un Septime, un Photin,
Arbitres souverains d'un si noble destin ;
Un roi qui de ses mains a reçu la couronne,
A ces pestes de cour lâchement l'abandonne.
Ainsi finit Pompée ; et peut-être qu'un jour
César éprouvera même sort à son tour [3].
Rendez l'augure faux, dieux, qui voyez mes larmes,
Et secondez par-tout et mes vœux, et ses armes !

[1] Var. De qui l'heur sembloit être au-dessus du revers. (1644-48.)

[2] On voit bien là le misérable esclavage de la rime. Ce *tonnerre* n'est mis que pour rimer à *terre* : on s'est imaginé, grace à ces malheureuses rimes, si souvent rebattues, qu'il n'y avait que *tonnerre* et *guerre* qui pussent rimer à *terre*, à cause des deux *rr* qui se trouvent dans ces mots ; on n'a pas fait réflexion que ce double *r* ne se prononce pas. *Abhorre,* qui a deux *r,* rime très bien avec *adore* et *honore,* qui n'en ont qu'un. L'usage fait tout ; mais c'est un usage bien condamnable de se donner des entraves si ridicules. La rime est faite pour l'oreille. On prononce *terre* comme *père*, *mère* ; et puisque *abhorre* rime avec *adore*, *terre* doit rimer avec *mère*. (V.)

[3] Cette idée est fort belle, et d'autant plus convenable, que le jour même on conspire contre César. (V.) — Elle l'est encore par une autre raison : c'est qu'on peut la regarder comme un pressentiment prophétique de la mort de César, qui fut en effet assassiné comme Pompée. Les poëtes n'ont jamais négligé ces espèces de prédictions. (P.)

CHARMION.
Madame, le roi vient, qui pourra vous ouïr.

SCÈNE III.
PTOLOMÉE, CLÉOPATRE, CHARMION.

PTOLOMÉE.
Savez-vous le bonheur dont nous allons jouir,
Ma sœur?
CLÉOPATRE.
Oui, je le sais, le grand César arrive :
Sous les lois de Photin je ne suis plus captive.
PTOLOMÉE.
Vous haïssez toujours ce fidèle sujet?
CLÉOPATRE.
Non, mais en liberté je ris de son projet[1].
PTOLOMÉE.
Quel projet faisoit-il dont vous pussiez vous plaindre?
CLÉOPATRE.
J'en ai souffert beaucoup, et j'avois plus à craindre.
Un si grand politique est capable de tout;
Et vous donnez les mains à tout ce qu'il résout.
PTOLOMÉE.
Si je suis ses conseils, j'en connois la prudence.

[1] Le spectateur est indigné qu'après la mort du grand Pompée, dont il est rempli, Ptolémée et Cléopâtre s'amusent à parler de Photin, et que Cléopâtre dise en vers de comédie qu'elle *rit de son projet*. Il faut, autant qu'on le peut, fixer toujours l'attention du public sur les grands objets, et parler peu des petits, mais avec dignité. Cette froide scène devient encore moins tragique par les petites ironies du frère et de la sœur. (V.)

CLÉOPATRE.
Si j'en crains les effets, j'en vois la violence.
PTOLOMÉE.
Pour le bien de l'état tout est juste en un roi.
CLÉOPATRE.
Ce genre de justice est à craindre pour moi;
Après ma part du sceptre, à ce titre usurpée,
Il en coûte la vie et la tête à Pompée [1].
PTOLOMÉE.
Jamais un coup d'état ne fut mieux entrepris.
Le voulant secourir, César nous eût surpris;
Vous voyez sa vitesse; et l'Égypte troublée
Avant qu'être en défense en seroit accablée;
Mais je puis maintenant à cet heureux vainqueur
Offrir en sûreté mon trône et votre cœur.
CLÉOPATRE.
Je ferai mes présents, n'ayez soin que des vôtres [2];
Et dans vos intérêts n'en confondez point d'autres.
PTOLOMÉE.
Les vôtres sont les miens, étant de même sang.
CLÉOPATRE.
Vous pouvez dire encore, étant de même rang,
Étant rois l'un et l'autre; et toutefois je pense

[1] Quand on dit *la vie*, *la tête* est de trop. (V.)
[2] *Je ferai mes présents* est de la dernière indécence, sur-tout dans la bouche d'une femme galante. *N'ayez soin que des vôtres* paraît encore plus insupportable quand il s'agit de la tête de Pompée. (V.) — L'indécence est dans la remarque, et non dans la réponse. Tout dépend du caractère de celle qui prononce ces mots, et, dans la bouche de la Cléopâtre de Corneille, ils n'expriment pas la même idée qu'ils auraient exprimée dans la bouche de la Cléopâtre historique. Ce n'est pas une des moindres erreurs de Voltaire, que d'avoir substitué, dans sa critique, le

ACTE II, SCENE III.   333

Que nos deux intérêts ont quelque différence.
PTOLOMÉE.
Oui, ma sœur, car l'état, dont mon cœur est content,
Sur quelques bords du Nil à grand'peine s'étend :
Mais César, à vos lois soumettant son courage,
Vous va faire régner sur le Gange et le Tage.
CLÉOPATRE.
J'ai de l'ambition, mais je la sais régler :
Elle peut m'éblouir, et non pas m'aveugler.
Ne parlons point ici du Tage, ni du Gange ;
Je connois ma portée, et ne prends point le change[1].
PTOLOMÉE.
L'occasion vous rit, et vous en userez.
CLÉOPATRE.
Si je n'en use bien, vous m'en accuserez.

personnage donné par l'histoire, au personnage dramatique créé par l'auteur. (A.-M.)

[1] Je connois ma portée, et ne prends point le change....
Et je suis bonne sœur, si vous n'êtes bon frère. —
Vous montrez cependant un peu bien du mépris, etc.

Tout cela est d'un comique si froid, que plusieurs personnes sont étonnées que Corneille ait pu passer si rapidement du pathétique et du sublime à ce style bourgeois, et qu'il n'ait point eu quelque ami qui l'ait fait apercevoir de ces disparates. On l'a déja dit, Corneille n'était plus le même quand il n'était plus soutenu par la majesté du sujet : et il ne vivait pas dans un temps où l'on connût encore toutes les bienséances du dialogue, la pureté du style, l'art, aussi nécessaire que difficile, de dire les petites choses avec une noblesse élégante. On ne peut trop répéter que la plupart des défauts de Corneille sont ceux de son siècle.

. . . . Je suis bonne sœur, si vous n'êtes bon frère,

vers de comédie, et mauvais vers. *Un peu bien du mépris* n'est pas français. (V.)

PTOLOMÉE.
J'en espère beaucoup, vu l'amour qui l'engage.
CLÉOPATRE.
Vous la craignez peut-être encore davantage;
Mais, quelque occasion qui me rie aujourd'hui,
N'ayez aucune peur, je ne veux rien d'autrui;
Je ne garde pour vous ni haine, ni colère;
Et je suis bonne sœur, si vous n'êtes bon frère.
PTOLOMÉE.
Vous montrez cependant un peu bien du mépris.
CLÉOPATRE.
Le temps de chaque chose ordonne et fait le prix.
PTOLOMÉE.
Votre façon d'agir le fait assez connoître.
CLÉOPATRE.
Le grand César arrive, et vous avez un maître.
PTOLOMÉE.
Il l'est de tout le monde, et je l'ai fait le mien.
CLÉOPATRE.
Allez lui rendre hommage, et j'attendrai le sien.
Allez, ce n'est pas trop pour lui que de vous-même :
Je garderai pour vous l'honneur du diadème.
Photin vous vient aider à le bien recevoir;
Consultez avec lui quel est votre devoir.

SCÈNE IV.

PTOLOMÉE, PHOTIN.

PTOLOMÉE.
J'ai suivi tes conseils; mais plus je l'ai flattée,

ACTE II, SCÈNE IV.

Et plus dans l'insolence elle s'est emportée [1];
Si bien qu'enfin, outré de tant d'indignités,
Je m'allois emporter dans les extrémités [2] :
Mon bras, dont ses mépris forçoient la retenue,
N'eût plus considéré César, ni sa venue,
Et l'eût mise en état, malgré tout son appui,
De s'en plaindre à Pompée auparavant qu'à lui [3].
L'arrogante! à l'ouïr elle est déja ma reine;
Et, si César en croit son orgueil et sa haine,
Si, comme elle s'en vante, elle est son cher objet,
De son frère et son roi je deviens son sujet.
Non, non; prévenons-la : c'est foiblesse d'attendre
Le mal qu'on voit venir sans vouloir s'en défendre :
Otons-lui les moyens de nous plus dédaigner;
Otons-lui les moyens de plaire et de régner;
Et ne permettons pas qu'après tant de bravades,
Mon sceptre soit le prix d'une de ses œillades [4].

---

[1] *Elle s'est emportée dans l'insolence* est un barbarisme et un solécisme. Il faut, *jusqu'à l'insolence elle s'est emportée*. (V.)

[2] On s'emporte *à* quelque extrémité, et non *dans* les extrémités. Ptolémée doit-il dire qu'il a été tenté de tuer sa sœur? Il me semble qu'au théâtre on ne doit parler de meurtre que dans les grandes passions ou dans les grands intérêts, et non pas après une scène d'ironie et de picoterie. (V.)

[3] *Auparavant qu'à lui* n'est pas français. Cet adverbe absolu n'admet aucune relation, aucun régime. Il faut, *avant qu'à lui*. (V.) — Nous avons déja remarqué qu'à l'époque de Corneille les adverbes et les prépositions n'étaient pas encore bien séparés. Du reste, la correction proposée par Voltaire n'est pas meilleure que le texte. (A.-M.)

[4] Ces deux vers sont du style comique. On peut trouver de telles observations minutieuses; mais elles sont faites pour les étrangers : il ne faut rien omettre. (V.)

336   POMPÉE.

PHOTIN.

Seigneur, ne donnez point de prétexte à César[1]
Pour attacher l'Égypte aux pompes de son char[2].
Ce cœur ambitieux, qui, par toute la terre,
Ne cherche qu'à porter l'esclavage et la guerre,
Enflé de sa victoire et des ressentiments
Qu'une perte pareille imprime aux vrais amants[3],
Quoique vous ne rendiez que justice à vous-même,
Prendroit l'occasion de venger ce qu'il aime;
Et, pour s'assujettir et vos états et vous,
Imputeroit à crime un si juste courroux.

PTOLOMÉE.

Si Cléopâtre vit, s'il la voit, elle est reine.

PHOTIN.

Si Cléopâtre meurt, votre perte est certaine.

PTOLOMÉE.

Je perdrai qui me perd, ne pouvant me sauver.

PHOTIN.

Pour la perdre avec joie il faut vous conserver[4].

PTOLOMÉE.

Quoi! pour voir sur sa tête éclater ma couronne?

[1] VAR. Sire, ne donnez point de prétexte à César. (1644-48.)

[2] Attacher l'Égypte à des pompes! (V.) — *Attacher* l'Égypte non pas à *des pompes*, mais *aux pompes de son char*, pour *à son char pompeux*. Rien de plus usité que cette figure : *attacher à son char*, pour *triompher*. Cette locution vient de ce que, dans les triomphes, on portait les images des villes conquises littéralement *enchaînées*. (A.-M.)

[3] Un ministre d'état, et même un scélérat, qui parle de vrais amants, et des ressentiments qu'une perte imprime aux vrais amants! (V.)

[4] Cet *avec joie* est ridicule : il devait dire, *pour la perdre sans vous nuire, pour vous venger avec sûreté*. (V.)

ACTE II, SCÈNE IV.

Sceptre, s'il faut enfin que ma main t'abandonne,
Passe, passe plutôt en celle du vainqueur ¹.

PHOTIN.

Vous l'arracherez mieux de celle d'une sœur.
Quelques feux que d'abord il lui fasse paroître,
Il partira bientôt, et vous serez le maître.
L'amour à ses pareils ne donne point d'ardeur ²
Qui ne cède aisément aux soins de leur grandeur :
Il voit encor l'Afrique et l'Espagne occupées
Par Juba, Scipion, et les jeunes Pompées ;
Et le monde à ses lois n'est point assujetti,
Tant qu'il verra durer ces restes du parti.
Au sortir de Pharsale, un si grand capitaine
Sauroit mal son métier s'il laissoit prendre haleine,
Et s'il donnoit loisir à des cœurs si hardis
De relever du coup dont ils sont étourdis ³ :
S'il les vainc ⁴, s'il parvient où son desir aspire,
Il faut qu'il aille à Rome établir son empire,
Jouir de sa fortune et de son attentat,
Et changer à son gré la forme de l'état.
Jugez durant ce temps ce que vous pourrez faire.
Seigneur, voyez César, forcez-vous à lui plaire ⁵ ;

¹ Il faut avoir l'attention d'éviter ces façons de parler employées dans le style bas; *passe, passe,* fait un effet ridicule. (V.)

² L'*amour* qui donne de l'*ardeur!* (V.)

³ On relève de maladie, on ne relève pas d'un coup. (V.) — Il y a assez d'analogie entre *relever d'une maladie* et *relever d'un coup* du sort, pour que celui qui avait tout à créer dans la langue hasardât cette expression. (A.-M.)

⁴ Évitez toujours ces syllabes rudes et sèches. (V.)

⁵ VAR. Sire, voyez César, forcez-vous à lui plaire. (1644-48.)

338　　　　　　　POMPÉE.

Et, lui déférant tout, veuillez vous souvenir
Que les événements régleront l'avenir.
Remettez en ses mains trône, sceptre, couronne ¹,
Et, sans en murmurer, souffrez qu'il en ordonne :
Il en croira sans doute ordonner justement,
En suivant du feu roi l'ordre et le testament;
L'importance d'ailleurs de ce dernier service
Ne permet pas d'en craindre une entière injustice.
Quoi qu'il en fasse enfin, feignez d'y consentir,
Louez son jugement, et laissez-le partir ².
Après, quand nous verrons le temps propre aux vengeances,
Nous aurons et la force et les intelligences.
Jusque-là réprimez ces transports violents
Qu'excitent d'une sœur les mépris insolents :
Les bravades enfin sont des discours frivoles,
Et qui songe aux effets néglige les paroles.

　　　　　　PTOLOMÉE.

Ah! tu me rends la vie et le sceptre à-la-fois;
Un sage conseiller est le bonheur des rois.
Cher appui de mon trône, allons, sans plus attendre,
Offrir tout à César, afin de tout reprendre;
Avec toute ma flotte allons le recevoir ³,

---

¹ Ce ne sont point trois choses différentes, c'est la même idée sous trois diverses figures; c'est un pléonasme, une négligence. (V.) — Le pléonasme est une figure de rhétorique, comme une autre; il s'agit seulement d'en faire un bon usage, et c'est ce que fait ici Corneille : laissez-lui *tout*, puissance, trône, sceptre, couronne. Accumulation nécessaire pour frapper fortement les esprits. (A.-M.)

² VAR. Louez son jugement, et le laissez partir. (1644-48.)

³ VAR. Et, pour vaincre d'honneurs son absolu pouvoir,
　　　Avec toute ma flotte allons le recevoir. (1644-48.)

ACTE II, SCÈNE IV.

Et par ces vains honneurs séduire son pouvoir[1].

[1] Notre langue ne permet guère qu'on applique à des choses inanimées des verbes qui ne sont appropriés qu'à des choses animées. On séduit un homme; et, par une métaphore très juste, on séduit sa passion : mais quand on séduit un homme puissant, ce n'est pas son pouvoir qu'on séduit. Cette impropriété de termes est souvent ce qui révolte le lecteur, sans qu'il s'aperçoive d'où naît son dégoût. Les poëtes comme Boileau et Racine, qui n'emploient jamais que des métaphores justes, qui écrivent toujours purement, sont lus de tout le monde, et il n'y a pas un seul de leurs vers que les amateurs ne relisent cent fois, et ne sachent par cœur; mais on ne lit des autres que quelques endroits de génie, dont la beauté supérieure s'élève au-dessus des règles de la syntaxe et de la correction du style. (V.) *Séduire le pouvoir* est une métonymie très permise. C'est comme s'il y avait : *pour séduire l'homme puissant*. (A.-M.)

FIN DU SECOND ACTE.

ACTE TROISIÈME.

SCÈNE I[1].

CHARMION, ACHORÉE.

CHARMION.
Oui, tandis que le roi va lui-même en personne
Jusqu'aux pieds de César prosterner sa couronne[2],
Cléopâtre s'enferme en son appartement,
Et, sans s'en émouvoir, attend son compliment.
Comment nommerez-vous une humeur si hautaine[3]?

---

[1] Corneille, dans l'Examen de *Pompée*, dit qu'on a trouvé mauvais qu'Achorée fasse le récit intéressant qui suit à une simple suivante; il donne pour réponse que cette suivante tient lieu de la reine : mais, encore une fois, les récits intéressants ne doivent être faits qu'aux principaux personnages. On est mécontent de voir une suivante qui dit que sa maîtresse, *dans son appartement, de César attend le compliment sans s'en émouvoir.* Ces scènes inutiles, et par conséquent froides, prouvent que presque toutes les tragédies françaises sont trop longues : on les appelle des scènes de *remplissage;* ce mot est leur condamnation. (V.)

[2] On ne prosterne point une couronne; on se prosterne, on dépose une couronne; on la dépose aux pieds, et non jusqu'aux pieds. (V.) — *Prosterner sa couronne* est une expression très poétique, et que la grammaire ne saurait condamner. En effet, prosterner sa couronne se dit par métonymie, pour *prosterner soi-*
MÊME, *couronné.* (A.-M.)

[3] *Humeur* n'est pas plus noble que *beau présent.* (V.)

ACTE III, SCÈNE I. 341
ACHORÉE.
Un orgueil noble et juste, et digne d'une reine
Qui soutient avec cœur et magnanimité
L'honneur de sa naissance et de sa dignité.
Lui pourrai-je parler?
CHARMION.
Non; mais elle m'envoie
Savoir à cet abord ce qu'on a vu de joie [1];
Ce qu'à ce beau présent César a témoigné [2];
S'il a paru content, ou s'il l'a dédaigné [3];
S'il traite avec douceur, s'il traite avec empire;
Ce qu'à nos assassins enfin il a su dire [4].
ACHORÉE.
La tête de Pompée a produit des effets
Dont ils n'ont pas sujet d'être fort satisfaits [5].
Je ne sais si César prendroit plaisir à feindre;
Mais pour eux jusqu'ici je trouve lieu de craindre :
S'ils aimoient Ptolomée, ils l'ont fort mal servi.
Vous l'avez vu partir, et moi je l'ai suivi.
Ses vaisseaux en bon ordre ont éloigné la ville [6],
Et pour joindre César n'ont avancé qu'un mille :

[1] *Ce qu'on a vu de joie* ne peut se dire dans le style tragique, quoique ce soit une suivante qui parle. (V.)

[2] *Ce beau présent,* est comique. (V.)

[3] VAR. S'il en a rendu grace, ou s'il l'a dédaigné. (1644-48.)

[4] VAR. Ce qu'à nos assassins enfin il a pu dire. (1644-48.)

[5] Ce vers est un peu de comédie. (V.)

[6] *Ont éloigné la ville* est un solécisme. Il fallait *se sont éloignés de,* ou plutôt une autre expression, un autre tour. (V.) — *Ont éloigné la ville.* C'est l'illusion du nautonier sur sa barque : le poëte exprime le fait apparent, au lieu du fait réel. Il n'y a point là de solécisme, il y a une tentative de nouveauté : malheureusement notre langue se prête peu à de telles hardiesses. (A.-M.)

Il venoit à plein voile [1] ; et si dans les hasards
Il éprouva toujours pleine faveur de Mars [2],
Sa flotte, qu'à l'envi favorisoit Neptune,
Avoit le vent en poupe ainsi que sa fortune [3].
Dès le premier abord notre prince étonné
Ne s'est plus souvenu de son front couronné ;
Sa frayeur a paru sous sa fausse allégresse ;
Toutes ses actions ont senti la bassesse :
J'en ai rougi moi-même, et me suis plaint à moi
De voir là Ptolomée, et n'y voir point de roi ;
Et César, qui lisoit sa peur sur son visage,
Le flattoit par pitié pour lui donner courage.
Lui, d'une voix tombante offrant ce don fatal :
« Seigneur, vous n'avez plus, lui dit-il, de rival ;
« Ce que n'ont pu les dieux dans votre Thessalie,
« Je vais mettre en vos mains Pompée et Cornélie :
« En voici déja l'un, et pour l'autre, elle fuit ;
« Mais avec six vaisseaux un des miens la poursuit [4]. »

[1] *Il venoit à plein voile*, etc., est un solécisme : *voile* de vaisseau a toujours été féminin ; *voile* qui couvre, masculin. (V.)

[2] Var. Il éprouva toujours la faveur de son Mars. (1644-48.)

[3] N'est-ce pas là une réflexion inutile, et en même temps trop recherchée ? Pourquoi dire que son vaisseau avait le vent en poupe ? pourquoi comparer la fortune de César à ce vaisseau ? quel rapport de ces idées avec la réception dont il s'agit ? La peinture de l'humiliation de Ptolémée est admirable, parcequ'elle est vraie ; celle de la tête de Pompée, qui semble s'apprêter à parler, n'est pas si vraie : cela sent le poëte ; et dès-lors on n'est plus si touché. Un mort n'a pas la vue égarée. (V.)

[4] *Un des miens ;* il semble que ce soit un de ses vaisseaux, et Ptolémée entend un de ses officiers. Ces méprises sont assez communes dans notre langue ; il faut y prendre garde soigneusement. (V.)

ACTE III, SCÈNE I.

A ces mots Achillas découvre cette tête :
Il semble qu'à parler encore elle s'apprête ;
[1] Qu'à ce nouvel affront un reste de chaleur
En sanglots mal formés exhale sa douleur ;
Sa bouche encore ouverte et sa vue égarée
Rappellent sa grande ame à peine séparée ;
[2] Et son courroux mourant fait un dernier effort
Pour reprocher aux dieux sa défaite et sa mort.
[3] César, à cet aspect comme frappé du foudre [4],
Et comme ne sachant que croire ou que résoudre,
Immobile, et les yeux sur l'objet attachés,
Nous tient assez long-temps ses sentiments cachés ;
Et je dirai, si j'ose en faire conjecture,
Que, par un mouvement commun à la nature,
Quelque maligne joie en son cœur s'élevoit,
Dont sa gloire indignée à peine le sauvoit [5].

[1] Imit. . . . . . . Atque os in murmura pulsant
    Singultus animæ.
[2] Imit. Iratamque deis faciem.
[3] Imit. Non primo Cæsar damnavit munera visu.
    . . . . Vultus dum crederet, hæsit.
[4] Ce n'est pas un coup de foudre pour César que la mort de Pompée. (V.) — Non, sans doute, la mort de Pompée n'est pas un coup de foudre pour César ; ce qui n'empêche pas qu'au spectacle affreux et inattendu de cette tête, César ne puisse être frappé comme d'un coup de foudre : dans son trouble, il peut même d'abord, comme le dit Achorée, ne savoir ce qu'il doit croire. Est-ce bien par les ordres de Ptolémée que Pompée a péri ? sont-ce les assassins de ce grand homme qui osent lui présenter sa tête ? que résoudra-t-il ? Tous ces sentiments sont vrais et naturels. (P.)

[5] Quelle peinture, et quelle vérité ! que ces grands traits effacent de fautes ! Rien n'est plus beau que cette tirade : elle fait voir en même temps qu'il fallait mettre ce récit intéressant

L'aise de voir la terre à son pouvoir soumise
Chatouilloit malgré lui son ame avec surprise,
Et de cette douceur son esprit combattu
Avec un peu d'effort rassuroit sa vertu.
S'il aime sa grandeur, il hait la perfidie ;
Il se juge en autrui, se tâte, s'étudie,
Examine en secret sa joie et ses douleurs [1],
[2] Les balance, choisit, laisse couler des pleurs ;
Et, forçant sa vertu d'être encor la maîtresse,
Se montre généreux par un trait de foiblesse.
[3] Ensuite il fait ôter ce présent de ses yeux,
Lève les mains ensemble et les regards aux cieux,
Lâche deux ou trois mots contre cette insolence ;
Puis tout triste et pensif il s'obstine au silence,
Et même à ses Romains ne daigne repartir
Que d'un regard farouche et d'un profond soupir.
Enfin, ayant pris terre avec trente cohortes,
Il se saisit du port, il se saisit des portes,
Met des gardes par-tout et des ordres secrets [4],
Fait voir sa défiance ainsi que ses regrets,
Parle d'Égypte en maître, et de son adversaire,

dans la bouche d'un personnage plus important qu'Achorée. (V.)

[1] VAR. Consulte à sa raison sa joie et ses douleurs,
Examine, choisit, laisse couler des pleurs. (1644-48.)

[2] IMIT. . . . . . . Lacrymas non sponte cadentes
Effudit....

[3] IMIT. Aufer ab aspectu nostro funesta, satelles,
Regis dona tui.

[4] Cela est impropre ; on met des gardes, et on donne des ordres. (V.) — Cela est hardi, et non impropre. C'est le cas où un régime entraine l'autre, en vertu d'une suffisante analogie. (A.-M.)

ACTE III, SCÈNE II.   345

Non plus comme ennemi, mais comme son beau-père.
Voilà ce que j'ai vu.

CHARMION.

Voilà ce qu'attendoit,
Ce qu'au juste Osiris la reine demandoit.
Je vais bien la ravir avec cette nouvelle [1].
Vous, continuez-lui ce service fidèle.

ACHORÉE.

Qu'elle n'en doute point. Mais César vient. Allez,
Peignez-lui bien nos gens pâles et désolés;
Et moi, soit que l'issue en soit douce ou funeste,
J'irai l'entretenir quand j'aurai vu le reste.

SCÈNE II.

CÉSAR, PTOLOMÉE, LÉPIDE, PHOTIN, ACHORÉE, SOLDATS ROMAINS, SOLDATS ÉGYPTIENS.

PTOLOMÉE.

Seigneur, montez au trône, et commandez ici.

CÉSAR.

Connoissez-vous César, de lui parler ainsi [2] ?

---

[1] Vers familier de comédie. *La ravir avec une nouvelle!* (V.)

[2] Beaucoup de bons juges ont trouvé que César affecte ici un peu trop de rodomontade, que la véritable grandeur est plus simple, que les Romains ne regardaient point le trône comme une infamie, qu'ils avaient au contraire aboli chez eux le nom de roi, comme trop dangereux à Rome, que les Romains n'avaient aucun mépris pour un roi d'Égypte, que César joue un peu sur le mot; que quand Ptolémée lui dit, *montez au trône*, il veut dire seulement, *soyez ici le maître*, et non pas, *faites-vous couronner roi d'Égypte;* qu'enfin César répond à un compliment très raison-

346 POMPÉE.
Que m'offriroit de pis la fortune ennemie,
A moi qui tiens le trône égal à l'infamie [1] ?
Certes, Rome à ce coup pourroit bien se vanter
D'avoir eu juste lieu de me persécuter ;
Elle qui d'un même œil les donne et les dédaigne,
Qui ne voit rien aux rois qu'elle aime ou qu'elle craigne,
Et qui verse en nos cœurs, avec l'ame et le sang,
Et la haine du nom, et le mépris du rang.
C'est ce que de Pompée il vous falloit apprendre :
S'il en eût aimé l'offre, il eût su s'en défendre [2] ;
Et le trône et le roi se seroient ennoblis
A soutenir la main qui les a rétablis.
Vous eussiez pu tomber, mais tout couvert de gloire :
Votre chute eût valu la plus haute victoire ;

nable par des hauteurs qui sentent plus la vanité que la grandeur. Ces critiques peuvent être fondées ; mais peut-être est-il nécessaire d'enfler un peu la grandeur romaine sur le théâtre, comme on place des figures colossales dans de vastes enceintes. Il est bien certain que quand Ptolémée dit à César, *commandez ici,* il ne lui dit pas, *prenez le titre de roi d'Égypte,* au lieu de celui d'*imperator,* de *consul,* de *triumvir :* mais César veut humilier Ptolémée. Le spectateur est charmé de voir ce roi abaissé et confondu, et les reproches sur la mort de Pompée sont admirables. (V.)

[1] Jamais on n'a tenu *le trône égal à l'infamie :* il n'y a là qu'un faux air de grandeur, et tout faux air est puéril. César tenait si peu le trône égal à l'infamie, qu'il voulut depuis être reconnu roi. Les Romains craignaient chez eux la royauté ; mais le trône ailleurs n'était point infame. (V.)

[2] Ce vers n'est pas trop intelligible ; le reste fait un très bel effet. Ptolémée joue là un indigne rôle ; mais on aime à voir un roi abaissé devant César. Lorsque Corneille fait parler Ptolémée, les vers sont faibles ; César s'exprime fortement : tel était le génie de Corneille : le sublime de César passe jusque dans l'ame du lecteur. (V.)

Et si votre destin n'eût pu vous en sauver,
César eût pris plaisir à vous en relever.
Vous n'avez pu former une si noble envie.
Mais quel droit aviez-vous sur cette illustre vie ?
Que vous devoit son sang pour y tremper vos mains,
Vous qui devez respect au moindre des Romains[1] ?
[2] Ai-je vaincu pour vous dans les champs de Pharsale ?
Et, par une victoire aux vaincus trop fatale,
Vous ai-je acquis sur eux, en ce dernier effort,
La puissance absolue et de vie et de mort ?
[3] Moi qui n'ai jamais pu la souffrir à Pompée,
La souffrirai-je en vous sur lui-même usurpée,
Et que de mon bonheur vous ayez abusé
Jusqu'à plus attenter que je n'aurois osé ?
De quel nom, après tout, pensez-vous que je nomme
Ce coup où vous tranchez du souverain de Rome,
Et qui sur un seul chef lui fait bien plus d'affront[4]
Que sur tant de milliers ne fit le roi de Pont ?
[5] Pensez-vous que j'ignore ou que je dissimule
Que vous n'auriez pas eu pour moi plus de scrupule,

[1] Cela n'est pas vrai, puisque Ptolémée avait des chevaliers romains à son service. (V.) — Ptolémée a à son service *Septime*, espèce de renégat du nom romain, et qui va bientôt se tuer parceque César l'a appelé *un Romain assez lâche* pour servir sous un roi. (A.-M.)

[2] Imit. Ergo in Thessalicis Pellæo fecimus arvis
   Jus gladio ?

[3] Imit. Non tuleram Magnum mecum Romana regentem :
   Te, Ptolemæe, feram ?

[4] *Un coup qui fait affront sur un chef* n'est pas élégant. (V.)

[5] Imit. . . . . Nec fallere vos me
   Credite victorem : nobis quoque tale paratum
   Littoris hospitium.

348 POMPÉE.

Et que, s'il m'eût vaincu, votre esprit complaisant [1]
Lui faisoit de ma tête un semblable présent [2] ?
[3] Graces à ma victoire, on me rend des hommages
Où ma fuite eût reçu toutes sortes d'outrages ;
Au vainqueur, non à moi, vous faites tout l'honneur :
Si César en jouit, ce n'est que par bonheur.
Amitié dangereuse, et redoutable zèle,
Que règle la fortune, et qui tourne avec elle !
Mais parlez, c'est trop être interdit et confus.

PTOLOMÉE.

Je le suis, il est vrai, si jamais je le fus ;
Et vous-même avouerez que j'ai sujet de l'être.
Étant né souverain, je vois ici mon maître :
Ici, dis-je, où ma cour tremble en me regardant,
Où je n'ai point encore agi qu'en commandant [4],
Je vois une autre cour sous une autre puissance,
Et ne puis plus agir qu'avec obéissance.
De votre seul aspect je me suis vu surpris :
Jugez si vos discours rassurent mes esprits [5],
Jugez par quels moyens je puis sortir d'un trouble
Que forme le respect, que la crainte redouble,
Et ce que vous peut dire un prince épouvanté
De voir tant de colère et tant de majesté.
Dans ces étonnements dont mon ame est frappée
De rencontrer en vous le vengeur de Pompée,

---

[1] Var. Et que s'il eût vaincu votre esprit complaisant. (1644-48.)

[2] Cela est beau, parceque cela est vrai. Il n'y a là ni déclamation ni enflure. (V.)

[3] Imit. . . . . Ne sic mea colla gerantur
  Thessaliæ fortuna facit.

[4] Le *point* est de trop ; c'est un solécisme. (V.)

[5] Var. Jugez si vos discours me rendent mes esprits. (1644-48.)

Il me souvient pourtant que s'il fut notre appui,
Nous vous dûmes dès-lors autant et plus qu'à lui :
Votre faveur pour nous éclata la première,
Tout ce qu'il fit après fut à votre prière :
Il émut le sénat pour des rois outragés,
Que sans cette prière il auroit négligés.
Mais de ce grand sénat les saintes ordonnances
Eussent peu fait pour nous, seigneur, sans vos finances [1] ;
Par-là de nos mutins le feu roi vint à bout ;
Et, pour en bien parler, nous vous devons le tout [2].
Nous avons honoré votre ami, votre gendre,
Jusqu'à ce qu'à [3] vous-même il ait osé se prendre ;
Mais voyant son pouvoir, de vos succès jaloux [4],
Passer en tyrannie, et s'armer contre vous....

CÉSAR.

Tout beau : que votre haine en son sang assouvie [5]

[1] Le mot de *finances* n'est pas plus fait pour la tragédie que celui de *caissier*. (V.)

[2] Expression trop faible, trop commune. Ne finissez jamais un vers par ces mots, *le tout* ; ils ne sont ni harmonieux, ni nobles. (V.)

[3] On ne peut trop remarquer avec quel soin pénible il faut éviter ce concours de syllabes dures, dont les auteurs ne s'aperçoivent pas dans la chaleur de la composition. *Jusqu'à ce qu'à* révolte l'oreille : *se prendre à quelqu'un* est du discours familier ; et *s'en prendre* est quelquefois fort noble : *Répondez du succès, ou je m'en prends à vous*. De plus, *se prendre* ne signifie pas attaquer, comme Corneille le prétend ici ; il signifie le contraire, chercher un appui, un secours : en tombant, il se prit à un arbre qui le garantit ; dans le malheur, on se prend à tout, c'est-à-dire on se fait une ressource de tout ce qu'on trouve ; dans le malheur, on *s'en prend à tout*, signifie, on accuse tout, on se plaint de tout. (V.)

[4] Un pouvoir jaloux d'un succès ! (V.)

[5] On a déja remarqué ailleurs que ce mot familier, *tout beau*, ne doit jamais entrer dans la tragédie. (V.)

350 POMPÉE.

N'aille point à sa gloire; il suffit de sa vie.
N'avancez rien ici que Rome ose nier;
Et justifiez-vous, sans le calomnier.

PTOLOMÉE.

Je laisse donc aux dieux à juger ses pensées,
Et dirai seulement qu'en vos guerres passées,
Où vous fûtes forcé par tant d'indignités,
Tous nos vœux ont été pour vos prospérités;
Que, comme il vous traitoit en mortel adversaire,
J'ai cru sa mort pour vous un malheur nécessaire;
Et que sa haine injuste, augmentant tous les jours[1],
Jusque dans les enfers chercheroit du secours[2];
Ou qu'enfin, s'il tomboit dessous votre puissance,
Il nous falloit pour vous craindre votre clémence;
Et que le sentiment d'un cœur trop généreux,
Usant mal de vos droits, vous rendît malheureux.
J'ai donc considéré qu'en ce péril extrême
Nous vous devions, seigneur, servir malgré vous-même;
Et, sans attendre d'ordre en cette occasion,
Mon zèle ardent l'a prise à ma confusion[3].

---

[1] *Et que,* n'ayant point été précédé d'un autre *que,* est une faute de grammaire, mais de ces fautes qui cessent de l'être dans la poésie animée. (V.) — Cette faute n'en était pas une à l'époque de Corneille. Le grammairien Vaugelas donne souvent à un même verbe plusieurs compléments divers. Ainsi, dans sa traduction de Quinte-Curce, il dit : « Je réponds de votre liberté, et « *que* vous n'aurez point à souffrir le faste et les fiers regards des « Macédoniens. » (Voyez *Nouvelles Remarques sur la langue françoise,* tome Ier, p. 189.) (A.-M.)

[2] *Les enfers* sont ici d'un déclamateur, et non pas d'un homme qui donne de bonnes raisons. (V.) — Corneille n'entend pas que Ptolémée donne de bonnes raisons. (A.-M.)

[3] Il veut dire mon zèle ardent a pris cette occasion; mais c'est

ACTE III, SCÈNE II.

Vous m'en désavouez, vous l'imputez à crime ;
Mais pour servir César rien n'est illégitime.
J'en ai souillé mes mains pour vous en préserver :
Vous pouvez en jouir, et le désapprouver ;
Et plus j'ai fait pour vous, plus l'action est noire,
Puisque c'est d'autant plus vous immoler ma gloire,
Et que ce sacrifice, offert par mon devoir,
Vous assure la vôtre avec votre pouvoir.

CÉSAR.

Vous cherchez, Ptolomée, avecque trop de ruses [1],
De mauvaises couleurs et de froides excuses.
Votre zèle étoit faux, si seul il redoutoit
Ce que le monde entier à pleins vœux souhaitoit [2] ;
Et s'il vous a donné ces craintes trop subtiles,
[3] Qui m'ôtent tout le fruit de nos guerres civiles,
Où l'honneur seul m'engage, et que pour terminer [4]
Je ne veux que celui de vaincre et pardonner,
Où mes plus dangereux et plus grands adversaires,
Sitôt qu'ils sont vaincus, ne sont plus que mes frères ;
Et mon ambition ne va qu'à les forcer,
Ayant dompté leur haine, à vivre et m'embrasser.
    O combien d'allégresse une si triste guerre

une expression bien étrange, *j'ai pris cette occasion pour assassiner Pompée.* (V.)

[1] Les comédiens disent, *avec de faibles ruses*, *avecque* était trop dur. (V.)

[2] *A pleins vœux* ne se dit plus. (V.)

[3] IMIT. . . . . Unica belli
        Præmia civilis, victis donare salutem,
        Perdidimus.

[4] *Où l'honneur seul m'engage, et que pour,* etc. ; cela n'est pas français ; il fallait *guerres où l'honneur m'engage, où je ne veux que vaincre et pardonner, où mes plus grands ennemis,* etc. (V.)

POMPÉE.

Auroit-elle laissé dessus toute la terre,
Si Rome avoit pu voir marcher en même char ¹,
Vainqueurs de leur discorde, et Pompée et César!
Voilà ces grands malheurs que craignoit votre zèle.
O crainte ridicule autant que criminelle!
Vous craigniez ma clémence! ah! n'ayez plus ce soin;
Souhaitez-la plutôt, vous en avez besoin ².
Si je n'avois égard qu'aux lois de la justice,
Je m'apaiserois Rome avec votre supplice,
Sans que ni vos respects, ni votre repentir,
Ni votre dignité, vous pussent garantir ³;
Votre trône lui-même en seroit le théâtre :
Mais voulant épargner le sang de Cléopâtre,
J'impute à vos flatteurs toute la trahison,
Et je veux voir comment vous m'en ferez raison;
Suivant les sentiments dont vous serez capable,
Je saurai vous tenir innocent ou coupable.
⁴ Cependant à Pompée élevez des autels;
Rendez-lui les honneurs qu'on rend aux immortels;
Par un prompt sacrifice expiez tous vos crimes;
Et sur-tout pensez bien au choix de vos victimes.
Allez y donner ordre, et me laissez ici
Entretenir les miens sur quelque autre souci.

¹ VAR. Si l'on voyoit marcher dessus un même char. (1644-48.)

² *Souhaitez-la plutôt* est sublime; et quoique les vers suivants étendent peut-être un peu trop cette pensée, ils ne la déparent pas; tant on aime à voir le crime puni, et un roi confondu par un Romain. (V.)

³ VAR. Ni votre dignité vous en pût garantir. (1644-48.)

⁴ IMIT. . . . . Justo date thura sepulchro,
    Et placate caput.

SCÈNE III.

CÉSAR, ANTOINE, LÉPIDE.

CÉSAR.
Antoine, avez-vous vu cette reine adorable?
ANTOINE.
Oui, seigneur, je l'ai vue : elle est incomparable [1];
Le ciel n'a point encor, par de si doux accords,
Uni tant de vertus aux graces d'un beau corps [2].
Une majesté douce épand sur son visage
De quoi s'assujettir le plus noble courage;
Ses yeux savent ravir, son discours sait charmer;

---

[1] Après ce discours noble et vigoureux de César, le lecteur est indigné de voir Antoine faire le personnage d'entremetteur, et de lui entendre dire *que cette reine adorable est incomparable*, *que son corps est si beau*, *qu'il la voudrait aimer*. Ce n'est pas là César, ce n'est pas là Antoine; c'est un amoureux de comédie qui parle à un valet. On a substitué à ce demi-vers, *je l'ai vue, ô César*, cet autre, *oui, seigneur, je l'ai vue*. *L'incomparable* exigeait plutôt une correction. (V.)

[2] *Par de si doux accords*, hémistiche d'églogue, qui, joint aux *graces d'un beau corps*, rend tout ce morceau indigne de la tragédie. (V.)

Le lecteur n'est pas indigné. S'il est instruit, il sait que ces fautes, comme Voltaire ne peut s'empêcher quelquefois d'en convenir, appartiennent moins à Corneille qu'à son siècle, et qu'il en est plusieurs, comme Voltaire vient aussi de le dire, qui ne méritent guère plus d'attention que des fautes d'orthographe. Si le lecteur est indigné, c'est du ridicule que jette Voltaire sur Corneille en donnant à Antoine les noms d'*entremetteur* et de *valet*; il suffisait d'observer que cette scène n'a pas la dignité de la tragédie. (P.)

Et, si j'étois César, je la voudrois aimer.
CÉSAR.
Comme a-t-elle reçu les offres de ma flamme?
ANTOINE.
Comme n'osant la croire, et la croyant dans l'ame :
Par un refus modeste et fait pour inviter,
Elle s'en dit indigne, et la croit mériter.
CÉSAR.
En pourrai-je être aimé?
ANTOINE.
Douter qu'elle vous aime,
Elle qui de vous seul attend son diadème,
Qui n'espère qu'en vous! douter de ses ardeurs,
Vous qui la pouvez mettre au faîte des grandeurs!
Que votre amour sans crainte à son amour prétende;
Au vainqueur de Pompée il faut que tout se rende;
Et vous l'éprouverez. Elle craint toutefois
L'ordinaire mépris que Rome fait des rois;
Et sur-tout elle craint l'amour de Calphurnie :
Mais, l'une et l'autre crainte à votre aspect bannie,
Vous ferez succéder un espoir assez doux [1],
Lorsque vous daignerez lui dire un mot pour vous.
CÉSAR.
Allons donc l'affranchir de ces frivoles craintes,
Lui montrer de mon cœur les sensibles atteintes.
Allons, ne tardons plus.
ANTOINE.
Avant que de la voir,
Sachez que Cornélie est en votre pouvoir;

---

[1] Il faut toujours un régime à *succéder*. On *succède à*. Tout cet endroit est mal écrit. (V.)

ACTE III, SCÈNE IV.

Septime vous l'amène, orgueilleux de son crime,
Et pense auprès de vous se mettre en haute estime :
Dès qu'ils ont abordé, vos chefs, par vous instruits [1],
Sans leur rien témoigner, les ont ici conduits.

CÉSAR.

Qu'elle entre. Ah! l'importune et fâcheuse nouvelle [2] !
Qu'à mon impatience elle semble cruelle!
O ciel! et ne pourrai-je enfin à mon amour
Donner en liberté ce qui reste du jour?

SCÈNE IV.

CÉSAR, CORNÉLIE, ANTOINE, LÉPIDE,
SEPTIME.

SEPTIME.

Seigneur....

CÉSAR.

Allez, Septime, allez vers votre maître ;
César ne peut souffrir la présence d'un traître,

---

[1] Var. Sitôt qu'ils ont pris port*, vos chefs, par vous instruits. (1644-48.)

[2] Voici un trait de comédie qui fait un grand tort à la belle scène de Cornélie ; tout ce que lui dit César de noble et de grand est gâté par ce vers si déplacé. On voit qu'il voudrait être auprès de sa maîtresse, qu'il ne fera à Cornélie que de vains compliments ; et cela seul répand du froid sur la pièce. D'ailleurs, après la mort de Pompée, la tragédie ne roule plus que sur un rendez-vous de César avec Cléopâtre, sur une bonne fortune ; tout devient hors-d'œuvre : il n'y a ni nœud, ni intrigue. Cornélie n'arrive que pour déplorer la mort de son mari ; mais telle est la beauté de son rôle, qu'elle soutient presque seule la dignité de la pièce. (V.)

* Expression de marin, et non de poëte. (V.)

356 POMPÉE.

D'un Romain lâche assez pour servir sous un roi,
Après avoir servi sous Pompée et sous moi ¹.

(Septime rentre.)

CORNÉLIE.

César, car le destin, que dans tes fers je brave²,
Me fait ta prisonnière, et non pas ton esclave ³,
Et tu ne prétends pas qu'il m'abatte le cœur
Jusqu'à te rendre hommage, et te nommer seigneur;
De quelque rude trait qu'il m'ose avoir frappée,
Veuve du jeune Crasse, et veuve de Pompée,
Fille de Scipion, et, pour dire encor plus,
Romaine, mon courage est encore au-dessus;
Et, de tous les assauts que sa rigueur me livre,
Rien ne me fait rougir que la honte de vivre.

¹ Ces quatre vers de César à Septime relèvent tout d'un coup le caractère de César, et le rendent digne d'écouter Cornélie. (V.)

² VAR. César, car le destin, qui m'outre et que je brave. (1644-48.)

³ Cornélie doit-elle dire à César qu'elle est sa prisonnière, et non pas son esclave? n'est-ce pas une chose assez reconnue par César? Jamais les Romains vaincus par les Romains ne furent mis dans l'esclavage. Elle se vante d'appeler César par son nom, et de ne point l'appeler *seigneur* : mais le nom de *seigneur* n'était donné à personne; c'est un terme dont nous nous servons au théâtre français, et dont Cornélie abuse : il vient du mot latin *senior*, et nous l'avons adopté pour en faire un titre honorifique. Cornélie peut-elle s'excuser de ne pas donner à un Romain un titre français? doit-elle enfin faire remarquer à César qu'elle parle comme tout le monde parlait alors? n'est-ce pas une petite attention de Cornélie à faire voir qu'elle veut mettre de la grandeur où il n'y a rien que de très ordinaire? Cette affectation, dit le judicieux marquis de Vauvenargues, homme trop peu connu et qui a trop peu vécu, cette affectation est le principal défaut de notre théâtre, et l'écueil ordinaire des poëtes. (V.)

ACTE III, SCÈNE IV.

J'ai vu mourir Pompée, et ne l'ai pas suivi ;
Et bien que le moyen m'en aye été ravi [1],
Qu'une pitié cruelle à mes douleurs profondes
M'aye ôté le secours et du fer et des ondes,
[2] Je dois rougir pourtant, après un tel malheur,
De n'avoir pu mourir d'un excès de douleur :
Ma mort étoit ma gloire, et le destin m'en prive
Pour croître mes malheurs, et me voir ta captive.
Je dois bien toutefois rendre graces aux dieux [3]
De ce qu'en arrivant je te trouve en ces lieux,
Que César y commande, et non pas Ptolomée.
Hélas ! et sous quel astre, ô ciel, m'as-tu formée,
Si je leur dois des vœux de ce qu'ils ont permis [4]
Que je rencontre ici mes plus grands ennemis,
Et tombe entre leurs mains plutôt qu'aux mains d'un prince
Qui doit à mon époux son trône et sa province ?
César, de ta victoire écoute moins le bruit ;
Elle n'est que l'effet du malheur qui me suit ;
Je l'ai porté pour dot chez Pompée et chez Crasse ;
[5] Deux fois du monde entier j'ai causé la disgrace [6] ;

---

[1] *Aye été* pour *ait été.* Cet *aye* à la troisième personne est un solécisme très commun. On a mis *ait* dans les dernières éditions. On doit sur-tout remarquer que Cornélie devrait commencer par remercier César qui vient de chasser ignominieusement de sa présence Septime, l'un des assassins de Pompée. (V.) — Du temps de Corneille, le verbe *avoir* se terminait également à la troisième personne du subjonctif par *ait* ou *aye*. Il n'y a donc là ni faute d'orthographe ni solécisme. Voyez la *Grammaire françoise d'Antoine Oudin*, 1645. (A.-M.)

[2] Imit. Turpe mori post te solo non posse dolore.

[3] Var. Encore ai-je sujet de rendre grace aux dieux. (1644-48.)

[4] Var. Si je dois grace aux dieux de ce qu'ils ont permis. (1644.)

[5] Imit. Bis nocui mundo.

[6] Cette imitation de Lucain, *bis nocui mundo*, et tous ces senti-

358   POMPÉE.

[1] Deux fois de mon hymen le nœud mal assorti
A chassé tous les dieux du plus juste parti :
[2] Heureuse en mes malheurs, si ce triste hyménée
Pour le bonheur de Rome à César m'eût donnée,
Et si j'eusse avec moi porté dans ta maison
D'un astre envenimé l'invincible poison [3] !

ments ne sont-ils pas un peu trop chargés d'ostentation? Pourquoi Cornélie a-t-elle fait le malheur du monde? elle n'entra jamais dans les affaires publiques ; c'était une jeune veuve que Pompée fut blâmé d'avoir épousée : elle eut deux maris malheureux, mais ne fut cause du malheur d'aucun. (V.) — Non seulement Voltaire oublie ici les priviléges de la poésie, mais il oublie encore l'histoire. C'est à Plutarque à justifier Corneille. Après Pharsale, Pompée arrive à Mitylène, où était Cornélie : « Elle traverse la ville, et court au rivage. Pompée alla au-devant « d'elle, et la reçut dans ses bras, prête à s'évanouir. « O, mon « époux, » dit-elle, « ce n'est pas ta mauvaise fortune, c'est la « mienne qui t'a réduit à une seule barque ; toi qui, avant d'épou- « ser Cornélie, voguais sur cette mer avec cinq cents voiles! « Pourquoi venir me chercher? Que ne m'abandonnais-tu à ce « funeste destin qui seul attire sur toi tant de calamités? Quel « bonheur pour moi, si j'avais pu mourir avant d'apprendre la « mort de Crassus, mon premier mari, qui a péri par la main « des Parthes! Ou que j'aurais été sage, si après sa mort j'avais « quitté la vie! Je ne l'ai donc conservée que pour faire le mal- « heur du grand Pompée! » Telles furent, dit-on, les paroles de « Cornélie à son mari. » (PLUTARQUE, *Vie de Pompée*.) (A.-M.)

[1] IMIT. . . . . Cunctosque fugavi
   A causa meliore deos.

[2] IMIT. O utinam in thalamos invisi Cæsaris issem
   Infelix conjux, et nulli læta marito !

[3] Ce souhait d'être la femme de César pour lui porter l'invincible poison d'un astre paraît trop recherché. Cela est encore imité de Lucain, et n'en paraît pas meilleur : il n'est point du tout naturel qu'elle pense être la cause des malheurs de Rome,

ACTE III, SCÈNE IV.   359

Car enfin n'attends pas que j'abaisse ma haine :
Je te l'ai déja dit, César, je suis Romaine [1],
Et quoique ta captive, un cœur comme le mien,
De peur de s'oublier, ne te demande rien.
Ordonne; et, sans vouloir qu'il tremble, ou s'humilie,
Souviens-toi seulement que je suis Cornélie.

CÉSAR.

O d'un illustre époux noble et digne moitié,
Dont le courage étonne, et le sort fait pitié!
Certes, vos sentiments font assez reconnoître

puisqu'elle n'a point été la cause des guerres civiles. Elle rend graces aux dieux d'avoir trouvé César; elle lui demande la vengeance de la mort de son mari, et elle lui dit en même temps qu'elle voudrait l'épouser pour le rendre malheureux! De pareils jeux d'esprit dégraderaient beaucoup le rôle de Cornélie, si quelque chose pouvait l'avilir. On pourrait dire que cette entrevue de Cornélie et de César est inutile à l'intrigue de la pièce. Cette tragédie (qui est en effet d'un genre particulier qu'il serait très dangereux d'imiter) se soutient par les beaux morceaux de détail. Il y a des choses admirables dans ce discours de Cornélie. Il serait à souhaiter qu'il y eût moins de cette enflure qui est contraire à la vraie dignité et à la vraie douleur. (V.)

[1] Pourquoi le répéter? parle-t-elle à un autre qu'à un Romain? (V.) — En disant à César qu'elle est Romaine, Cornélie ne veut pas lui dire simplement qu'elle est de Rome, comme Voltaire paraît l'entendre, et comme une bourgeoise de Paris dirait qu'elle est Parisienne. Elle veut dire qu'elle a les sentiments d'une Romaine, l'amour de sa patrie et de la liberté : sentiments que César a perdus, et que pour sa gloire il aurait dû conserver. C'est ainsi que Brutus, dans la tragédie de Voltaire, dit à Proculus : *Je suis un consul de Rome*, non pour lui apprendre qu'il est en effet consul, ce que Proculus sait très bien, mais pour lui dire que son devoir est de penser et d'agir en consul romain. (P.)

Qui vous donna la main, et qui vous donna l'être;
Et l'on juge aisément, au cœur que vous portez,
Où vous êtes entrée, et de qui vous sortez ¹.
L'ame du jeune Crasse, et celle de Pompée,
L'une et l'autre vertu par le malheur trompée,
Le sang des Scipions protecteur de nos dieux,
Parlent par votre bouche et brillent dans vos yeux;
Et Rome dans ses murs ne voit point de famille
Qui soit plus honorée ou de femme ou de fille.
Plût au grand Jupiter, plût à ces mêmes dieux
Qu'Annibal eût bravés jadis sans vos aïeux,
Que ce héros si cher dont le ciel vous sépare
N'eût pas si mal connu la cour d'un roi barbare,
Ni mieux aimé tenter une incertaine foi,
Que la vieille amitié qu'il eût trouvée en moi;
Qu'il eût voulu souffrir qu'un bonheur de mes armes
Eût vaincu ses soupçons, dissipé ses alarmes;
Et qu'enfin, m'attendant sans plus se défier,
Il m'eût donné moyen de me justifier!
² Alors, foulant aux pieds la discorde et l'envie,
Je l'eusse conjuré de se donner la vie,
D'oublier ma victoire, et d'aimer un rival

---

¹ C'est une répétition de ces deux vers qui précèdent :
    Certes, vos sentiments font assez reconnoître
    Qui vous donna la main, et qui vous donna l'être.
En général, toute répétition affaiblit l'idée. (V.)

² IMIT. Ut te complexus, positis civilibus armis,
    Affectus abs te veteres vitamque rogarem,
    Magne, tuam ; dignaque satis mercede laborum
    Contentus, par esse tibi. Tunc pace fideli
    Fecissem ut victus posses ignoscere divis,
    Fecisses ut Roma mihi.

ACTE III, SCÈNE IV.

Heureux d'avoir vaincu pour vivre son égal :
J'eusse alors regagné son ame satisfaite.¹
Jusqu'à lui faire aux dieux pardonner sa défaite ;
Il eût fait à son tour, en me rendant son cœur,
Que Rome eût pardonné la victoire au vainqueur.
Mais puisque par sa perte, à jamais sans seconde,
² Le sort a dérobé cette allégresse au monde,
César s'efforcera de s'acquitter vers vous
De ce qu'il voudroit rendre à cet illustre époux.
Prenez donc en ces lieux liberté tout entière ³ :
Seulement pour deux jours soyez ma prisonnière,
Afin d'être témoin comme, après nos débats,
Je chéris sa mémoire et venge son trépas,
Et de pouvoir apprendre à toute l'Italie
De quel orgueil nouveau m'enfle la Thessalie.
Je vous laisse à vous-même, et vous quitte un moment⁴.
Choisissez-lui, Lépide, un digne appartement⁵ ;
Et qu'on l'honore ici, mais en dame romaine,
C'est-à-dire un peu plus qu'on n'honore la reine.
Commandez, et chacun aura soin d'obéir.

---

¹ Var. Alors, l'esprit content et l'ame satisfaite,
    Je l'eusse fait aux dieux pardonner sa défaite. (1644-48.)

² Imit. Læta dies rapta est populis.

³ *Prenez liberté* est trop familier, trop trivial, trop du style de la comédie : de plus, on ne prend point liberté. (V.)

⁴ Il est triste que César finisse une si belle scène par dire, *je vous quitte un moment*, sur-tout après l'avoir commencée en disant que la visite de Cornélie était très importune. On sent trop qu'il va voir sa maîtresse ; et le détail du *digne appartement* achèverait d'affaiblir ce beau morceau, sans l'admirable vers de Cornélie qui termine l'acte. (V.)

⁵ On pouvait se passer de ce *digne appartement*. (V.)

CORNÉLIE.

O ciel! que de vertus vous me faites haïr [1]!

[1] Me sera-t-il permis de rapporter ici que mademoiselle de Lenclos, pressée de se rendre aux offres d'un grand seigneur qu'elle n'aimait point, et dont on lui vantait la probité et le mérite, répondit :

O ciel! que de vertus vous me faites haïr !

C'est le privilége des beaux vers d'être cités en toute occasion, et c'est ce qui n'arrive jamais à la prose. (V.)

FIN DU TROISIÈME ACTE.

ACTE QUATRIÈME.

SCÈNE I.

PTOLOMÉE, ACHILLAS, PHOTIN.

PTOLOMÉE.
Quoi! de la même main et de la même épée
Dont il vient d'immoler le malheureux Pompée,
Septime, par César indignement chassé,
Dans un tel désespoir à vos yeux a passé?
ACHILLAS.
Oui, seigneur; et sa mort a de quoi vous apprendre [1]
La honte qu'il prévient, et qu'il vous faut attendre.
Jugez quel est César à ce courroux si lent.
Un moment pousse et rompt un transport violent;
Mais l'indignation qu'on prend avec étude
Augmente avec le temps, et porte un coup plus rude;
Ainsi n'espérez pas de le voir modéré;
Par adresse il se fâche après s'être assuré [2].
Sa puissance établie, il a soin de sa gloire.

---

[1] Var. Il est mort; et mourant, sire, il doit vous apprendre
. . . .
Jugez César vous-même à ce courroux si lent. (1644-48.)

[2] Il faut dire de quoi. *S'assurer* ne signifie rien quand il est sans régime. *Par adresse il se fâche* est du style comique négligé. (V.)

364 POMPÉE.

Il poursuivoit Pompée, et chérit sa mémoire;
Et veut tirer à soi, par un courroux accort¹,
L'honneur de sa vengeance et le fruit de sa mort.

PTOLOMÉE.

Ah! si je t'avois cru, je n'aurois pas de maître;
Je serois dans le trône où le ciel m'a fait naître :
Mais c'est une imprudence assez commune aux rois,
D'écouter trop d'avis et se tromper au choix :
Le destin les aveugle au bord du précipice;
Ou si quelque lumière en leur ame se glisse²,
Cette fausse clarté, dont il les éblouit,
Les plonge dans un gouffre, et puis s'évanouit.

PHOTIN.

J'ai mal connu César; mais puisqu'en son estime³
Un si rare service est un énorme crime,
Il porte dans son flanc de quoi nous en laver⁴;

¹ *Accort* signifie *conciliant*; il vient d'*accorder*; il ne signifie pas *feint* : c'est d'ailleurs un mot qui n'est plus en usage dans le style noble, et on doit regretter qu'il n'y soit plus. *Tirer à soi* est bas. (V.) — Voltaire a raison de regretter le mot *accort*, mais il lui donne un sens qu'il n'a pas dans le vers de Corneille. En effet il ne s'agit pas d'un courroux *feint*, mais d'un *courroux conciliant*. Corneille veut dire que le courroux de César est propre à lui concilier les partisans de Pompée, et le mot est bon, car il caractérise la politique de César, qui était éminemment *conciliante*. (A.-M.)

² *Glisse* n'est pas heureux; mais il est si difficile de trouver des termes nobles et convenables, et de les accorder avec la rime, qu'on doit pardonner à ces petites fautes inséparables d'un art dans lequel on éprouve autant d'obstacles qu'on fait de pas. (V.)

³ *Estime* signifie ici *opinion*. C'est un terme qui n'est en usage que dans la marine; l'estime du pilote veut dire le calcul présumé. (V.)

⁴ Var. Sire, il porte en son flanc de quoi nous en laver. (1644-48.)

ACTE IV, SCÈNE I.

C'est là qu'est notre grace, il nous l'y faut trouver.
Je ne vous parle plus de souffrir sans murmure,
D'attendre son départ pour venger cette injure;
Je sais mieux conformer les remèdes au mal.
¹ Justifions sur lui la mort de son rival;
Et, notre main alors également trempée
Et du sang de César et du sang de Pompée,
Rome, sans leur donner de titres différents,
Se croira par vous seul libre de deux tyrans.

PTOLOMÉE.

² Oui, par-là seulement ma perte est évitable³;
C'est trop craindre un tyran que j'ai fait redoutable :
Montrons que sa fortune est l'œuvre de nos mains;
Deux fois en même jour disposons des Romains;
Faisons leur liberté comme leur esclavage.
César, que tes exploits n'enflent plus ton courage;
Considère les miens, tes yeux en sont témoins.
⁴ Pompée étoit mortel, et tu ne l'es pas moins :
Il pouvoit plus que toi; tu lui portois envie :
Tu n'as, non plus que lui, qu'une ame et qu'une vie⁵;
Et son sort que tu plains te doit faire penser

---

¹ IMIT. . . . . Placemus cæde secunda
　　　　Hesperias gentes; jugulus mihi Cæsaris haustus
　　　　Hoc præstare potest, Pompeii cæde nocentes
　　　　Ut populus Romanus amet.

² IMIT. Quid miserande, times quem tu facis ipse timendum?

³ Pourquoi *évitable* n'est-il pas en usage, puisque *inévitable* est reçu? c'est une grande bizarrerie des langues d'admettre le mot composé, et d'en rejeter la racine. (V.)

　　VAR. Oui, oui, ton sentiment enfin est véritable;
　　　　C'est trop craindre celui que j'ai fait redoutable. (1644-48.)

⁴ IMIT. Quem metuis, par hujus erat.

⁵ Jamais personne n'en a eu deux. (V.)

Que ton cœur est sensible, et qu'on peut le percer[1].
Tonne, tonne à ton gré, fais peur de ta justice :
C'est à moi d'apaiser Rome par ton supplice ;
C'est à moi de punir ta cruelle douceur,
Qui n'épargne en un roi que le sang de sa sœur.
Je n'abandonne plus ma vie et ma puissance[2]
Au hasard de sa haine, ou de ton inconstance ;
Ne crois pas que jamais tu puisses à ce prix
Récompenser sa flamme, ou punir ses mépris :
J'emploierai contre toi de plus nobles maximes.
Tu m'as prescrit tantôt de choisir des victimes,
De bien penser au choix ; j'obéis, et je voi
Que je n'en puis choisir de plus digne que toi,
Ni dont le sang offert, la fumée, et la cendre,
Puissent mieux satisfaire aux mânes de ton gendre.
Mais ce n'est pas assez, amis, de s'irriter ;
Il faut voir quels moyens on a d'exécuter :
Toute cette chaleur est peut-être inutile ;
Les soldats du tyran sont maîtres de la ville ;
Que pouvons-nous contre eux ? et, pour les prévenir,
Quel temps devons-nous prendre, et quel ordre tenir ?

ACHILLAS.

Nous pouvons tout, seigneur, en l'état où nous sommes[3].
A deux milles d'ici vous avez six mille hommes,

[1] C'est une équivoque. Le mot *sensible* est pris ici au physique. Ptolémée entend que César n'est pas invulnérable. Jamais le mot *sensible* ne souffre cette acception ; de plus, cette pensée est trop répétée, trop délayée : il ne faut jamais rien ajouter quand on a dit assez. (V.)

[2] Var. Et n'abandonner pas ma vie et ma puissance
. . . .
Ni souffrir que demain tu puisses à ce prix. (1644-48.)

[3] Il ne faut jamais être ampoulé, mais il faut éviter ces ex-

ACTE IV, SCÈNE I.   367

Que depuis quelques jours, craignant des remuements,
Je faisois tenir prêts à tous événements;
Quelques soins qu'ait César, sa prudence est déçue.
Cette ville a sous terre une secrète issue,
Par où fort aisément on les peut cette nuit
Jusque dans le palais introduire sans bruit :
Car contre sa fortune aller à force ouverte ¹,
Ce seroit trop courir vous-même à votre perte.
² Il nous le faut surprendre au milieu du festin,
Enivré des douceurs de l'amour et du vin ³.
⁴ Tout le peuple est pour nous. Tantôt, à son entrée,
J'ai remarqué l'horreur que ce peuple a montrée ⁵,
Lorsque avec tant de faste il a vu ses faisceaux
Marcher arrogamment et braver nos drapeaux;
Au spectacle insolent de ce pompeux outrage,
Ses farouches regards étinceloient de rage :
Je voyois sa fureur à peine se dompter;
Et, pour peu qu'on le pousse, il est prêt d'éclater.
Mais sur-tout les Romains que commandoit Septime,

pressions de gazette, et ces tours languissants qui ne servent qu'à la rime, comme *en l'état où nous sommes*. (V.)

VAR. Nous pouvons beaucoup, sire, en l'état où nous sommes. (1644-48.)

¹ *Car contre* est trop rude. C'est une petite remarque; mais il ne faut rien négliger. (V.)

² IMIT. Plenum epulis, madidumque mero, venerique paratum
    Invenies.

³ *De l'amour et du vin*, ces expressions ne sont permises que dans une chanson; il faut chercher des tours qui ennoblissent ces idées : c'est là le grand mérite de Racine. (V.)

⁴ IMIT. Sed fremitu vulgi fasces et signa querentis
    Inferri Romana suis, discordia sensit
    Pectora.

⁵ VAR. J'ai remarqué l'horreur qu'il a soudain montrée. (1644-48.)

368 POMPÉE.
Pressés de la terreur que sa mort leur imprime,
Ne cherchent qu'à venger par un coup généreux
Le mépris qu'en leur chef ce superbe a fait d'eux.
PTOLOMÉE.
Mais qui pourra de nous approcher sa personne,
Si durant le festin sa garde l'environne?
PHOTIN.
Les gens de Cornélie[1], entre qui vos Romains
Ont déjà reconnu des frères, des germains,
Dont l'âpre déplaisir leur a laissé paroître
Une soif d'immoler leur tyran à leur maître :
Ils ont donné parole, et peuvent, mieux que nous,
Dans les flancs de César porter les premiers coups :
Son faux art de clémence, ou plutôt sa folie,
Qui pense gagner Rome en flattant Cornélie,
Leur donnera sans doute un assez libre accès
Pour de ce grand dessein assurer le succès[2].
Mais voici Cléopâtre : agissez avec feinte,
Seigneur, et ne montrez que foiblesse et que crainte[3].
Nous allons vous quitter, comme objets odieux
Dont l'aspect importun offenseroit ses yeux.
PTOLOMÉE.
Allez, je vous rejoins.

[1] Cette expression ne doit jamais entrer dans la tragédie. (V.)
[2] Cette inversion est trop rude, et il n'est pas permis de mettre ainsi une préposition à côté de l'article *de*. *Pour de lui me servir, et d'elle me défaire;* cela n'est toléré tout au plus que dans le style plaisant qu'on appelle *marotique*. (V.)
[3] Ce conseil achève d'avilir le roi. (V.)

VAR. Sire, et ne lui montrez que foiblesse et que crainte. (1644-48.)

SCÈNE II[1].

PTOLOMÉE, CLÉOPATRE, ACHORÉE, CHARMION.

CLÉOPATRE.

J'ai vu César, mon frère,
Et de tout mon pouvoir combattu sa colère.

PTOLOMÉE.

Vous êtes généreuse; et j'avois attendu
Cet office de sœur que vous m'avez rendu.
Mais cet illustre amant vous a bientôt quittée[2].

CLÉOPATRE.

Sur quelque brouillerie, en la ville excitée[3],

[1] Cette scène met le comble au caractère méprisable de Ptolémée. On ne s'intéresse ni à lui ni à Cléopâtre; on se soucie peu que Ptolémée ait vécu dans la gloire *où vivaient ses pareils*, et qu'il demande la grace de Photin; mais le plus grand défaut, c'est qu'à ce quatrième acte une nouvelle pièce commence. Il s'agissait d'abord de la mort de Pompée; on veut actuellement assassiner César, parcequ'on craint qu'il ne fasse mettre en croix les ministres du roi. Le péril même de César n'est pas assez grand pour que cette nouvelle tragédie intéresse. Ce n'est point comme dans *Cinna*, où les mesures des conjurés sont bien prises; on ne craint ici pour personne, on ne s'intéresse à personne; la bassesse du roi révolte l'esprit, les amours de Cléopâtre glacent le cœur, et les ironies de Ptolémée dégoûtent. (V.) — Ces expressions ne sont-elles pas un peu dures dans un commentateur de Corneille? (P.)

[2] Est-ce de l'ironie? parle-t-il sérieusement? (V.) — La scène précédente prouve assez que Ptolémée ne parle pas sérieusement; il ne veut que feindre, et tromper Cléopâtre. (P.)

[3] *Brouillerie* : ce mot trop familier ne doit jamais entrer dans la tragédie. (V.)

Il a voulu lui-même apaiser les débats
Qu'avec nos citoyens ont eus quelques soldats [1] :
Et moi, j'ai bien voulu moi-même vous redire
Que vous ne craigniez rien pour vous ni votre empire;
Et que le grand César blâme votre action
Avec moins de courroux que de compassion.
Il vous plaint d'écouter ces lâches politiques
Qui n'inspirent aux rois que des mœurs tyranniques.
Ainsi que la naissance, ils ont les esprits bas [2] ;
En vain on les élève à régir des états :
Un cœur né pour servir sait mal comme on commande;
Sa puissance l'accable alors qu'elle est trop grande;
Et sa main, que le crime en vain fait redouter,
Laisse choir le fardeau qu'elle ne peut porter.

PTOLOMÉE.

Vous dites vrai, ma sœur, et ces effets sinistres
Me font bien voir ma faute au choix de mes ministres.
Si j'avois écouté de plus nobles conseils,
Je vivrois dans la gloire où vivent mes pareils;
Je mériterois mieux cette amitié si pure
Que pour un frère ingrat vous donne la nature;
César embrasseroit Pompée en ce palais;
Notre Égypte à la terre auroit rendu la paix,
Et verroit son monarque encore à juste titre
Ami de tous les deux, et peut-être l'arbitre.

[1] Var. Qu'avec nos citoyens ont pris quelques soldats*. (1644-48.)

[2] Le mot *esprit* en ce sens ne peut guère être employé au pluriel : il fallait *le cœur bas*, pour la régularité; et il faut un autre tour pour l'élégance : on pourrait dire, *il n'y eut jamais des cœurs plus durs et des esprits plus bas*, mais non *ils ont les esprits bas*. (V.)

* Cela n'est pas français; on dit *prendre querelle*, et non *prendre débats*. (V.)

ACTE IV, SCÈNE II.

Mais, puisque le passé ne peut se révoquer [1],
Trouvez bon qu'avec vous mon cœur s'ose expliquer.
   Je vous ai maltraitée, et vous êtes si bonne,
Que vous me conservez la vie et la couronne.
Vainquez-vous tout-à-fait [2] ; et, par un digne effort,
Arrachez Achillas et Photin à la mort :
Elle leur est bien due ; ils vous ont offensée ;
Mais ma gloire en leur perte est trop intéressée :
Si César les punit des crimes de leur roi,
Toute l'ignominie en rejaillit sur moi :
Il me punit en eux ; leur supplice est ma peine.
Forcez, en ma faveur, une trop juste haine.
De quoi peut satisfaire un cœur si généreux
Le sang abject et vil de ces deux malheureux ?
Que je vous doive tout : César cherche à vous plaire ;
Et vous pouvez d'un mot désarmer sa colère [3].

CLÉOPATRE.

Si j'avois en mes mains leur vie et leur trépas,
Je les méprise assez pour ne m'en venger pas :
Mais sur le grand César je puis fort peu de chose,
Quand le sang de Pompée à mes desirs s'oppose.
Je ne me vante pas de pouvoir le fléchir [4] ;

---

[1] VAR. Mais, puisque le passé ne se peut révoquer. (1644-48.)

[2] *Vainquez vous tout-à-fait*, etc. ; et, quelques vers plus bas :

   . . . . Mais il a su gauchir,
   Et, tournant le discours sur une autre matière, etc.

Toutes expressions qu'on doit éviter, elles sont trop familières ; trop comiques. (V.)

[3] Rien n'est plus petit et plus désagréable au théâtre qu'un roi qui prie sa sœur d'intercéder auprès de son amant pour qu'on ne perde pas ses ministres. (V.)

VAR. Vous pouvez d'un coup d'œil désarmer sa colère. (1644-48.)

[4] VAR. Je ne me vante pas de le pouvoir fléchir. (1644-48.)

J'en ai déjà parlé, mais il a su gauchir ;
Et, tournant le discours sur une autre matière,
Il n'a ni refusé, ni souffert ma prière.
Je veux bien toutefois encor m'y hasarder,
Mes efforts redoublés pourront mieux succéder ;
Et j'ose croire....

PTOLOMÉE.

Il vient ; souffrez que je l'évite :
Je crains que ma présence à vos yeux ne l'irrite¹ ;
Que son courroux ému ne s'aigrisse à me voir ;
Et vous agirez seule avec plus de pouvoir.

SCÈNE III².

CÉSAR, CLÉOPATRE, ANTOINE, LÉPIDE,
CHARMION, ACHORÉE, ROMAINS.

CÉSAR.

Reine, tout est paisible ; et la ville calmée,

¹ VAR. Je crains que de nouveau ma présence l'irrite ;
    Elle pourroit l'aigrir, au lieu de l'émouvoir. (1644-48.)

² L'amour régna toujours sur le théâtre de France dans les pièces qui précédèrent celles de Corneille, et dans les siennes ; mais, si vous en exceptez les scènes de Chimène, il ne fut jamais traité comme il doit l'être : ce ne fut point une passion violente, suivie de crimes et de remords ; il ne déchira point le cœur, il n'arracha point de larmes. Ce ne fut guère que dans le cinquième acte d'*Andromaque*, et dans le rôle de Phèdre, que Racine apprit à l'Europe comment cette terrible passion, la plus théâtrale de toutes, doit être traitée. On ne connut long-temps que de fades conversations amoureuses, et jamais les fureurs de l'amour.

Cette scène de César et de Cléopâtre est un des plus grands exemples du ridicule auquel les mauvais romans avaient accou-

ACTE IV, SCÈNE III. 373

Qu'un trouble assez léger avoit trop alarmée,
N'a plus à redouter le divorce intestin [1]

tumé notre nation. Il n'y a presque pas un vers, dans cette scène de César, qui ne fasse souhaiter au lecteur que Corneille eût en effet secoué ce joug de l'habitude qui le forçait à faire parler d'amour tous ses héros : « Ce moment qu'il l'a quittée — a d'un « trouble plus grand son ame agitée — que tout le tumulte et le « trouble excité dans la ville. Mais il pardonne à ce tumulte en « faveur du simple souvenir du bonheur dont il a une haute espé- « rance, qui le flatte d'une illustre apparence. Il n'est pas tout-à- « fait indigne des feux de Cléopâtre, et il en peut prétendre une « juste conquête, n'ayant que les dieux au-dessus de sa tête. Son « bras ambitieux a combattu dans Pharsale, non pas pour vain- « cre Pompée, mais pour mériter Cléopâtre. Ce sont ses divins « appas qui enflaient le courage de César; ce sont ses beaux yeux « qui ont gagné la bataille. »

La pureté de la langue est aussi blessée que le bon goût dans toute cette tirade. Le reste de la scène enchérit encore sur ces défauts; il veut que cette *ingrate* de Rome prie Cléopâtre de se livrer à lui, et d'en avoir des enfants. Il ne voit que ce chaste amour; *mais las! contre son feu son feu le sollicite*, etc. (V.) — Il n'y a ici ni justice, ni bonne critique. Voyez comme l'idée que Voltaire exprime si grossièrement est ennoblie par le génie de Corneille :

Je veux que cette ingrate en ma faveur vous prie ;
Et qu'un juste respect, conduisant ses regards,
A votre chaste amour demande des Césars !

Celle à qui César parle ainsi de mariage ne doit pas être trai- tée de femme galante. La Cléopâtre de Corneille n'est pas celle de l'histoire; c'est ce que Voltaire oublie toujours. Qu'il s'écrie à présent : « Pardonnons à Corneille de ne s'être pas toujours élevé « au-dessus de son siècle; — imputons à nos romans ces défauts « du théâtre, et plaignons le plus beau génie qu'eût la France « d'avoir été asservi aux plus ridicules usages; » ces phrases ba- nales ne lui serviront pas d'excuses. Voltaire doit à ses lecteurs une critique plus sérieuse : nous n'avons pas besoin de rappeler ce qu'il devait à Corneille. (A.-M.)

[1] *Divorce intestin*, expression impropre et désagréable. (V.)

Du soldat insolent et du peuple mutin.
Mais, ô dieux! ce moment que je vous ai quittée,
D'un trouble bien plus grand a mon ame agitée;
Et ces soins importuns, qui m'arrachoient de vous,
Contre ma grandeur même allumoient mon courroux.
Je lui voulois du mal de m'être si contraire,
De rendre ma présence ailleurs si nécessaire;
Mais je lui pardonnois, au simple souvenir
Du bonheur qu'à ma flamme elle fait obtenir.
C'est elle dont je tiens cette haute espérance
Qui flatte mes desirs d'une illustre apparence,
Et fait croire à César qu'il peut former des vœux,
Qu'il n'est pas tout-à-fait indigne de vos feux,
Et qu'il peut en prétendre une juste conquête [1],
N'ayant plus que les dieux au-dessus de sa tête.
Oui, reine, si quelqu'un dans ce vaste univers
Pouvoit porter plus haut la gloire de vos fers;
S'il étoit quelque trône où vous pussiez paroître
Plus dignement assise en captivant son maître [2];
J'irois, j'irois à lui, moins pour le lui ravir,
Que pour lui disputer le droit de vous servir;
Et je n'aspirerois au bonheur de vous plaire
Qu'après avoir mis bas un si grand adversaire [3].
C'étoit pour acquérir un droit si précieux
Que combattoit par-tout mon bras ambitieux;
Et dans Pharsale même il a tiré l'épée
Plus pour le conserver que pour vaincre Pompée.
Je l'ai vaincu, princesse : et le dieu des combats

[1] Var. Et qu'il en peut prétendre une juste conquête. (1644-48.)
[2] Var. Plus hautement assise en captivant son maître. (1644-48.)
[3] Var. Qu'après avoir mis bas un si digne adversaire. (1644-48.)

ACTE IV, SCÈNE III.

M'y favorisoit moins que vos divins appas;
Ils conduisoient ma main, ils enfloient mon courage;
Cette pleine victoire est leur dernier ouvrage :
C'est l'effet des ardeurs qu'ils daignoient m'inspirer;
Et vos beaux yeux enfin m'ayant fait soupirer,
Pour faire que votre ame avec gloire y réponde,
M'ont rendu le premier et de Rome et du monde.
C'est ce glorieux titre, à présent effectif [1],
Que je viens ennoblir par celui de captif :
Heureux, si mon esprit gagne tant sur le vôtre,
Qu'il en estime l'un et me permette l'autre !

CLÉOPATRE.

Je sais ce que je dois au souverain bonheur
Dont me comble et m'accable un tel excès d'honneur [2].
Je ne vous tiendrai plus mes passions secrètes [3];
Je sais ce que je suis; je sais ce que vous êtes.
Vous daignâtes m'aimer dès mes plus jeunes ans;
Le sceptre que je porte est un de vos présents;
Vous m'avez par deux fois rendu le diadème :
J'avoue, après cela, seigneur, que je vous aime,
Et que mon cœur n'est point à l'épreuve des traits
Ni de tant de vertus, ni de tant de bienfaits.
Mais, hélas ! ce haut rang, cette illustre naissance,

---

[1] *Ce glorieux titre à présent effectif,* etc. C'est un mauvais vers de comédie; et l'esprit de Cléopâtre que César prie d'estimer le titre de premier du monde, et de permettre celui de captif, est une chose intolérable. (V.)

[2] Elle doit à César, et non au souverain bonheur, cet excès d'honneur qui comble et accable. (V.)

[3] On ne dit point *passions* au pluriel, pour signifier *mon amour*. (V.)

Cet état de nouveau rangé sous ma puissance,
Ce sceptre par vos mains dans les miennes remis,
A mes vœux innocents sont autant d'ennemis[1] :
Ils allument contre eux une implacable haine ;
Ils me font méprisable alors qu'ils me font reine ;
Et si Rome est encor telle qu'auparavant,
Le trône où je me sieds m'abaisse en m'élevant[2] ;
Et ces marques d'honneur, comme titres infames,
Me rendent à jamais indigne de vos flammes.
 J'ose encor toutefois, voyant votre pouvoir,
Permettre à mes desirs un généreux espoir.
Après tant de combats, je sais qu'un si grand homme
A droit de triompher des caprices de Rome,
Et que l'injuste horreur qu'elle eut toujours des rois
Peut céder, par votre ordre, à de plus justes lois ;
Je sais que vous pouvez forcer d'autres obstacles :
Vous me l'avez promis, et j'attends ces miracles.
Votre bras dans Pharsale a fait de plus grands coups,
Et je ne les demande à d'autres dieux qu'à vous.

CÉSAR.

Tout miracle est facile où mon amour s'applique.
Je n'ai plus qu'à courir les côtes de l'Afrique,
Qu'à montrer mes drapeaux au reste épouvanté
Du parti malheureux qui m'a persécuté ;
Rome, n'ayant plus lors d'ennemis à me faire,
Par impuissance enfin prendra soin de me plaire ;
Et vos yeux la verront, par un superbe accueil,

---

[1] Cela n'est pas français ; on n'est pas ennemi *à*, mais ennemi *de*. (V.) — *A* était alors synonyme de *pour*. (A.-M.)

[2] Elle veut dire, *si Rome persévère dans son horreur pour le trône ;* mais *telle qu'auparavant* est trop prosaïque. (V.)

ACTE IV, SCÈNE III.

Immoler à vos pieds sa haine et son orgueil [1].
Encore une défaite, et dans Alexandrie
Je veux que cette ingrate en ma faveur vous prie [2] ;
Et qu'un juste respect, conduisant ses regards,
A votre chaste amour demande des Césars.
C'est l'unique bonheur où mes désirs prétendent ;
C'est le fruit que j'attends des lauriers qui m'attendent [3] :
Heureux, si mon destin, encore un peu plus doux,
Me les faisoit cueillir sans m'éloigner de vous !
Mais, las ! contre mon feu mon feu me sollicite.
Si je veux être à vous, il faut que je vous quitte.
En quelques lieux qu'on fuie, il me faut y courir
Pour achever de vaincre et de vous conquérir.
Permettez cependant qu'à ces douces amorces
Je prenne un nouveau cœur et de nouvelles forces [4],
Pour faire dire encore aux peuples pleins d'effroi,
Que venir, voir, et vaincre, est même chose en moi [5].

[1] *Par un superbe accueil*, veut dire ici *réception favorable*; mais *immoler son orgueil par un superbe accueil* n'est pas une expression élégante et juste. (V.)

[2] *Cette ingrate de Rome qui prie dans Alexandrie, et dont un juste respect conduit les regards !* On voit combien ce style est forcé. (V.) — Oui, Rome peut prier pour César, dans Alexandrie ! Cette image n'a rien qui mérite la critique ; et quant au mot *regards*, il signifiait alors *égards*, *respects*, et, dans ce sens, il est bien employé. (A.-M.)

[3] Ce n'est pas là que la répétition a de l'énergie et de la grace. (V.)

[4] César qui prend un nouveau cœur à ces douces amorces ; quelles expressions ! (V.)

[5] Il faudrait *pour moi* : mais, ce qui est bien plus à observer, c'est qu'on fait dire à César par un orgueil révoltant ce qu'il dit en effet par modestie dans la guerre contre Pharnace. *Veni, vidi, vici*, ne signifiait que le peu de peine qu'il avait eue contre un

378 POMPÉE.

CLÉOPATRE.

C'est trop, c'est trop, seigneur; souffrez que j'en abuse :
Votre amour fait ma faute, il fera mon excuse.
Vous me rendez le sceptre, et peut-être le jour;
Mais, si j'ose abuser de cet excès d'amour,
Je vous conjure encor, par ses plus puissants charmes,
Par ce juste bonheur qui suit toujours vos armes,
Par tout ce que j'espère et que vous attendez,
De n'ensanglanter pas ce que vous me rendez.
Faites grace, seigneur; ou souffrez que j'en fasse [1],
Et montre à tous par-là que j'ai repris ma place [2].
Achillas et Photin sont gens à dédaigner [3];
Ils sont assez punis en me voyant régner;
Et leur crime...

CÉSAR.

Ah! prenez d'autres marques de reine :
Dessus mes volontés vous êtes souveraine;
Mais, si mes sentiments peuvent être écoutés,

ennemi presque sans défense. Voyez *les Commentaires de César;* jamais grand homme ne fut plus modeste. La grandeur romaine, encore une fois, ne consista jamais dans de vaines paroles, dans des discours emphatiques; elle ne fut jamais boursouflée : des actions fermes, et des paroles simples, voilà le vrai caractère des anciens Romains. Nous y avons été souvent trompés ; on a pris plus d'une fois des discours de capitan pour des discours de héros. (V.)

[1] Var. Faites grace, seigneur; ou souffrez que j'en donne,
 Et fasse voir par-là que j'entre à la couronne. (1644-48.)

[2] Jamais dans la poésie on ne doit employer *par-là, par ici*, si ce n'est dans le style comique. (V.)

[3] Ce mot *gens* ne doit jamais entrer dans le style noble. On voit par le grand nombre de ces expressions vicieuses combien l'art de la poésie est difficile. (V.)

ACTE IV, SCÈNE IV. 379

Choisissez des sujets dignes de vos bontés.
Ne vous donnez sur moi qu'un pouvoir légitime,
Et ne me rendez point complice de leur crime¹.
C'est beaucoup que pour vous j'ose épargner le roi²;
Et si mes feux n'étoient...

SCÈNE IV.

CÉSAR, CORNÉLIE, CLÉOPATRE, ACHORÉE, ANTOINE, LÉPIDE, CHARMION, ROMAINS.

CORNÉLIE.

César, prends garde à toi³ :
Ta mort est résolue, on la jure, on l'apprête;
A celle de Pompée on veut joindre ta tête.
Prends-y garde, César, ou ton sang répandu
Bientôt parmi le sien se verra confondu.
Mes esclaves en sont; apprends de leurs indices

---

¹ Je reconnais là le véritable César, et c'était sur ce ton qu'il devait toujours parler. (V.)

² *Que j'ose épargner* n'est pas le mot propre, c'est, *que je daigne épargner*. (V.)

³ Que cette scène répare bien la précédente! Que cette générosité de Cornélie élève l'ame! Ce n'est point de la terreur et de la pitié. mais c'est de l'admiration. Corneille est le premier de tous les tragiques du monde qui ait excité ce sentiment, et qui en ait fait la base de la tragédie. Quand l'admiration se joint à la pitié et à la terreur, l'art est poussé alors au plus haut point où l'esprit puisse atteindre. L'admiration seule passe trop vite. Boileau dit :

Inventez des ressorts qui puissent m'attacher.

Que ceux qui travaillent pour la scène tragique aient toujours ce précepte gravé dans leur mémoire. (V.)

L'auteur de l'attentat, et l'ordre, et les complices :
Je te les abandonne.

CÉSAR.

O cœur vraiment romain,
Et digne du héros qui vous donna la main!
Ses mânes, qui du ciel ont vu de quel courage
Je préparois la mienne à venger son outrage,
Mettant leur haine bas [1], me sauvent aujourd'hui
Par la moitié qu'en terre il nous laisse de lui [2].
Il vit, il vit encore en l'objet de sa flamme,
Il parle par sa bouche, il agit dans son ame;
Il la pousse, et l'oppose à cette indignité [3],
Pour me vaincre par elle en générosité.

CORNÉLIE.

Tu te flattes, César, de mettre en ta croyance

[1] *Mettre bas* ne se dit plus, comme on l'a déjà observé, et n'a jamais été un terme noble. (V.)

[2] VAR. Par la moitié qu'en terre il a laissé de lui.
Quoi que la perfidie ait osé sur sa trame *,
Il vit encore en vous, il agit dans votre ame. (1644-48.)

[3] Cette réponse a deux qualités notoires. La première, de bien peindre l'orgueil de César, qui répugne à se laisser vaincre en générosité par une femme, et qui, ne souffrant de concurrence qu'avec son rival, semble lui attribuer l'honneur d'un avis qui le sauve. La seconde qualité concerne le style par la figure poétique de la phrase, qui applique la gloire de cette action aux seuls mânes de Pompée. Ces vers seraient irréprochables si le tour n'en était un peu vieilli. (LEMERCIER.)

* On dit bien *la trame de la vie*. Cela est pris de la fable allégorique des parques; mais, comme on ne dirait pas *le fil de Pompée*, on ne doit point dire non plus *la trame de Pompée*, pour signifier sa vie. (V.) — L'usage a permis aux poëtes ce mot de *trame* pour signifier la vie. L'usage peut être capricieux; mais il fait loi dans toutes les langues. Chimène, dans *le Cid*, emploie la même expression :

Mon père est mort, Elvire; et la première épée
Dont s'est armé Rodrigue a sa trame coupée,

et Voltaire n'a pas cru devoir la reprendre. (P.)

ACTE IV, SCÈNE IV. 381

Que la haine ait fait place à la reconnoissance :
Ne le présume plus ; le sang de mon époux
A rompu pour jamais tout commerce entre nous.
J'attends la liberté qu'ici tu m'as offerte,
Afin de l'employer tout entière à ta perte ;
Et je te chercherai par-tout des ennemis,
Si tu m'oses tenir ce que tu m'as promis.
Mais, avec cette soif que j'ai de ta ruine,
Je me jette au-devant du coup qui t'assassine [1],
Et forme des desirs avec trop de raison

---

[1] Plusieurs critiques prétendent que Cornélie en dit trop ; qu'elle ne doit point montrer tant de *soif* de la ruine d'un homme qui vient de venger son époux ; qu'elle retourne ce sentiment en trop de manières ; que la grandeur vraie ou apparente de ce sentiment est affaiblie par trop de déclamation et par trop de sentences ; qu'elle ne devrait pas même dire à César, *le sang de mon époux a rompu tout commerce entre nous*, parcequ'il semble par ces mots que César ait tué Pompée. Je crois qu'il est important de remarquer que, si Cornélie s'était réduite dans une pareille scène à parler seulement avec la bienséance de sa situation, c'est-à-dire à ne pas trop menacer un homme tel que César, à ne se pas mettre au-dessus de lui ; en un mot, si elle n'eût dit que ce qu'elle devait dire, la scène eût été un peu froide. Il faut peut-être dans ces occasions aller un peu au-delà de la vérité. Une critique très juste, c'est que tous ces discours de vengeance sont inutiles à la pièce. (V.) — Ils ne sont pas inutiles, car ici ils servent au développement de ce grand caractère. Voltaire oublie trop que l'ombre de Pompée est toujours en tiers avec César et Cornélie : c'est un des personnages de la scène. Cornélie ne l'oublie pas, elle ; et cette ombre toujours présente l'excite incessamment à la vengeance. C'est là une de ces merveilleuses combinaisons du génie qui échappent quelquefois à l'examen des critiques les plus habiles, mais qui soulèvent instinctivement l'admiration de la multitude, toujours sensible au vrai beau. (A.-M.)

Pour en aimer l'effet par une trahison :
Qui la sait et la souffre a part à l'infamie.
Si je veux ton trépas, c'est en juste ennemie :
Mon époux a des fils; il aura des neveux :
Quand ils te combattront, c'est là que je le veux;
Et qu'une digne main par moi-même animée,
Dans ton champ de bataille, aux yeux de ton armée,
T'immole noblement et par un digne effort
Aux mânes du héros dont tu venges la mort.
Tous mes soins, tous mes vœux hâtent cette vengeance :
Ta perte la recule, et ton salut l'avance.
Quelque espoir qui d'ailleurs me l'ose ou puisse offrir[1],
Ma juste impatience auroit trop à souffrir :
La vengeance éloignée est à demi perdue;
Et, quand il faut l'attendre, elle est trop cher vendue[2].
Je n'irai point chercher sur les bords africains
Le foudre souhaité que je vois en tes mains[3] :
La tête qu'il menace en doit être frappée :
J'ai pu donner la tienne au lieu d'elle à Pompée[4];
Ma haine avoit le choix; mais cette haine enfin
Sépare son vainqueur d'avec son assassin,

---

[1] *Un espoir qui ose offrir,* et cette alternative d'*ose* ou *puisse,* ne sont convenables, ni justes. (V.)

[2] Var. Quand il la faut attendre, elle est trop cher vendue. (1644-48.)

[3] Il y avait d'abord, *le foudre punisseur; punisseur* était un beau terme qui manquait à notre langue. *Puni* doit fournir *punisseur,* comme *vengé* fournit *vengeur.* J'ose souhaiter, encore une fois, qu'on eût conservé la plupart de ces termes qui faisaient un si bel effet du temps de Corneille; mais il a mis lui-même à la place *le foudre souhaité,* épithète qui est bien plus faible. (V.)

[4] On ne voit pas d'abord à quoi se rapporte cet *au lieu d'elle;* c'est à Ptolémée. (V.)

Et ne croit avoir droit de punir ta victoire[1]
Qu'après le châtiment d'une action si noire.
    Rome le veut ainsi; son adorable front
Auroit de quoi rougir d'un trop honteux affront[2],
De voir en même jour, après tant de conquêtes,
Sous un indigne fer ses deux plus nobles têtes.
Son grand cœur, qu'à tes lois en vain tu crois soumis,
En veut aux criminels plus qu'à ses ennemis,
Et tiendroit à malheur le bien de se voir libre,
Si l'attentat du Nil affranchissoit le Tibre.
Comme autre qu'un Romain n'a pu l'assujettir,
Autre aussi qu'un Romain ne l'en doit garantir[3].
Tu tomberois ici sans être sa victime;
‘Au lieu d'un châtiment ta mort seroit un crime;
Et, sans que tes pareils en conçussent d'effroi,
L'exemple que tu dois périroit avec toi.
Venge-la de l'Égypte à son appui fatale,
Et je la vengerai, si je puis, de Pharsale.
Va, ne perds point de temps, il presse. Adieu : tu peux
Te vanter qu'une fois j'ai fait pour toi des vœux[5].

[1] Var. Et me laisse encor voir qu'il y va de ma gloire
De punir son audace autant que ta victoire. (1644-48.)

[2] *L'adorable front de Rome qui rougirait!* Est-ce ainsi que doit s'exprimer la noble douleur d'une femme profondément affligée? cela n'est-il pas un peu trop recherché? (V.)

[3] Cette antithèse, ce raisonnement, ces expressions ne sont-elles pas encore moins naturelles? (V.)

[4] Imit. In scelus it Pharium Romani pœna tyranni,
        Exemplumque perit.

[5] Ces derniers vers que prononce Cornélie frappent d'admiration, et, quand ce couplet est bien récité, il est toujours suivi d'applaudissements. (V.)

SCÈNE V.

CÉSAR, CLÉOPATRE, ANTOINE, LÉPIDE, ACHORÉE, CHARMION.

CÉSAR.

Son courage m'étonne autant que leur audace.
Reine, voyez pour qui vous me demandiez grace !

CLÉOPATRE.

Je n'ai rien à vous dire : allez, seigneur, allez
Venger sur ces méchants tant de droits violés.
On m'en veut plus qu'à vous ; c'est ma mort qu'ils respirent,
C'est contre mon pouvoir que les traîtres conspirent ;
Leur rage, pour l'abattre, attaque mon soutien,
Et par votre trépas cherche un passage au mien [1].
Mais, parmi ces transports d'une juste colère,
Je ne puis oublier que leur chef est mon frère.
Le saurez-vous, seigneur ? et pourrai-je obtenir
Que ce cœur irrité daigne s'en souvenir ?

CÉSAR.

Oui, je me souviendrai que ce cœur magnanime
Au bonheur de son sang veut pardonner son crime [2].
Adieu, ne craignez rien ; Achillas et Photin

---

[1] Cléopâtre songe ici plus à elle qu'au péril de César. On ne cherche point *un passage au trépas par un autre trépas*. Cette scène est sans intérêt ; il ne s'agit guère que d'Achillas et de Photin : il est triste que l'acte finisse si froidement. (V.)

[2] Ce dernier vers est trop obscur : César veut dire que Ptolémée est heureux d'être frère de Cléopâtre, et qu'il sera épargné ; mais *pardonner un crime au bonheur d'un sang* n'est pas intelligible. (V.)

ACTE IV, SCÈNE V.

Ne sont pas gens à vaincre un si puissant destin ;
Pour les mettre en déroute, eux, et tous leurs complices,
Je n'ai qu'à déployer l'appareil des supplices,
Et, pour soldats choisis, envoyer des bourreaux
Qui portent hautement mes haches pour drapeaux.

(César rentre avec les Romains.)

CLÉOPATRE.

Ne quittez pas César ; allez, cher Achorée,
Repousser avec lui ma mort qu'on a jurée ;
Et, quand il punira nos lâches ennemis,
Faites-le souvenir de ce qu'il m'a promis.
Ayez l'œil sur le roi dans la chaleur des armes,
Et conservez mon sang pour épargner mes larmes.

ACHORÉE.

Madame, assurez-vous qu'il ne peut y périr,
Si mon zèle et mes soins peuvent le secourir[1].

---

[1] Var. Si mon zèle et mes soins le peuvent secourir. (1644.)

FIN DU QUATRIÈME ACTE.

ACTE CINQUIÈME.

SCÈNE I[1].

CORNÉLIE, tenant une petite urne en sa main;
PHILIPPE.

CORNÉLIE.

Mes yeux, puis-je vous croire, et n'est-ce point un songe
Qui sur mes tristes vœux a formé ce mensonge[2]?
Te revois-je, Philippe, et cet époux si cher
A-t-il reçu de toi les honneurs du bûcher?
Cette urne que je tiens contient-elle sa cendre?
О vous, à ma douleur objet terrible et tendre[3],
Éternel entretien de haine et de pitié,

---

[1] Par quel art une scène inutile est-elle si belle? Cornélie a déja dit sur la mort de Pompée tout ce qu'elle devait dire. Que les cendres de Pompée soient enfermées dans une urne ou non, c'est une chose absolument indifférente à la construction de la pièce; cette urne ne fait ni le nœud, ni le dénouement; retranchez cette scène, la tragédie (si c'en est une) marche tout de même : mais Cornélie dit de si belles choses, Philippe fait parler César d'une manière si noble, le nom seul de Pompée fait une telle impression, que cette scène même soutient le cinquième acte, qui est assez languissant. Ce qui dans les règles sévères de la tragédie est un véritable défaut devient ici une beauté frappante par les détails, par les beaux vers. (V.)

[2] Il est triste, dans notre poésie, que *songe* fasse toujours attendre la rime de *mensonge*. Un *mensonge* formé sur des vœux n'est pas intelligible, n'est pas français. (V.)

[3] *Tendre à ma douleur* ne peut se dire; et cependant ce vers est beau; c'est qu'il est plein de sentiment, c'est qu'il est composé,

ACTE V, SCÈNE I.

Reste[1] du grand Pompée, écoutez sa moitié.
N'attendez point de moi de regrets, ni de larmes;
Un grand cœur à ses maux applique d'autres charmes.
Les foibles déplaisirs s'amusent à parler,
Et quiconque se plaint cherche à se consoler.
Moi, je jure des dieux la puissance suprême,
Et, pour dire encor plus, je jure par vous-même,
Car vous pouvez bien plus sur ce cœur affligé
Que le respect des dieux qui l'ont mal protégé :
Je jure donc par vous, ô pitoyable reste,
Ma divinité seule après ce coup funeste,
Par vous, qui seul ici pouvez me soulager[2],
De n'éteindre jamais l'ardeur de le venger.
Ptolomée à César, par un lâche artifice,
Rome, de ton Pompée a fait un sacrifice ;
Et je n'entrerai point dans tes murs désolés,

comme les bons vers doivent l'être, d'un assemblage harmonieux de consonnes et de voyelles. Ce morceau, qui est un peu de déclamation, serait déplacé dans le premier moment où Cornélie apprend la mort de son époux; mais après les premiers transports de la douleur on peut donner plus de liberté à ses sentiments. Peut-être ne devrait-elle pas dire, *ma divinité seule*, etc., car est-ce à une femme vertueuse à blasphémer les dieux? Garnier, du temps de Henri III, fit paraître Cornélie tenant en main l'urne de Pompée. Elle dit :

O douce et chère cendre ! ô cendre déplorable !
Qu'avecque vous ne suis-je, ô femme misérable !

C'est la même idée, mais elle est grossièrement rendue dans Garnier, et admirablement dans Corneille : l'expression fait la poésie. (V.)

[1] Ce mot se retrouve neuf vers plus loin, et toujours au singulier. (Par.)

[2] Var. De n'éteindre jamais, ni laisser affoiblir
L'ardeur de le venger dont je veux m'ennoblir. (1644-48.)

Que le prêtre et le dieu ne lui soient immolés [1].
Faites-m'en souvenir, et soutenez ma haine;
O cendres, mon espoir aussi bien que ma peine [2] :
Et, pour m'aider un jour à perdre son vainqueur,
Versez dans tous les cœurs ce que ressent mon cœur!
   Toi qui l'as honoré sur cette infame rive
D'une flamme pieuse autant comme chétive [3],

[1] Peut-être *le prêtre et le dieu* sont peu convenables à la vraie douleur. Elle a dit que la cendre de Pompée est son seul *dieu*, et puis elle dit que César est le *dieu*, et Ptolémée le *prêtre*. Tout cela est-il bien conséquent? Peut-être encore ce sentiment serait plus digne de Cornélie, si elle ignorait avec quelle grandeur d'ame César a promis de venger la mort de Pompée. N'est-on pas un peu fâché que Cornélie ne parle que de faire tuer César? Ce sont des nuances délicates que les connaisseurs aperçoivent sans en approuver moins la force et la fierté du pinceau de l'auteur. (V.) — Tout ce discours nous paraît parfaitement conséquent. Les images et les idées y sont amenées par le génie même de notre langue poétique. Ptolémée a sacrifié Pompée à César, qui est son dieu à lui. Cornélie dit qu'elle sacrifiera aux mânes de Pompée et le prêtre et le dieu : elle ne pouvait pas ne pas le dire. (A.-M.)

[2] C'est la répétition de ce vers, *objet terrible et tendre*; mais *aussi bien que ma peine* affaiblit encore cette répétition, et *des cendres qui versent ce qu'un cœur ressent* ne sont pas une image naturelle. (V.)

[3] Cela n'est ni français ni noble; on ne dit point *autant comme*, mais *autant que*. Ce mot de *chétive* a été heureusement employé au second acte; *dans quelque urne chétive en ramasser la cendre*. Le même terme peut faire un bon et un mauvais effet, selon la place où il est. Une urne chétive qui contient la cendre du grand Pompée présente à l'esprit un contraste attendrissant; mais une flamme n'est point chétive. Ces deux vers que Philippe met dans la bouche de César :

    Restes d'un demi-dieu dont à peine je puis
    Égaler le grand nom, tout vainqueur que j'en suis,

sont d'un sublime si touchant, qu'on dit avec raison que Cor-

ACTE V, SCÈNE I.

Dis-moi, quel bon démon a mis en ton pouvoir
De rendre à ce héros ce funèbre devoir?

PHILIPPE.

Tout couvert de son sang, et plus mort que lui-même,
Après avoir cent fois maudit le diadème,
Madame, j'ai porté mes pas et mes sanglots [1]
Du côté que le vent poussoit encor les flots.
Je cours long-temps en vain, mais enfin d'une roche
J'en découvre le tronc vers un sable assez proche,
Où la vague en courroux sembloit prendre plaisir
A feindre de le rendre, et puis s'en ressaisir.
Je m'y jette, et l'embrasse, et le pousse au rivage;
Et, ramassant sous lui le débris d'un naufrage,
Je lui dresse un bûcher à la hâte et sans art.
Tel que je pus sur l'heure, et qu'il plut au hasard.
A peine brûloit-il, que le ciel plus propice
M'envoie un compagnon en ce pieux office :
Cordus, un vieux Romain qui demeure en ces lieux,
Retournant de la ville, y détourne les yeux;
[2] Et, n'y voyant qu'un tronc dont la tête est coupée [3],
A cette triste marque il reconnoît Pompée.
Soudain la larme à l'œil, « O toi, qui que tu sois,
« A qui le ciel permet de si dignes emplois,
« Ton sort est bien, dit-il, autre que tu ne penses;
« Tu crains des châtiments, attends des récompenses.

neille, dans ses bonnes pièces, faisait quelquefois parler les Romains mieux qu'ils ne parlaient eux-mêmes. (V.) — On disait alors *autant comme* pour *autant que*. Corneille parle sa langue, et Voltaire voudrait lui faire parler la sienne. (A.-M.)

[1] Var. Madame; je portai mes pas et mes sanglots. (1644-48.)

[2] Imit. Una nota est Magno capitis jactura revulsi.

[3] Var. Et, n'y voyant qu'un tronc dont la tête coupée. (1644-48.)

390   POMPÉE.
« César est en Égypte, et venge hautement
« Celui pour qui ton zèle a tant de sentiment.
« Tu peux faire éclater les soins qu'on t'en voit prendre [1],
« Tu peux même à sa veuve en reporter la cendre.
« Son vainqueur l'a reçue avec tout le respect
« Qu'un dieu pourroit ici trouver à son aspect.
« Achève, je reviens. » Il part et m'abandonne,
Et rapporte aussitôt ce vase qu'il me donne,
Où sa main et la mienne enfin ont renfermé
Ces restes d'un héros par le feu consumé.
    CORNÉLIE.
O que sa piété mérite de louanges !
    PHILIPPE.
En entrant j'ai trouvé des désordres étranges.
J'ai vu fuir tout un peuple en foule vers le port [2],
Où le roi, disoit-on, s'étoit fait le plus fort.
Les Romains poursuivoient ; et César, dans la place
Ruisselante du sang de cette populace,
Montroit de sa justice un exemple assez beau,
Faisant passer Photin par les mains d'un bourreau.
Aussitôt qu'il me voit, il daigne me connoître ;
Et prenant de ma main les cendres de mon maître :
« Restes d'un demi-dieu, dont à peine je puis
« Égaler le grand nom, tout vainqueur que j'en suis,
« De vos traîtres, dit-il, voyez punir les crimes :
« Attendant des autels, recevez ces victimes ;
« Bien d'autres vont les suivre. Et toi, cours au palais
« Porter à sa moitié ce don que je lui fais ;
« Porte à ses déplaisirs cette foible allégeance,

[1] Var. Tu peux même à sa veuve en reporter la cendre
   Dans ces murs que tu vois bâtis par Alexandre. (1644-48.)

[2] Var. Tout un grand peuple armé fuyoit devers le port. (1644-48.)

« Et dis-lui que je cours achever sa vengeance¹. »
Ce grand homme à ces mots me quitté en soupirant,
Et baise avec respect ce vase qu'il me rend.

CORNÉLIE.

O soupirs! ô respect! ô qu'il est doux de plaindre
Le sort d'un ennemi quand il n'est plus à craindre² !
Qu'avec chaleur, Philippe, on court à le venger,
Lorsqu'on s'y voit forcé par son propre danger,
Et quand cet intérêt qu'on prend pour sa mémoire
Fait notre sûreté comme il croit notre gloire!
César est généreux, j'en veux être d'accord;
Mais le roi le veut perdre, et son rival est mort.
Sa vertu laisse lieu de douter à l'envie
De ce qu'elle feroit s'il le voyoit en vie :
Pour grand qu'en soit le prix, son péril en rabat³ ;
Cette ombre qui la couvre en affoiblit l'éclat :
L'amour même s'y mêle, et le force à combattre;

---

¹ VAR. Et lui dis que je cours achever sa vengeance. (1644-48.)

² Ces beaux vers font un très grand effet, parceque la maxime est courte, et qu'elle est en sentiment. Peut-être Cornélie est toujours trop occupée de rabaisser le mérite de César. Elle doit savoir que César a parlé de punir le meurtre de Pompée en arrivant en Égypte, et avant que Ptolémée conspirât contre lui : mais que ne pardonne-t-on point à la veuve de Pompée gémissante !

Les curieux ne seront pas fâchés de savoir que Garnier avait donné les mêmes sentiments à Cornélie; Philippe lui dit :

César plora sa mort.

Cornélie répond :

Il plora mort celui
Qu'il n'eût voulu souffrir être vif comme lui. (V.)

³ *Pour grand* ne se dit plus. *Son péril en rabat* est trop familier. (V.)

392   POMPÉE.

Quand il venge Pompée, il défend Cléopâtre.
Tant d'intérêts sont joints à ceux de mon époux,
Que je ne devrois rien à ce qu'il fait pour nous,
Si, comme par soi-même un grand cœur juge un autre,
Je n'aimois mieux juger sa vertu par la nôtre[1];
Et croire que nous seuls armons ce combattant,
Parcequ'au point qu'il est j'en voudrois faire autant[2].

SCÈNE II[3].

CLÉOPATRE, CORNÉLIE, PHILIPPE, CHARMION.

CLÉOPATRE.

Je ne viens pas ici pour troubler une plainte

---

[1] *Par la nôtre* gâte un peu ce dernier vers. On ne dit *nous et nôtre*, en parlant de soi, que dans un édit; et, si Cornélie juge César si vertueux, si généreux, il semble qu'elle aurait dû souhaiter un peu moins sa mort. Elle ne paraît pas toujours d'accord avec elle-même. (V.) — Cornélie parle au pluriel, parcequ'elle identifie sa vertu avec celle de Pompée. C'est un sentiment plein d'amour et de grandeur. (A. M.)

[2] *Au point qu'il est* ne se dit plus. (V.)

[3] Après cette scène de Cornélie, qui est un chef-d'œuvre de génie, on est fâché de voir celle-ci. Quand le sujet baisse, l'auteur baisse nécessairement; et Cléopâtre n'est pas digne de parler à Cornélie. Ces scènes d'ailleurs ne servent ni au nœud ni au dénouement; ce sont des entretiens, et non pas des scènes. (V.) — La critique de Voltaire tombe toujours sur la Cléopâtre de l'histoire, et non sur celle de Corneille. Tout en ambitionnant la main de César, Cléopâtre a compati au malheur de Pompée, elle a pris sa défense, et s'est par là rendue digne de paraître devant sa veuve. (A.-M.)

ACTE V, SCÈNE II.

Trop juste à la douleur dont vous êtes atteinte [1] ;
Je viens pour rendre hommage aux cendres d'un héros
Qu'un fidèle affranchi vient d'arracher aux flots,
Pour le plaindre avec vous, et vous jurer, madame,
Que j'aurois conservé ce maître de votre ame,
Si le ciel, qui vous traite avec trop de rigueur,
M'en eût donné la force aussi bien que le cœur.
Si pourtant, à l'aspect de ce qu'il vous renvoie,
Vos douleurs laissoient place à quelque peu de joie
Si la vengeance avoit de quoi vous soulager,
Je vous dirois aussi qu'on vient de vous venger ;
Que le traître Photin... Vous le savez peut-être ?

CORNÉLIE.

Oui, princesse, je sais qu'on a puni ce traître.

CLÉOPATRE.

Un si prompt châtiment vous doit être bien doux.

CORNÉLIE.

S'il a quelque douceur, elle n'est que pour vous.

CLÉOPATRE.

Tous les cœurs trouvent doux le succès qu'ils espèrent.

CORNÉLIE.

Comme nos intérêts, nos sentiments diffèrent.
Si César à sa mort joint celle d'Achillas,
Vous êtes satisfaite, et je ne la suis pas [2].
Aux mânes de Pompée il faut une autre offrande ;
La victime est trop basse, et l'injure est trop grande ;
Et ce n'est pas un sang que pour la réparer

---

[1] *Juste à la douleur* n'est pas français ; il fallait, *permise à la douleur*. (V.)

[2] On sait aujourd'hui qu'il faut, *je ne le suis pas* ; ce *le* est neutre : Êtes-vous satisfaites? nous *le* sommes, et non pas, nous *les* sommes. (V.)

394 POMPÉE.
Son ombre et ma douleur daignent considérer :
L'ardeur de le venger, dans mon ame allumée [1],
En attendant César, demande Ptolomée [2].
Tout indigne qu'il est de vivre et de régner,
Je sais bien que César se force à l'épargner ;
Mais quoi que son amour ait osé vous promettre,
Le ciel, plus juste enfin, n'osera le permettre ;
Et, s'il peut une fois écouter tous mes vœux,
Par la main l'un de l'autre ils périront tous deux.
Mon ame à ce bonheur, si le ciel me l'envoie,
Oubliera ses douleurs pour s'ouvrir à la joie ;
Mais si ce grand souhait demande trop pour moi,
Si vous n'en perdez qu'un, ô ciel, perdez le roi !
   CLÉOPATRE.
Le ciel sur nos souhaits ne règle pas les choses.
   CORNÉLIE.
Le ciel règle souvent les effets sur les causes [3],
Et rend aux criminels ce qu'ils ont mérité.
   CLÉOPATRE.
Comme de la justice, il a de la bonté.

[1] *L'ardeur de le venger* ne se rapporte à rien : elle veut dire Pompée ; mais ce régime est trop éloigné. (V.)

[2] Pourquoi tant répéter qu'elle veut la tête de César, le vengeur de son mari ? que dirait-elle de plus s'il en était l'assassin ? Pompée lui-même eût-il demandé la tête de César ? est-ce ainsi qu'on doit traiter le plus généreux des vainqueurs ? Ce sentiment eût été lâche dans Pompée : pourquoi serait-il beau dans Cornélie ? (V.) — On est quelquefois tenté de croire que Voltaire ne s'est pas élevé jusqu'à la hauteur du caractère de Cornélie. Elle acquitte César de l'assassinat de Pompée, mais elle ne l'acquitte pas de sa mort. C'est donc pour elle un devoir de le venger ; et le sentiment est beau, parcequ'elle veut le venger noblement. (A.-M.)

[3] Var. Le ciel règle souvent les effets par les causes. (1644-48.)

ACTE V, SCÈNE III. 395

CORNÉLIE.
Oui ; mais il fait juger, à voir comme il commence,
Que sa justice agit, et non pas sa clémence.

CLÉOPATRE.
Souvent de la justice il passe à la douceur.

CORNÉLIE.
Reine, je parle en veuve, et vous parlez en sœur.
Chacune a son sujet d'aigreur ou de tendresse,
Qui dans le sort du roi justement l'intéresse.
Apprenons par le sang qu'on aura répandu
A quels souhaits le ciel a le mieux répondu [1].
Voici votre Achorée.

SCÈNE III.

CORNÉLIE, CLÉOPATRE, ACHORÉE, PHILIPPE, CHARMION.

CLÉOPATRE.
Hélas ! sur son visage
Rien ne s'offre à mes yeux que de mauvais présage.
Ne nous déguisez rien, parlez sans me flatter ;
Qu'ai-je à craindre, Achorée ? ou qu'ai-je à regretter ?

ACHORÉE.
Aussitôt que César eut su la perfidie [2]....

CLÉOPATRE.
Ce ne sont pas ses soins que je veux qu'on me die [3].

---

[1] VAR. A quels souhaits le ciel aura mieux répondu. (1644.)

[2] Il faut, *a su la perfidie*. (V.) — *Eut su* est au prétérit de l'indicatif et non à l'imparfait du subjonctif, comme paraît le croire Voltaire. La phrase est bonne. (A.-M.)

[3] *Die* était en usage : mais on ne *dit* pas *des soins* ; cela n'est pas

396			POMPÉE.

Je sais qu'il fit trancher et clore ce conduit [1]
Par où ce grand secours devoit être introduit;
Qu'il manda tous les siens pour s'assurer la place
Où Photin a reçu le prix de son audace;
Que d'un si prompt supplice Achillas étonné
S'est aisément saisi du port abandonné;
Que le roi l'a suivi; qu'Antoine a mis à terre
Ce qui dans ses vaisseaux restoit de gens de guerre;
Que César l'a rejoint; et je ne doute pas
Qu'il n'ait su vaincre encore, et punir Achillas.

ACHORÉE.
Oui, madame, on a vu son bonheur ordinaire....

CLÉOPATRE.
Dites-moi seulement s'il a sauvé mon frère,
S'il m'a tenu promesse.

ACHORÉE.
	Oui, de tout son pouvoir.

CLÉOPATRE.
C'est là l'unique point que je voulois savoir.
Madame, vous voyez, les dieux m'ont écoutée.

CORNÉLIE.
Ils n'ont que différé la peine méritée.

---

français. (V.) — *Dire*, en poésie, s'emploie souvent pour raconter. (A.-M.)

Var. Ah! ce n'est pas ses soins que je veux qu'on me die. (1644-48.)

[1] Si Ptolémée avait pu intéresser, ce qui était presque impossible, le récit de sa mort pourrait émouvoir; mais ce récit est aussi froid que son rôle. La pièce d'ailleurs est finie quand Ptolémée est mort : tout le reste n'est qu'une *superstructure* inutile à l'édifice. Toute la petite dispute entre Cornélie et Cléopâtre est très froide, par cette raison-là même que Ptolémée n'intéresse point du tout. (V.)

ACTE V, SCÈNE III.

CLÉOPATRE.

Vous la vouliez sur l'heure, ils l'en ont garanti.

ACHORÉE.

Il faudroit qu'à nos vœux il eût mieux consenti.[1]

CLÉOPATRE.

Que disiez-vous naguère? et que viens-je d'entendre?
Accordez ces discours que j'ai peine à comprendre.

ACHORÉE.

Aucuns ordres ni soins n'ont pu le secourir[2];
Malgré César et nous il a voulu périr :
Mais il est mort, madame, avec toutes les marques
Que puissent laisser d'eux les plus dignes monarques[3];
Sa vertu rappelée a soutenu son rang,
Et sa perte aux Romains a coûté bien du sang[4].

Il combattoit Antoine avec tant de courage,
Qu'il emportoit déjà sur lui quelque avantage :
Mais l'abord de César a changé le destin;
Aussitôt Achillas suit le sort de Photin :
Il meurt, mais d'une mort trop belle pour un traître,
Les armes à la main, en défendant son maître :
Le vainqueur crie en vain qu'on épargne le roi;
Ces mots au lieu d'espoir lui donnent de l'effroi;
Son esprit alarmé les croit un artifice
Pour réserver sa tête à l'affront d'un supplice[5].

---

[1] VAR. Du moins César l'eût fait, s'il l'avoit consenti. (1644-48.)

[2] VAR. Ni vos vœux ni vos soins n'ont pu le secourir;
Malgré César et vous, il a voulu périr. (1644-48.)

[3] VAR. Dont éclatent les morts des plus dignes monarques*. (1644-48.)

[4] VAR. Et sa perte aux Romains a bien coûté du sang. (1644-48.)

[5] VAR. Pour réserver sa tête aux hontes d'un supplice**. (1644-48.)

* Mourir avec toutes les marques dont les morts des monarques éclatent! (V.)

** On ne dit point les *hontes*; et il n'est pas trop vraisemblable que Ptolémée craignît que l'a-

Il pousse dans nos rangs, il les perce, et fait voir
Ce que peut la vertu qu'arme le désespoir;
Et son cœur, emporté par l'erreur qui l'abuse [1],
Cherche par-tout la mort, que chacun lui refuse.
Enfin perdant haleine après ces grands efforts,
Près d'être environné, ses meilleurs soldats morts,
Il voit quelques fuyards sauter dans une barque;
Il s'y jette, et les siens, qui suivent leur monarque,
D'un si grand nombre en foule accablent ce vaisseau [2],
Que la mer l'engloutit avec tout son fardeau.
C'est ainsi que sa mort lui rend toute sa gloire,
A vous toute l'Égypte, à César la victoire.
Il vous proclame reine; et, bien qu'aucun Romain [3]
Du sang que vous pleurez n'ait vu rougir sa main,
Il nous fait voir à tous un déplaisir extrême,
Il soupire, il gémit. Mais le voici lui-même,
Qui pourra mieux que moi vous montrer la douleur [4]
Que lui donne du roi l'invincible malheur.

[1] Var. Et son cœur indigné, que cette erreur abuse. (1644-48.)
[2] Var. D'un tel nombre à la foule accablent ce vaisseau. (1644-48.)
[3] Var. Il vous proclame reine; et, quoique ses Romains
   Au sang que vous pleurez n'aient point trempé leurs mains,
   Il montre toutefois un déplaisir extrême. (1644-48.)
[4] Var. Qui pourra mieux que moi vous dire la douleur. (1644-48.)

mant de sa sœur le fit mourir par la main du bourreau. Il fallait donner un plus noble motif à son courage. (V.)

SCÈNE IV.

CÉSAR, CORNÉLIE, CLÉOPATRE, ANTOINE, LÉPIDE, ACHORÉE, CHARMION, PHILIPPE.

CORNÉLIE.

César, tiens-moi parole, et me rends mes galères [1].
Achillas et Photin ont reçu leurs salaires :
Leur roi n'a pu jouir de ton cœur adouci [2] ;
Et Pompée est vengé ce qu'il peut l'être ici [3].
Je n'y saurois plus voir qu'un funeste rivage [4]
Qui de leur attentat m'offre l'horrible image,
Ta nouvelle victoire, et le bruit éclatant
Qu'aux changements de roi pousse un peuple inconstant [5] ;
Et, parmi ces objets, ce qui le plus m'afflige [6],
C'est d'y revoir toujours l'ennemi qui m'oblige.
Laisse-moi m'affranchir de cette indignité,
Et souffre que ma haine agisse en liberté.

---

[1] Il est évident que Cornélie qui redemande ses galères est absolument inutile. La pièce est finie, et ces galères ne sont point le sujet de la tragédie. (V.)

[2] Il veut dire, *n'a pu profiter de la clémence de César;* mais *jouir du cœur de César* est une expression impropre. (V.)

[3] N'est-ce pas dommage que cette expression ait entièrement vieilli? On diroit aujourd'hui, *autant qu'il peut l'être;* mais *ce qu'il peut l'être* n'est-il pas plus énergique ? (V.)

[4] VAR. Je n'y puis plus rien voir qu'un funeste rivage. (1644-48.)

[5] C'est sans doute une faute d'impression ; on doit lire : *qu'aux changements de rois;* mais *un peuple qui pousse un bruit* est un barbarisme. (V.)

[6] VAR. Et de tous les objets celui qui plus m'afflige,
J'y vois toujours en toi l'ennemi qui m'oblige. (1644-48.)

A cet empressement j'ajoute une requête :
Vois l'urne de Pompée; il y manque sa tête[1];
Ne me la retiens plus; c'est l'unique faveur
Dont je te puis encor prier avec honneur.

CÉSAR.

Il est juste, et César est tout prêt de vous rendre
Ce reste où vous avez tant de droit de prétendre;
Mais il est juste aussi qu'après tant de sanglots
A ses mânes errants nous rendions le repos,
Qu'un bûcher allumé par ma main et la vôtre
Le venge pleinement de la honte de l'autre[2];
Que son ombre s'apaise en voyant notre ennui;
Et qu'une urne plus digne et de vous et de lui,
Après la flamme éteinte et les pompes finies,
Renferme avec éclat ses cendres réunies.
De cette même main dont il fut combattu,
Il verra des autels dressés à sa vertu;
Il recevra des vœux, de l'encens, des victimes,
Sans recevoir par-là d'honneurs que légitimes[3] :
Pour ces justes devoirs je ne veux que demain;
Ne me refusez pas ce bonheur souverain.
Faites un peu de force à votre impatience[4];
Vous êtes libre après; partez en diligence;

[1] La tête pour rejoindre à l'urne est un accessoire qui, ne pouvant être refusé, ne mérite peut-être pas d'être demandé; c'est une circonstance étrangère, et les compliments de César paraissent superflus quand l'action est entièrement finie. (V.)

[2] On ne voit pas à quoi se rapporte cet *autre*. Il veut dire apparemment *l'autre bûcher*. (V.)

[3] VAR. Et ne recevra point d'honneurs illégitimes :
Pour ces pieux devoirs je ne veux que demain. (1644-48.)

[4] Cela n'est pas français; il faut, ou *modérez votre impatience*, ou *mettez un frein à votre impatience*, ou quelque autre tour. (V.)

ACTE V, SCÈNE IV.

Portez à notre Rome un si digne trésor;
Portez...

CORNÉLIE.

Non pas, César, non pas à Rome encor :
Il faut que ta défaite et que tes funérailles
A cette cendre aimée en ouvrent les murailles;
Et quoiqu'elle la tienne aussi chère que moi,
Elle n'y doit rentrer qu'en triomphant de toi [1].
Je la porte en Afrique; et c'est là que j'espère
Que les fils de Pompée, et Caton et mon père,
Secondés par l'effort d'un roi plus généreux [2],
Ainsi que la justice auront le sort pour eux.
C'est là que tu verras sur la terre et sur l'onde
Le débris de Pharsale armer un autre monde;
Et c'est là que j'irai, pour hâter tes malheurs,
Porter de rang en rang ces cendres et mes pleurs.
Je veux que de ma haine ils reçoivent des règles,
Qu'ils suivent au combat des urnes au lieu d'aigles [3];

[1] Ces vers déparent la beauté et l'harmonie des autres; c'est à quoi il faut toujours prendre garde. Voyez que ces deux *elle* font un mauvais effet, parceque l'une se rapporte à Rome, et l'autre à la cendre de Pompée, sans que la construction indique ces rapports nécessaires. Voyez combien ce vers est rude : *et quoiqu'elle la tienne aussi chère que...* Tout vers qui n'est pas aussi harmonieux qu'exact et correct, doit être banni de la poésie : voilà pourquoi il est si prodigieusement difficile d'en faire de bons dans toutes les langues, et surtout dans la nôtre. (V.)

[2] VAR. Secondés des efforts d'un roi plus généreux. (1644-48.)

[3] Cela est trop impropre et trop vicieux. Qu'est-ce qu'une *haine qui donne des règles à des aigles*? Que ce vers affaiblit le précédent, qui est admirable! De plus, faut-il que Cornélie parle toujours à César de sa haine pour lui? Il serait bien plus beau, à mon gré, de lui dire qu'elle sera toujours son ennemie sans pouvoir haïr un si grand homme. (V.). — *Règles* pour *lois* est un

Et que ce triste objet porte en leur souvenir [1]
Les soins de le venger, et ceux de te punir.
Tu veux à ce héros rendre un devoir suprême;
L'honneur que tu lui rends rejaillit sur toi-même :
Tu m'en veux pour témoin; j'obéis au vainqueur :
Mais ne présume pas toucher par-là mon cœur [2].
La perte que j'ai faite est trop irréparable;
La source de ma haine est trop inépuisable :
A l'égal de mes jours je la ferai durer;
Je veux vivre avec elle, avec elle expirer.

Je t'avouerai pourtant, comme vraiment Romaine [3],
Que pour toi mon estime est égale à ma haine;
Que l'une et l'autre est juste, et montre le pouvoir,
L'une de ta vertu, l'autre de mon devoir;
Que l'une est généreuse et l'autre intéressée,
Et que dans mon esprit l'une et l'autre est forcée [4];
Tu vois que ta vertu, qu'en vain on veut trahir [5],

quasi-synonyme qu'on peut bien pardonner aux exigences de la rime, parceque le vers suivant, qui est si beau, ne pouvait en avoir d'autre. (A.-M.)

[1] Var. Et que ce triste objet porte à leur souvenir. (1644-48.)

[2] Cela serait bon si César avait tâché de l'engager à suivre son parti : mais il n'y a jamais pensé; il n'a pas dit à Cornélie un seul mot qui pût lui donner cette présomption. (V.) — Mais Voltaire lui-même a déjà dit que la conduite de César aurait dû toucher le cœur de Cornélie. Cornélie répond à la critique de Voltaire. (A.-M.)

[3] Elle a déjà dit plusieurs fois qu'elle est Romaine, et cette affectation diminue beaucoup de la vraie grandeur. (V.)

[4] Toutes ces antithèses et cette petite dissertation dégradent la noblesse de ce rôle, et les répétitions continuelles affaiblissent le sentiment. (V.)

[5] Var. Et comme ta vertu, qu'en vain on veut trahir. (1644-48.)

ACTE V, SCÈNE IV.

Me force de priser ce que je dois haïr :
Juge ainsi de la haine où mon devoir me lie [1] ;
La veuve de Pompée y force Cornélie.
J'irai, n'en doute point, au sortir de ces lieux,
Soulever contre toi les hommes et les dieux ;
Ces dieux qui t'ont flatté, ces dieux qui m'ont trompée,
Ces dieux qui dans Pharsale ont mal servi Pompée,
Qui, la foudre à la main, l'ont pu voir égorger ;
Ils connoîtront leur faute, et le voudront venger [2].
Mon zèle, à leur refus, aidé de sa mémoire,
Te saura bien sans eux arracher la victoire ;
Et quand tout mon effort se trouvera rompu [3],
Cléopâtre fera ce que je n'aurai pu.
Je sais quelle est ta flamme et quelles sont ses forces [4],
Que tu n'ignores pas comme on fait les divorces,
Que ton amour t'aveugle, et que pour l'épouser
Rome n'a point de lois que tu n'oses briser :
Mais sache aussi qu'alors la jeunesse romaine
Se croira tout permis sur l'époux d'une reine,
Et que de cet hymen tes amis indignés
Vengeront sur ton sang leurs avis dédaignés.

[1] Un devoir qui la lie à la haine! et toujours la haine! (V.)

[2] Ces dieux qui connaîtront leur faute, et ce zèle qui saura bien sans eux arracher la victoire, sont une déclamation si ampoulée et si puérile, qu'on ne peut s'empêcher de s'élever avec force contre ce faux goût. (V.)

[3] Un effort qui se trouve rompu! (V.) — C'est une expression toute française. Voyez le *Dictionnaire de l'Académie*. (A.-M.)

[4] Les forces de sa flamme! Et on a pu applaudir à tous ces faux sentiments exprimés en solécismes et en barbarismes! (V.) — Il n'y a point de barbarisme à dire *force* pour *puissance*. D'ailleurs, un mot mal choisi n'est pas un barbarisme. (A.-M.)

J'empêche la ruine, empêchant les caresses [1].
Adieu : j'attends demain l'effet de tes promesses.

SCÈNE V.

CÉSAR, CLÉOPATRE, ANTOINE, LÉPIDE, ACHORÉE, CHARMION.

CLÉOPATRE.

Plutôt qu'à ces périls je vous puisse exposer,
Seigneur, perdez en moi ce qui les peut causer :
Sacrifiez ma vie au bonheur de la vôtre;
Le mien sera trop grand, et je n'en veux point d'autre [2],
Indigne que je suis d'un César pour époux,
Que de vivre en votre ame, étant morte pour vous.

[1] Ce vers pèche à-la-fois contre l'harmonie, contre la langue, contre les convenances, et contre la vérité; il ne convient point à Cornélie de parler des caresses que César peut faire à Cléopâtre : elle pourrait seulement dire à César que l'amour d'une Égyptienne peut lui être fatal : mais il serait encore plus décent de ne lui en point parler. De quoi se mêle-t-elle? Est-ce l'affaire de la veuve de Pompée, pour qui César a eu tant d'égards, tant de générosité? Cela n'est ni convenable ni intéressant. (V.)

[2] Cléopâtre parle aussi mal que César a parlé : elle ne veut point d'autre bonheur que d'être tuée par César, parceque Cornélie a manqué à toute bienséance, à toute honnêteté devant elle. (V.) — *Sacrifiez ma vie* ne veut pas dire *tuez-moi*, mais bien : *sacrifiez le bonheur de ma vie au bonheur de la vôtre*. Il suffit de lire ces vers avec attention, pour s'assurer qu'ils n'ont pas d'autre sens. Cléopâtre continue : *Mon bonheur* à moi sera trop grand de vivre en votre ame *étant morte pour vous*, c'est-à-dire, étant perdue pour vous, *indigne que je suis d'un César pour époux*. Tout cela est si clairement exprimé, que la note de Voltaire a pu seule rendre indispensable notre explication. (A.-M.)

ACTE V, SCÈNE V.   405
CÉSAR.
Reine, ces vains projets sont le seul avantage
Qu'un grand cœur impuissant a du ciel en partage :
Comme il a peu de force, il a beaucoup de soins¹ ;
Et, s'il pouvoit plus faire, il souhaiteroit moins.
Les dieux empêcheront l'effet de ces augures,
Et mes félicités n'en seront pas moins pures,
Pourvu que votre amour gagne sur vos douleurs
Qu'en faveur de César vous tarissiez vos pleurs,
Et que votre bonté, sensible à ma prière,
Pour un fidèle amant oublie un mauvais frère.
   On aura pu vous dire avec quel déplaisir
J'ai vu le désespoir qu'il a voulu choisir²,
Avec combien d'efforts j'ai voulu le défendre
Des paniques terreurs qui l'avoient pu surprendre.
Il s'est de mes bontés jusqu'au bout défendu,
Et, de peur de se perdre, il s'est enfin perdu.
O honte pour César, qu'avec tant de puissance,
Tant de soins de vous rendre entière obéissance³,

¹ *Beaucoup de soins;* ce n'est pas là le mot propre. César veut dire que Cornélie ne menace beaucoup que parcequ'elle a peu de pouvoir; mais le mot de *soins* ne remplit point du tout cette idée. (V.)

² On ne choisit point un désespoir ; au contraire, le désespoir ôte la liberté du choix, ou, si l'on veut, le désespoir force à choisir mal. (V.) — Ptolomée a choisi un désespoir, en ce sens qu'il a préféré une *mort désespérée* à la clémence de César. La tournure est poétique, et la phrase est correcte. (A.-M.)

³ *Rendre entière obéissance.* Ces termes signifient la sujétion d'un vassal. César veut dire qu'il a fait ce qu'il a pu pour obéir à la volonté de Cléopâtre. Ce n'est pas là rendre obéissance ; cette expression ne lui convient pas. (V.)

406   POMPÉE.

Il n'ait pu toutefois, en ces événements,
Obéir au premier de vos commandements!
Prenez-vous-en au ciel, dont les ordres sublimes [1]
Malgré tous nos efforts savent punir les crimes;
Sa rigueur envers lui vous ouvre un sort plus doux,
Puisque par cette mort l'Égypte est toute à vous.

CLÉOPATRE.

Je sais que j'en reçois un nouveau diadème,
Qu'on n'en peut accuser que les dieux, et lui-même;
Mais comme il est, seigneur, de la fatalité
Que l'aigreur soit mêlée à la félicité [2],
Ne vous offensez pas si cet heur de vos armes,
Qui me rend tant de biens, me coûte un peu de larmes,
Et si, voyant sa mort due à sa trahison,
Je donne à la nature ainsi qu'à la raison.
Je n'ouvre point les yeux sur ma grandeur si proche,
Qu'aussitôt à mon cœur mon sang ne le reproche;
J'en ressens dans mon ame un murmure secret,
Et ne puis remonter au trône sans regret [3].

ACHORÉE.

Un grand peuple, seigneur, dont cette cour est pleine,
Par des cris redoublés demande à voir sa reine [4],

---

[1] *Ordres sublimes* ne se dit plus; on se sert des épithètes *suprêmes, souverains, inévitables, immuables; sublime* est affecté aux grandes idées, aux grands sentiments. (V.)

[2] Le mot propre serait *amertume*, au lieu d'*aigreur*. (V.)

[3] Var. Et n'ose remonter au trône sans regret. (1644-48.)

[4] Il importe peu que le peuple soit ou non dans la cour pour voir Cléopâtre. La pièce s'appelle *Pompée;* les assassins sont punis : tous les compliments de César et de Cléopâtre sont peut-être plus inutiles que le dernier discours de Cornélie, dans lequel du moins il y a toujours de la grandeur. Cette dernière scène est la plus froide de toutes; et dans une tragédie, elle

ACTE V, SCÈNE V.

Et, tout impatient, déja se plaint aux cieux
Qu'on lui donne trop tard un bien si précieux.

CÉSAR.

Ne lui refusons plus le bonheur qu'il desire :
Princesse, allons par-là commencer votre empire.
Fasse le juste ciel, propice à mes desirs,
Que ces longs cris de joie étouffent vos soupirs,
Et puissent ne laisser dedans votre pensée
Que l'image des traits dont mon ame est blessée[1] !
Cependant qu'à l'envi ma suite et votre cour
Préparent pour demain la pompe d'un beau jour,
Où, dans un digne emploi l'une et l'autre occupée,
Couronne Cléopâtre, et m'apaise Pompée,
Élève à l'une un trône, à l'autre des autels,
Et jure à tous les deux des respects immortels[2].

doit être, s'il se peut, la plus touchante. Mais *Pompée* n'est point une véritable tragédie; c'est une tentative que fit Corneille pour mettre sur la scène des morceaux excellents, qui ne faisaient point un tout; c'est un ouvrage d'un genre unique, qu'il ne faudrait pas imiter, et que son génie, animé par la grandeur romaine, pouvait seul faire réussir. Telle est la force de ce génie, que cette pièce l'emporte encore sur mille pièces régulières, que leur froideur a fait oublier. Trente beaux vers de Cornélie valent beaucoup mieux qu'une pièce médiocre. (V.)

[1] Voilà de ces métaphores qui ne paraissent pas naturelles. Comment peut-on avoir dans sa pensée l'image d'un trait qui a blessé une ame? Ces figures forcées expriment toujours mal le sentiment. César veut dire : *puissiez-vous ne vous occuper que de mon amour !* Il pouvait y ajouter encore : *de sa gloire.* Ces sentiments doivent être toujours exprimés noblement, mais jamais d'une manière recherchée. (V.)

[2] La première question qui se présente sur la tragédie qui a pour titre *Pompée*, c'est de savoir quel en est le sujet. Ce ne peut être *la Mort de Pompée,* quoique depuis long-temps on se

soit accoutumé à l'afficher sous ce titre très improprement; car Pompée est assassiné au commencement du second acte. Ce pourrait être la vengeance de cette mort, si Ptolémée, qui périt dans un combat à la fin de la pièce, était tué en punition de son crime : mais il ne l'est que parceque César, à qui ce prince perfide veut faire éprouver le sort de Pompée, se trouve heureusement le plus fort, et triomphe de l'armée égyptienne. Cette conspiration contre César, et le péril qu'il court, forment donc une seconde action, moins intéressante que la première; car on sait quels éloges unanimes les connaisseurs ont donnés à la scène d'exposition, qui montre Ptolémée délibérant avec ses ministres sur l'accueil qu'il doit faire à Pompée, vaincu à Pharsale, et cherchant un asile en Égypte. On ne peut pas commencer une tragédie d'une manière plus imposante à-la-fois et plus attachante; et, quoique l'exécution en soit souvent gâtée par l'enflure et la déclamation, cette ouverture de pièce, en ne la considérant que par son objet, passe avec raison pour un modèle. Des scènes d'une galanterie froide, entre César et Cléopâtre, ne sont qu'un remplissage vicieux qui achève de faire de cette pièce un ouvrage très irrégulier, composé de parties incohérentes. Les caractères ne sont pas moins répréhensibles. Le roi Ptolémée, qui supplie sa sœur Cléopâtre d'employer son crédit auprès de César pour en obtenir la grace de Photin, est entièrement avili; et quand Achorée dit, en parlant de sa contenance devant César :

> Toutes ses actions ont senti la bassesse :
> J'en ai rougi moi-même, et me suis plaint à moi
> De voir là Ptolémée, et n'y point voir de roi;

il fait en très beaux vers la critique de ce caractère. César, qui n'a *vaincu à Pharsale que pour Cléopâtre*, et qui n'est *venu en Égypte que pour elle*, est encore plus sensiblement dégradé, parceque c'est un des personnages dont le nom seul annonce la grandeur. Cléopâtre, qui parle d'amour et de mariage, en style de comédie, à César qui est marié, joue un rôle indigne d'une princesse. Cependant la pièce est restée au théâtre malgré tous ses défauts, et s'y soutient par une de ces ressources qui appartiennent au génie de Corneille, par le seul rôle de Cornélie. Il offre un mélange de noblesse et de douleur, de sublime et de pathétique, qui fait revivre en elle tout l'intérêt attaché à ce seul nom de Pompée. Il ne paraît point dans la pièce; mais il semble que son ombre la remplisse et l'anime. L'urne qui contient ses cendres, et qu'apporte à sa veuve un Romain obscur qui a rendu les derniers devoirs aux restes d'un héros malheureux; l'expression touchante des regrets de Cornélie, et les serments qu'elle fait de venger son époux, les regrets même de César qui ne peut refuser des larmes au sort de son ennemi, répandent de temps en temps sur cette pièce une sorte de deuil majestueux qui convient à la tragédie. La scène où Cornélie vient avertir César des complots formés contre sa vie par Ptolémée et Photin est encore une de ces hautes conceptions qui caractérisent le grand Corneille, et rappellent l'auteur des *Horaces* et de *Cinna*. (LA H.)

FIN.

EXAMEN DE POMPÉE.

A bien considérer cette pièce, je ne crois pas qu'il y en aye sur le théâtre où l'histoire soit plus conservée et plus falsifiée tout ensemble. Elle est si connue, que je n'ai osé en changer les événements; mais il s'y en trouvera peu qui soient arrivés comme je les fais arriver. Je n'y ai ajouté que ce qui regarde Cornélie, qui semble s'y offrir d'elle-même, puisque, dans la vérité historique, elle étoit dans le même vaisseau que son mari lorsqu'il aborda en Égypte, qu'elle le vit descendre dans la barque, où il fut assassiné à ses yeux par Septime, et qu'elle fut poursuivie sur mer par les ordres de Ptolomée. C'est ce qui m'a donné occasion de feindre qu'on l'atteignit, et qu'elle fut ramenée devant César, bien que l'histoire n'en parle point. La diversité des lieux où les choses se sont passées, et la longueur du temps qu'elles ont consumé dans la vérité historique, m'ont réduit à cette falsification pour les ramener dans l'unité de jour et de lieu. Pompée fut massacré devant les murs de Pélusium, qu'on appelle aujourd'hui Damiette; et César prit terre à Alexandrie. Je n'ai nommé ni l'une ni l'autre ville, de peur que le nom de l'une n'arrêtât l'imagination de l'auditeur, et ne lui fît remarquer malgré lui la fausseté de ce qui s'est passé ailleurs. Le lieu particulier est, comme dans *Polyeucte*, un grand vestibule commun à tous les appartements du palais royal; et cette unité n'a rien que de vraisemblable, pourvu qu'on se détache de la vérité historique. Le premier, le troisième, et le quatrième acte, y ont leur justesse manifeste; il y peut avoir quelque difficulté pour le second et le cinquième, dont Cléopâtre ouvre l'un, et Cornélie l'autre. Elles sembleroient toutes deux avoir plus de raison de parler dans leur appartement; mais l'impatience de la curiosité féminine les en peut faire sortir; l'une, pour apprendre plus tôt les nouvelles de la mort de Pompée, ou par Achorée, qu'elle a envoyé en être témoin, ou par le premier qui entrera dans ce vestibule; et l'autre, pour en savoir du combat de César et des Romains contre Ptolomée et les Égyptiens, pour empêcher que ce héros n'en aille donner à Cléopâtre avant qu'à elle, et pour obtenir de lui d'autant plus tôt la permission de partir. En quoi on peut remarquer que, comme elle sait qu'il est amoureux de cette reine, et qu'elle peut douter qu'au retour de son combat, les trouvant ensemble, il ne lui fasse le premier compliment, le soin qu'elle a de conserver la dignité romaine lui fait prendre la parole la première, et obliger par-là César à lui répondre avant qu'il puisse dire rien à l'autre.

Pour le temps, il m'a fallu réduire en soulèvement tumultuaire une guerre qui n'a pu durer guère moins d'un an, puisque Plutarque rapporte qu'incontinent après que César fut parti d'Alexandrie, Cléopâtre accoucha de Césarion. Quand Pompée se présenta pour entrer en Égypte, cette princesse et le roi son frère avoient chacun leur armée prête à en venir aux mains l'une contre l'autre, et n'avoient garde ainsi de loger dans le même palais. César, dans ses *Commentaires,* ne parle point de ses amours avec elle, ni que la tête de Pompée lui fut présentée quand il arriva : c'est Plutarque et Lucain qui nous apprennent l'un et l'autre; mais ils ne lui font présenter cette tête que par un des ministres du roi, nommé Théodote; et non pas par le roi même, comme je l'ai fait.

Il y a quelque chose d'extraordinaire dans le titre de ce poëme, qui porte le nom d'un héros qui n'y parle point; mais il ne laisse pas d'en être, en quelque sorte, le principal acteur, puisque sa mort est la cause unique de tout ce qui s'y passe. J'ai justifié ailleurs l'unité d'action qui s'y rencontre, par cette raison que les événements y ont une telle dépendance l'un de l'autre, que la tragédie n'auroit pas été complète, si je ne l'eusse poussée jusqu'au terme où je la fais finir. C'est à ce dessein que, dès le premier acte, je fais connoître la venue de César, à qui la cour d'Égypte immole Pompée pour gagner les bonnes graces du victorieux; et ainsi il m'a fallu nécessairement faire voir quelle réception il feroit à leur lâche et cruelle politique. J'ai avancé l'âge de Ptolomée, afin qu'il pût agir, et que, portant le titre de roi, il tâchât d'en soutenir le caractère. Bien que les historiens et le poëte Lucain l'appellent communément *rex puer, le roi enfant*, il ne l'étoit pas à tel point qu'il ne fût en état d'épouser sa sœur Cléopâtre, comme l'avoit ordonné son père. Hirtius dit qu'il étoit *puer jam adulta ætate*; et Lucain appelle Cléopâtre incestueuse dans ce vers qu'il adresse à ce roi par apostrophe :

Incestæ sceptris cessure sororis ;

soit qu'elle eût déja contracté ce mariage incestueux, soit à cause qu'après la guerre d'Alexandrie et la mort de Ptolomée, César la fit épouser à son jeune frère, qu'il rétablit dans le trône : d'où l'on peut tirer une conséquence infaillible, que si le plus jeune des deux frères étoit en âge de se marier quand César partit d'Égypte, l'aîné en étoit capable quand il y arriva, puisqu'il n'y tarda pas plus d'un an.

Le caractère de Cléopâtre garde une ressemblance ennoblie par ce qu'on y peut imaginer de plus illustre. Je ne la fais amoureuse que par ambition, et en sorte qu'elle semble n'avoir point d'amour qu'en tant qu'il peut servir à sa grandeur. Quoique la réputation qu'elle a laissée la fasse passer pour une femme lascive et abandonnée à ses plaisirs, et que Lucain, peut-être en haine de César, la nomme en quelque endroit *meretrix regina*, et fasse dire ailleurs à l'eunuque Photin, qui gouvernoit sous le nom de son frère Ptolomée,

Quem non e nobis credit Cleopatra nocentem,
A quo casta fuit?

je trouve qu'à bien examiner l'histoire, elle n'avoit que de l'ambition sans amour, et que, par politique, elle se servoit des avantages de sa beauté pour affermir sa fortune. Cela paroît visible, en ce que les historiens ne marquent point qu'elle se soit donnée qu'aux deux premiers hommes du monde, César et Antoine, et qu'après la déroute de ce dernier, elle n'épargna aucun artifice pour engager Auguste dans la même passion qu'ils avoient eue pour elle, et fit voir par-là qu'elle ne s'étoit attachée qu'à la haute puissance d'Antoine, et non pas à sa personne.

Pour le style, il est plus élevé en ce poëme qu'en aucun des miens[1], et ce sont, sans contredit, les vers les plus pompeux que j'aie faits. La gloire n'en est pas toute à moi :

---

[1] Il est important de faire ici quelques réflexions sur le style de la tragédie. On a accusé Corneille de se méprendre un peu à cette pompe des vers, et à cette prédilection qu'il témoigne pour le style de Lucain; il faut que cette pompe n'aille jamais jusqu'à l'enflure et à l'exagération : on n'estime point dans Lucain *Bella per Emathios plus quam civilia campos* : on estime *Nil actum reputans, si quid superesset agendum.*
De même, les connaisseurs ont toujours condamné dans *Pompée* : *Les fleuves rendus rapides par le débordement des parricides*, et tout ce qui est dans ce goût; mais ils ont admiré,

O ciel! que de vertus vous me faites haïr!
. . . .
Restes d'un demi-dieu, dont à peine je puis
Égaler le grand nom, tout vainqueur que j'en suis.

Voilà le véritable style de la tragédie : il doit être toujours d'une simplicité noble, qui convient aux personnes du premier rang; jamais rien d'ampoulé ni de bas, jamais d'affectation ni d'obscurité. La pureté du langage doit être rigoureusement observée; tous les vers doivent être harmonieux, sans que cette harmonie dérobe rien à la force des sentiments. Il ne faut pas que les vers marchent toujours de deux en deux, mais que tantôt une pensée soit exprimée en un vers, tantôt en deux ou trois, quelquefois dans un seul hémistiche; on peut étendre une image dans une phrase de cinq ou six vers, ensuite en renfermer

j'ai traduit de Lucain tout ce que j'y ai trouvé de propre à mon sujet; et comme je n'ai point fait de scrupule d'enrichir notre langue du pillage que j'ai pu faire chez lui, j'ai tâché, pour le reste, à entrer si bien dans sa manière de former ses pensées et de s'expliquer, que ce qu'il m'a fallu y joindre du mien sentît son génie, et ne fût pas indigne d'être pris pour un larcin que je lui eusse fait. J'ai parlé, en l'examen de *Polyeucte*, de ce que je trouve à dire en la confidence que fait Cléopâtre à Charmion au second acte; il ne me reste qu'un mot touchant les narrations d'Achorée, qui ont toujours passé pour fort belles : en quoi je ne veux pas aller contre le jugement du public, mais seulement faire remarquer de nouveau que celui qui les fait et les personnes qui les écoutent ont l'esprit assez tranquille pour avoir toute la patience qu'il y faut donner. Celle du troisième acte, qui est à mon gré la plus magnifique, a été accusée de n'être pas reçue par une personne digne de la recevoir; mais bien que Charmion qui l'écoute ne soit

une autre dans un ou deux. Il faut souvent finir un sens par une rime, et commencer un autre sens par la rime correspondante.

Ce sont toutes ces règles, très difficiles à observer, qui donnent aux vers la grace, l'énergie, l'harmonie, dont la prose ne peut jamais approcher. C'est ce qui fait qu'on retient par cœur, même malgré soi, les beaux vers. Il y en a beaucoup de cette espèce dans les belles tragédies de Corneille. Le lecteur judicieux fait aisément la comparaison de ces vers harmonieux, naturels, et énergiques, avec ceux qui ont les défauts contraires; et c'est par cette comparaison que le goût des jeunes gens pourra se former aisément. Ce goût juste est bien plus rare qu'on ne pense : peu de personnes savent bien leur langue; peu distinguent au théâtre l'enflure de la dignité; peu démêlent les convenances. On a applaudi pendant plusieurs années à des pensées fausses et révoltantes : on battait des mains lorsque Baron prononçait ce vers :

Il est, comme à la vie, un terme à la vertu.

On s'est récrié quelquefois d'admiration à des maximes non moins fausses. Ce qu'il y a d'étrange, c'est qu'un peuple qui a pour modèle de style les pièces de Racine ait pu applaudir long-temps des ouvrages où la langue et la raison sont également blessées d'un bout à l'autre. (V.)

qu'une domestique de Cléopâtre, qu'on peut toutefois prendre pour sa dame d'honneur, étant envoyée exprès par cette reine pour l'écouter, elle tient lieu de cette reine même, qui cependant montre un orgueil digne d'elle, d'attendre la visite de César dans sa chambre sans aller au-devant de lui. D'ailleurs Cléopâtre eût rompu tout le reste de ce troisième acte, si elle s'y fût montrée; et il m'a fallu la cacher par adresse de théâtre, et trouver pour cela dans l'action un prétexte qui fût glorieux pour elle, et qui ne laissât point paroître le secret de l'art qui m'obligeoit à l'empêcher de se produire.

FIN DU QUATRIÈME VOLUME.

TABLE DES PIÈCES

CONTENUES

DANS LE TOME QUATRIÈME.

Cinna, ou la Clémence d'Auguste, tragédie.   Page   1
Polyeucte, martyr, tragédie chrétienne.   136
Pompée, tragédie.   279

FIN DE LA TABLE.

www.ingramcontent.com/pod-product-compliance
Lightning Source LLC
Chambersburg PA
CBHW050910230426
43666CB00010B/2103